„Wir üben uns jetzt wie Esel schreien..."

Franziska Gräfin zu Reventlow
Bohdan von Suchocki
Briefwechsel 1903–1909

***

herausgegeben von

Irene Weiser, Detlef Seydel und **Jürgen Gutsch**

Verlag Karl Stutz Passau

Erste Auflage 2004
Alle Rechte vorbehalten
© by Verlag Karl Stutz, Passau
Umschlag: Rudolf Klaffenböck/Lambert Kinateder
Printed in the Czech Republic
ISBN 3-88849-205-X

Inhalt

Abb. 1 – Franziska zu Reventlow mit ihrem achtjährigen Sohn Rolf am 11. Oktober 1905 in der Kaulbachstraße München (Foto Philipp Kester; ullstein bild Berlin)

Dieses unbekannt gebliebene Foto des Bildjournalisten Philipp Kester (vgl. auch Brief 113) zeigt Franziska zu Reventlow in der Mitte des hier betrachteten Lebensabschnitts. Es erschien in einem Artikel über „Moderne deutsche Erzählerinnen" der „Berliner Illustrirten Zeitung" vom 17.12.1905. Der begleitende Text (S. 875 des 14. Jahrgangs) unterrichtet über sie wie folgt: „Noch eine der eigenartigsten Erscheinungen der jüngeren Literatur hat sich München zum Wohnsitz erkoren, die Schriftstellerin Franziska Gräfin zu Reventlow, – eigenartig schon deshalb, weil sie ein bequemes Leben, eine gesicherte Zukunft, kurz alles von sich geworfen hat, um den von ihr als richtig erkannten Weg zu wandeln. Die bitteren Erfahrungen ihres jungen Lebens hat sie in dem Roman 'Ellen Olestjerne, eine Lebensgeschichte' niedergelegt. Mit ihrem Sohne Wolf [recte: Rolf], einem prächtigen Jungen, den sie selbst unterrichtet, lebt sie das Leben einer Künstlerin, malend, dichtend, trotz allen Ungemachs froh in die Zukunft blickend."

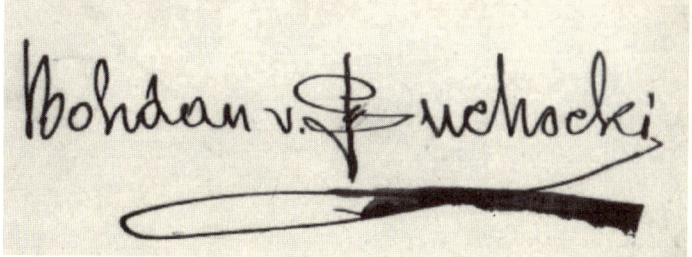

Abb. 2 – Bohdan von Suchocki im Faschingskostüm 1903 (Foto G. Böttger)

Abb. 3 – Bohdan von Suchockis handgeschriebene Visitenkarte 1903

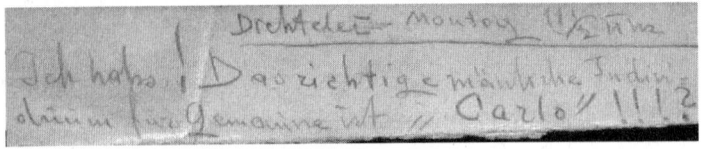

Abb. 4 – Das „Eckhaus" in der Kaulbachstraße 63
Abb. 5 – Bohdan von Suchocki um 1904 (Brief 91)
Abb. 6 – Notiz BvSs auf der Rückseite einer zerrissenen Visitenkarte (Brief 9)

Vorwort

...denn wenn ich diese Pfötchen knutsch
gehn meiner Seele Knötchen pfutsch.[1]

Der hier erstmals nach hundert Jahren veröffentlichte Briefwechsel der Gräfin Franziska zu Reventlow (1871–1918) mit ihrem langjährigen Freund Bohdan von Suchocki (1863– vermutlich nach 1955) aus den Jahren 1903 bis 1909 beeindruckt durch seine alltagsnahe Frische. Es zeigt sich – was FzR angeht – Neues und Überraschendes, das sich von dem unterscheidet, was wir uns im Laufe ihrer Wiederentdeckungsgeschichte angelesen haben: aus ihren Briefen an andere Empfänger, aus ihren fein stilisierten ironischen Romanen, aus ihrem 'ungewöhnlichen Leben' selbst, das durch enthusiastische literarische Nachgestaltung seit langem ein quasi-fiktionales Eigenleben führt. Wir begrüßen vor allem FzRs Briefe als Lebenszeugnisse, die sich ihren gerühmten Tagebüchern vergleichen lassen, weil sie nicht nur biographische Sachkenntnis fördern, sondern auch Züge ihrer Autorin in ein neues Licht stellen. Beider Briefe belegen zugleich einen Typus der Brief-Literatur der frühen Moderne, der noch zu wenig Aufmerksamkeit erhält. Dazu sei schon hier vermerkt: Dieser Briefwechsel stellt sich uns als recht chaotisch dar, nicht als langgesponnenes Kulturgespräch. Er hat zwar eben darin seinen Wert, dass er ohne Gestaltungsanspruch nackte Wirklichkeit spiegelt, aber er enttäuscht darum vielleicht auch vorhandene literarische Erwartungen oder historische Auskunftsbedürfnisse.

Über den polnischen Glasmaler, Kunsthandwerker, Puppenspieler (und begeisterten Koch) Bohdan von Suchocki wissen wir vorläufig wenig. Seine Geburt im Jahr 1863 – vielleicht im Gefängnis der litauischen Stadt Wilna – ist wahrscheinlich[2], aber seine Lebensum-

---

[1] Aus einer bislang unbekannten kleinen Sammlung von Schüttelreimen Franziska zu Reventlows (künftig FzR) in ihrer eigenen Niederschrift auf einem Zettel 7x10 cm, aufgefunden in einem Exemplar der Erstausgabe ihrer Briefe, München 1928; im Besitz des Verfassers.

[2] Vgl. zu den Lebensdaten Bohdan von Suchockis (künftig BvS) Brigitta Kubitscheks Reventlow-Monographie (s. Fußnote 7) S.382, außerdem Brigitte Doppagne, *Ottilie Reylaender, Stationen einer Malerin*, Worpswede 1994,

9

stände vor und nach seiner Zeit in München – er verbrachte seine zweite Lebenshälfte in Amerika, vor allem in Mexiko – entziehen sich noch in vielen Details genauerer Kenntnis; auch von seinem Tod wissen wir derzeit nichts.[3] BvSs Familie – der Vater war Gutsherr in der Nähe von Smorgonie bei Wilna, die Mutter eine polnische Prinzessin – beteiligte sich 1863 am Januaraufstand, wurde danach nach Sibirien verbannt und kam bald darauf bis auf Bohdan selbst und seine Schwester ums Leben. BvS konnte Russland irgendwann zwischen 1877 und 1881 nach Berlin verlassen; später gelangte er nach München und lernte dort FzR kennen. Seine Bekanntschaft mit ihr vom Jahr 1903 bis zum Italien-Aufenthalt von 1904 überschnitt sich mit FzRs Liebesbeziehung zu Karl Wolfskehl. Zu ihm und zu Ludwig Klages wurde BvS ein Gegenpol im Alltag.[4]

BvS schrieb seine Briefe an die Freundin natürlich nicht in seiner pol-

---

passim. Diese Recherchen sind, basierend auf den Erinnerungen von BvSs Schwiegertochter, Frau E. Böhme, und seiner Enkelin, Susanna Böhme-Netzel, Worpswede, die einzige Quelle zu seinem weiteren Schicksal. Im Gegensatz zu seiner Schwester ist BvS leider nicht in den Dokumenten der polnischen Adelsvereinigung (Związek Szlachty Polskiej) erfasst.

[3] BvS hatte wohl wenigstens zwei Söhne: *Klaus* mit Hedwig von Basch in München und *Bodzio* mit einer eingeborenen Mexikanerin. Er war offensichtlich 1955 noch am Leben; seine 1965 verstorbene Lebensgefährtin Ottilie Reylaender sah ihn 1955 in Mexiko-Stadt auf der Straße. Es wird berichtet, er habe in diesem Jahr – als 92-Jähriger – seine Rückkehr nach Polen geplant.

[4] Die vermutlich erste wichtige Begegnung der beiden ist für den 7. September 1902 in Schäftlarn durch das Tagebuch (künftig TB) 240f. und FzRs Brief an L. Klages vom 10. September (*Briefe* 401f.) bezeugt. (Tagebuch und Briefe werden nach den von Else Reventlow besorgten Ausgaben München 1971 und 1974 zitiert; Zitate des Tagebuchs folgen im Wortlaut allerdings dem Autographen.) Über beider Beziehung gibt es einen ersten biographischen Bericht, der sich auch der Brief-Quellen bedient: Sandra Uhrig, *Mon ceur is every times pink for You!* [ein Suchocki-Zitat, vgl. Brief 89] *Franziska Gräfin zu Reventlow und Bogdan [recte: Bohdan] von Suchocki*, in: Helmut Bauer, Elisabeth Tworek, *Schwabing – Kunst und Leben um 1900, Essays zur Ausstellung im Münchner Stadtmuseum 1998*, S. 29–39. (Leider ist die erwähnte Postkarte mit ihrem reizvoll-kuriosen Text aus den Beständen der „Monacensia" seither verschwunden – ein Opfer an die Hausgötter der Philologie?)

nischen Muttersprache, und sein Deutsch war von manchen Mängeln behaftet. Aber weder versuchte er das zu verschleiern, noch auch schien es ihn (oder andere) ernsthaft zu stören. Dadurch ist von Anfang an ein sprach-kommunikativer Gegensatz zu FzR sichtbar – und jedenfalls der Umstand, dass zwischen beiden die *sprachliche* Beziehung nicht die Hauptrolle spielte. Insofern schon unterscheidet sich dieser Briefwechsel von allen andern (bislang veröffentlichten), die FzR geführt hat, in denen Sprache nicht nur differenzierendes Verständigungsmittel unter Gleichen war, sondern auch Distanzierungsmöglichkeit. Beides fehlte hier. Sprache war weder gemeinter Begegnungsort noch Instrument der Beziehungspflege noch Werkzeug der schließlichen Trennung.[5] Gerade das macht diesen Briefwechsel interessant. Nimmt man die besondere Affektstruktur BvSs – wir werden später auf sie zurückkommen – in die Überlegungen mit auf, steht man gar ein wenig vor einer 'La-belle-et-la-bête-Beziehung', deren innere Sprengkraft immerzu beunruhigend spürbar war, da sie in Konflikten – und solche gab es genug – fast ohne sprachliche Beschwichtigung auszukommen hatte. Hierin war *diese* Liebesbeziehung FzRs einmalig, und auch hierin begründet sich das Interesse, das wir diesen Briefen entgegenbringen.

***

Werfen wir jedoch zunächst einen etwas ausführlicheren Blick auf FzRs Leben vor und außerhalb dieser Beziehung. Ihre ungewöhnliche Biographie, weniger ihre literarische Hinterlassenschaft[6], war

---

[5] Dies hatte freilich eine schlimme Konsequenz: Im Gegensatz zu allen ihren anderen Briefpartnern nimmt FzR die schriftlichen Mitteilungen BvSs kaum wichtig, was vor allem mit der nur sehr wortkargen Erwähnung seiner Briefe in den Tagebüchern belegt ist. Sie beachtet gleichsam nur seine physische Präsenz. Als er im Herbst 1907 nach Amerika geht, gibt es vom Tag seiner Abreise an keinen Reflex seiner aus den USA eintreffenden zahlreichen Briefe in ihrem Tagebuch (wohl schrieb sie ihm häufig, doch sind diese Briefe leider verloren), ja nicht einmal mehr eine Erwähnung seines Namens (mit einer Ausnahme anlässlich ihres letzten Besuchs in Schloss Winkl 1909), – dabei war das, was er in seinen amerikanischen Briefen mitteilte, sicher kein trivialer small talk, sondern jeder Wahrnehmung wert.

[6] Es ist beklagt worden, dass bei der Beschäftigung mit FzRs Erzählun-

11

Anlass wie Last schon ihrer frühen Wahrnehmung, dann auch ihrer Wiederentdeckung etwa ab der zweiten Hälfte der 60er Jahre. Die Stationen ihrer eigenartigen Sonderexistenz von der Kindheit und Jugend in Husum und Lübeck bis zu ihrem Tod in Ascona waren Gegenstand zahlreicher Untersuchungen[7]. Auch eine um Vollständigkeit bemühte Werkedition ihrer Schwiegertochter Else Reventlow erschien zwischen 1971 und 1980 (nach einem vielbeachteten Vorlauf 1925). Diese Arbeiten fassten FzR mehr oder weniger pointiert als Protagonistin verschiedener weiblicher Emanzipationsvarianten der frühen Moderne ins Auge, stilisierten sie bisweilen heroisch – trotz (oder gerade wegen) ihrer Einbettung in der München-Schwabinger Bohème. Sie war im Unterschied zu den Frauenrechtlerinnen ihrer

---

gen die *literarische* Textur neben der *(pseudo)informativen* kaum eine Rolle spielt. Eine Arbeit, die ihre Prosa eingehend würdigt, steht in der Tat noch aus.

[7] Es gibt derzeit mehrere unterschiedlich zu bewertende deutschsprachige Monographien zu FzR. In zeitlicher Reihe: Johannes Székely, *Franziska Gräfin zu Reventlow, Leben und Werk*, Bonn 1979; Helmut Fritz, *Die erotische Rebellion, Das Leben der Gräfin Franziska zu Reventlow*, Frankfurt am Main 1980; Richard Faber, *Franziska zu Reventlow und die Schwabinger Gegenkultur*, Köln Weimar Wien 1993; Brigitta Kubitschek, *Franziska Gräfin zu Reventlow 1871– 1918, Ein Frauenleben im Umbruch – Studien zu einer Biographie*, Prien 1994; Franziska Sperr, *Die kleinste Fessel drückt mich unerträglich, Das Leben der Franziska zu Reventlow*, München 1995 (eine sogenannte 'Roman-Biographie'); Wiebke Eden, *Das Leben ist ein Narrentanz, weiblicher Narzißmus und literarische Form im Werk Franziska zu Reventlows*, Pfaffenweiler 1998; Ulla Egbringhoff, *Franziska zu Reventlow* ("rowohlts monographien" 50614), Reinbek 2000. – Wichtig sind auch Margarete Privats Beitrag von 1969 in Bd. 38 der Zeitschrift "Nordelbingen" mit dem Titel *Vom Werden und Wesen der Schriftstellerin Franziska zu Reventlow*, S.112–123, der als Startschuss zur Wiederentdeckung FzRs in den 70er Jahren gesehen werden kann – sowie die Abhandlung Johann Albrecht von Rantzaus *Zur Geschichte der sexuellen Revolution – Die Gräfin Franziska zu Reventlow und die Münchener Kosmiker* (in: Archiv für Kulturgeschichte 56/2, Köln Wien 1974, S.394–446). – Noch einen Schritt weiter als Franziska Sperr geht der Oldenburger Germanistik-Professor Manfred Dierks mit seiner literarhistorischen Phantasie-Erzählung *Der Wahn und die Träume* (Düsseldorf Zürich 1997), worin er FzR und ihr Ambiente mit offenen Namen sogar zu Thomas Mann (und diesen zu Wilhelm Jensen) in Beziehung setzt. Dieser Schwabing-Kontext wirkt bis heute nach!

Zeit (mit denen sie freundschaftlich verkehrte – z.B. mit Anita Augspurg oder Helene Böhlau – aber nicht theoretisch sympathisierte) zu einem Lebensmodell entschlossen, das nach *ihrer* Auffassung dann, „wenn wir Frauen erwachen"[8] – „Frauen ziemt"[9]. Es unterschied sich ganz wesentlich von den Zielen der Frauenrechtsbewegung. FzR zeichnete von sich selbst bereits – ihre zeitgenössischen und späteren Bewunderer taten es ihr meist nach – das Bild einer Frau, die sich, erkennbar schon in der Jugend, zu einem ganz persönlichen, nicht politischen Pathos bekannte: In einer förmlichen Revolte, die sich äußerlich am Tag ihrer Volljährigkeit durch Flucht aus den ihr bis dahin verordneten Verhältnissen vollzog, nahm ihr selbstgewähltes Leben seinen brausenden Anfang. In ihm sollte es, und zwar angesichts von Verstoßung und Enterbung, um die freie Wahl *aller* Lebensumstände gehen. Sie nannte den immer erneuten Aufbruch dorthin „de[n] universelle[n] Lebenssturm mit dem Untergrund von verstärkter Daseinsberechtigung" (TB 359)[10]. Es ging ihr – mit dem Titel eines Buches ihrer Lesegeschichte formuliert – um die mit *allen* Mitteln zu vermeidende „Leidensgeschichte eines Mädchens" „aus guter Familie"[11].

---

[8] So der Titel einer der wenigstens sechs zeitgenössischen Schlüsselromane zu FzR, der ihres Freundes Oskar A. H. Schmitz (1873–1931), *Wenn wir Frauen erwachen*, München 1912. Der Titel ist formuliert nach Henrik Ibsens *Wenn wir Toten erwachen* (deutsch Berlin 1900). FzR las 1912 selbst die Korrekturfahnen des Romans, wie ihr Sohn Rolf in seinen Erinnerungen *Kaleidoskop des Lebens* berichtet (KdL 27). Schmitz' Roman wurde in Bonn 1998 unter seinem zweiten Titel *Bürgerliche Bohème* von 1918 erneut publiziert.

[9] „Was Frauen ziemt" war der von FzR ursprünglich gewünschte Titel ihres Essays *Viragines oder Hetären?* in Oskar Panizzas *Zürcher Diskußionen* 1899, worin sie sich grundsätzlich zur Frauenemanzipation äußert.

[10] Ihr 'Lebenspathos' ist die alles entscheidende Grundstruktur ihres Wesens, immer spricht sie davon. 1901 notiert sie im Tagebuch: „O Leben, Leben, nur leben. Das alte Fieber wacht auf immer mehr. Lieber noch verzweifelte Kämpfe[,] nie entsagen." (TB 217)

[11] So Untertitel und Titel von Gabriele Reuters (1859–1941) berühmtem Roman von 1896; auch mit Helene Böhlaus (1859–1940) Roman *Halbtier* (1899), dessen Identifikations-'Vorschlag' gar bis zum Recht der Frau geht, den Unterdrücker zu töten, war FzR vertraut. Der Imperativ von Hedwig

Bei all dem war sie keiner anderen Waffenbrüderschaft versichert als eben der der Bohème. Sie schien darum vom ersten Augenblick ihrer mit eiserner Konsequenz herbeigezwungenen Biographie ein Beispiel für neu erlittene Unfreiheit – solcher Frauen nämlich, die Befreiung nur für den Preis der Armut und sozialen Ächtung erhielten. Wie vom Regen in die Traufe geraten, schien sie zum klassischen 'Frauenschicksal' einer 'zweiten Leidens-Generation' geworden – und damit auch zu einem besonderen feministischen Forschungsparadigma der 70er Jahre. Nach den durch einseitiges Fokussieren verursachten Missverständnissen schon der zeitgenössischen Rezeption herrschte aber bald so etwas wie neue Ratlosigkeit gegenüber FzR. Da stand auf der einen Seite immer noch der schon zu ihren Lebzeiten mit feinem Kennerlächeln goutierte Skandal ihrer angeblich exzessiven erotischen Libertinage im Mittelpunkt allen Interesses[12]. Aber dies wurde auf der anderen Seite zugleich und von Anfang an als eine (wenn auch 'edlere') Form der Prostitution verurteilt. Nun kam die Betrachtung FzRs als exemplarisches Frauenschicksal der frühen Moderne hinzu. Dies alles waren Deutungen im Interesse *theoretischer* Vorgaben – der angeblichen Ziele der 'sexuellen Revolution', der Moral-Vorstellungen des Kaiserreichs oder der Repräsentation typischer Problemaufrisse der Feminismus-Debatte der 70er Jahre.

Wer aber führte das *praktische* Leben? Eine Frau doch offenbar, die nach fast einhelligem Urteil ihrer Zeitgenossen nicht nur gekennzeichnet war von einem erstaunlichen Maß an persönlichem Liebreiz, sondern auch von einnehmender Klugheit, kritischer Selbstironie, hoher autodidaktisch erworbener Bildung (ein Lehrerinnen-Examen

---

Dohms (1833–1919) Formulierung *Werde, die du bist* (so der Titel einer Erzählung von 1894) schien förmlich an FzR gerichtet.

[12] Dass gerade FzR hier derart im Zentrum stand – und nicht etwa auch Emmy Hennings (spätere Ball-Hennings), Claire Studer (spätere Goll), Margarete Beutler und andere Frauen der Münchner 'Szene', ist so recht nicht erklärt, mag aber damit zusammenhängen, dass FzR den wichtigeren denkerischen Beitrag leistete zum Selbstverständnis ihrer Subkultur und den interessanteren Freundeskreis hatte; gewiss spielte auch ihre reichsgräfliche Abkunft eine Rolle, die ihr selbst in ihren besonderen Lebensumständen immer eine unaustilgbare Aura gab, die andre nicht hatten.

hatte sie ohnehin), auch von ungebändigter Amüsierfreude[13] eines sich immerfort äußernden satirischen Naturtalents (gerade das begründet ihren literarischen Rang), vor allem von unbeirrbarer Freiheitsliebe: Sie unterwarf sich nie gewöhnlicher Männerherrschaft, auch nicht um den Gewinn des Nicht-mehr-hungern-Müssens, war das Gegenteil einer Opportunistin, und erzeugte darum authentische Wirkung: Bewunderung und Liebe bei ihren Freunden[14], unversöhnliche Ablehnung bei ihrer (für sie vor allem in der Mutter symbo-

---

[13] Schon in ihrem Lehrerinnen-Seminar in Lübeck sei sie bisweilen mit einem schwarzen und einem gelben Schuh erschienen, wie der langjährige Leiter des Langen-Verlags Korfiz Holm kolportierte, der sie schon aus Lübeck kannte (K. H., *ich – kleingeschrieben*, München 1932, S.150). Holm zeigte sich – damit eine bemerkenswerte Ausnahme unter den Zeitgenossen – betont unbeeindruckt von FzRs „Sex Appeal", wie er es nannte; aber selbst er verwies auf „die großen und gescheiten blauen Augen, in denen etwas Schwärmerisches brannte" (ebd.). Übrigens erscheint der humoristische Aspekt gleichberechtigt neben dem erotischen und dem leidenspoetischen in Nachrufen 1918, in denen oft beides, Spottlust und Leiden, auf einander bezogen sind: „Von Spott übertünchte Angst, von Witz übertönter Schmerz, das war Fanny Reventlows Leben" formuliert Harry Kahn (*Der Tod der Bohème*) in der „Weltbühne" 14 (1918), S.148. Es sei auch auf den klugen Nachruf *Zum Gedächtnis der Humoristin Reventlow* von Franz Graetzer hingewiesen (in: Die Pyramide 38, Karlsruhe 1918), wo es heißt: „Duldsam und gelassen geißelt, wohltätig kitzelnd, eine Weltkennerin die unaufmerksamen Schüler ihrer fröhlichen Wissenschaft vom lachenden Leben: eine Humoristin. *Sie war.* Have, impia anima! [Sei mir gegrüßt, freches Geschöpf]." (S.151)

[14] Sie sei ‘sich selbst stets treu geblieben', lautet ein häufiges Lob für FzR. Auch die Zahl der heftigen Bekenntnisse zu ihr ist Legion; es sei nur auf die Weggefährten Erich Mühsam (*Namen und Menschen. Unpolitische Erinnerungen*, Leipzig 1949, S.147–155) und Rolf von Hoerschelmann (*Leben ohne Alltag*, Berlin 1947, S.121–127 und 130–131) verwiesen. – Im Wortlaut darf vielleicht ein Urteil zitiert werden, das besonderes Interesse verdient, weil es weder aus FzRs ‘peer group' noch von einem Mann stammt. 1947 erinnerte sich eine Annalise Schmidt in einem Aufsatz mit dem Titel *Der prädestinierte Phönix* (in: Deutsche Rundschau 70/9, Berlin Stuttgart 1947) an FzR: „Die Gräfin Reventlow wohnte [...] als meine Nachbarin im Nebenhause in der Kaulbachstraße. Ich begegnete ihr öfter und muß sie dann wohl entzückt angestarrt haben, denn ein Lächeln von bezaubernder Nachsicht und Über-

lisierten) Familien-Kaste. Das Faszinierende an ihrem Leben schien der stets demonstrierte Widerspruch: FzR machte keinen Hehl daraus, dass sie durchaus begehrlich befasst war mit dem „grüne[n] Samtmantel und rote[n] Jackett etc. pp." (TB 354), aber die Art ihres kompromisslosen Verzichts auf beides beeindruckte gerade angesichts ihrer Begehrlichkeit. Sie war zwar eine Komödiantin, doch ohne dabei je in einer Rolle zu verharren. Spöttische Distanz charakterisiert sie wie rückhaltlose Offenheit, scheinbar kindische Oberflächlichkeit ebenso wie elitärer Anspruch, klar unterscheidender Scharfsinn ebenso wie fröhliche Duldung des Mittelmaßes. Die ‘Maschkera’ des Münchner Faschings wie der Zirkus waren Lebensmetaphern für sie, und doch trug sie nie eine Maske. Schließlich: Zahlreiche menschliche Katastrophen, die eine Ängstlichere wenigstens zum Teil vermieden hätte, kennzeichnen ihr Leben, auch materielle Not und eine nicht enden wollende Folge von Krankheiten. Die standen ihrem sportlichen Selbstentwurf auf dem Pferd und dem Fahrrad, zu Fuß und mit dem Segelboot immer im Weg,[15] – und diese Problematik war schon zu ihren Lebzeiten immer sichtbar.

Die interessierte (und notwendige) Beschreibung eines solchen Lebens, dessen ‘ideologische Verpflichtung’ mit seiner wirklichen Beschaffenheit verwirrend kontrastierte, bemühte sich von Anfang an,

---

legenheit flog über ihr Gesicht, ein Gesicht von stärkster sinnlicher und geistiger Bewegtheit, mit Augen von ungewöhnlichem Glanz, einem Mund, weich und fest zugleich, ein schönes, ein unvergeßliches Gesicht." (S.215)

[15] Nach dem Urteil Henri-Pierre Rochés kam es FzR offenbar darauf an, die Seele mit dem Körper nach außen zu kehren. Er schilderte sie deshalb in seinem Roman *Jules et Jim*, den François Truffaut 1961 verfilmte, so: *„Gertrude avait trente ans, beauté grecque, athlète-née. Elle gagnait, sans entraînement, les courses de ski. Elle sautait de tramways en marche et, sans effort, s’arrêtait pile. On avait envie de connaître ses muscles. Elle avait un fils de quatre ans, sans père. Elle ne croyait pas aux pères. Elle vivait de son art d’enlumineuse, avec des hauts et des bas. Noble, elle était au ban de sa caste, mais les artistes la respectaient et la choyaient.“* (H.-P. R., *Jules et Jim*, Paris 1953, S.13f.) In „Gertrude" porträtiert H.-P. R. FzR nur geringfügig verfremdet; er traf sie mit Franz Hessel im Frühjahr 1907 in Berlin, München und Paris. (Dazu Manfred Flügge, *Gesprungene Liebe. Die wahre Geschichte zu „Jules und Jim"*, Berlin Weimar 1993, S.56–59).

das FzR durch moralische Abwertung angeblich zugefügte Leid wieder gut zu machen. Die um Begriffsbildung bemühten Zeitgenossen erhoben sie zur „schleswig-holsteinischen Venus" (Panizza), zur „heidnischen Madonna" (Klages) und zur 'Wiedergeburt der antiken Hetäre'[16] (Schuler) – frühe, geradezu kämpferisch anmutende starke Worte der Ehrenrettung, zugleich auch programmatische Selbstbeschreibung der zugehörigen Subkultur, vor allem seitens der „Kosmiker"[17]. FzRs erste biographische Sachwalterin, ihre Schwiegertochter Else Reventlow, versuchte dann durch die 1925, also bereits sieben Jahre nach dem Tod publizierte *Biographische Skizze* den Leser zum Zeugen eines von ihr sehr engagiert ins Werk gesetzten Rehabilitationsversuchs zu machen.[18] Das Tagebuch wurde 1925 als lyrisch-episch-dramatische Invention einer sozusagen absichtsvollen künstlerischen Lebensgestaltung präsentiert[19]. Auch das Umgekehrte ge-

---

[16] Vgl. Ulla Egbringhoff, *Heidnisches Hetärentum, Alfred Schuler und Franziska zu Reventlow*, in: Castrum Peregrini, Amsterdam 2000, S.103–118. (Schuler kann nur kolportiert, nicht zitiert werden, da er nicht publiziert.)

[17] Zu deren Rolle ausführlich von Rantzau, a.a.O. (vgl. Fn.7), und Hans Eggert Schröder, *Ludwig Klages, Die Geschichte seines Lebens, Erster Teil: Die Jugend*, Bonn ²1996, besonders S.158–323.

[18] Das glückte nicht immer in dem von ihr erstrebten Sinn. In einem 16-seitigen Essay gab 1925 die Frauenrechtlerin Marianne Weber (1870–1954, Ehefrau des Soziologen Max Weber), im Rahmen ihres Buches *Die Frauen und die Liebe*, Königstein/Taunus Leipzig 1935, eine ethische Bewertung des Lebens von FzR, die in dem Satz gipfelte, das „hemmungslose" Leben der Gräfin lasse „den Nachdenklichen schaudern" (S.194).

[19] Else Reventlow veröffentlichte das von ihr und andern gern so genannte 'document humain' der Tagebücher FzRs (*Werke* 1925, S.25–502) zunächst wie einen Text, der einem ganz anderen Genre angehört: dem der 'erzählenden Literatur'. Diese Pseudo-Fiktionalität mit dem gut gemeinten Ziel der Rechtfertigung, aber auch der Legendenbildung, kam so zustande: Else Reventlow ersetzte im Text der Tagebücher die Namen bekannter, 1925 noch lebender Personen durch Pseudonyme, eine vielleicht unvermeidliche Rücksichtnahme. Ungünstig war jedoch die Verwendung gerade der von FzR für *Herrn Dames Aufzeichnungen oder Begebenheiten aus einem merkwürdigen Stadtteil*, München 1913, gewählten Decknamen; schon damit ist das Tagebuch der Textsorte von FzRs berühmtem Schwabinger Schlüsselroman zugeordnet.

schah: Schon zu FzRs Lebzeiten hatte man sich angewöhnt, die Details ihrer Erzählungen, von der frühen Skizze *Das gräfliche Milchgeschäft*[20] bis zum letzten – und witzigsten – ihrer vier Romane, *Der Geldkomplex* (München 1916), einfach eins zu eins in ihr Leben zurück zu übersetzen, als sei alles, was eine Leserschaft von dieser Frau zu erwarten hätte, nichts als Biographie und lustvoll gestaltete Erzählung davon. Später versuchte man expressis verbis, ihr „bengalisch"[21] beleuchtetes Leben zu einem 'Leben als Kunstwerk'[22] zu befördern.

Sie stellte außerdem – und dies war keineswegs geboten – den von ihr geschaffenen 'Kapiteln' des Tagebuchs („Epochen" genannt) selbst ausgedachte Überschriften (z.B. „Das Zeitalter der Päule") und Auswahl-Namenslisten der auftretenden „Gestalten" voran. Letztere wurden in der Regel zusätzlich mit den Worten Else Reventlows und oft mit dem Mittel geheimnisvollen Andeutens charakterisiert (z.B. „Lisa – eine natürliche Tochter des Großherzogs", und nirgendwo im Text ist doch von dieser angeblichen Herkunft Lisa Sensburgs die Rede, auch nicht von einem Großherzog). Von diesem willkürlichen, ermüdend wiederholten 'dramatis personae' meinte Else Reventlow erklärend, es solle dem Leser „eine gewisse Orientierung [...] ermöglichen" (*Werke* 1925, S.29). Ein alphabetisches Personenregister wurde aus den genannten Diskretionsgründen erst – in noch mangelhaft redigierter Form – der Ausgabe von 1971 beigefügt. Hinzu kommen Editions- und Lesefehler, die der gleichwohl nicht genug zu preisenden Herausgeberin – sie hat die Mammut-Aufgabe, die Tagebücher einmal zu lesen, eben auf sich genommen! – leider unterlaufen sind. Die neue Ausgabe entfernte wenigstens die fiktionalisierenden Zutaten – nicht freilich viele Textänderungen und die Einteilung in „Epochen".

[20] Zuerst in: „Neue Rundschau" 1897, S.979–984, dann in: *Klosterjungen*, Humoresken von F. Gräfin zu Reventlow und O. Eugen Thossan, Leipzig 1897, S.159–177. Ihre ersten literarischen Gehversuche machte FzR noch früher: in den „Husumer Nachrichten" 1893/1894 mit sieben kleinen Prosatexten, deren Ton ein ganz anderer ist als der der späteren humoristischen Arbeiten. (Dazu: Annegret v. Hielmcrone, *Literarische Skizzen Franziska zu Reventlows*, 1893/94, in: Beiträge zur Husumer Stadtgeschichte, Heft 8/2002).

[21] So nennt FzR allzu grell Beschriebenes selbst. (vgl. *KdL* 79)

[22] Das setzte bereits sehr früh ein: „Sie, die nach [Oscar] Wildes Vorgang [Vorbild] und preziöser Formel 'ihr Genie ans Leben, an ihre Werke nur ihr Talent' gegeben hat – sie, die einzig und allein sich selbst schreiben konnte, war als Persönlichkeit mit ihrem Werk so kongruent, dass es nicht möglich

Doch Literaturgeschichte wie Gender-Forschung haben inzwischen erkannt, dass weder mit derlei Leben-Werk-Manipulationen noch mit der Instrumentalisierung FzRs als 'Frauenschicksal' noch mit dem Dreisprung 'Erotik-Elend-Lebenskunstwerk' die Bedeutung dieser Autorin ausreichend beschrieben ist – und auch nicht die ihrer Biographie.

***

Man mag nun befürchten, die Publikation eines weiteren *biographischen* Zeugnisses, eines sehr privaten zudem, werde in dieser Situation tiefer in solche Missverständnisse oder doch zu einer einseitigen Beleuchtung führen. Wenn es aber darauf ankommt, gewissermaßen das 'existentielle Rohmaterial' FzRs wahrzunehmen, also ganz schlicht ihre Persönlichkeit, *bevor* sie in den Dienst irgendeiner interessierten Bewertung gestellt wird, – und wenn auch der 'Lebenskunstwerk'-Gedanke[23] etwas in die Schranken gewiesen werden soll, dann führt

---

ist, das eine ohne das andere zu nennen und zu besprechen", so formulierte dieses Dilemma M. M. Gehrke in seinem Aufsatz *Ernst Reventlows Schwester* in „Die Weltbühne" 22/18, Charlottenburg 1926, S.699–702. – Neuere Würdigungen drücken dieses Bedürfnis nach einer gleichsam definierenden Gesamtbeschreibung des Phänomens FzR so aus: „Franziska – und das ist der einzige Schlüssel zu ihrem Wesen – ist die große Liebende; und das freilich ist sie maßlos. [...] Bei Franziska kann [aber] aller Maßlosigkeit ihrer Liebesbereitschaft zum Trotz keine Rede davon sein, daß in ihr der Sexus alleine geherrscht, ja nicht einmal davon, daß er dominiert hätte. Immer ist sie offen für Landschaft und Leben, für Sonne und Wasser, für j e d e Freude, welche die herrliche Erde zu bieten hat." (Hans Eggert Schröder, a.a.O., S.278.) – Werner Ross nennt FzR „ein Genie der Weiblichkeit" (*Bohemiens und Belle Epoque*, Berlin 1997, S.74).

[23] Die Absicht, die ganze Epoche jedenfalls in München unter die Überschrift „Kunst und Leben" zu stellen, äußerte sich seit 1896 im Untertitel der Zeitschrift *Jugend* (*Münchner Illustrierte Wochenschrift für Kunst und Leben*) – eher als Spiegelung des englischen „Arts & Crafts"-Begriffs denn als Kennzeichnung der Bohème. Das Begriffspaar wird jedoch als feuilletonistischer Gemeinplatz bis heute für die Bohème verwendet: *Schwabing – Kunst und Leben* hieß etwa die erschöpfende Ausstellung des Münchner Stadtmuseums zum Thema im Sommer 1998. Wenigstens mit einer Verwendung des Etiketts für einzelne Repräsentanten aus dieser Subkultur muss man aber vorsichtig sein.

uns dieser Briefwechsel weiter als vieles andere. Er ist für einen neuen Blick auf FzR sogar besser geeignet als die Tagebücher, denn deren dichtes Bedeutungsgeflecht ist, wie gesagt, noch an vielen Stellen durch die Grenzverwischung zwischen 'Kunst' und 'Leben' verdeckt, nicht durch offenen Bericht, den wir *hier* haben, erklärt. Zudem sind Tagebücher im Unterschied zu Briefen nicht durch die Anwesenheit eines anderen intendierten Lesers als des Autors selbst bestimmt, also nicht nur der Ort besonders *unverstellten*, sondern oft auch besonders *unkommunikativen* Sprechens. Ein gar nicht gebetener Mit-Leser darf nicht immer auf gleichsam an ihn gerichtete biographische Erläuterung hoffen. Dieses Problem stellt sich bei allen Tagebüchern; ihre Auswertung verlangt solchen Vorbehalt.

Dieser Briefwechsel, der intimste und zugleich alltäglichste von allen, die FzR führte, hilft uns jedoch, ein genaueres, zum Teil wohl auch neues Bild von FzR – wie überhaupt erstmals eines von BvS – zu gewinnen.[24] Das Material soll hier nicht in seinem ganzen Mitteilungspotential beschrieben werden; auf einiges Charakteristische sei jedoch hingewiesen.

Die Briefe beider zeigen auf besondere Weise, wie sich offenes Reden mit dem Bestreben verbindet, umgebende Welt, akutes Gefühl und geplantes Lebensziel pragmatisch, d.h. 'mitmenschenverträglich' miteinander zu vereinbaren. Dass solches Verhalten für FzR keine einfache Aufgabe war, belegen die Briefe an andere Korrespondenten und ihre dort oft genauere, 'poetischere' Selbstreflexion[25]. Das Merkmal 'Offenheit aus Liebe' bei bescheidener, wenn auch nachdrücklicher Mühe um Lebensglück finden wir aber in den bisher bekannten Briefen nicht in ebenso deutlicher Form. Eine solche Absicht war ein schönes Projekt, – und lässt die Behauptung, FzR zeige 'Unreife' qua Unfähigkeit zur Bindung, sei es an Menschen, sei es an Arbeit, doch etwas vorschnell erscheinen[26]. Sie kümmerte sich mit Hingabe um

---

[24] Nach Mitteilung von B. Kubitschek war Else Reventlow der Ansicht, diese Briefe seien uninteressant, es handle sich um „Liebesgestammel", eine Edition lohne sich nicht. (Kubitschek, a.a.O., S.383) Man sieht, von welcher stilisierungsbereiten Herausgeber-Leidenschaft Else Reventlow beseelt war.

[25] Etwa ihre Briefe an Klages und Wolfskehl.

[26] Solcher Vorhalt zuletzt von Wolfgang Kröske, der in einem sonst sehr

diesen Mann, dessen erotische Vitalität und kurz angebundene Männlichkeit doch von sichtbaren Selbstzweifeln begleitet war. Bei aller Bravour, mit der er Pferde bändigte, „kurz und Quer" durchs Land radelte und seinen „animalischen Trieb" ins Licht stellte, fehlte diesem Gemütsmenschen auch alles Machohafte. Er spricht deutlich von sich selbst, wenn er erzählt: „Der arme Shocoladen Zwerk steht vor der Türe mit Eiszapfen an der Nase, neulich sagte mir ich soll Dich grüssen und Du sollst kommen und mit Deiner warmen Hand ihn über die Wangen streichen, er weis [kennt] auch Woltaten Deiner Zauber Hand!" Umgekehrt hegte er starke Fürsorge-Gefühle FzR gegenüber: Nach Korfu schickte er detaillierte Anweisungen (sogar Kochrezepte), wie sie nur eine besorgte Mutter der Tochter geschickt hätte, die erstmals alleine in der Fremde weilt.

Distanziertes Kulturgeplauder oder die absichtsvolle Stilisierung von Lebensumständen fehlt in diesen Briefen ganz. Es handelt sich hier nur um ein notwendiges Reden auf der Beziehungs- und der Alltags-Sachebene, fast um eine schriftlich fixierte 'oral history' über die Schwierigkeiten des Bohème-Lebens in München, den USA und anderswo. FzRs geistreiche Eloquenz äußert sich anders als sonst. Sie wurde zum besonders zugewendeten, aufnahme- und beobachtungsfähigen Menschen zunächst gegenüber BvS, dann auch zur Berichterstatterin über ihr eignes Bestehen in der Welt in den mitunter widrigsten Situationen. Wir lernen eine FzR kennen, die sich bei allem 'Schlamassel', in dem sie sich – auch mit ihrem „Suchiherz" – fortwährend befand, als recht entschieden erwies im Umgang mit den feindlich gesinnten Mächten dieser Welt – mit Einbrechern, Gendarmen, dubiosen Handwerkern, „alten Schachteln" oder „griechischen Weibern", Gerichtsvollziehern, „schmierigen Popen" usw.; gelegentlich führte sie mit diesen ihren Kontrahenten das reine Bauerntheater auf. Es gibt etwa die Schilderung einer Vesuv-Besteigung, die komödiantischen Slapstick mit dem Nachweis perfekter Durchsetzungsfä-

---

reichhaltigen Bericht über FzR nicht immer exakt informiert ist. (*Frauen um Erich Mühsam: Franziska zu Reventlow, oder: Das Geld kommt nur zu dem, der es mehr liebt als alles andere.* [...] [Vortrag in Malente 1995] – zitiert nach http://www.dr-seltsam.net/frauen.html, Fassung v. 14.11.2002.)

higkeit verbindet: Der lakonische Witz, die Fähigkeit, derlei in wenigen Worten vor dem Leser entstehen zu lassen und die eigne Person
dabei selbstkritisch zu beleuchten, verraten immer wieder ihr bedeu-
tendes Erzähltalent.[27] – Der Komik mancher dieser Episoden aus ihrem äußeren Leben standen dann merkwürdige Erzählungen aus ihrem Innern gegenüber, Träume, deren sie viele träumte und die sie
nur in den Tagebüchern ausführlicher als hier erzählte – während sie
ihre Abenteuer nirgends genauer mitteilte als in diesen Briefen. Das
Erzählen aus ihrem Leben war ihre schriftliche Zuwendung an BvS,
– und er eiferte ihr darin nach.

Es fällt auf, dass FzR nicht versuchte, diese Liebes-Beziehung ins irgendwie Besondere, Schicksalhafte zu steigern (wozu sie sonst neigte,
man denke nur an ihre Beziehung zu Ludwig Klages[28]) oder ihr ein
attraktives stilistisches Gewand von außen (aus der Bohème etwa
oder dem Art nouveau, dessen witzig grundierte Stilistik sie hervor-
ragend beherrschte) zu geben. Man mag darüber spekulieren, ob FzR
in ihren Briefen an BvS auf solche Steigerung und Stilisierung verzichten *konnte*, weil sie sich der emotionalen Loyalität BvSs besonders
sicher war – oder ob sie darauf verzichten *musste*, weil BvSs lücken-
hafte Deutschkenntnisse oder seine manchmal geradezu zornig behauptete 'Kulturlosigkeit'[29] ("ich dricke mich sehr plump aus, da ich
Gott sei Dank den 'Nitsche' nicht gelesen habe!" sagt er einmal)
einen andern Ton gar nicht erlaubten.

Was sich an Sprech-Kontur zwischen beiden Briefpartnern ergab,

---

[27] FzR schildert diese Abenteuer auch in Briefen an andere (Hessel,
Stern), doch weitaus weniger drastisch.

[28] Vgl. die bis zu ihrem abrupten Ende in geradezu dithyrambischen
Sprachgesten sich immer weiter entwickelnde Problem-Beziehung zu Klages.

[29] Dabei war BvS nichts weniger als 'kulturlos', man denke an die Bücher,
die er nach Amerika mitnahm oder an seine witzigen Anspielungen auf Bil-
dungsgüter. Seine Behauptung, er habe „Gott sei Dank" manches nicht zur
Kenntnis genommen, war einerseits Selbstironie und andererseits Ausdruck
eines nicht völlig unverständlichen Ressentiments (wohl auch Minderwertig-
keits-Gefühls) gegenüber allen Klages' dieser Welt. Andere Intellektuelle im
Umkreis FzRs, die ihn mochten (Wolfskehl, Stern, Landshoff u.a.), liebte er
durchaus nach FzRs Vorbild.

stellte sich locker ein, ergab sich nur aus beider Dynamik, wurde nicht konstruiert, denn gekennzeichnet war diese Beziehung außer von 'gewöhnlicher Liebe' der beiden zueinander vor allem auch von FzRs stets anwesendem dänisch-bodenständigen Alltags-Bewusstsein (BvS nennt sie einmal ironisch eine „verwente Butterholnsteinerin") und ihrem entschlossen geführten Kampf gegen alle materiellen Lebenswidrigkeiten, – außerdem von BvSs in der Regel gutem Humor und etwas breit geratenem Phlegma – freilich auch von seiner immerzu irritierten Gefühlslage als 'fester' Freund dieser begehrten Schönen, die auch aus ihrer Bereitschaft, sich ständig aufs Neue zu verlieben, keinen Hehl machte. (BvS: „Darff ich <u>mein</u> nennen? Nur ein kleines Stükchen, aber das <u>Mein</u> muss ohne Klages[scher] verderblichen Theoryien."[30]) Ihre Beziehung muss auch bestimmt gewesen sein von einem Gefahrenpotential besonderer Art: von FzRs „Qual, daß wir uns zu sehr lieben, u. daß es bei mir immer ein Unglück ist – für mich und den andern" (TB 359) – und, wenn wir die Tagebücher hier beim Wort nehmen dürfen, einer Gefühlsintensität, die BvS gar zu einem Mordversuch an seiner Freundin FzR brachte[31], irgendwann in der Kaulbachstraßenzeit (TB 383f.); nur durch die Intervention des Kindes, von dem noch zu reden sein wird, blieb es beim Versuch. Eine bequeme Alltags-Kinderei für beide war dieser Bund nicht – aber doch trotz allem ein Halt im Leben.

Ein Umstand steht dafür wie ein Symbol: Zwar in den Briefen nicht beredet, aber doch auf den ersten Blick evident, ereignete sich offenbar zu Beginn der Korrespondenz folgendes: FzR nannte ihren „Such" (der Vorname Bohdan erscheint nicht) „mein Herz". Sie schrieb das aber wohl so undeutlich (gelegentlich benützte sie gar

---

[30] In einer sich dem 'erotischen Dreieck' widmenden Aufsatzsammlung (*Im Dreieck, Liebesbeziehungen von Nietzsche bis Duras*, herausgegeben von Unda Hörner, Frankfurt am Main 1999) behandelt Kerstin Gernig auf S. 85–113 auch FzR unter dem Titel *Von der Schwierigkeit, nur einen Mann zu lieben*, wenngleich die Metapher des Dreiecks bei FzR recht naiv wirkt. Gernig bemerkt das durchaus, und wir wissen, dass BvS – er wird allerdings in ihrem Aufsatz nur kurz erwähnt – wahrhaftig Probleme 'höherer Ordnung' hatte.

[31] Ottilie Reylaender, BvSs Lebensgefährtin in Mexiko, bestätigt solche Unberechenbarkeiten. (Vgl. Doppagne, a.a.O., S. 43 und 52)

noch die für BvS vermutlich unlesbare deutsche Schrift), dass ihr Briefpartner „Huz" statt „Herz" las. Dieser Leseirrtum wurde nun aber nicht schulmeisterlich korrigiert oder durch forcierte Schönschreibübung künftig vermieden, sondern verwandelte sich in beider Briefe zur Quelle einer ganzen Kaskade belustigter Anredeformen. BvS war hinfort „Huzz", „Hatz", „Hutzihazz", „Suchihazzi", „Hazzihuzzi", „Kutze-Katzi" usf. (und FzR ebenso), ja selbst ein gemütliches bairisches „Huzzei" erscheint des öfteren. (FzR war offenbar fasziniert vom bairischen Deutsch, denn sie verwendete es häufig.) Sie selbst (auch *ihr* Vorname erscheint nie[32]) unterschrieb – statt mit dem zunächst üblichen „Gemäuse" – „Gemausse" schreibt BvS oft – oder dem schönen, lakonischen „Deins" auch immer wieder selbst mit „Hüzchen" oder mit „Hazzi". Beide sind stets Neutra wie 'das Herz', in Anrede wie Unterschrift.

Aber auch außerhalb der Anredeformen betreten wir hier geradezu eine Werkstatt zur Herstellung von Diminutiven. Für die lieben „Briefi" vom „Pfoti" ihres „Suchi" bedankte sie sich mit norddeutscher Sprachzärtlichkeit: Verben („käufchen") wie deren Flexionsformen („geschläfchent"), Adjektive („fäulchen") und Städtenamen („Römchen") wurden wie normale Nomina (aber auch diese reduziert auf den Stamm: „Wöhnchen" für „Wohnung") bedenkenlos 'verkleinert', – ein kindlich-spielerischer Versuch der sprachlichen Bewältigung von Welt und Leben, des „freundlichen" Umgangs miteinander. Die so bezeichneten Dinge wurden in ihrer wahrzunehmenden Qualität verändert: Die tägliche Nahrung wurde zum „Fresschen", der handfeste Geliebte zum „fetten Packetchen" usf. BvS 'lernte' von ihr und beherrschte diese Diminutionstechnik am Ende fast besser als sie selbst[33], und „freundlich" wurde zu einem Schlüs

---

[32] Mit einer Ausnahme: Im Januar 1909 nennt BvS sie einmal „Fanny" – wie ein Kind, dessen korrekten Namen statt einer zärtlichen Bezeichnung man wählt, wenn man es schelten will: „Fanny! sei doch ein Mann! Immer die Idee mit dem Umbringen..."; wir erfahren zugleich, dass FzR auch von dieser Anfechtung nicht unberührt war – und dass sie BvS auch im fernen Amerika noch vertrauensvoll solche allerpersönlichsten Gedanken mitteilte – dies ist nicht allen ihren (erhaltenen) Briefwechseln aus diesen Jahren eigen.

[33] Als Pole war BvS das allgegenwärtige Verkleinern, das in den slawi-

selwort dieser Korrespondenz. Die Gestaltung der Liebessprache der beiden macht jedenfalls klar, dass hier nichts Pathetisches, Herrisches Raum gewann, alles sich vielmehr zu ebener Erde abspielte – und dabei doch genaue Gestalt hatte.

Ein wichtiger Aspekt ist die grundsätzliche Gegenwart der „Maus" in diesem Liebesgespräch, ihres kleinen Sohnes Rolf. Das „Göttertier" der Tagebücher, im fraglichen Zeitraum fünf bis zehn Jahre alt, war von Anfang an in diesem Bunde der Dritte, wurde zitiert, ja schrieb auch selbst an die „Mamai" – das einzig erhaltene Brieflein, einem Brief von BvS beigelegt, nannte er in der rührenden Geste eines Achtjährigen „Mein Tästament". Auch bekam er, wenn er mit der „Mamai" unterwegs war, eigene Post von seinem „Suchi". Nach Korfu schreibt BvS ihm einmal: „Als ich Dein Brief aufmachte da flog mir Deine Sehle zirka 5 Millimeter groß in die Augen und dan wollte sie zum Fenster hinaus – weil hier sehr kalt ist – da sagte ich: Oho! Jetzt mus Du schon hier bleiben! Aber sie ist doch davon. Hast Du sie wieder?" Solches macht uns mit FzRs *eigentlichem* Lebensthema, das sie, ein Nietzsche-Wort erinnernd, „das seligste Rätsel" (TB 49) nannte, mit ihrer selbstgestalteten Mutterschaft bekannt[34], – ein Thema, dem sich BvS, wie wir sehen, in besonders einfühlsamer Weise widmete. Ihre liebevolle Wahrnehmung der Lebensäußerungen des Kindes, die in diesem Briefwechsel – wie in den Tagebüchern – recht eigentlich poetische Qualität gewinnt, ist der gezielt gestaltete Gegensatz zur Geschichte ihrer kindlichen Leiden in Husum, die sich, obwohl in den Briefen unberedet, mit den nicht minder schmerzhaften Erfahrungen ihres Freundes in dessen Jugend getroffen haben moch-

---

schen Sprachen gebräuchlicher ist als im Deutschen, eine Selbstverständlichkeit. Man kann geradezu vermuten, dass FzR aus Zuneigung zu ihrem Freund auf diese Sprachgewohnheit einging.

[34] Der Schriftsteller Balder Olden (1882–1949), einer der größten Verehrer FzRs, schilderte in einem Nachruf mit dem Titel *Ein Leben in Purzelbäumen* (in: Das Tagebuch, Berlin 1926) den Höhepunkt dieser Mutter-Kind-Beziehung, die angebliche Rettung Rolfs aus dem Weltkrieg in einem Boot, das FzR 1917 unter Beschuss über den Bodensee in die Schweiz gerudert habe, und fügte dem an: „Sie war nur Mutter: bis zu einem Grad, daß jeder Krieg auf Erden unmöglich wäre, wenn alle Mütter so sehr Mütter wären." (S. 424)

ten – bereits 1865 war die Mutter in dem sibirischen Verbannungsort Woronesch gestorben; an eine idyllische Kindheit wird auch er sich darum kaum erinnert haben. Keinem andern trug sie diese indirekte Lebenserzählung in Briefen je so ausführlich vor.

Widerspruch und Gegensatz, schon, wie weiter oben ausgeführt, in FzRs Person ganz unübersehbar (und übrigens auch bei manchen ihrer Zeitgenossinnen), charakterisieren auch ihren Briefanteil auffällig. Ein Satz wie „Ich zerplatze vor Kopfweh und Wut über alle möglichen Leute, bin aber eigentlich ganz vergnügt dabei" ist ebenso krass wie typisch. Sie hatte immerfort: unablässige Streitereien durch hartnäckige Selbstbehauptung *und* Freundschaften durch herzgewinnenden Charme; unbezähmbare Reiselust *und* jammervolles ständiges Heimweh; die bescheidene Absicht, mit allem zufrieden zu sein, *und* die Verachtung dem levantinischen (und anderem) „schmierigen Pack" gegenüber, wie sie einer deutschen Reichsgräfin mit einem entfernten Anspruch auf den dänischen Königsthron 'standesgemäß' war; sie war die von Erlebnishunger verzehrte junge Frau *und* die in allen ihren Lebensäußerungen doch massiv behinderte Kranke, die sich gleichwohl Strapazen zumutete, auf Mittelmeerdampfern, mit dem Fahrrad, durch Fußmärsche – oder durch exzessives Rauchen. FzR schilderte die Liebessehnsucht nach ihrem Such *und* den unbeirrbaren Entschluss, viele Wochen, ja im Herbst und Winter 1906 auf 1907 viele Monate wegzubleiben; eben genau so lange, wie das Geld reichte, bzw. die Gesundheit es erforderte oder zuließ – und keineswegs nur so lange, bis eine Sehnsucht oder ein Heimweh überhand nähme. Was sie in einer ihrer liebsten Mitteilungsformeln, dem häufigen „Ich möchte am liebsten..." und seinen Synonymen als Wunsch ergänzte, konnte in ein und demselben Brief sein: „aufpacken und heimfahren", „ewig so weiterfahren und die Welt besehen", „mich in meine Höhle verkriechen", „über Land laufen, denn im Zimmer sitzen halt ich nicht aus". Sie wusste es selbst: „An Huzzi geschrieben, daß ich heimmöchte – eigentlich ists nicht ganz wahr, nur Momentweise." (TB 409) Sie nannte sich selbst ein „unbeständiges Hüzchen" und wusste, dass sie dafür um Nachsicht bitten musste. Und manchmal bildeten sich die inneren Widersprüche auch äußerlich ab:

Auf Korfu lernte sie den alten Ferdinand Buontempo kennen, den Kastellan des „Achilleion", das sich die österreichische Kaiserin Elisabeth dort hatte bauen lassen[35]; er empfing sie im Sisi-Schloss und ließ sie standesgemäß auf edlem Möbel Platz nehmen, während sie doch in Gastourion in rechter Armut hauste.[36]

Typisch auch der immer wieder in vielerlei Gestalt verhandelte Gegensatz zwischen Sich-nun-unbedingt-aufraffen-Wollen einerseits und Absolut-gar-nichts-tun-Können andererseits, – das eigentliche Thema der Bohème. Wie beredt tadelte sie sich immer wieder selbst, wies sie auch ihren Such zurecht, ja schalt ihn förmlich aus, wenn es darum ging, nun endlich einmal zu „arbeiten" (und das hätte ja nur bedeutet, konsequent als Künstler zu arbeiten und nicht etwa im Bergwerk zu schuften) – und mit wieviel Scheitern, ja absichts- und lustvoller „Energielosigkeit" beider an erstbester Stelle sind wir immer aufs Neue konfrontiert – trotz der häufigen Beteuerungen, nun beginne das Arbeiten aber wirklich! Dies alles war aber erfahrene Realität, entsprang nicht aufgeputzter Ideologie. Die wenigen *grundsätzlichen* Bekenntnisse zu ihrer Lebensweise – das Wort „Bohème" nahm sie nicht in den Mund – wurden eher beiläufig formuliert: „Du hast Recht, die Leut werden alle so rasch alt, – und wir leben wirklich in einer andern Welt[,] das normale Leben [...] kommt uns immer dummer vor, absurd, eklich[,] geschmacklos."[37] Beide standen dazu, obwohl doch Angehörige des europäischen Adels, aber sie schämten sich auch: er beispielsweise für sein beim Umzug 1906 auf der Straße

---

[35] Ob Sisi (meist falsch „Sissi" geschrieben) ein unbewusstes Vorbild für FzR darstellte, kann jedenfalls als Vermutung einmal vorgebracht werden.

[36] Auf diesen Gegensatz weist auch der Maler Hans Schadow (FzR nennt ihn „Onkel Kêf") hin, wenn er FzR (er nennt sie nicht, doch wird deutlich, wen er meint) als „ganz nahe Verwandte der meisten gekrönten Häupter Europas" bezeichnet, aber auch auf ihre ständige materielle Not hinweist. (H. S., *Mit Pinsel und Palette durch die große Welt*, Leipzig 1922; S.25)

[37] E. Mühsam verdanken wir folgende Definition der Bohème: „[E]in Bohémien [ist] ein Mensch, der aus der großen Verzweiflung heraus, mit der Masse der Mitmenschen innerlich nie Fühlung gewinnen zu können [...] drauf losgeht ins Leben, mit dem Zufall experimentiert, mit dem Augenblick Fangball spielt [...]." (E. M., *Ascona*, Nachdruck, Berlin 1982, S.67)

abgestelltes „Gelump", dessen „charmante" Wirkung auf andere er bezweifelte; sie für ihre abgerissenen Kleider in Rom 1907 – und beiden verging dabei bisweilen der Galgenhumor. Aber: „Vergnügt-sein ist doch die Hauptsache", schrieb sie aus Korfu.

Wir erhalten immer neuen Bericht vom Einfluss des gesundheitlichen Zustands auf große Vorhaben, von der Heimweh-Fernweh-Bilanz, vom Klima und Wetter, das sie wie Goethe unablässig kommentierte („allzu weich" war es am Bodensee ebenso wie auf Korfu, das mach-te sie immer „ganz blöd"), von der Einwirkung anderer Menschen. Auch gab es die hartnäckig sich behauptende, am Ende doch wohl *zu* bescheiden-selbstkritische Einsicht ins eigene kreative Unvermögen auf dem Gebiet der Malerei, die sie wie ein böser Traum verfolgte – bei der doch gewaltigen Sehnsucht, sich endlich als Malerin zu be-weisen; wo immer sich FzR befand, sprach sie davon. Doch nicht ein einziges Mal finden sich Worte der Selbstüberhebung oder des glät-tenden Ausgleichs zwischen Wunsch und Wirklichkeit. Sie redete *immer* aus unbestechlichem Verstand, und diese Briefe erweisen es er-neut. Allenfalls empfahl sie ungebetenen Lebensberatern, wie einmal Albert Hentschel („Adam")[38], sie sollten „sich selbst bei den Ohren kriegen", statt ihre, FzRs, Lebensführung zu tadeln.

Die Zeit, aus der ihre Briefe stammen, 1903–1907, war wohl FzRs 'München-intensivste'. Ihr erster Roman, *Ellen Olestjerne*, erschien En-de 1903 bei Julian Marchlewski, sie wurde nun deutschlandweit be-kannt. Man erzählt – aber dies gehört wohl doch ins Reich der Schwabing-Mythen – dass BvS gar den „Herrn Meyer", Wladimir Il-jitsch Uljanow, der sich in München erstmals „Lenin" nannte und bei Julian Marchlewski seine „Iskra" drucken ließ, mit FzR bekannt ge-macht habe, und Lenin habe sie dann an Marchlewski empfohlen.[39]

---

[38] Wir kennen aus einer von FzR geschriebenen Adresse den richtigen Name „Adam" Hentschels (FzR nannte ihn stets nur „Adam"). Er hieß *Al-bert* und nicht *Albrecht*, wie Else Reventlow und andere nach ihr meinten.

[39] Einerseits wird dieses *Gerücht* mehrfach kolportiert, aber andererseits stellt der beste Informant über Lenin in München, Ernst Bäumler (*Verschwö-rung in Schwabing, Lenins Begegnung mit Deutschland*, München 1991), die *Tatsache* in Abrede, Marchlewski habe FzRs Roman verlegt (S.60). Derlei 'Dichtung und Wahrheit' ('Kunst und Leben'?) kennzeichnet die Schwabing-Forschung.

(Hätte sich Lenin dem Geist Schwabings tatsächlich so aufgeschlossen gezeigt, wäre die Weltgeschichte vielleicht anders verlaufen.)

FzR gab 1904 dann den *Schwabinger Beobachter*[40] heraus, ihren ersten satirischen Reflex auf das „Wahnmochinger"[41] Treiben, der später zum *Dame*-Roman führte, einer profunden Definition dieses subkulturellen Kontextes der frühen Moderne. Sie schrieb ihn zehn Jahre nach der ersten Begegnung mit BvS und behandelte darin eben die Suchocki-Zeit, BvS selbst tritt als „Orlonsky" auf. Der sogenannte „Schwabinger Krach" 1903/04 ereignete sich, bei dem sich Stefan George (von FzR „Weihenstefan" genannt) und Ludwig Klages entzweiten und in den FzR selbst durch vier ihrer engeren Freunde verwickelt war: A. Hentschel, K. Wolfskehl, L. Klages und Rodi Huch. Auch stand sie nach stürmischen Jahren vor schmerzlichen Einsichten in ihren gesundheitlichen Zustand. Im Dezember 1903 zog sie in einem neuen inneren und äußeren Genesungsimpuls mit dem 'Bubi', mit BvS und dem Schriftsteller Franz Hessel in die relative Idylle des „Eckhauses" des *Dame*-Romans, d.h. in die Kaulbachstraße 63, ihre berühmteste Münchner Adresse, auch wenn sie dieses Wohnmodell – „Lebenskommunismus ist mir doch unmöglich" (TB 263) notierte sie schon vorher ahnungsvoll[42] – von Anfang an mit Skepsis sah.[43]

---

[40] Eine satirische 'Bierzeitung' über die Schwabinger Verhältnisse von Witz und Treffsicherheit, die FzR anonym mit Franz Hessel (dann mit Roderich Huch, wohl auch mit Paul Stern und O. A. H. Schmitz) 1904 herausgab. Dies beförderte FzRs Entfremdung von Ludwig Klages sehr. (Privatdruck von R. v. Hoerschelmann, München 1941, der uns in seinem Buch *Leben ohne Alltag*, a.a.O., S.121–139 auch eine Darstellung des Hintergrunds liefert.)

[41] „Wahnmoching" war der erdachte Name für Schwabing, eine Kontamination aus den vielen Varianten des 'Wahns' in Schwabing und Ortsnamen wie „Feldmoching". Wortwitz dieser Art war ihr Markenzeichen.

[42] Um eine „Ehe zu dritt", wie die Verhältnisse dort oft genannt wurden, handelte es sich nicht, sondern um ein wirtschaftliches Arrangement.

[43] Franz Hessel berichtet über seine Münchner Zeit in seinem Roman-Erstling *Der Kramladen des Glücks* (Frankfurt a. M. 1913), der im selben Jahr wie FzRs *Dame*-Roman erschien. FzR tritt darin als „Gerda von Broderson" auf. Es finden sich in beiden Werken fast identische Formulierungen, aber wir erkennen auch die 'blinden Flecke' der beiden Autoren.

ELLEN·OLESTJERNE

Abb. 7 – BvSs Einband zu FzRs erstem Roman

Abb. 8 – FzRs Widmung in einem Exemplar der ersten Ausgabe

Zur Einzeichnung -- Preis des Subskriptionsexemplars 5 Mk. — laden ein

Helene Böhlau, München
Maximilian Harden, Berlin
Dr. Karl Wolfskehl, München
Dr. Ludwig Klages, München
Frank Wedekind, München
Hans H. Busse, München
Rainer Maria Rilke, Paris
Anna Croissant-Rust
Otto Falkenberg, München.

Verlag Dr. J. Marchlewski & Co., München.

Gräfin F. zu Reventlow:

Ellen Olestjerne

Eine Lebensgeschichte

Broschiert M. 4.—

Peter Roseggers Heimgarten:
„Leid und Glück, genau wie im Leben, unaufdringlich und doch psychologisch klar, schildert die Verfasserin wie ein echter Künstler. Der Roman ist von der ersten bis zur letzten Seite spannend und wahr . . ."

Allgem. Zeitung:
„Durch diesen Roman webt tiefes Leid. Er kann nicht, ohne tiefen Eindruck zu hinterlassen, gelesen werden."

Berner Bund:
„Und daß sie den Hauptcharakter des Buches mit unerbittlicher Konsequenz durchgeführt und das Interesse des Lesers für ihn von Anfang bis zum Schluße festzuhalten gewußt hat, ist ein Ruhm, der durch streng künstlerisches Schaffen errungen wurde . . ."

Die Zukunft:
„. . . ich glaube, daß man das Buch denen in die Hand geben muß, die das Leben beginnen wollen und nicht wissen, wie. Sie werden, wenn ich mich nicht irre, dieses Buch, über seine Einzelheiten fort, als Ereignis fühlen . . ." (R. M. Rilke.)

Münchener Neueste Nachrichten:
„Diese ‚Lebensgeschichte' der Gräfin Reventlow kann ernsten Lesern nicht dringend genug empfohlen werden. . . ."

Propyläen:
„Die künstlerischen Qualitäten des Buches sind von hervorragender Art. Das Ganze fesselt stofflich wie ästhetisch im höchsten Maße und verdient in jeder Hinsicht angelegentlichste Empfehlung.

Zu beziehen durch alle Buchhandlungen.

Abb. 9 – Der Subskriptionsaufruf zu FzRs Roman

Abb. 10 – Eine Anzeige Marchlewskis von 1904 (im Werbeanhang der ersten Ausgabe von Wedekinds Hidalla*) nach der Reaktion auf die erste Auflage*

Die Fehlgeburt der Zwillinge, deren Vater BvS war, ereignete sich in Italien im Jahr darauf, 1904. Die verzweifelte Trauer, die sie nach diesem Verlust befiel, war die tiefste in ihrem an Traurigkeit wie an Fröhlichkeit gleich reichen Leben. Aber sie fand auch in BvS, mit dem sie ein weiteres Kind geplant hatte, zum ersten Mal in ihrem Leben eine nicht nur herzlich erstrebte, sondern auch mit allen Herzenskräften festgehaltene dauerhafte Beziehung zu einem Mann, der auch bei ihr wohnte. Diese Beziehung war ganz gewiss mehr als die Befriedigung partieller Bedürfnisse, in die sie ihr nach eignem Urteil „quartalsartig" auftretendes 'München-Gefühl' gleichsam zu zerlegen gewohnt war: mit dem einen, Ludwig Klages, dem Seelenfreund, „flog" sie, wie sie das nannte; mit dem andern, Albert Hentschel, unternahm sie exotische Reisen; mit dem dritten, Alfred Frieß („Belami", „Monsieur"), tauchte sie von Zeit zu Zeit in die etwas düstere Beleuchtung ausschließlich erotischer Begegnung; mit dem vierten, Karl Wolfskehl, nahm sie spielerischen Anteil am Mainstream der Münchner literarischen Kultur; mit dem fünften, Rodi oder Fritz Huch, inszenierte sie ihren notwendigen Schabernack; mit dem sechsten – das waren nette gönnerhafte Herren von Albert von Schrenk-Notzing („Schnotzing"), einem seltsamen Parapsychologen, über Ermanno Ceconi, Ehemann Ricarda Huchs und Zahnarzt, bis zu Edgar Jaffé, dem späteren Mitglied der Eisner-Regierung – sorgte sie bisweilen für 'Rettung' durch Schreibarbeiten; mit dem siebenten endlich, einem Kollektiv Namenloser (darunter der Vater ihres Sohnes), hatte sie stets im Auftrag schieren Überlebens zu tun.

Dies alles sollte nun von BvS ans nüchterne Tageslicht einer 'normalen' Existenz gehoben werden. Er versuchte das zu leisten, etwas unbeholfen, oft scheinbar wenig kultiviert und darum von außen verspottet, wirtschaftlich untüchtig (wie jedermann, der in der Bohème ohne ererbtes Geld lebte), von Eifersucht und Demütigung gequält, am Ende erfolglos – aber eben doch liebevoll, „freundlich" und von Herzen. Er war darum zeitweise der „einzig anständige Mensch" für sie[44], und FzR mochte ihn vielleicht doch auch in seinen sprachlichen

---

[44] Andererseits – auch dies ein Beleg für die Widersprüchlichkeit ihres Verhaltens – sieht sie BvS auch sehr kritisch, vor allem seiner Unzuverlässig-

Äußerungsformen, er gelangte ja darin bisweilen zu einer eigenartigen Poesie des Ausdrucks: „Ich komme sehr späth nach Hause [...], dann gehe ich mit Licht herum und rufe Huzz, Huzz! und da ist mir sehr traurig" – so beklagte er ihre monatelange Abwesenheit, als sie in Griechenland weilte. Wir sehen sie beide in jeweils ihrem Ton wie die Kinder – Klages bescheinigte BvS einmal, er habe „Kinderaugen wie die Gräfin" – von Freude und Kummer, von Arbeit, Leben, Welterfahrung und Lastenbewältigung reden, sich zanken, einander missverstehen und doch sich immer wieder in die Arme sinken, liebevoll „geklopft" und „gepatscht" und mit „1000 Bussis" bedacht, – auch wenn BvS nach Amerika entschwand und dort ein zweites langes Leben begann, und FzR wenig später ins Tessin, wo ihr nur noch wenige Jahre blieben, obwohl sie fast zehn Jahre jünger war als er. Es ist schon von förmlich zu Tränen rührender Komik, dass dies alles keine weitere Entwicklungschance erhielt auch deshalb, weil beide eine Scheinehe eingehen 'mussten' – und beiden war damit kein Glück beschieden.[45] Aber eine Zeitlang hatte ihre Beziehung Dauer; sie gab eine Außenstruktur für diese Zeit in beider Leben; hier haben wir Bericht davon.

Die schönen Reisebriefe FzRs – die 20 Dalmatien-, Korfu- und Italien-Briefe, der eigentliche Schatz dieser Korrespondenz, Briefe, die

---

keit wegen, wie Tagebucheinträge und Briefe an Dritte belegen.

[45] BvS heiratete „das Baschl", FzRs Malschulen-Freundin Hedwig von Basch, die ein Kind (vermutlich von BvS) erwartete und der Familie einen 'anständigen Vater' präsentieren wollte. Er betrieb später einen Scheidungsprozess von Amerika aus, der aber erst 1919 zur tatsächlichen Scheidung führte. Klaus von Suchocki, beider Sohn, wurde als afrikanischer 'Buschpilot' im Umkreis von Ernst Udet bekannt (vgl. Ernst Udet, *Mein Fliegerleben*, Berlin 1935, Klaus' Foto vor S.137), starb aber schon 1931 an einer tropischen Krankheit. – FzR ihrerseits heiratete den baltischen Baron von Rechenberg-Linten in Ascona, weil der nur mit einer adeligen Ehefrau an sein Erbe kam, und FzR davon ihren Teil erhalten sollte, was auf groteske Weise fast ganz misslang. BvS war wohl über FzRs Verbindung mit dem Baron unterrichtet, den Erich Mühsam in *Ascona* (a.a.O., S. 59–66) liebevoll schildert; gut möglich, dass BvS mit diesem Baron so manches verband: die Herkunft, die Zugehörigkeit zum Adel, die kräftige Physis, das Draufgängertum, die Goldgräberei, – ja vielleicht auch 'die große Seele'.

sich nun gewissermaßen zur Gattung rundeten, zu einem „Eselsgeschrei" aus der 'nahen Ferne' – haben ihr Gegenstück in BvSs schlimmen Berichten aus der 'fernen Ferne', aus Amerika[46], die er über zwei Jahre hinweg an FzR nach München schrieb, – und leider sind ihre Antworten, wie es scheint, unwiederbringlich verloren. Wie FzR ein überraschend lebhaftes Bild ihrer Mittelmeereindrücke von 1906/07 gab, so erhalten wir von BvS hier lebendige Schilderung der Lage eines europäischen Einwanderers nach Amerika in den Jahren 1907 bis 1909. Ein schmerzlicherer Kommentar als der seine aus New York und Chicago zum Thema des „*I Pity the Poor Immigrant*" ist kaum denkbar, – und die nicht völlig unvermögende Freundesschar FzRs (Frieß und die Hentschels etwa) erscheint da BvS gegenüber nicht immer im günstigsten Licht. Als er buchstäblich zu verhungern drohte, schrieb er: „Du hast keine Ahnung was für eine widerliche Bande sind die Amerikaner" (aber auch sofort: „Na, ich schwätze wie Frau Herzner beim Geschirr abspielen"). Die lange Reihe dieser Amerika-Briefe, auch sie ein 'Eselsgeschrei', obwohl fast nur eines der Leiden und nicht der Daseinslust, beschloss diese Korrespondenz gleichsam als Endmonolog zu einer der eigenartigsten Liebesgeschichten des frühen 20. Jahrhunderts. Andreas Bernards und Ulrich Raulffs Beobachtung trifft auf sie zu: „Es sind bescheidene Dokumente eines großen, katastrophischen Jahrhunderts, [...] Tropfen aus einem Meer von Texten, in denen sich die Zeitgenossen ihrer selbst versicherten. [...]. Aber so wie sich [...] die Sonne auch in einem Kaffeelöffel spiegeln kann, so kann sich das Licht einer ganzen Epoche auch in einem einzigen Tropfen brechen."[47]

Der nur scheinbar immer wieder aufs Neue brieflich widerrufene Abschied hatte sich schließlich dauerhaft vollzogen. Das Endspiel dieser Korrespondenz riss ab mit BvSs Brief vom 14. November 1909 aus Chicago – ohne erkennbaren Grund, noch *vor* seiner endgültigen Auswanderung nach dem stets gesuchten Mexiko mit Ottilie Reylaen-

---

[46] Darunter aber auch Lustiges an Rolf und ein als Postkarte verschicktes Original-Aquarell BvSs, das seine satirisch-zeichnerische Begabung belegt.

[47] Andreas Bernard/Ulrich Raulff: *Mitten ins Menschliche. Briefe aus dem 20. Jahrhundert: Eine neue Serie im Feuilleton.* Süddeutsche Zeitung, 4.1.2003.

der 1910; später schnitten Revolution und Erdbeben in Mexiko diesen Briefwechsel wohl auch von außen ab. In seinem letzten Brief sprach BvS von „fun-papers", die er Bubi geschickt hätte, – in gewisser Weise 'fun-papers' ja auch alle seine Briefe aus den USA. Im letzten Satz schrieb er: „Herz gott fange ich zu kauderwelschen", – das signalisierte Entfremdung. Aber am Ende dieser Briefe in der amerikanischen Ferne von 1909 stand auch die heiße Erinnerung an Schloss Winkl am Chiemsee, den immer wieder genannten Sehnsuchtsort, und die einst dort genossene 'Familie' mit Mutter, Vater und Kind, – nicht zu vergessen den kleinen Hund Bobby: „Ich treume so oft an Bobbi – neulich bellte er so deutlich tief in der Nacht das ich im Schlaf herunte[r] lief um die Tiere auf zu machen, dann weinte ich – Esel!" So bewahren uns diese Briefe ein treues Bild ihres ab jetzt für seine schöne, überlegene Freundin endgültig verschollenen tragikomischen und freundlichen Autors.

FzR hatte im Oktober 1907, während des trübseligen Abschieds von ihrem Such, das folgende Bekenntnis in ihr Tagebuch geschrieben: „Aber ich hab doch Kls [Ludwig Klages'] Theorie zu Nichte gemacht, dass ich nie einen Menschen festhalten könnte. Wenn wir uns auch zeitweise zerrissen haben wie wilde Tiere." (TB 434). Wir dürfen andererseits sicher sein: Neben dem pathetischen Ernst solcher Beteuerung wird wohl auch ihre spöttische Empfehlung an sich selbst gestanden haben: *„Man muß nicht so viel Liebe treiben, daß sich die Triebe selbst entleiben."*[48]

Jürgen Gutsch   München im Herbst 2003

---

[48] Vgl. Fn. 1.

I – München und Winkl
(Jahreswechsel 1902/1903 bis Mai 1904)

1 *Maria Römermann, „Matz" und BvS am 24. Oktober 1902 in München (Ansichtskarte mit Jacques-Louis Davids „Portrait der Madame Recamier")*

[„Matz":] Grüsse vom Matz[1] [M. Römermann:] Merci mille fois pour le lit. Mieze Römermann[2] [BvS:] Gallopi! Gallopi! Buzi. Ihr Suchocki

2 *BvS am 27. Februar 1903 in München aus dem Café Restaurant Heck*

Mai![3]

Wie gerne wäre ich da geblieben, aber in der Luft lag irgend was eigenthümliches!
Sitze im Café mit grossen Woja[4] und freue mich dass ich wenigstens jetzt ihn getroffen habe, lässt Dich [2] bestens grüssen.
Hast Du Jemanden erwartet ich störte Dich?
Nicht meine Absicht!
Dem Hertzen einen Kuss
S.

3 *BvS am 28. Februar 1903 in München*

Comtess/[chen] ....!
Werde Morgen kommen Sie zum Spazieren abholen

4 *FzR vermutlich im Frühjahr 1903 in München*

Lieber Such, nicht böse sein daß ich Nachmittag nicht gekommen, mir war so miserabel zu Mut, daß ich vom Essen gleich heim bin und geschlafen. Morgen bleib ich außer 11–12 den ganzen Tag daheim und hoff der [2] Such wird sich ein wenig blicken lassen.
Viele schöne Grüße und Bussi
vom Gemäuse

---

[1] Ein Freund FzRs im Jahr 1902.

[2] Die Schriftstellerin Marie Römermann.

[3] Das „Mamai" ist gemeint, die Anrede der „Maus", d.i. Rolfs zu Reventlow, damals 5 Jahre alt, an seine Mutter FzR.

[4] FzRs Freund Albert Hentschel, meist „Adam" oder „Woja" genannt.

5 *BvS am 4. März 1903 in München*

[mit Adresse beschrifteter leerer Umschlag⁵]

6 *BvS am 4. März 1903 in München*

Mittwoch

Mein liebes Gemausse!

Darff ich <u>mein</u> nennen?

Nur ein kleines Stükchen, aber das <u>Mein</u> muss ohne Klages'scher
verdebrlichen Theoryien⁶ sein.

Ich fand heute Ihren herzigen Brief, der so eine eigenthümliche
Wärme auf mich ausstrallte, dass ich mich auf irgendwelche Weise
bedanken möchte.

Aber wie?

Dass ich das Mai furchtbar lieb habe – wissen Sie schon.

[2] Nun werde ich sentimental und langweilig, nich war?

Verzeihen Sie mir!

Ihr Such

7 *BvS im März 1903 in München*

Liebes Comtess'chen Ich weis nicht ob ich zu Mittag komme – und
bitte auf mich nicht zu warten.

Ihr Such

8 *BvS im März 1903 in München*

Comtess/chen, Gemausse, Herz!

Habe ganz vergessen dass ich Morgen zur Schrams eingeladen bin
und deshalb <u>leider</u> kann nicht kommen.

Werde Samstag den Lack bringen.

Mit herzlichen⁷ Grüssen.

Ihr Suchocki

---

⁵ Dieser sehr kleine Umschlag könnte BvSs Visitenkarte(n) (mit dem
Text „Bohdan von Suchocki") enthalten haben. Der Umschlag vertritt vier
weitere leere Umschläge, die nicht zuzuordnen sind, alle mit den Poststem-
peldaten München 21. Jan. 1903, 27. Febr. 1903, 24. März 1903, ? März 1903.

⁶ BvS spielt hier auf Ludwig Klages' kosmogonische Theorien an.

⁷ Statt der Silbe „herz" erscheint ein gezeichnetes Herz.

9   *BvS im März oder April 1903 in München*

<u>Dichtelei</u>[8] – Montag 11 ½ Uhr

Ich habs! Das richtige mänliche Individuum für Gemausse ist „Carlo"!!!?[9]

10   *BvS im Mai 1903 in München*

Liebes Gemausse!
Wie gehts? Was macht der Hals.
Ich wolte zum Pinseln kommen ...... – aber Sie sind lieber allein
Kuss auf Herz
Ihr Such

11   *BvS vermutlich im Jahr 1903 in München*

Guten Morgen meinem Gemeusse! Such

12   *BvS am 12. Mai 1903 in München*

Kommt liebes Gemäusse zum Kaffe? Oder ist mir böse? Warum?
Ihr Such

13   *BvS und Büttner am 5. Juni 1903 aus Schleißheim (Ansichtskarte vom Schloss Schleißheim, „Schleissheim – Kgl. Schlosswirthschaft.")*

AHA! <u>Comtesschen</u> Weis niemand wo wir sind! SUCH
[Büttner:] Denken Sie aber nichts dabei, ist aber alles möglich Büttner[10]

14   *BvS am 7. Juni 1903 aus Pullach (Ansichtskarte von Pullach „Gruss aus dem Isarthal")*

Ist das Köpfchen besser? Ihr ergebenster. Such.

15   *BvS vermutlich im Jahr 1903 aus Winkl*

Ist das Gemäusse vergnügt?
Ich nicht!

---

[8] Auf der Rückseite einer zerrissenen Visitenkarte von BvS Bleistift-Text. – Mit „Dichtelei" ist das Lokal der Kathi Kobus in der Türkenstraße 81 gemeint. Von dort fand am 1. Mai 1903 der legendäre Umzug in das spätere Lokal „Simplicissimus" statt.

[9] Der Privatgelehrte und „Zeus von Schwabing" Karl Wolfskehl.

[10] Nicht näher bestimmbarer Bekannter von BvS.

Holl der Teufel!

Dem Herzen einen Kuss!

Ihr Such

16 *BvS am 22. Juni 1903 aus Winkl*

Schloss Winkl. 22 VI 03

Du mein goldenes liebes Gemäusse!

Dank! Ich langeweile mich hier zum Tode, und da ich noch nichts Positives mit Grafen[11] entwikelt habe, so muss ich ~~hier~~ noch hier bleiben, der Selbe ist nach Salzburg gefahren, und weis nicht wann er kommt. Habe mit ihm vom Gemausse gesprochen: Iist sie schön? Schön? Natürlich! Sehr, sagte ich! Habe etwa gelogen? Bist Du auch!!!!!

Es regnet unaufhörlich hier, bemühe mich lange zu schlafen, unmöglich! bin schon um 5 Uhr wach, dann gehe in den Kuh-Stall um zu sehen wie die vierbeinigen Bürger zu welt kommen, denn wieder zarte Liebkosung zwischen einer Bless und dem [2] Hans (Stier mit pompöser Erscheinung) u.s.w. u.s.w.

Um 11 Uhr Mittag, dann nehme mir vor den Tag zu verschlaffen, unmöglich! Denn wenn ich erwache ist erst 2 Uhr! Trinke Kaffe, Brot nach Gemausse Ihrcm Muster, 2 czoll Butter, 1 zoll Hönig. Dann Reiten oder setze mich an einem Frosch-Weiher und schaue zu, wie sie zu vieren sitzend auf einem Blatt, überbiten sich in allen möglichen zarten Liebkosungen.

Ich schaue und beneide!

Abends gehe nach Grabenstatt (½ Stunde) besuche Herrn Mayer – reicher Bierbrauer, 5 ausgewachsene Töchter, aber Gänse – dann Theater in erster Reihe mit Grafen, als wir zu spät kammen, miten im Spiel haben aufgehört – und das Publicum hat sich erhfurchts[3]voll von Sitzen erhoben!! Zum Todlachen! Es werden Gebirgstüke gegeben, das hindert aber gar nicht dass der erste Liebhaber bemüht sich zu spielen wie Karl Moor, und der Bürgermeister, schwarzer Charakter des Stükes, wieder wie Richard der III oder Franz Moor – die Damen durchweg die Louise!

---

[11] Franz Xaver Graf von Orlowski, der Eigentümer von Schloss Winkl.

Ich habe laut gelacht natürlich Publikum mit. Nach dem Theater wieder Fressen und Saufen um zu schlaffen.

Nun mein herziges Gemausse habe Dir genau alles beschrieben was ich treibe.

Mein Pitschi-Patschi ist caput von reiten.

Danke für Deutlichkeit des Briefes, und bitte Näheres ob sich Gemausse zwangslos fielt.

Furchtbar viele heisse Bussi vom Ihrem Such

Bubi auch Bussi.

17   *BvS am 24. Juni 1903 aus Oberaudorf (Ansichtskarte mit vier kleinen Landschaftsbildern aus der Gegend um Oberaudorf)*

<u>Peters Berg</u>[12]: Wo ist die Ellen?[13]

<u>Such</u>: Beim Bubi.

<u>Peters Berg</u>: Wos, hat sie einen Bubi?

<u>Such</u>: Ja!

<u>Peters Berg</u>: Soll mich Mal besuchen

18   *„Schwesterchen" Schroedter (?), BvS und Eduard Jokisch am 24. Juni 1903 aus Brannenburg (Ansichtskarte „Gruss aus Brannenburg")*

[„Schwesterchen":] L. G.[14] Eben überrascht uns Such hier, so senden wir Ihnen gemeinsame Grüße. Sie müssen noch bis Mitte Juli einmal herkommen, denn sonst sind Schroedters nicht mehr da. Würde mich herzlich freuen, wenn ich Sie hier einmal wiedersähe. Herzlichen Gruß v. Schwesterchen Schr. [Jokisch:] E Jokisch [BvS:] Such.

---

[12] Ort und Berg Petersberg in der Nähe von Oberaudorf. BvS schreibt in das Bildchen von Oberaudorf „Peters Berg" hinein.

[13] Mit „Ellen" ist FzR gemeint, die gerade ihren autobiographischen Roman *Ellen Olestjerne* fertig gestellt hatte.

[14] „L.G." für „Liebe Gräfin". Der Maler Eduard Jokisch besuchte wie BvS ein Geschwisterpaar, „Schwesterchen und Brüderchen" (s. Brief 20), vielleicht mit Namen „Schroedter". Der weibliche Teil dieses sonst weiter nicht identifizierten Paares schrieb die Postkarte und unterzeichnete vermutlich mit „Schr." Jokisch und BvS setzten ihre Namen dazu.

Suchiherz, hätte dir so gern adieu gesagt, warst aber schon fort. Lasse
Dir eine ganze Menge Bussis zurück
Dein Gemäuse

20 *BvS am 25. Juni 1903 aus Winkl*

Winkl. 25. VI 03.

Du mein Gemauss/^chen – also fiel Bussi soll ich kriegen? freue mich
furchtbar, Du muss mir schon manch Mal erlauben „Du" zu
schreiben, das hat für mich kolossalen Reiz ein Weib so zu nennen.
Du bist meine dritte Freundin in meinem Leben und mir die Teu-
erste und Aufrichtigste. Such wird sintemental wie ein Gimnasiast!

In Solln noch immer fad? Hoffentlich wird sich noch bessern. Wie ist
die Küche? Und sonstige Bekvemlichkeiten? Musik nicht zu viel?
Und Hessel Franzl[16]?

Mir wäre Ditlindenstrasse 1[17] auch viel lieber mit Rissoto und einer
Suche nach dem Tee-Ei, und würde hier keine Stunde bleiben, wenn
Gemausse in München wäre.

Wir werden schon das Alles überstehen und dik, fett, und frech nach
München in unseres altes Nest kommen. Hat Fringelli[18] Gemausse
lieb?

[2] Dummer Such!

War gestern per Rad in Braneburg, Schwesterchen und Brüderchen
war sehr erfreut und wirklich herzlich aufriechtig, fragten nach dem
Gemausse und bitten Dich sehr, ein Mal ~~hier~~ her zu kommen.

Das thuen wir, nicht war?

Gestern brannten die Johanisfeuer überall, Petersberg hatte die
grösste Flamme und sah aus wie ein „Krake" mit glühendem Auge,
und ich dachte an Ellen.

Übernachtete bei Jokisch und um 3 Uhr früh radelde wieder nach
Winkl, es sind 70 Kil.

Gemausse/^s Koffer hat doch bein Grafen ~~hat~~ Aufsehen erregt –

---

[15] Südlicher Münchner Vorort, wo Familie Landshoff wohnte.

[16] Der Schriftsteller Franz Hessel.

[17] In der Dietlindenstraße 1 wohnte FzR vor der Kaulbachstraßenzeit.

[18] Eine langjährige Hausbesorgerin und Vertraute FzRs.

schade dass wir nicht parfümirt haben.

Was macht das gute, fette, Tier Bubi?

[3] Hat vielleicht neue Menschen kennen gelernt?

Nun Gemausse/[chen] ich komme bald nach München um die Versprochenen Bussi abholen und werde das Gemausse-Mädhi „furchtbar"
lieb haben.

Gemausses Such

21 *BvS am 26.6.1903 aus Rosenheim (Postkarte)*

<u>Rosenheim</u> 26.VI 03

L. G. Bin unterwegs nach M. bitte Benachri: wan G. in M. und beim
Such. G. Such

22 *BvS vermutlich Ende Juni/Anfang Juli 1903 in München*

Donerstag

Mein Gemausse!

Werde sofort besorgen, am liebsten möchte ich aber da bleiben und
in Deinem Betti schlafen, das wäre wirklich schön!

Will das Gemausse die seidenen Hämdi bei mir anziehen? Bitte sehr!
Ich arbeite auch zum damisch werden da ich am Montag fort fahren
muss.

[2] Müssen wir bei dem Fest[19] unbedinkt sein? Gutes Costüm macht
nie zu viel Arbeit!

Wollen wir bis Morgen sehen.

Auch viele B..... und hab mich noch lieber

Dein Such

23 *BvS am 7. Juli 1903 in München*

Dinstag 9 Uhr

Liebstes Gemausse!

Mit allem bin ich einferstanden: Mag auch sein, dass der Such dumm
ist – er ist aber so, und so bleibt er!

---

[19] Vielleicht ist das in TB 259 erwähnte „Japanische Fest" gemeint. Das
fand allerdings nicht, wie gedruckt, am 1. Juli statt, sondern erst am 5. Juli.

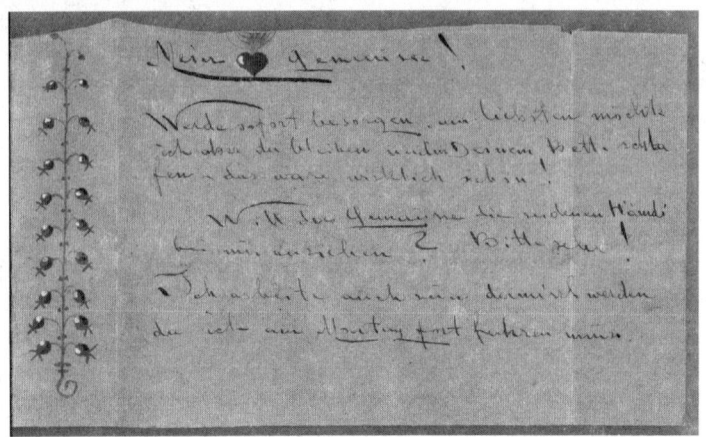

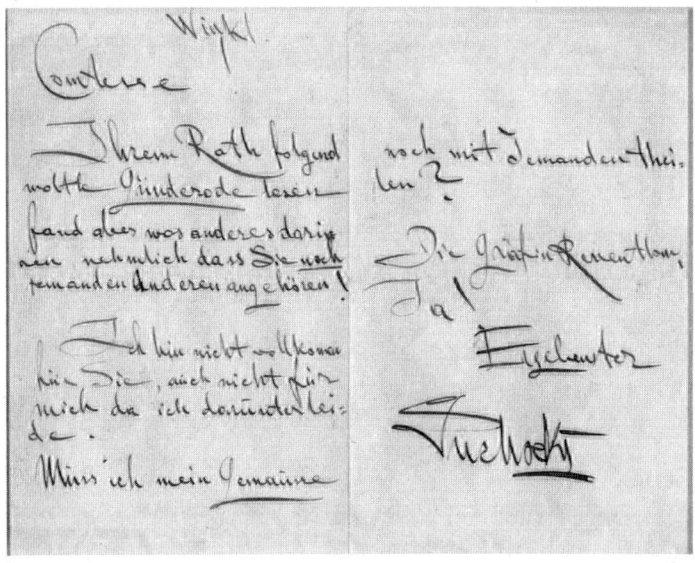

Abb. 11 – Ausschnitt aus Brief 22 von BvS
Abb. 12 – Brief 35 von BvS

Ich habe vom Gemausse mehr gehabt als ich erwartet habe – werde mich aber jetz bemühen nichts zu verlangen.

Mein animalischer Trieb – wie Gemausse sagt – ist zwar sehr stark entwikelt, [2] doch, er begert nur ein Wesen welches zuerst selisch stark geliebt wird – ich dricke mich sehr plump aus, da ich Gott sei Dank den „Nitsche" nicht gelesen habe!

„Nicht traurig sein, was wir nicht haben."

Nun dann, warum haben wir nicht „Das"?

Dank für Bussi

Dein Such

24 *BvS am 7. August 1903 vom Starnberger See (Ansichtskarte, „Gedächtniskapelle für Ludwig II., Gruss vom Starnberger See")*

Nun ich habe auch Nerven – eine Berlinerin bringt das vertig!! Ihr Such

25 *BvS am 29. August 1903 aus Rosenheim (Ansichtskarte)*

ETSCH! MAMAI. S.

26 *BvS am 30. August 1903 aus Winkl*

Schloss Winkl. Sonntag.

Liebste Mamai! Durch Acteon und Pygmalion gezogen kam ich hier. Die Luft ist rein, sommer Besucher sind fort! Also steht uns nichts in Wege!

Bezüglich des Esens und Betten werde Genause noch schreiben

Ich warte hier bis die Nachricht kommt dass die Gläser da sind – 8 Tage vielleicht – dann komme nach München um Dier behülflich sein, zum ein ~~zu~~ packen was wir hier brauchen.

[2] Meinetwegen kannst Du Franzl bei mir einquartieren wenn er will. Frau Drobner soll dann recht putzen.

Unseglich freue mich Dich hier zu haben! Mit corectur des Titelblattes[20] hat Zeit bis ich nach M. komme, Marchl.[21] gesehen und hat ihm ziemlich gefallen.

---

[20] Gemeint ist BvSs Einband-Illustration zu FzRs Roman *Ellen Olestjerne*.

[21] Der polnische Revolutionär und Verleger Julian Marchlewski.

Ist die Zionsbande[22] schon zurück? Russischer Minister hat ihnen richtig heimgeleuchtet!

Ist der kleine Lutz[23] schon auf der Welt? Besten Gruss an beide!

Wann übersiedelst Du nach M.?

100000000000000000 Bussis

Such

Hat Gemausse noch Nachsicht, und schickt mir noch 20. M.?

27 *FzR am 31. August aus Solln*

Mein lieber Suchi –

Kann dir mit allerbestem Willen leider nur 10 schicken, vielleicht aber irgendwie noch etwas bekommen und schicke dann mehr, – lieber Such, ich freu mich so auf das Glück in Winkel – ich denke Donnerstag nach München und möchte 1 Woche dort sein Franzl nehme ich schon zu mir – weiss nicht warum, mag aber niemand andren in Deiner Wohnung haben. Heut zur Stadt wegen Bubi Geburtstag, n – Fädchen ist noch ganz munter – Zionisten kommen heut od. morgen. Suchischatz das Leben ist sehr schön und ich hab dich sehr lieb

1000 Bussi, Deins

28 *BvS am 31. August 1903 vom Königssee (Ansichtskarte vom Königssee)*

O! Gotthhh! Wieder ein Berg und Wasser noch da zu, dafür aber eine Subs vom 3 Geschlecht![24] Such

[von anderer Hand:] Frau Dr. Hermann Reichenhall Villa Maria Mathilde. [von BvS kommentiert:] Fürstin von Neufundland

29 *FzR am 2. September 1903 aus Solln*

Liebster Such, schönen Dank für Subskarte und allerseits für die Fische, die große Freude erregten.

Ist der Such vergnügt?

---

[22] BvS bezieht sich auf den 6. Zionistenkongress im August 1903 in Basel. Unter den Teilnehmern befanden sich Karl Wolfskehl und Franz Hessel.

[23] Das Kind von Ludwig und Philippine Landshoff.

[24] „Subs" ist eine Subskription für FzRs Roman *Ellen Olestjerne*. Die Formulierung „vom 3 Geschlecht" bezieht sich auf E. v. Wolzogens Roman *Das dritte Geschlecht* (1899), der die „neuen Weiber" Schwabings porträtiert.

Bubi ist selig mit seinem Rad ich auch sehr darüber. Von morgen an München.

Tausend Bussi Gemäuse

30 *FzR am 3. September 1903 aus München*

Lieber Such, – war heut im Atelier und fand dieses. Bin seit gestern hier, Franzl auch, gehen jetzt gleich auf Wohnungsuche. Heut und morgen einen auswärtigen Besuch, den ich herumführen muß. Wann kommt der Such?

Viele Bussi

Gemäuse.

31 *BvS am 4. September 1903 aus Winkl*

Winkl – Chiemsee

Mamai Herz!

Also Bubi hochjauchzend wegen dem Rad, zieh ihm aber wegen Schienbein Verletzungen dicke Wadenstrümpfe an.

Thank\ˢ für Money! Bin wirklich wie ein Pirat, und entloke Dir die letzten Cekinen. Eben habe Karte bekommen dass die Gläser angekommen sind, es sind dafür 100 baare Mark, werde dabei 30 Mark auslagen haben. (Reise nach M. Gläser u.s.w)

Was ist mit der Wohnung? Ich muss mein Atel: am Montag kündigen – bitte genauer Bescheid!!!

[2] Du bist schon in Deiner Ditlinden Residenz! Bist Du sehr froh? Wie waren jetzt die obliegaten Kopfschmerzen?

Hier ist jetzt prächtig, die Heiderose blüth, und mit ihrem weichem Polster ladet das Gemausse zum ausruhem. Ist das nicht kitschich?

Mit den 1000 Küssen wäre jetzt sehr schwierig, ich esse Knoblauch und Zwiebel wie ein waschechter Zionist!

[3] Habe Deinen keschtikten Pantofel genomen und schlafe mit ihm. Und der Wind strich über die entfruchteten öden und stachligen Stoppelfelder! Ha! Und lächelst!

Ich küsse dein Herz

Dein Such

Lieber guter Such, Dank für lieben Brief und komm doch jetzt zurück, wenn die Gläser da sind. Gemäuse sehnt sich sehr nach seinem Such und bald wieder von München fortzukommen. Schicke dir noch 10 M. – dann musst du aber gleich kommen, Suchi. Bussi dich viele Male

33 *BvS am 6. September 1903 aus Winkl*

Sonntag.

Mamai Schatz!

Natürlich will ich sofort kommen – und Gläser nehme ich mit, wir müssen überhaupt machen dass wir mit Sack und Pack hier baldigst sind, sonst ist der ganze Herbst verpatzt!!!!

Spätstens Samstag muss Du hier sein!

Ich muss Dienstag in München meine Wohnung ~~zu~~ kündigen – oder behalten und weiter zahlen. Such sehnt sich auch nach ~~nach~~ seinem Gemausse, und möchte baldigst das dicke, fette, runde, [2] und warme Mamai an sich dricken und unenliche viele Bussis geben.

Bubi radeld schon?

Leider, leider mit übernachten bei Dir ist jetz schon aus!

Teufel solls hollen!

Das ergert mich eigentlich.

Gruss!

SUCH

34 *BvS am 26. September 1903 aus Winkl*

Meine liebe Gute Mamai!

Da sitze und bin ganz alleine und weine

Wie ist Dir mein Herz? Findest Du das nicht sonderbar dass wenn man das Theuerste nicht bei sich hat so wird man zärtlich!

Der Schorschi bringt jetz eben den [2] Korb und ich fange das Glas an.

Mir scheint mein Herz dass zwischen uns fängt irgendwas zu frieren, es bilden sich Eis Zapfen die wir unbedingt zerschmelzen müssen – ich gebe zu dass an mir liegt mehr wie an Dir!

Gemauss[chen] wir werden die Alten bleiben, ich schwöre auf mein Panzerhemd und Schwert! [3] Die Scheide nicht vergessen damit ich ein Schwert schmieden kann – denn der ich hier habe ist schon bei der Elenden[25] entweiht worden!

Küsse Dein Herz[26]

Such

Teleg: Wann?

[Umschlag:] Kohn auch Englischer Senf

35 *BvS am 26. September 1903 aus Winkl*

Winkl.

Comtesse!

Ihrem Rath folgend wolte Günderode[27] lesen fand aber was anderes darinnen, nehmlich dass Sie <u>noch</u> jemanden Anderen angehören![28]

Ich bin nicht vollkomen für Sie, auch nicht für mich da ich darunter leide.

Muss ich mein Gemausse [2] noch mit Jemanden theilen?

Die Gräfin Reventlow,

Ja!

Ergebenster Suchocki

36 *BvS am 27. September 1903 aus Winkl (Telegramm)*

Pax Such

***

37 *FzR am 28. November 1903 aus München*

Liebes Suchi – da sitzt das arme Gemäuse in der Brauerei und denkt, dass jetzt auch Winkler Mittagszeit ist. Es hat den Such furchtbar lieb und die Stadt ist schrecklich, – bin ganz deprimiert und denke immerfort an Winkl und Suchi. Du <u>musst</u> bald kommen. Suchi, Bussi, Bussi und noch mal Bussi und immerfort Bussi Dein Gemäuse Schläfst du auch in meinem Bettchen und denkst an mich,[29]

---

[25] Gemeint ist die „Elendenkirchweih".

[26] Statt des Wortes „Herz" erscheint ein gezeichnetes Herz.

[27] Die romantische Dichterin Karoline von Günderode (1780–1806).

[28] BvS fand in einem Buch vergessene Briefe von Wolfskehl an FzR.

[29] Der Schluss des Briefes ist nicht erhalten.

Ach Suchi, Suchi, ich weiss garnicht, wo ich eigentlich bin – bin ich wirklich heute früh in Winkl gewesen und jetzt hier. Mir ist so zu Mut als ob immerfort etwas an mir reisst. Gestern Abend war ich noch bei dir, Suchi, vor dem Ofen und fühlte meinen Such neben mir, die ganze Nacht. – Jetzt ist er gewiss in Grabenstätt und ich stelle mir vor, wie er dann heim kommt und die Treppe hinauf und im Bettchen liegt kein dummes fades böses Gemäuse das ihn ausschilt oder anknurrt. Aber du sollst dann auch dran denken, dass es ganz furchtbar lieb hat, denn, weiss Gott, sonst wär es auch nie ärgerlich gewesen, sondern hätte sich gefreut allein [2] es [ist] ganz schrecklich allein und sehnt sich nach dir. –

Habe heute schon vieles ausgerichtet, Vormittag Marchlevski, nach Tisch bei Güttners[30]. Irgendein polnischer Baron war auch da, mit dem er hätte hinausfahren wollen. Er will vielleicht kommen dich abholen. Montag Vormittag machen wir die Tür. – Dann bei Koch[31], der einzige, den ich jetzt sehen mag, sonst immer durch Nebenstrassen gegangen um nur niemand zu treffen. – Dann in Deinem Atelier – Suchi, da hat es Folgendes gegeben. Irgend ein Kerl, ein kleiner Blonder, ist mit einem Schlosser gekommen, hat sich die Tür aufmachen lassen und Deine Johannesfigur holen wollen, hat behauptet sie gehörte ihm. Die Hausmeisterin ist dazwischen [3] auch ein neues Vorhängeschloss angebracht, ~~du~~. – Dem Schlosser hat er gesagt, es wäre sein Atelier, ist auch beim Commissär und Hausverwalter gewesen etc. Hausmeisterin hat auch den Schlosser zahlen müssen, ich habs ihr wiedergegeben und noch etwas darüber wegen Auszug. –

~~Ferner:~~ Sie betet mich jetzt an! Dann: das Haus ist versteigert und 2 Monate (Oktober und November) an den Hausverwalter zu zahlen, dann bekomme ich Alles heraus. Und die 40 M. bekomme ich sicher zusammen. Mit dem früheren Hausherrn muss man es dann später ausmachen. – Auf Deinem Tisch hat der Kerl eine Brieftasche liegen lassen, die ich zu mir genommen habe. Briefe und Papiere darin, die

---

[30] Freunde und frühere Vermieter FzRs.
[31] Der spätere Archäologe Herbert Koch.

auf Blättler, Kamin[4]kehrer lauten, auch eine Photographie von Antiquitäten. – ~~Dann~~ Hoffentlich hat er sonst nichts mitgenommen, ich kann nicht constatieren, dass was fehlt. Dann war noch ein Brief von Loewenfeld vom 7 Oktober, der dich auffordert nächster Tage ~~auf~~ bei ihm vorzukommen. – Ferner soll irgend ein Schreiben an dich gekommen sein, das wieder zurückgegangen ist – Hausmeisterin sagte, eingeschriebner Brief – ich habe auf der Post gefragt und die sagten, es wäre irgend etwas anderes gewesen, wüssten aber nicht mehr was und es wäre zurückgegangen.

– Also Suchi, die Sachen werde ich schon herausbekommen und am Dienstag Kaulbachstraße bringen. Schreib doch an Löwenfeld was ist, [5] damit du nicht erst irgend eine Klage an den Hals kriegst. Oder soll ich hingehen fragen, ich kenn ihn. –

Nun ist es recht spät, Koch war zum Abendessen und Gemäuse ist wahnsinnig müde. Morgen ~~sehi~~ schicke ich dir Thee und Taback, schreib Karte ob ich Pelzjacke schicken soll, das Kopfkissen kann ich erst, wenn meine Sachen kommen. Franzl kommt erst Montag, Gott sei Dank, bin froh, dass ich diese Tage hier wenigstens allein bin, die Maus hat gesagt ich soll dir schönen Gruss bestellen.

Gute Nacht, Herzi Such, du liegst gewiss schon im Bett – – in meinem?

Viele, viele, viele Bussi

Dein Gemäuse

[auf Seite 6 der Anfang eines Briefs in BvSs Handschrift:]

Winkl/Chiemsee

Herrn E. Mundi![32]

in München

Machen Sie mit mir keine schlechte Witze – im September hat mir Ihre Frau ~~gesagte~~ nur – sie sind noch da, – ich soll nur kommen

39 *FzR am 30. November 1903 aus München*

Herzsuch – da bin ich zum letzten Abend in meiner alten Höhle. Morgen ist schon alles eingepackt und Franzl da. Fand noch in der Küchenschublade einen Rest Paprika und auf einmal „standen alle

---

[32] Ein Münchner Pfandleiher.

unsre Winterabende lebhaft vor meinem inneren Auge." –

War in Solln und habe von Lutz gepumpt packe also morgen deine Sachen. – Siehst du wie alles gut geht, wo wir nun hinkommen. – Sie waren alle sehr lieb, das Baby furchtbar süss. –

Grüss alles von mir, Such, Winkl, Grabenstätt, Oxerin[33], unsre Zimmer. Ach Suchi, gut dass man hier soviel zu thun hat. Sonst hielt ichs garnicht aus. Möchte wahnsinnig gerne noch einen Tag kommen dich abholen, – wenns mit Geld geht. Wärs dir recht? – Gut Nacht, Suchi, Bussi Bussi

Dein Gemäuse.

40 *BvS am 1. Dezember 1903 aus Winkl*

Dinstag –

Mein herziges Mamai-Mädi – Sitze vor dem Ofen und denke wie Du jetzt herumlaufst und einpakst und noch dazu die Schererei mit meinem Atelier – Gott sei Dank dass das Haus versteigert habe momentan 60.M. gespart.

Mich freut dass der Kerl mit der Figur[34] erwischt worden ist, die Sache ist die dass er 25 M. bekommt für die Figur, aber es ist doch eine grenzenlose Unverschemheit derartig zu handeln, er ist Ausgeher beim Händler Merkel[35].

Deine Bergstiefel stehen am Esstisch und fletschen mich mit ihren blinkenden Nägel an als ob sie sich freuten nicht mehr im Sumpf tretten zu müssen. Wir werden sie schon im Winter ordentlich im Schnee eintauchen.

Da geht die Thüre auf und ein schtolzer Bobi[36] kommt herein! Wedelnd, [2] geht in dein Schlaffzimmer und gratzt sich unter dem Bett. Rahbi[37] hüpft am Tisch und verliert ab und zu irgend was weisses.

Teress schiebt wie a Taaaaifi herum weil ich sie vollständig ignorire, und bald platze.

Graf Orl[owski]: hier immer mehr mytische Person und am Chiem-

---

[33] Eine Bäuerin aus Hagenau bei Grabenstätt namens Maria Schindler.

[34] Der Einbrecher in BvSs Atelier (s. Brief 38).

[35] Ein Münchner Antiquitätenhändler.

[36] BvSs Hund Bobby (auch „Böbbchen").

[37] Ein Rabe.

see geht Gericht herum, die nette Gräfin wäre seine noch nicht ge-
schiedene Frau, die ihn sucht. Kann man das nich als Reclame zu
Deinem Roman verwerten?

Die Strindberg noch immer Schulter lamm, dafür habe den Flock[38]
ordentlich zwieschen die Sporren genommen.

Der Puck wäre bei nahe dem Metzger zum Opfer gefallen, wens [3]
nicht durch den üblichen „Einlauf" der Selbe ein Stück Stacheldrat
zur Welt gebracht hätte.

Lutzsche universale Cur hilft bein Vieh und Mensch!

Eben klingelt der Wastl zum Tisch und bein mir am Tisch steht ganz
was apartes „Oxenfleisch" Mamaiherz! Was weis ich noch sonst?
Habe einmal in Deinem Bett geschlaffen aber brrrrr! War kalt und
bin Mitter Nacht davon gerant.

Werde schon warten müssen bis ich mich bei meinem Herz ausste-
ken darf!

Deine Idee mich abzuholen wäre sehr gut und zwar so dass nach Ab-
sendung meiner Sachen – mit Dir zu Fuss [4] über Unter-Wössen
nach Kufstein und Branneburg und dann nach Hause – zu erst muss
ich aber mit meiner Arbeit vertig sein.

Nun ist die Stunde des Abschieds gekommen und ich küsse Dein
Herz
S.[39]

41 *FzR am 2. Dezember 1903 aus München*

Mein Such – hab mich so gefreut endlich ein Wort von meinem Such
zu bekommen, es kommt mir schon so entsetzlich lange vor dass ich
von dir fort und nicht von dir gehört habe. ~~m~~ Ich komme sicher dich
abholen und die Tour machen, musst mir dann aber zeitig schreiben,
welchen Tag, damit ich Bubi zu Fädchen thue. Sitze grade im Bahn-

---

[38] Das Pferd „Fleck" oder „Flock" taucht öfter in Berichten aus Winkl
auf. Auch bei „Strindberg" und „Puck" muss es sich um Pferde handeln.

[39] Eine Zeichnung aus einer Zeitung liegt bei, *Eine merkwürdige Ohrenopera-*
tion. Ein Ohr für 20,000 M. von einem Kopf auf den andern verpflanzt, die zwei Patienten so einander gegenüber liegend zeigt, dass die Köpfe der beiden sich jeweils auf der Höhe des linken Ohrs berühren. Dem einen der Patienten wird
von BvS in den Mund gelegt: „Gnädige Frau, ich muss Haffi!"

hof um zum Schlafen hinaus zu fahren, Franz und Bubi sind schon voran Hergott war das ein Hexentanz, Alles wollte nicht klappen, Kaulbachstr. noch voll Möbel, so dass wir bis gestern nicht einmal putzen konnten. Bei dir heute der alte Hausherr erschienen, dem das Haus doch noch bis 18 gehört, Hausmeisterin lässt die Sachen nicht her, bis gezahlt. Als auch das erledigt, noch das Tapeziererweib mit Krach wegen 7 M. Als [ich] sie dort hinausschmiss, kam sie in die Kaulbachstr. und wendet sich dann an Gendarm, musste aber besiegt weichen. – Montag Dein Atelier eingepackt und Güttner die Tür gemacht und mir in Deinem Hafi die ganze Ziehgeschichte herunter und ein hübsches eisernes Gewicht auf den Kopf gefallen, wovon [ich] noch eine mächtige Beule und einiges Kopfweh habe. Aber ich habe grossartig gepackt, Suchi. – Jetzt ist alles im neuen Haus und wir fliehen nach Solln um morgen mit neuen Kräften anzufangen. Eben noch eine große Unterredung mit Adam es scheint dass sie alle mit mir brechen wollen wegen H[essel] F[ranz]. Ueber Adam bin ich sehr traurig.[40] [Rand:] Nun gut Nacht und Bussi und mach rasch mit der Arbeit, vor Samstag kann ich nicht. Deins.

42 *FzR am 4. Dezember 1903 aus München*

Liebster Suchi, 1000 Dank für Butter, ~~und für~~ bin gestern und heute garnicht zum Schnaufen gekommen. – Franzl und Frau Drobner sind beide so ungeschickt muss alles selber machen. Und eine Saukälte, alles raucht brrrr. Ich möchte in Winkl sein. Wann bist du mit Arbeiten fertig? geht es nicht ~~Samstag~~ oder Sonntag, od. Montag nachher ist Abschied des Weltes[41] für mich. – Aber ich muss noch einmal hinaus. – Geld habe noch nicht schicken können, haben alle nichts mehr aber nächster Tage. – Bin ganz blödsinnig und kann nicht schreiben. Tausend Bussis und komm bald, <u>bald</u>, Suchi
Dein Gemäuse.

schreib doch an die Post, dass deine Briefe hierher geschickt werden.

---

[40] Hier und auch in anderen Briefen, die sie während des Umzuges in die Kaulbachstraße schreibt, bezieht sich FzR auf den sogenannten „Schwabinger Krach", in den einige ihrer Freunde verwickelt waren.

[41] Vielleicht redet FzR mit ihrem Such spaßig gemeintes 'Polendeutsch'? (Polnisch „świat" für „Welt" ist maskulin.); Brief 43 erklärt „Weltabschied".

Suchischatz – die Kälte erinnert mich an die Pelzjacke, schicke sie dir
heute mit Kopfkissen für die Posthalterin. Suchi bitte schau noch einmal nach ob nicht ein Kopfkissen von mir da ist, ein recht grosses,
hellrotes – vielleicht im Marei-Bett[42]. Ich muss es mit nach Winkl genommen haben. – Vergiss auch das Trapez nicht – Wenns doch
ginge, dass ich hinauskäme, möchte es <u>so</u> gerne, fürchte aber Mitte
der Woche den Weltabschied, dann könnte ich dich nur abholen,
keine Tour. Sollte es dieser Tage schon eintreten, was bei der heftigen Anstrengung sehr möglich, so bleib du noch ein paar Tage und
ich komme sowie es vorbei – – bis morgen oder übermorgen bist du
wohl noch nicht fertig. Uebrigens weiss ich die Zeit nicht genau,
kannst [2] du dich nicht erinnern wann du ~~un~~ zum Schützenfest nach
Unterwössen warst? Sind das schon 3 Wochen? sonst habe ich noch
~~3~~ 1 8 Tage Zeit. –
Suchi, hier ist alles des Teufels, gestern strömte das Gas aus und wir
hatten schon Ang[s]t ohne Kopf aus dem Fenster zu fliegen, alle
möglichen Leute schimpfen weil keine Hausglocke ist, Frau Drobner
erfriert – etc. pp. –
Ich zerplatze vor Kopfweh und Wut über alle möglichen Leute, bin
aber eigentlich ganz vergnügt dabei –. Das Haus ist doch sehr fein –
ich habe mir combiniertes Schlaf und Wohnzimmer neben Atelier
eingerichtet, dir vorläufig im Parterre was übrigens ein sehr schönes
Zimmer ist. Als Vorraum hast du [3] das chinesische, und also eignen
Eingang. Für den Franzl wird das untere Hafi als Eingang etabliert,
ist das nicht eine sehr geniale Idee? ~~Es Man~~ Es hat nämlich eine 2te
Tür in der Hall. – Such bekommt ausserdem ein Extra Arbeitzimmer
im Parterre, wo ein Gasofen hinein kommt, ~~wo e~~ und er Sachen
etablieren kann, die er im Atelier nicht braucht –
Kann nicht schreiben, Franzl singt und Bubi hämmert, bisher ist die
Küche der einzige warme Raum, Roman[43] ist glücklich fertig und los-
geschickt.
– Also addio Suchi, grüsse alles, ich hoffe morgen schlittschuhlaufen,

[42] Marei war vermutlich eine Hausangestellte in Schloss Winkl.
[43] FzRs Roman *Ellen Olestjerne*, der 1903 zu Weihnachten erschien.

hab aber noch keine.

Bussi, sehr viele, habe dem Such bis jetzt alle eheliche Treue bewahrt, aber wenn er sich ich ihn nicht bald sehe – – falle ich vielleicht doch dem Franz in die Arme. –

44 *FzR am 6. Dezember 1903 aus München*

Mein guter lieber Such – hab schönen Dank für Deinen Brief, Such, ich sehne mich so danach dass du bald kommst möchte es aber doch so machen dass ich dich hol, auch wenns ein paar Tage länger dauert. Mir ist diese Tage schon so schlecht, dass ich hoffe bald. – Ich thu dir derweil alles schön richten, kannst es ja wieder umstellen, wenns dir nicht passt, aber es macht mir soviel Spass. Es ist nichts kaput gegangen, darauf bin ich sehr stolz. – Hab immer noch arg viel zu thun, so ein Haus ist was andres wie eine kleine Wohnung. Franzl hoff ich nach Solln zu versetzen, er steht überall im Weg. –

Suchiherz, grüss Winkl, hoffentlich bin kann ich Ende der Woche kommen, bist Du mit Arbeiten dann fertig? dass gleich mitkommst. Schatz lieber, muss dich bald wieder haben gut dass ich sowenig Zeit zum Denken [Rand:] Deins.

45 *FzR am 7. Dezember 1903 aus München*

Suchiherz – Also: Samstag komme ich – mach bis dort Alles fertig, ja? Muss Montag früh zurück sein. – Weltuntergang glücklich eingetroffen, das Ballspielen mit Kommoden, Schränken etc. ite hat seinen Zweck erfüllt. – Hab immer noch arg viel zu thun, aber das Haus ist doch fein, Küche schon sehr gemütlich und der einzige warme Platz. Atelier und mein Wohnschlafzimmer, sowie deines auch fertig. Gestern Marchlevskis zum Thee, vorgestern Stern[44] zum Souper. – – Suchi, Adam ist <u>voll</u>ständig verrückt geworden und Klages steckt dahinter, erzähl dir das alles mündlich. Wenn ich selbst mit ihm spreche, kommt der gute alte Adam wieder heraus. –

Leb wohl, Suchi, muss auch noch 100 Seiten Zeromski[45] diese Tage

---

[44] Der Philosoph und Privatgelehrte Paul Stern.

[45] Stefan Żeromski: Polnischer Schriftsteller (1864–1925); FzR las den bei Marchlewski im darauffolgenden Jahr erschienenen Roman *In Schutt und Asche* (in der Übersetzung von R. Schapire) Korrektur.

machen und wegen Roman alle möglichen Geschichten werde recht abgehetzt zu dir kommen, freu mich aber umsomehr darauf

Dein Gemäuse,

was dich sehr lieb hat.

46 *BvS am 7. Dezember 1903 aus Winkl*

Montag.

Mein liebstes! Theuerstes!

Also Du richtest mir auch Zimmer, sehr schön, freue mich sehr darauf und bin überzeugt dass das zu einemem Palast für mich wird.

Unterwössen war vor am 15 NOV, also über 3 Wochen.

Ich erwarte Dich am 15. das ist am Dinstag. Wir fahren mit Schlitten bis nach Reit im Winkl – Grenze und dann zu Fuss nach Kufstein, wir steken im Schnee bis über die Nasenspützen, und eine Schlittenbahn wie ich seit Polen nicht erlebt habe.

Gestern war bei Le Suizes zum Essen eingeladen und bin mit Flock bis Staudach gekommen, dann ist das Getänzl angegangen, und zwar immer rückwerz, Sporren blutig, nitzt gar nichts! Nach einer Stunde herum[2]springen im Schnee muste umkehren und im Galopp nach Hause.

Flock ganz weis von Schaum, ich auch, jetz habe furchtbare Halsschmerzen und Schnupfen. Denke jetz an das liebste Gemausse wie schön wäre jetzt Ihr Pflege.

Traume vortwerend von Dir liebes Herz, aber sehr unangenehm: Ort der Handlung aus meiner vergangener polnischer Zeit: wir sitzen zusamen, auf ein mal klopf Jemand und ruft Dich bei Namen, Du sagts: Ich kenne ihn nicht, auf ein Mal durch die Türe stekt eine Hand, ich haue sie ab, in dem Moment geht die Türe auf, kommen zwei herein und sagen: Fany! stell Dich doch nicht so dum! [3] Packen Dich, und Du lächelnd erlaubst alles was Si sie wollen.

Furchtbares Erwachen!

Heute wider fuhren wir nach Warschau, Du mit Koch, und thatest so als ob Du mich nicht kennstest bis die Intimität übersteigt alle Grenzen – Erwachen.

Das Eingentümliche dabei, dass ich vor einem Jahre zur „Matz Zeit" das Selbe sehr ofte traumte.

Der Scherz mi[t] „Ehelicher Treue" ist gut, schon deshalb weil von Dir ist! Mir persönlich ist er unangenehm, ich erblike darinen das Verhönen meiner Anschauungen, ohne dass Du wolltest! Verzeih mir mein [4] Liebstes – ich mache keine Vorwürffe!

Habe ich auch einen geheimen Durchgang in Dein Sanctuarium?

Ich muss Dich auch haben Herz – recht bald – denn seit „Scheve"[46] das kostbarste hast Du für mich!

Bussi! Bussi! überall!

Such

Dank für Zusendung! das war so Weihnachtlich!

Bitte einen tadellosen Roman Umschlag[47]

47 *BvS am 8. Dezember 1903 aus Winkl*

8.XII.03

Mamai Herz! Gutes! Ich komme wie ein ganz gemeiner Egoist mir vor! Du thust Dich mit meinen Sachen abmühen und ich sitze ganz gemütlich hier und kümmere mich um gar nichts!

Ich habe nie sicher darauf gerechnet dass meine Sachen in die Kaulbachstr so schnell kommen – das muss schönen Haufen Geld gekostet haben.

Da Du feste Absicht hier her zu kommen hast so möchte Dir rathen, nach dem „Abschied des Weltes" da sind wir sicher von jeder Unterbrechung und mein liebstes Gemausse ist Ihre Grandigkeit los. Ja? Wird bis 15 Dec: Das Schiff seeklar? Übrigens wie Du willst!

Wie gestaltet [s]ich die Wohnung, bist Du zufrieden? Ich bin sehr gespannt auf die Bude.

Und Franzl! Lacht er schon?

Liebstes Gemausse, ich sehne mich furchtbar nach Dir........... auch selisch!

Hier ist fest gefroren und Sonenschein, leider keine Schlittschuhe, der arme Shocoladen Zwerk steht vor der Türe mit Eiszapfen an der Nase, neulich sagte mir ich soll Dich grüssen und Du sollst kommen und mit Deiner warmen Hand ihn über die Wangen streichen, er weist [2] auch Woltaten Deiner Zauber Hand!

---

[46] BvS meint einen Abend bei Sophie von Scheve im Karneval 1903.

[47] BvS meint den von ihm entworfenen Umschlag zu *Ellen Olestjerne*.

Wer sind „Alle" die mit Dir wegen H[essel] F[ranz] brechen wollen?
Adam? Der wird auch mit der Zeit anders denken!
Die „Alle" machen nur grose Pfhrasen ohne Wolle!
Liebst Mamai, Bussi Bussi unendlich viel
Dein ober ganzer Such
Neuhauser/ˢ und Oxerin grüßen Gräfin herzlichst.
Ich noch ein Mal Bussi auf............ .

48   *FzR am 10. Dezember 1903 aus München*

Mein Such, hab vielen Dank und viele Bussi für deinen lieben Brief
Armer Such mit dem bösen Flock, ich kriege wirklich Angst, dass er
dir noch den Hals bricht – möchte gerne kommen und den Such
pflegen bist du richtig krank Suchi, dann schreib es mir, aber hoffentlich ist es wieder besser.

Suchi sei nicht böse wenn ~~ich~~ Gemäuse taktlose Scherze machen, habs
wirklich nicht wollen und bin mir selbst sehr böse über solche
Geschmacklosigkeiten, hab aber halbe Gehirnerweichung momentan
vor lauter Durcheinander besonders wenn ich schreibe. Wollte irgend
was darauf antworten, dass du in deinem Brief gefragt hattest: Lacht
der Franzl schon[48] – Mit den anderen hab [ich] [2] überhaupt garnichts
gemeint, nur dass ich sehr brav wäre und sehr Zeitlang hätte – Mein
guter Such, du brauchst gewiss nicht glauben, dass ich mich über Deine
„Anschauungen" lustig mache dann wärst du ein rechtes Schafi aber
geschrieben kann es wohl recht dumm geklungen haben – Basta!
Suchherz, grad vorvorgestern hab ich auch vom Koch geträumt und
zwar in Verbindung mit Matz, ist das nicht mystisch? Uebrigens war er
vorgestern Abend da, – auch mystisch, wenn jemand kommt, nachdem
man von ihm geträumt hat. Und hat mich gefragt, ob er nicht mit nach
Winkl fahren könnte. Ich denke mit Koch ist es dir auch nicht unlieb,
sonst hätt ich niemanden mitgenommen.
[3] Da du mich auf 15 Dienstag bestellt hast – ich wollte eigentlich
Samstag fahren, so würden wir vielleicht ~~Sonnt. Abend oder~~ Montag
schon hier weg und noch vorher einen kleinen Umweg machen,
Dienstag in Winkl sein. Aber bitte Suchi, pack sofort meine Bergstie-

---

[48] BvSs Bemerkung vom 8. Dezember über Franz Hessel zitiert FzR jetzt
als *Anlass* ihrer Bemerkung zur „ehelichen Treue"; doch sie ist ja *Folge* davon.

fel ein, damit ich die gleich hier anziehen kann und keine andern mitnehmen brauch. – Hergott, heut ist schon Donnerstag und Sonntag
werde ich in Solln übernachten – also schick ich dir lieber ein Telegramm mit den Stiefeln, damit ich sie Samstag habe. Willst du mir
nicht auch telegraphieren, wann ich, resp. wir in Winkl sein solln,
Dienstag früh? und schon am Dienstag [4] weiter oder Dienst. abend
und am Mittwoch los, – lege dir 50 ₰[49] dazu bei. –
Ich habe für die Reise etwa 30 M. reicht das? ~~muste~~ sonst muss ich
noch um mehr schauen.

– Nachher treffe ich Adam zu nochmaliger Verhandlung – lieber Such,
das reisst doch etwas an mir denn wir werden wohl ganz auseinander-
kommen ~~Su Es w~~ Schwabing wird immer verrückter, – Wolfskehl ist
der einzige, ~~der doch ein~~ auf den man sich verlassen kann und der
dabei von den andren ganz falsch taxiert wird. Die andern scheinen
sich verschworen zu haben mich von München wegzubekommen. Auf
Klages habe ich grossen Zorn, möchte ihn hier ins Haus locken und
mit Gas explodieren lassen. Hab dir viel zu erzählen. –
Aber nun Schluss, ich muss noch Zeromski korrigieren. Such, unser
Haus ist [5] doch „fabelhaft" – ich schreibe und wohne vorläufig
meist in der Küche, weil man immer nicht dazu kommt die andern
Räume zu heizen. Es ist immer noch Mordsarbeit, man sollte garnicht denken, dass es soviel zu thun giebt, es war alles unglaublich
schmutzig und verwahrlost, ich bin heute zum ersten Mal mit vieler
Schmierseife wieder halbwegs sauber geworden. Und jetzt leb wohl,
Schatzi lieber – ich freue mich so auf das Hinauskommen, du Such,
~~wenn K mitkommt,~~ und bussi dich viele Male.

49 *BvS am 10. Dezember 1903 aus Winkl*

Winkl 10. DEC. 03.
Mein Herz! Warum plötzlich am Samstag und am Montag zurück?
das lässt sich so schnell nicht machen – Du muss so rechnen: am
<u>Abend nach Winkl, früh mit Schlitten nach Reit im Winkl und dann
haben wir noch 5 Stunden nach Kufstein</u> – dann gehen wir auf den
Brünstein und von dar rodeln – Branneburg und München.

---

[49] Das früher gebräuchliche Pfennig-Zeichen.

Wenn schon denn schon !!!!

Also mein Herz mit den schönsten Augen, (Onkel Käf[50] sagte, ich nicht!) bitte Dinstag Abend zu kommen, selbstverständlich wenn es nicht geht mache so wie Dir passt.

Und jetzt Mamai kommt die Hauptsache, wie ist mit Money? Ich habe hier 20 M. Schulden, dann [2] noch Sattler ist zu zahlen u.s.w. Ist dir so eine pecuniere Anstrengung jetzt angenehm?

Bis 20. DEC. habe 70. M.

Nun mache wie Du kannst aber komme Dinstag, werde Dich baden, Bett vorwärmen, alles – – – – und Mittwoch früh mit feinen Schlitten und Fleck weiter.

Ja? Meine Süsseste?

Mitnehmen getheilten kurzen Rock-Sweter und was Du nicht brauchst wird mit meinen Sachen eingepackt.

Du gibst schon also Soupers in Deiner Burg aber natürlich nur für Auserwälte?

[3] Herr Gott freue mich auf die erste Nacht im meinem Zimmer zu schlaffen wo durch Deine zauber Hände alles hergerichtet ist!

Mamai Herz! Gutes! Süsses habe noch Geduld bis Dinstag und sei von mir furchtbar geküsst

Such

Noch eine Bitte wen es möglich! eine Unterhose möglichst kurze Beine und nicht stark.!

50   *BvS am 11. Dezember 1903 aus Winkl*

Winkl / 11. DEZ. 03.

Schatzi Herz! Also noch ein mal: Dienstag 5^{25} Münch Übersee 7^{25}. Abends, ohne zu telegrafiren hole ab.

Wozu Stiefel schiken und 50 Pf. Porto. Du ziehst hier andere an und Deine gehen mit meinem Handkofer nach München. Right!

Was ist eigentlich mit Adam? Wo ist der Grund? Ich oder Franzl? Oder beide?

Holl der Teufel! Ich verstehe nichts!

---

[50] Der Porträtmaler Hans Schadow.

Mit dem Geld weis nicht mein Mädi, ich brauche 30 M. hier, dann von Kufstein nach München und Bobi, Was thuen?

[2] Komme jetzt darauf das die Liste mit meinen Subskriebenten ist in Deinem Buch eingetragen jedoch das Buch ist nicht bei Marchlewski, ich sende die Liste, schaue gleichzeitig nach im Buch ob das Stimmt dann: die Subs für <u>Fr. Dr Hermann-Reihenhall</u> habe auf eine Postkarte geklebt und Dir zugeschikt, wie ist da mit?[51]

<u>Am besten gibst Du das Buch dem Marchlewski!</u>

Möchte Dich zu veranlassen bitten die Bücher nach beigelegter Subsliste gleich zu verschicken.

Also Du hast auch [v]om Koch getreumt, auch von Kitsch, auch beide in Sexueler Verbindung?

Bei mir immer, wenn ich von meinem Theuerstem treume ist der Sexuele stet dabei – so wars schon mi[t] Carlo – Koch – und für mich ganz Fremde.

Ich glaube auch daran!

Vor längerer Zeit ein Herr mit dem seiner Braut ich sehr intim war, erzelte mir scherzweise er hätte mich mit seiner Braut im Traum, in intimsten Umarmung gesehen! Es war auch war!

Was meinst Du dazu? Nichts!

Erst jetzt sehe ich aus dem Brief dass die Herrschaften vor dem „Winkl" einen Umweg machen wollen, und ich? Dös gibst nicht, Dös sog i! I möcht a mit!

Aber Spass bei Seite.

Eigentlich ich verstehe Dich manchmal [3] nicht – Einmal allein – dann wieder nur zu zwei. u – s – w –

Gruss und Kuss. Such

Schlüssel zum Hängeschloss!

Morgen schike den „Rabbi" dass Jemand zu Hause ist!

51 *BvS am 12. Dezember 1903 aus Winkl*

Winkl

Und doch mein liebstes Gemausse trotz Deinen Chiemesen hab Dich unglaublich Lieb! Nach der „Kitsch-Verirrung" habe mir geschworen

---

[51] Diese Postkarte (28) hatte er am 31. August verschickt.

niemals auf irgend Was Ideales reinfallen, und jetzt doch! iIch zapple schon!

Liest Du mein Gutes auch meine Briefe? Oder machst so wie ich „Malchmal" gesehen habe? Was macht Bubi? Hat schon seine Werkstatt? Sende heute den Rabbi, gieb ihm irgend ein leeres Zimmer und für die Zeit Deiner Abwesenheit leg ihm etliche in Milch eingeweihte Semmel und grosse Schüssel Wasser.

Vergiss auch nicht dass so ein Hauss wird gerne von Spittzbuben beobachtet und wenn Niemand da ist gleich bekannt, und eingebrochen!

Dinstag 7^{25} Abends hole ab. Koch wird wohl bei Posthalterin schlafen müssen, Dein Bett ist noch da.

Auf Wiedersehen und Bussi Dein S.

52   *FzR am 12. Dezember 1903 aus München*

Mein liebes Herzi Such –

Hab Dank für deinen heutigen Brief – Such, deine Briefe sind mir immer so große Freude und ich hab dich überhaupt furchtbar lieb – Aber ich muss jetzt hierbleiben, es hilft nichts, wegen Geld vor allem und auch noch andrer Sachen wegen – Bin schrecklich auseinander und hab in meinem Leben noch nicht so böse Gedanken auf Menschen gehabt, Franzl ist gestern fort, und ist mir das recht lieb, nur ist es sehr unheimlich Nachts allein in dem leeren Haus und manchmal fürchte ich mich elend. Komm bald Such, ich spinne sehr, es ist scheusslich, dass ich nicht kommen kann. –

[2] Reicht es dir zum Herkommen, wenn ich dir 20 M schicke? Werder nicht mehr können und hab Franzl schon arg gerupft. – Er Rabi kam heut morgen und ist kreuzfidel. Suchi Herz leb wohl, d es kommt mir wie Ewigkeiten vor dass ich von dir fort bin. Lebwohl Herzschatz und komm bald, hab heut von dir und Grabenstätt geträumt, dass Du nicht fort wolltest.

Kusse dich viele male.

Such, die ich schicke die versprochenen Marei-Schlittschuhe und etwas Kindersachen für die Ochserin. Giebs ihr, ja! ich hätt es wenn ich gekommen wär mit gebracht.

Bussi, Bussi Dein Gemäuse.

53 *FzR am 12. Dezember 1903 aus München*[52]

Lieber Such – ich habe [...][53] Koch nicht aufgefordert, er hat mich gefragt ob er mitkönne und ich hätte ihm nicht abschlagen mögen, oder sollte ich sagen, ich will alleine fahren? Du weisst ganz gut, dass ich lieber allein käme. – Er kann jetzt auch noch nicht – und ich wohl auch nicht. Unmöglich mehr Geld herzuschaffen – es werden ev. nur 20 M. sein, die ich mitnehmen könnte. Du hast doch vorher immer gesagt, du könntest das was du schuldig, von München aus zahlen. – Aber so ist es wohl besser ich schicke dir das Geld und bleibe hier – Wenn du überhaupt jetzt kommen willst? Dann schreib mir dass ich es schicke. – Warum findest du ein Haar darin, dass ich mit K. einen Tag früher wegfahren wollte, resp. halben, hast mir doch vorher geschrieben, dass ich erst 15 kommen sollte. – Ich wollte je eher je lieber ein wenig von hier fort, und bin gern mit ihm zusammen – grad wo ich schwer verstimmt bin von andern Leuten hier. Aber wie Gott will. Schreib mir also, Suchi, wann du nach M. fahren willst, schicke dir dann soviel ich kann. Wir können ja später eine Tour machen. Bussi, dein sehr trauriges Gemäuse [Rand:] Sprich zu Niemand hier von der Adamgeschichte.

54 *BvS am 15. Dezember 1903 aus Winkl*

Dinstag –

Mein liebstes Gemausse! Zum 10 Male lese ich Dein Brief und denke mir, was ist eigentlich los? Kannst nicht kommen und hast kein Geld! warum denn so eine verzweilte Stimmung?

Habe mich unglaublich gefreut, aber wenn es nicht seien kann, so kann ein ander Mal werden.

Nicht war?

Warum machst Du Dir bei jeder Kleinigkeit das Leben so schwer?

Was hab ich den wegen Koch geschrieben? Absolut nichts was Dir nicht gefallen sollte! Nun auch basta!

Schike was Du kannst und ich bin gleich bei meinem Gemausse, kannst auch mit dem Geld hier kommen, und wir machen doch eine Tour – leider der Schnee schwindet und mit Schlitten wird bald nicht

---

[52] Der Brief ging versehentlich zuerst nach Reit im Winkl.

[53] Hier ein unleserliches Wort.

mehr gehen.

Habe viel zu thun gehabt, da ich ganzes Bauern Zimmer zusa-
manengestellt habe – um den Grafen für Sommer [2] uns zu sichern.
Hofentlich wirst Du auch kommen wollen!

Und nun mein Herzgemausse zum Teufel mit der Spinerei und hilft
das, dass ich Jemanden von den Adam⁸/aufhetzer paar Rippen brechen soll, so thue ich mit Vergnügen!!

Sei doch guter Laune mein Gutes! werde kommen, mein Gemausse
hüten, pflegen, und arbeiten dass wir Geld haben.

Eben habe jetzt Oxenfleish auf dem Tisch – zum Abwexlung – die
Theres grinst mich durch Kuckloch an und fragt – Kommt die Frau
Gräfin?

Ich küsse Dich mein Liebstes auch auf Bauchi

Dein Such

Bitte noch ein Mal um ein Buch Umschlag will Kubiny[54] schiken.

[umlaufend auf den Rändern:] Auf den Gedanken dass ich mich bald
bei meinem Gemausse wärmen werde, meine Nerven und und Mus-
celn spannen sich und erzittern wie Guittaren Seiten! Ach, freue mich
darauf!!!!

55 *FzR am 16. Dezember 1903 aus München*

Such, mein liebes Herz, hab mich so über deinen lieben Brief gefreut
und ~~sei~~ hab ein wenig Geduld mit mir ich war ein bissel überhetzt
und verstimmt. Schau, es ist mir keine kleine Sache, dass der Schwabinger Moloch mir auch meinen Adam verschlungen hat. Und das
hat er vollkommen. Suchi, das ist wie eine schwere Operation, von
der man sich nicht so rasch wieder erholen kann. – – –

---

[54] Der ungarische Maler Sándor von Kubinyi.

Abb. 13, 14, 15 – Schloss Winkl bei Grabenstätt, Zustand um 1900

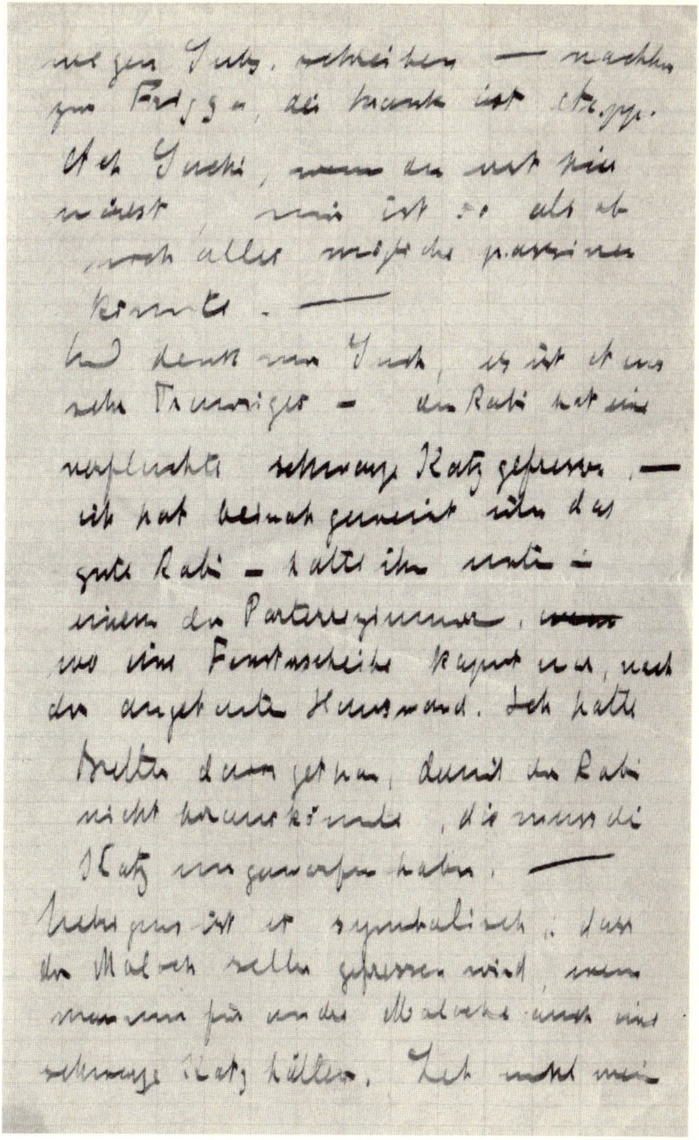

Abb. 16 – Ausschnitt aus Brief 55 von FzR

Morgen oder übermorgen denke ich dir das Geld schicken zu können, heute schick ich dir nur die Sachen für Marei und Oxerin und 1 Roman für Kubiny. – Damit hats auch noch grosse Scheererei gegeben, 34 Exemplare zurück gekommen, habe grosse Schreiberei deswegen, die ich selbst übernommen, weil sonst noch mehr verbummelt wird. [2] Eine Sally Arnheim hat sogar uns die Polizei auf den Hals geschickt, weil sie behauptet nicht gesubst[55] zu haben und aus Versehen die Nachnahme gezahlt hat, etc. pp. –

Ausserdem hatte ich 200 Seiten Zeromski zu korrigieren und hab eine Uebersetzung für Langen genommen, ~~die~~ die ich jetzt rasch machen muss, denn mit den Finanzen siehts bös aus. Was Franzl mir gegeben, war weg wie Butter – Ich wär trotzdem gern herausgekommen, aber wir wollen lieber nach Weinachten eine schöne Tour machen mit Ruhe, Zeit und mehr Vermögen und besserem Wetter. Mir ist momentan auch nicht recht wohl, kurz, es ist besser nicht. –

Jetzt muss ich wieder Briefe [3] wegen Subs. schreiben – nachher zur Frigga[56], die krank ist etc. pp. Ach Suchi, wenn du erst hier wärest, mir ist so als ob noch alles mögliche passieren könnte. –

Und denk nur Such, es ist etwas sehr Trauriges – den Rabi hat eine verfluchte schwarze Katz gefressen, – ich hab beinah geweint über das gute Rabi – hatte ihn unten in einem der Parterrezimmer, ~~wenn~~ wo eine Fensterscheibe kaput war, nach der angebauten Hauswand. Ich hatte Bretter davor gethan, damit der Rabi nicht herauskönnte, die muss die Katz umgeworfen haben. –

Uebrigens ist es symbolisch, dass der Moloch selber gefressen wird, wenn man nur für andre Moloche auch eine schwarze Katz hätten. Leb wohl mein [4] guter lieber Such. ~~F~~ Du musst noch Ende der Woche kommen, ich schick sobald möglich.

Und bussi dich viele male

Dein Gemäuse.

56 *BvS am 17. Dezember 1903 aus Winkl*

Winkl

Mein Liebes! Liebes!

---

[55] subskribiert.

[56] Die erste Frau von FzRs Vetter Rolf von Brockdorff.

Es ist sehr traurig mit Adam, ich weis wie das Einen nimmt, reisst, aber da macht man eine Analise: weshalb – warum – durch Wem? Alle Sentimentalitäten von sich wegweisen und nur mit Vernumft analisiren und Du wirst zum Resultat kommen dass Adam nicht mehr die selische Zuneigung zu Dir hat, wenn er sich plötzlich abwendet, und weshalb? Durch Jemand seine filosofisch Kosmisch-Enorme Vorträge[57]?

Du bist vielleicht dem Adam – durch Andere – zum 0 zusammen ge-schrumpft und für <u>Andere</u> wächst Du zu einen Grösse! Ich glaube das hast Du in Deinem Leben öfter durchgemacht. Ich auch! Es ist wie ein Naturgesetz! Hast Du mit anderen Menschen in Deinem Leben nicht so gemacht? !!!

[2] Ich begebe mich zu sehr in Dein Innerstes mein liebes Hertz, und dabei verstehe ich vielleich ganz anders als Du.

Den Rabbi beweine ich bitter!

Er kamm mir öfters vor wie Pfilosof Momsen und gleich, wie englischer Excentrik.

<u>R + I + P.</u>

Was ist mit den Subsen? Sind die Leute Hanswursten? Sally! Feiner Name!

Unsere Tour ist selbstredend nicht aufgegeben, und wir machen sie nach Weihnachten, auch von hier aus.

[3] Was kann Dir passiren mein Hertz? <u>Hart sein, stark sein</u>! Hast Du schon andere Sachen in Deinem Leben durchgemacht!

Mein Liebes Liebes Mamai Hertz! Such hat Dich furchtbar lieb, für Dich und um Dich zu allem fehig, und küsst Dich auf Deine schönen Lippen – auch die Anderen – viele, viele Male

Dein Such

Marei sagt „Vergelts Gott![']

Oxerin treumte von Dir!!

57 *FzR am 18. Dezember 1903 aus München*

Freit.

Suchi, guter lieber, eben kommt Dein lieber Brief, hab so viel Dank

---

[57] Gemeint ist Ludwig Klages.

dafür – und der guten Oxerin ihrer[58] hat mich so gefreut, sag ihr noch einen schönen Dank War ganz gerührt über den Traum und liebe sie immer mehr.

Suchi, des Gemäuses Herz ist ganz zerrissen und dann wieder von den wildesten Rachegedanken erfüllt und alle Reflexionen helfen nichts, – bei mir nie. Habe nicht die Kraft sie mir aufzuzwingen. Bin ein paar Tage nur mit Revolver im Muff ausgegangen, auch zu K[lages] traf ihn aber nicht. Dann les ich wieder alte Briefe von ihm und von A[dam] und zerfliesse wieder und kann überhaupt nicht mehr schlafen. Suchi, ich weiss ja, dass [2] bei A. alles nur Suggestion ist, auf Momente war er wieder ganz der Alte, wenn ich mit ihm sprach und besinnt er sich wieder auf das, was K. ihm diktiert hat. Hätte ich das Gefühl das er wirklich von sich selbst aus mit mir fertig ist, so wär ich halt auch mit ihm fertig. Das kenne ich. Wer weiss, um was ich dich noch bitten werde – [59] Samstag sehe ich K. –

Suchi, ich hab andre Sachen im Leben durch gemacht, aber dies ist das Schlimmste, noch niemals hat es mich so auseinandergewühlt, bei andren Sachen war man einfach traurig oder erschüttert oder Gott weis was – Will lieber nicht mehr davon reden –

Fahr heute für Nacht nach Solln, morgen früh zurück – Suchi komm bald und hab mich lieb. Gemäuse brauchen sehr viel Liebe, auch wenn sie manchmal Kratzbürsten nach aussen sind. Addio Suchischatz

Dein Gemäuse

***

---

[58] Dieser Dankbrief der „Oxerin" lag bei: „*Vielgeliebte Hochvererthe Frau Gräfin.[Absatz] Mit großer Freude habe ich die schönen Sachen entpfangen als es mir der Herr Graf gebracht hat ich hab ihm meinen Traum erzählt den mir hat geträumt ich hab auch gesehen sie sind zu mir gekommen u. waren so schön ich hab gemeint ein blaues Kleid haten sie an u. bei mir im Zimmer waren sie da. O. weh u. sie kommen nicht wen sie aber komen gehen sie schon wieder zu mir heraus [2] Ich sage Taußendmal vergelts Gott vier das alles was sie mir geschickt haben. Ich wünsche ihnen gute Weihnachten u. ein Glükliches neues Jahr. Viele herzliche Grüße von Maria Schindler.*"

[59] Die Passage „Wer weiss, um was ich dich noch bitten werde –" ist mit Bleistift mehrfach unterstrichen.

58 *FzR vermutlich Anfang Februar 1904 in München (aus dem Krankenhaus)*

Suchi – Dank schön, möcht Bubi noch sehen – Such und Fädchen –
dürfen jetzt alle kommen. Vielleicht schicken Sie Fädchen und Bubi
auf 1 Moment und kommen selber Nachmittag <u>recht</u> früh. Will auf
jeden Fall heim. Momentan noch sehr Chloruformkater Addio, Bussi,
bitte meine gute Bobbymaus schicken,

59 *FzR vermutlich Anfang Februar 1904 in München (aus dem Krankenhaus)*

Suchiherz, ich bleib heut lieber hier, – – und willst du mich nicht
lieber erst Freitag abholen, früh kommen hier essen und Nachm. fahren wir herein. Morgen kommen wahrscheinlich Leute, – und ich bin
recht kribbelich. – – (Wenn du aber morgen kommst freu ich mich
doch.) –
Gieb bitte ein Taghemd für mich mit und bringe auch einen Rucksack wenn du kommst –
Bussi, Bussi, Bussi, hab dich sehr sehr lieb

60 *FzR am 16. Mai 1904 aus München*

Mein Suchiherz, ich hab sehr Zeitlang nach dir und denk, es wäre
doch schön, wenn ich mit Dir in Winkl wäre, und den Such in seiner
Thätigkeit als Woltl[60] sähe. Wurde gestern am Heimweg noch ganz
durchgeregnet, dann mit Franzl Glühwein getrunken. Mir ist heut etwas besser, Schmerzen nicht mehr so arg, das andre ebenso, hab
mich aber doch nicht getraut wegzufahren. Heut bin ich sehr fleissig,
habe eine Menge Briefe geschrieben, und will gleich auf die Post.
Ist der Such vergnügt, Gemäuse ~~bes~~ nicht besonders, aber es geht
doch wieder
Leb wohl Suchi freundlicher, guter und behalt mich lieb

61 *BvS am 16. Mai 1904 aus Winkl*

Winkl. 16 –
Mein Herz!
Wie gehts Dir. Schatzi – Gutes – ohne Dich ist hier nicht halb so
schön trotzdem dass die 4 Kastanienbäume alle ihre Kertzen angestekt haben auf demen die Binnen sich schaukeln und summen.

---

[60] „Woldl" oder „Woltl" bezeichnet eine Art Hausmeister.

War der Woldl bei Dir mit Blumen?

[2] Was macht Bauchi? Schon gut? Hoffe !!!!!

Die Frösche quaken ganz wansinnig als ob sie Dich und Bubi hier her riefen. Flock hat entschieden Gehirnerweichung will nur auf zwei hinteren Beinen gehen.

Sonst alles bei altem – Theres schimpft! Hans[61] in ewigen amouren zu seiner Nachbarin, und ich entsetzliche Kopfschmerzen –

Küsse Deine Füssi und Dich liebe S.

62 *FzR am 17. Mai 1904 aus München*

Guter Suchi – der Woldl war gestern hier Blumen hatte er leider verloren. Eben beim Doktor[62], hat noch nichts gemacht, weil dasselbe fortbesteht, und er Bauchfellreizung fürchtet. Freitag will er's auf alle Fälle mache[n], sagt man könne es so nicht weitergehen lassen. Kann man also nichts machen wie sich ein bissel zusammennehmen, und ich will dem Such nichts vorlamentieren. Und der arme Suchi hat wieder sein verdammtes Kopfweh

Ich bussi Dich 1000 mal und hab dich furchtbar lieb, hab mich so sehr über Deinen Brief heute früh gefreut. Lieber, Guter – Dein Gemäuse.

63 *BvS am 17. Mai 1904 aus Winkl*

<u>Winkl – Dinstag</u>

Meinem Wonnemonat Geburtstagskind 1000 Wünsche und besonders dass die Harmonie wie ein ewiger Sonnenschein zwischen uns besteht – mein Gutes – Liebstes!

Ist Mai vergnügt? Und Griesmuss öfters eingebrant?

Hat Mai keine Absichten hier her zu kommen, natürlich nur bei volkommener Gesundheit, ich bleibe höchstens bis Montag hier, wo möglich Sonntag. Bei Hübler gewesen? Und?!

Bitte Mai, sende mir sofort meine <u>kurze Wichs</u>, und [2] <u>weise Hosen,</u> <u>Unterhosen</u>, ich schwitze hie wie Yorkhire Mastschwein und habe nichts zu wechseln, habe gestern nach dem reiten selbst Unterhosen gewaschen.

---

[61] Ein Stier.

[62] Der Münchner Gynäkologe Dr. Hübler.

72

Mein liebstes Gemausse soll nicht traurig sein, ich werde baldigst kommen und weiter pflegen – Kakao kochen – Mittag u. s. w, auch die emalilen, erotischen Fussi küssen.

Ich liebe Dich

Dein S.

64 *FzR am 18. Mai 1904 aus München*

Du mein einziger guter Such,

das wunderschöne Deckchen, ich hab mich ganz furchtbar drüber gefreut und finde es schrecklich lieb vom Suchi. ~~DEr~~ weiss ja dass ich mir so eins gewünscht hab Hab das Deckchen gleich auf mein Bett getragen, da liegt es jetzt so freundlich und blau und denkt an uns beide. Vielen vielen Dank mein Suchi. –

Ich komm eben erst 11 Uhr heim, war gestern Vormittag nach Solln, Gesellschaft dort, ~~ging mit ihnen~~ fuhren nach Ebenhausen, von dort nach Leoni [2] Possenhofen und dort die Nacht geblieben Ich dachte es wäre für meine Spinnerei ganz gut sich etwas herauszureissen aber mir ist körperlich so schlecht, dass ich bald nicht mehr mitspiele und mich einfach hinlege. Bluti fängt fortwährend an und hört wieder auf. Doktor hat gestern gesagt, wenn es bis Freit. – Samst. nicht besser wär, müsste er auf jeden Fall eingreifen –

Suchiherz, hab die Sachen gleich zusammengepackt – trotz dem schlechten Wetter, der Such will gewiss zu einem Schützenfest oder ähnlichem, weil er erst Sonnt. od. Montag kommen will. Eigentlich möchte ich den [3] Suchi bitten <u>recht</u> bald zu kommen, mir ist so schlecht und so fad, aber ich denk auch wieder, dass ich jetzt wirklich schlechte Gesellschaft und oft so schrecklich gereizt bin. Ich wollte ja eigentlich selbst ein paar Tage fort, irgendwo hocken, aber mir ist zu miserabel, ich habs gestern u. heut bei der Tour gemerkt. Muss nun heut mittag noch mit Solln und Rolf[63] essen, dann verkrieche ich mich in meine Höhle.

Nur das blaue Deckchen hat mich vergnügt gemacht

Addio mein Herzisuch, sei nur recht vergnügt, ich werd doch bald [4] wieder gesund sein und dann ist Alles sehr schön. Ach bitte komm

---

[63] FzRs Vetter Rolf von Brockdorff.

73

doch bald, hab Angst dass ich nach der Doktorgeschichte richtig krank werde und bett liegen. Leb wohl guter lieber
1000 Bussi Dein Gemäuse

65 *BvS am 18. Mai 1904 aus Winkl*

Winkl

Die Kastanien haben wieder ihre Kerzen angezündent, aber das blonde Mädi ist wieder nicht da.

Der Stier muht – die Frösche lieben sich en gros, Spaziergang über Haxenöst nach Grabenstädt – bei Neuhauser Hani schläft mit der schwarzer Katze – Neuhauser freut sich sehr und erkundigt [2] nach Frau Gräfin und Bubi

Hochfällen glühen in der Sonne – Hochgern[64] verhillt sich in die Wolken und hat noch weise Pelzmütze, regen, regen und traurig.

66 *BvS am 18. Mai 1904 aus Winkl*

<u>Mittwoch</u>

Mai, Herz Gutes!

Du lamentierst mir gar nicht vor wenn Du schreibst, wie Dir ist, mich kümmert jeder Atom Deines Lebens, möchte Dich nur bitten möglichst viel liegen zu bleiben, das hilft am meisten.

Ich habe jetzt so ein Verlangen nach Dir dass mir manchmal ganz schwiendelich wird, radle und reite aber fortwerend um mein sündhaftes Fleisch und Beine ganz mürbe zu machen.

Habe Mai auch furchtbar lieb und bin Dein S.

67 *BvS am 19. Mai 1904 aus Winkl*

Winkl – Donnerstag

Miau, Miau, Miau! O hätte ich hier meine schönste Frau
Un diese herrlichen Beine
Und Augen?!!!
Solche in der Welt hat gewiss Keine!
(frei nach denn gekotzten Blätter[65])

Schatzi, herz – gutes! Hast Du Dich gefreut? Ich auch dass Dir ir-

---

[64] Hochfelln und Hochgern sind zwei Aussichtsberge im Chiemgau.

[65] BvS spielt hier auf Stefan Georges *Blätter für die Kunst* an.

gend was Vergnügen macht bin aber traurig dass Dich was wehtthut: Ich mache kein Schützenfest oder dergleiches, bin ganzen Tag in Winkl, helfe bei Kaibis Geburten u,s.w. [2] Miss Conner[66] ist hier und freut sich über jede Blume und hupfenden Frosch wie ein Kind, darinen hat sie grosse enlichkeit mit meinem Gemausse.

Gestern alst ich von Grabenstätt Nacht nach Hause ging, bemerkte im Sumpf bei der Schmiede ein Licht im Grase brennen ich ging nach und das Licht flackerte und entferte sich immer weiter bis ich auf eim mal bis über die Knie im Sumpf war, und da [war] mir auf ein Mal ziemlich unheimlich.

Das wäre was für die Schwabinger Kosmetik[67]!

Eben kekomme Packet, wo ist die Lederhose? In der Schachtel ist sie nicht. Im Hall!!!!!

[3] Werde sofort kommen wenn der Verwalter hier ist, ich glaube Samstag, ich habe nach meinem Maiherz auch Sehnsucht.

Ich küsse Dich furchtbar und liebe Dich Dein S.

68 *BvS am 19. Mai 1904 aus Winkl*

Winkl 19 – M. 04

O Du Mein liebstes Herzi, Schatz!

Wie freue ich mich dass Dich Alle so lieb haben und Dein Geburtstag feiern, es sind auch liebe Menschen die um Dich sind.

Ich werde baldigst kommen – ich muss Deine Augen sehen und Dich pflegen, das ist mir beinahe jetzt zum Lebenszweck geworden.

Heute kam ein Amerikaner, Freund der Miss Conner, sind beide furchtbar vergnügt, wir radeln kurz und Quer das ganze Land.

Auf wieder sehen Bussi-Bussi und ich liebe Dich ganz wahnsssssssinig Such

Hinlegen und ruhig liegen!

69 *FzR am 19. Mai 1904 aus München*

Suchiherz, geliebtes, nun überschüttest du dein Gemäuse noch mit den schönsten Blümchen. Ich lag noch im Bett unter dem wunderschönen Deckchen und die Maus schleppte mir den Karton vor's

---

[66] Eine nicht näher identifizierte Besucherin in Winkl, mit BvS bekannt.

[67] Mit „Schwabinger Kosmetik" werden die „Kosmiker" veralbert.

Bett und machte ihn auf und das ganze Zimmer war wie eine Flieder-laube. Du freundlicher.

Gestern wurde das Gemäuse sehr gefeiert assen mit Luzens, Rolf und Manasse[68] in der Bar. Luzens schenkten mir eine Reitgerte in Ro-sen, nachher ins Laboratorium wo der Rolf mir ~~sehr schöne~~ seidne Strümpfe und im Namen des Bureaus einen Schinken überreichte, dann kam noch Stern und g-g-g-g-gratulierte mir zu meinem Ge, ge-burtstag.

Ich hab nur so Bauchweh gehabt, dass ich dachte ich käme nimmer nach [2] Hause, werde jetzt ein paar Tage ganz daheim bleiben und liegen, nur morgen zum Hübler fahren. Es ist jetzt eine heftige Eite-rung, nachts ziemlich Fieber, heut aber doch wohler. Wenns dir besser passt, Suchiherz bleib nur ruhig noch ein paar Tage, wenn's nicht geht, kann ich ja telegraphieren.

Gott, wie gerne wär ich 1 Tag herausgekommen, gestern früh in Possenhofen wurde mir so landsüchtig, aber ich kann nicht. Ach Su-chi, meine ~~S~~ sündhaftes Fleisch wird durch diese dumme Sache ganz getötet. ~~af~~ aber hoffentlich wird es wieder auferstehen. –

Leb wohl, geliebtes Suchiherz ich hab Dich furchtbar lieb. Unzählige Bussi von Deinem Gemäuse

70 *FzR am 20. Mai 1904 aus München*

Suchiherz – hab heut nicht geschrieben, weil ich dachte du kämest vielleicht. – Für den Fall, dass du noch länger bleibst muss Dir aber noch sagen; dass die Sollner ihren Apparat bis spätestens Dienstag haben möchten, weil sie Mittwoch nach Frankfurt fahren. Na, bis da-hin wird der Such aber doch wohl kommen, schreibe es nur für alle Fälle Hab so viel Dank f. D. heutigen Brief, es freut mich so dass der Such vergnügt ist

Leb wohl Herz, ich bin totmüde und etwas blödsinnig.

Grüsse Conner

Dein Gemäuse

71 *FzR am 20. Mai 1904 aus München*

Suchiherz, geliebtes, es ist so schön wenn jeden Tag ein Brief von Dir

---

[68] Oder Manesse; der Namensträger konnte nicht ermittelt werden.

kommt. Ach Such und das schöne Deckchen, ich hab so viel Freude dran. – Sei nur nicht bös über die Lederhose, ich bin ein schreckliches Rindvieh, hatte alles so schön zusammengesucht und hab sie dann herausgelassen. Zu dumm! – Jetzt zu schicken hat wohl keinen Zweck mehr. – Gott wie gerne wäre ich herausgekommen, aber es wär zu leichtsinnig, würde mir das Bauchi wieder ganz ruinieren. Danke der Conner 1000mal für ihre Karte und sag ihr, ich wär sicher gekommen, wenn mir nicht so schlecht.

– Eben komm ich von Hübler; es ist eine Entzündung im ~~Inne~~ äussersten Ende der Geb. M. [2] und drei kleine Abscesse am Muttermund. Er hat alles mit Sublimat getupft. –

Ich hab meine einstige Geduld zum Kranksein ~~re~~ wieder hervorgesucht und bin gar nicht mehr so gnauzig. Es sind jetzt auch mehr richtige Schmerzen und die sind mir lieber als das Druckgefühl, das mich immer so wild macht. Suchiherz, noch einmal: wegen meiner kannst du ganz ruhig noch ein paar Tage bleiben, ich denk es mir doch sehr nett mit der Conner noch etwas in der Gegend herumzustreifen, es muss ja jetzt blödsinnig schön sein, draussen. Ich wollte ich könnte auch kommen. Morgen ist grosses Juchhe in Solln, Weinabzapfen u. eine Menge Leute, ich soll durchaus hin, bleibe aber hübsch hier und schone mich [3] um schnell wieder gesund zu sein. Eigentlich ist es auch in unsrem Haus und Hof so schön, dass man es ganz gut aushalten kann ein bissel eingesperrt zu sein und ich sage mir zum Trost, es ist immer noch hundertmal besser wie voriges Jahr die Maulgeschichte. Wenn der Suchi erst hier ist, soll er mich recht verwöhnen.

Suchihuz, lass dich nur nicht von den Irrlichtern wieder in den Sumpf locken, ich finde es furchtbar romantisch und mich hätt' es wahnsinnig gegruselt. Nun leb wohl mein liebster, guter freundlicher Suchi, ich bin schon etwas traurig dass ich nicht heute bei dem herrlichen Wetter hinausfahren kann.

Tausende von Bussis

Dein Gemäuse.

Droga Julis! [*evtl. auch „Julij"*] Dzięki! [69]
[2] Wünkel
Herz Lieb!
Heute mit Graf hier – wann zurück weiss nicht. Wie ist in Solln? Was macht Heu-Schnupf? und sonst Alles? Schlüssl bei Koch?!
Hier alles zur verfügung habe aber nicht ein Mal Geld zur Briefmarken. Holt der Teufel!
Bin doch bald in München [3] denn mein Gemause ist mir lieber wie alle Herzöge.
Kuss aufs Herz
Such.
pr Adr. Graf Orlowski in Winkl Post Grabenstädt.

73   *BvS am 15. Oktober 1904 nahe Forte dei Marmi[70] (Ansichtskarte von „Bagni di Lucca, Fornoli, Ponte delle catene" mit dem Foto eines Radfahrers)*
[im Bild links unten:] SUCH.

74   *BvS vielleicht im späten Herbst 1904 aus München*

Mein Liebstes!
Habe Märkel erledigt, er bat mich aber sehr das Klavier noch zu malen – es ist aber noch nicht hier das Klavier – wenn nicht bis Freitag hier ist, so warte nicht und komme zu meinem Hatzi-Patzi.
Morgen soll noch nach Solln um irgend [2] was für Dich holen –
Sonst habe mein Liebstes sehr lieb und brauche keine Neben Hatzi –
Ein Kuss auf Dein Hertz.
Dein SUCH
[am oberen Rand umgekehrt:] ! Nur eine ¼ Stunde süsses Weib!!!

---

[69] Polnisch für: "Liebe Julis! Danke!" Vermutlich handelt es sich um den verworfenen Anfang eines Briefes von BvS an seine Schwester Julia Massalska in Warschau, die er im folgenden Jahr besuchte.

[70] Hier hatten FzR, ihr kleiner Sohn Rolf, BvS und Franz Hessel den Sommer und frühen Herbst 1904 verbracht.

II – Kleine Reisen

(April 1905 bis Oktober 1906)

75 *FzR am 20. April 1905 aus Würzburg*

Liebster geliebter einziger Such
Ich hab so Heimweh nach Dir, dass ich mit dem Entschluss kämpfe
wieder zurückzufahren. Die Maus fing gegen Abend auf einmal an zu
heulen und sagte „mein Süchelchen, jetzt haben wir kein Süchelchen
mehr['], und dann fing das grosse Gemäuse auch an mit zuheulen.
Ach Suchi, was machst Du wohl jetzt? Liegst Du in meinem Bettchen? Ich glaube lange kann ich es nicht aushalten ohne Dich –
Bin jetzt totmüde. Der Maxl[71] hat mir eben noch 13 Gedichte von
Mombert vorgelesen, Jessas Maria. I̶ A̶b̶e̶r̶ ̶e̶Ein guter Kerl, nur literarisch ganz unglaublich u̶n̶d̶ aber „bös['] ist er nicht geworden. –
Hat mir ein sehr nettes Zimmerl in seinem Haus besorgt und ist sehr
entzückt von mir, was mich grade heute doch wundert, weil ich
namenlos müde und blöd bin – Jetzt Bettchen. Nun [rechter Rand:]
kann ich wenigstens ungestört an meinen Such denken [linker Rand:]
Tausende von Bussis dein Gemäuse

76 *FzR am 21. April 1905 aus Rossbrunn (Ansichtskarte, mehrere Farbbildchen der
Ortschaft, heute Waldbüttelbrunn westlich von Würzburg)*

Glücklich unterwegs und vom Maxl befreit. Jetzt kriegt man allmählich bessere Laune. Hoffe auch für Miltenberg. Gruß an Franzl u
Juxer[72], – und jetzt besteigen wir wieder das Stahlroß. Weg ziemlich
schlecht und viel Höhen endlos [zwei unleserliche Wörter]

77 *FzR am 21. April 1905 aus Babenhausen*

Mein geliebtes Suchiherz, du freundliches – wenn ich doch nur erst
ein Wörtchen von Dir hätte, ich hoffe in Alsbach finde ich eins. Ich
sehne mich ganz entsetzlich nach Dir und es ist nur erträglich, wenn
man immerfort in Bewegung ist. Aber doch grade beim Radeln muss
man wieder immer an den Suchi denken. Du würdest so viel Spass

---

[71] Der Schriftsteller Max Dauthendey.

[72] Ein vorübergehender Mitbewohner in der Kaulbachstraße.

Abb. 17 – Ansichtskarte von der Radtour Würzburg–Alsbach, Brief 76 von FzR
Abb. 18 – Das Kurhaus Laudenheimer, das FzR im April 1905 aufsuchte

daran haben. – Heut haben wir bis 8 geschlafen, dann nach Miltenberg und Obernburg, es war ein blödsinniger Gegenwind und Staub,
kaum vorwärts zu kommen, wir fielen aus Verzweiflung in ein kleines
Dorfwirtshaus ein, wo nur ein blonder Knabe war, der weder Kaffe
noch Milch finden konnte, weil die Mutter nicht zu Hause war.
Schliesslich fand er wenigstens einen Kräuterschnaps, der etwas an
Wermut erinnerte und erzählte mir wie er sich vom Militär freima-
chen und in die Welt hinaus wollte. In Obernburg fand sich dann der
erste Mann, der Kilometer und Wege wusste – bis dahin fand sich
alles von selber, aber hier wäre [2] ich wahrscheinlich auf einen sehr
schwierigen gekommen und die Maus war schon müde. Ueberhaupt
ist's viel mehr wie ich gedacht hatte. Würzburg Mondfeld 50–60 km.
Mondfeld Obernburg ca 40–50. Von da hierher 25 u. von hier Alsbach noch 25. F Von O. fuhren wir mit 4 Gymnasiasten, die sehr
niedlich waren, dann noch durch einen langen Wald, wo Hessen
anfängt, endlich ohne Wind und auf gutem Weg. Hier vor dem „Hotel" stand ein ganzer Radlverein und brüllte All Heil, stellte sich als
Radlclub Adler aus Hanau vor und, berauschte sich an Bubis Leis-
tungen und meinem Mut (Revolver am Gürtel,) einer sang uns zu
Ehren: das Bundeslied, Hurra, all Heil etc.. Wir verbrachten sodann
eine angenehme Stunde als „Sportskollegen an der Wirtstafel". Der
Häuptling stellte sich als Juwelier aus Hanau vor und forderte mich
auf ihn dort gelegentlich aufzusuchen, wahrscheinlich in dem Glauben, grosser Juweleneinkäufe. Es war einfach entzückend. – Ich hätte
eigentlich noch bis Alsbach kommen können, aber spät Abends und
wollte die Maus nicht überanstrengen. Mein Bauchi auch nicht, heute
hab ich trotzdem ganz gut fahren können. Suchi, die Gegend thäte
Dir auch gefallen, es ist mal etwas so ganz anderes, vor allem gefallen
mir die Leute, etwas angenehm cultiviertes und selbstverständliches
[3] Ich habe beim Fahren immer noch Italien im Kopf mit der wider-
wärtigen neugierigen Bande, und da ist es [e]in ungeheurer Gegensatz. Im Vergleich zum bairischen Volk sind sie angenehm unoriginell
und nicht so brummig und es macht mir Spass einmal wieder mehr
hochdeutsch zu hören. Die kleinen Dörfer sehen sehr ärmlich aus,
mit Misthaufen vor der Tür und viel alte Häuser, in den grösseren

Orten ⊢Türme wo das Thor durchgeht und manchmal Mädchenty-
pen die an alte Madonnen erinnern. Dazwischen überall die blü-
henden Obstbäume. Kurz, alles macht einen sympathischen und hei-
teren Eindruck. – Jetzt wird das Gemäuse in sein Bettchen höppchen
und seine Gedanken wandern in die Kaulbachstrasse. Ob du in
Deinem Zimmer sitzt? oder in der Küche mit dem Juxer? Ob Du zu
Woya's[73] fährst oder nach Winkl? Du Allergeliebtestest. – Morgen
früh fahren wir den Rest nach Alsbach – wie wirds da werden? [4]
Ich will vor allem meine Nerven los kriegen und grossen Fleiss lernen. Und schlafen, schlafen. Die Maus ist furchtbar lieb und voller
Vergnügen und denkt oft an den Suchi. Es freut mich so, dass er so
an Dir hängt. Aber jetzt bin ich gradezu totmüde. Gut Nachti mein
Herz, mein Geliebtes, mein Einziges, ich hab Dich so furchtbar lieb
und fürchte mich wie ich es ohne Dich aushalten soll. Am Bahnhof
hätte ich Dich gerne noch so wahnsinnig gebussit, es kam mir so un-
möglich vor, dass Du dabliebst und ohne mich fortgingst, und sehe
Dich immer noch vor mir wie Du dastandest. Wenn ich doch von
Dir träumte, letzte Nacht hab ich garnichts geträumt. –
Gute Nacht und unendliche Bussi's mein einziger Suchilili,
Deins.

78 *BvS am 21. April 1905 in München*

CHAR:FREITAG.

MAMUPT-HERZ!

Wie war die ⊢Reise? und Maxl? Telegramm hat mich furchtbar erfreut
– ich lag noch in Deinem Betchen welches noch ganz nach Dir duf-
tet.

Wir sind hier ganz verweist ohne Dich, der Bobi sitzt ganz blöd und
gukt nach der Tiere, als ob der Bubi jeden Augenblück kommen
musste.

[2] Bin sehr neugerig mein Mädi wie die Radtour abgelaufen ist.

Hier ist eklich kalt und regnerisch ich heize die Küche und ARBEI-
TE!

---

[73] Gemeint ist das Gut der Hentschels (der „Wojas") in Witschenske
(Wyciążkowo) nahe Posen. Posen als nächstgelegene größere Stadt wird auch
in den folgenden Briefen erwähnt, ebenso Lissa (Leszno).

Viele Bussis und hab mich lieb S.

[3] Grüsse v. Juxer u Franzl!

[Die 4. Seite enthält einen anderen Briefbeginn: „Mittwoch 12 – Uhr Im Hause wie ausgestorben", der aber nicht fortgesetzt wird.]

79 *FzR am 25. April 1905 aus Alsbach*

Mein Suchiherz, mein einziges, ich dachte schon Du hättest mich ganz vergessen hab erst gestern Deinen Brief gekriegt und mich so arg gesehnt danach. Das geliebte Suchbriefi war wie ein Tropfen auf einen heissen Stein und ich hab es vielemale gebussit und gelesen, Du artiges, freundliches, dass Du ans Arbeiten gegangen bist. Denkst Du oft an mich, wenn Du in's Bettchen schliefst und morgens, wenn Du ganz faul und lange drin liegst. – Suchili, ich hab so ~~weni~~ Heimweh, dass es mich ganz zusammenschnürt, so als wenn man argen Hunger hat und sich der Gürtel ganz eng zusammenzieht [2] Ach schreib mir doch oft und Alles, was Du machst. –

Auf der Tour ging es noch, wenn man immer weiter fährt und immer was Neues sieht, aber dann wenn man wieder unter Menschen ist –

– Meinem Bauchi hat es nicht geschadet, aber ich war diese Tage doch etwas mitgenommen, und hatte zu nichts Lust, so hab ich viel mit Cubins[74] (die morgen wegfahren) und der Frau Dr.[75] zusammengesessen und blödes Zeugs geschwätzt, das hilft dann noch am ehesten, weil die Zeit vergeht. Gleich am Sonntag wurde man zu Petrichs[76] eingeladen, weil die Kinder Eier suchen sollten[77], bin auch wegen der Maus hingegangen. Sie wohnen aber Gott sei Dank in einem [3] andern Haus und ich werde sie gründlich vermeiden. Und mit den übrigen Patienten kommt man garnicht zusammen, nicht mal beim Essen, die Cubins und ich haben unsern Futterplatz in der Veranda nebenan. – Der Aufenthalt an sich lässt nichts zu wünschen übrig, ich wohne in einem ganz kleinen Häusl, unten die sogenannte Bäckermarie, die mich „bedient[",] eine alte Frau und ein alter Säufer.

---

[74] Der Maler, Zeichner und Buchillustrator Alfred Kubin und seine Familie, deren Namen FzR hier einmal „Cubin" und einmal „Kubin" schreibt.

[75] Die Frau von Dr. Rudolf Laudenheimer, dem Leiter des Sanatoriums.

[76] Bekannte von FzR und BvS aus München.

[77] Der gemeinte Sonntag war der 23. April 1905, der Ostersonntag.

Es liegt ziemlich weit vom Kurhaus und man muss nur Mittags und Abends zum Essen heraufgehen. Die Laudenheimers sind <u>sehr</u> nette Leute und wenig sichtbar, sie geht jetzt auch auf 3–4 Wochen weg. Bubi ist ganz ausser sich vor Seligkeit mit dem Otto und überhaupt sehr vergnügt. – Ich hab wie gesagt, diese Tage noch ganz verduselt und viel geschlafen [4] will jetzt sowie meine Sachen kommen, malen anfangen. Aber ich muss mich sehr zusammennehmen um nicht zu spinnen. Denke immerfort an meinen Suchi und möchte ihn so furchtbar umarmen und es kommt mir manchmal so unsinnig vor dass wir so weit von einander weg sind. Ach Suchi, Suchi, manchmal kommt's mich plözlich so an, dass ich gleich zu Dir fahren möchte. Es ist nur ein Trost, dass wir uns doch immer erreichen können, wenn's nicht mehr zum Aushalten ist. Ach, geh doch jetzt Winkl und im Herbst mit mir nach Posen. Oder wenn du mir nach Schleswig nachkommen könntest! – Aber ich will ein sehr braves Gemäuse sein und mir Mühe geben nicht zu spinnen, [5] schön ausschlafen und mich „erholen". Dem Doktor[78] gefällt mein Husten nicht und er meint er müsste behandelt werden. Ich hab' nur garkeine Lust dazu, denn er wird mir wahrscheinlich zuerst das Radeln verbieten. Der Kubin bedauert sehr dass er jetzt grade fort geht, da er mich doch so schön zum Malen anregen würde, er sitzt den ganzen Tag am Tisch und zeichnet unwahrscheinliche Katzen und andre Ungeheuer und redet von seiner raffinierten Technick, daneben die Gattin des Künstlers die ~~ihn~~ in seinen Werken mitlebt. Persönlich ist er ja ganz sympathisch und sie ein gutes Tier. ~~do~~ – Den Petrich [6] behandle ich so schlecht wie möglich, beides stupide Viecher ich werd mich schön hüten mit ihnen zu verkehren. Ueberhaupt sehe ich mit Befriedigung, dass man ganz für sich sein kann. Vom Maxl werd ich dem Franzl noch eine Beschreibung machen, weil ich ihm auch mal schreiben will ~~und hab~~. Was macht denn der Juxer? Ich denk oft dran wie Ihr in der Küche sitzt, „wir drei Männer" wie Franzl sagt. – Wo schläft mein Suchi, wenn du nicht in meinem Bettchen schläfst, so leg das blaue Deckchen in einen Koffer, auch [7] wenn du wegfährst, ich möcht nicht, dass irgend jemand anders es braucht.

---

[78] Dr. Laudenheimer.

– Und was arbeitest Du jetzt Suchilili, die 4 Gläser? – Ach Gott, ach Gott, ich möcht ich könnt' einen Augenblick bei Dir sein, ich sehn' mich so arg nach Dir, nach Bussis und Freundlichkeit, das ganze Gemäuse gehört Dir. Suchi, aber wie schön wirds sein wenn wir dann wieder zusammensind, ich werd mich so erholen, dass ich nie mehr grantig bin. Nachdem ich die Nervenleut hier sehe und von ihnen höre, schäme ich mich überhaupt bei mir von Nerven zu sprechen. [8] Lebwohl für heute, mein Suchi, Suchi, Suchi aber bitte schreib mir öfter so ein geliebtes Briefi. Du bist doch nicht der Koch[79]. Hörst Du? Ich bussi Dich viele viele Male Dein Gemäuse.

80 *BvS am 25. April 1905 aus München*

Dinstag[80]

Und ich lese noch ein mal Dein Briefchen und freue mich, dass mein Mädi mich lieb hat. Du freundliche!

Waren das langweilige Ostern! holl der Teufel, habe ganzen Schinken gekauf um durchs fressen die Zeit zu verkürzen – unmöglich! da sassen wir da mit Juxer und hintern jedem Bissen ein Loch in Gestalt vom Glas Weingeist zur erheiterung. Schliesslich Juxer machte Vorschlag wir sollen uns in dunkelsten Deutschland einsperen lassen um uns gegenseitig mit Revolwern zu beschiessen.

Das wäre vielleicht das Beste!

[2] Franzl sitzt mit seinen Kebsweiber und schnurt!

Ach! Das ist so reizvoll!!!

Mittwoch.

Es regnet in Strömen, seit Du fort bist, und kalt dass wir heizen müssen: ich bin kein stimmungs Mensch, aber mir ist ganz eklich! Langweilich!

Gestern war hier Natalya[81], wollte Dich besuchen, furchtbar smart aber schön war sie vielleicht früher, lässt Dich grüssen und nahm Deine Adresse.

Also die Laudenheimers sind nette Leute, das ist schon sehr viel, [3]

---

[79] Ob hier Herbert Koch gemeint ist oder ob FzR auf BvSs Tätigkeit als Koch in der Kaulbachstraße anspielt, ist unklar.

[80] Dem Brief fehlt vermutlich ein erster Teil.

[81] Nicht identifiziert; vgl. die Namenserläuterungen unter „Klett, Maja".

bitte Dich aber liebes Maiherz folge seinem Rath und repariere Deine Lunge, lass das radeln! überhaupt was atmen beschleunigt und wirst sehen in paar Monaten wirst Du das Husten los – zum radeln werden wir genug Zeit haben!

Wir „3 Mäner" zu 2 weil Franzl schnurt mit seinen Weiber – sitzen in der Küche und sprechen möglichst wenig. Was? Und wozu?

Jetzt werde ich auch in Dein Bettchen höppchen – ich schlafe nehmlich immer dort – – mit blauen Deckchen zudecken, [4] und an mein Mädi denken, denn schlafen kann ich jetzt so schlecht, ich welze mich stundenlang dass die Materatzfedern in allen tonarten ächtzen.

Ich habe Dich lieb, lieb lieb und küsse Dich überall, Fussi – Pfoti, und ....

Such

Mauskuss!

81 *FzR am 28. April 1905 aus Alsbach*

Mein Suchihuz, mein einziges, geliebstes – grad hatt ich einen ganz spinneten Brief an Dich geschrieben, da kam Deiner, und ich hab mich so gefreut, Dein liebes Pfoti zu sehen. Suchi, was hast Du mit mir angefangen, ich hab Dich so rasend lieb und kann nicht ohne Dich sein, in all meinen Gedanken sitzt der Suchi drin. Bei Deinem Brief war ich ganz in der Kaulbachstrasse und konnte eine halbe Stunde kaum sprechen. Herz, ich weiss nicht, ob ich's aushalte, ich komme um vor Sehnsucht, immer, immer warst Du bei mir und nun soll ich Dich ewig lange nicht sehen. Warum eigentlich? Ich hab Angst ich komme plötzlich wieder bei Euch an. – Morgen will ich malen anfangen, hab heute grundiert und Pappen geleimt, dabei überfiel mich wieder das Heimweh, und ich dachte, wie der Such am [2] Baschlabend[82] mir zeigte wie viel Leim und Kreide und wie ich den Abend so greulich war Ach Suchi, Suchi, ich hab Dich wahnsinnig lieb, ganz wahnsinnig. – Träume oft von Dir, aber immer dass Du unzufrieden mit mir bist und mich schiltst, sei doch einmal freundlich im Traum mit mir. – Sonst bin ich schrecklich matt und müde, muss mich erst an die weiche Luft gewöhnen. Uebrigens hats

---

[82] Hedwig von Basch, „das Baschl", war eine Freundin FzRs.

auch hier viel geregnet, das macht mich melancholisch. – Wenns mir nur gelingt in diesem Sommer meine Energie wieder zusammenzu- raffen – sonst wär's Alles ganz für die Katz. Suchi, behälst Du mich auch sicher lieb, bis ich wiederkomme? Ich Dich bestimmt, ich hab Dich immer lieber. Gute Nacht Einzigstes [umlaufend am Rand:] Liebstes, schreib mir oft sonst spinne ich bis da hinaus. Schau doch ob Du nicht meinen Uhrriemen findest u. schick ihn mir. Maus fragt oft nach Dir und ist sehr lieb Tausende von Bussis, artige und un- artige Deins.

82 *FzR am 1. oder 2. Mai 1905 aus Alsbach*

Liebstes Suchiherz, vielen Dank für das Packetchen, das die guten Suchpfoti für das Gemäuse zurechtgemacht haben, das Büchelchen hat mich sehr gefreut und ich lese Abends darin. Nun komme ich Quälgeist noch mit einer Bitte, willst Du mir nicht den Hesselruck- sack schicken, der meine ist für grössere Touren ganz schlecht, Du wirst ihn doch diesen Sommer kaum brauchen? und <u>wenn</u> ich später die grosse Tour nach Schleswig mache, ist ~~er auch~~ meiner auch zu klein, thu nur wenn du ihn schickst bitte noch ein Thei und ein klei- nes Blechkasserol dazu für Spirituskocher wir haben doch eine ganze Menge. Ich mache mir hier den Thee selbst ~~und~~ es giebt aber nur greuliche Steintöpfe fürs Wasser. – Suchi, und [2] bitte tritz den Franzl, dass er mir Geld schickt, es ist greulich unangenehm alle Klei- nigkeiten wie Wäsche etc. nicht zahlen können, ich hab grade noch 3 Briefmarken. –

Sonst werd ich jetzt allmählich vergnügter, es ist endlich wieder helles Wetter und alles so sommerlich, war heute mit der Maus radeln, und will nun draussen malen, bisher hab ich nur ein schlechtes Geschmier von Bubi gemacht, mir war so arg schlapp und müde, schlafe und schlafe aber nun wird man sich wohl allmählich ans Klima gewöhnen. Ach, die verdammte Energie, die man nicht hat. – Der Doktor ist sehr fürsorglich für meine Gesundheit rät mir immer nur auszuruhen und zu fressen und wägt mich, [3] ich hab auch schon einige Pfunde zu genommen. Na, Suchi, das Gemäuse fängt allmählich an sich hier wohler zu fühlen und den Honig aus den Blüten zu saugen, – raucht auch bedeutend weniger. – Mit grossem Fleiss sind wir jetzt beim

Mäuseunterricht, täglich 2 Stunden, es hat gestern eine Karte von Fädchen bekommen und sie ganz alleine gelesen, es macht ihm jetzt Mordsspaß und geht viel besser. –

Was machtest Du Suchi, schreib mir ein bissel von Dir, hast du artig Gläschen gemalt, Weraffkin und Holnstein gesehen und wen sonst? Futterer[83] vielleicht? – Wann fährst du, Suchilili? – Denk' dann bitte vorher an den Rucksack.

– Ich bin neugierig, was aus dem späteren Sommer wird, hab ich [4] kein Geld, so muss ich wohl nach München zurück, aber in Gedanken bin ich schon so in Schleswig, an der Nordsee, dass ich immer denke, es muss gehen. Vielleicht lässt Franzl sich erweichen. – Sonntag werd ich mich mit Gruhle[84] auf halbem Weg treffen, – sonst bin ich eigentlich sehr radlfaul Leb wohl mein allergeliebstes, behalt mich nur lieb. – Warst du einmal in Solln? – Hast du denn dein Rädchen wieder?

Schreib mir doch etwas von dir, ich sehn mich immerfort nach Briefchen und möchte am liebsten jeden Tag eines. Liebstes, Liebstes, wann hab ich Dich wohl wieder?

83 *BvS am 1. Mai 1905 aus München*

1. <u>Mai.</u>

Mein liebstes aller liebstes Mädi-Schatz! Natürlich werde Dich lieb behalten, hat mir jemand so viel gegeben wie Du? Niemand! Mein liebes Hertz! Und ich treume schon davon wenn ich wieder sehe, ich fresse Dich auf! Und Bussis! Artige und unartige, mir prikelt schon durch Mark und Bein!

Sei aber recht artig und bleibe dort solange Du kanst. Male, male und noch ein mal male. Du hast colosale Fortschriete gemacht jeder ist erstaunt über Deine letzte Studien!

[2] Fahre diese Woche fort, Pass bekomme von Gruhle[85] bestimmt, und im Herbst kommen wir noch immer in Posen zusamen, oder passt das Dir nicht? Dann bleiben wir in Winkl und lieben uns furchtbar!

---

[83] Die Malerin Marianne von Werefkin, ein Münchner Maler und einer der beiden Maler-Brüder August und Josef Futterer.

[84] Der Mediziner und Psychologe Hans Walter Gruhle.

[85] BvS benutzte Gruhles Pass, um ins russische Polen zu reisen.

Ich treume leider gar nicht von Dir! nur einmal vom Fries[86]. Warum? Ist das nicht komisch! Natürlich das hengt zusammen da mit wie Du bei ihm am Sontag wegen Lentner[87] warst! Der Reflex!

Der Juxer rest für etliche Tage nach Karlsruhe.

Ich habe Dich lieb und küsse Dein Hertz S.

84 *FzR am 2. Mai 1905 aus Alsbach*

Suchi, liebstes, freundliches, ich schaue immerfort nach dem Postboten und will immer Briefe vom Suchi haben. Es ist so schön wenn einer kommt wie jetzt eben. Mir ist ganz wie einem ausgehungerten Wolf nach Liebhabi, Anhapsen und freundlichen Worten wenigstens. Die Schokolädchen und das Zweigchen machten mich beinah heulen, weil es etwas so direktes vom Suchi war. Ich glaube überhaupt mein Herz ist wirklich von Butter, es möchte immer auseinanderlaufen vor Sehnsucht und allen möglichen Wehwehs. Uebrigens hat mich der Dr. neulich untersucht und gesagt mein Herz wäre etwas et schwach, an der Lunge hat er nur die alte Stelle gefunden, die aber heil [2] ist, sonst nur Bronchialcatarrh. – Schmerzen kämen von der wunden Schleimhaut her. – Gott, Suchi, ich will ja bleiben, die erste Woche war mir so fad, dass ich beinah zurück gekommen wäre, glücklicherweise hatte ich kein Geld mehr. Da war im Anfang so viel Betrieb mit Cubins und der zweiten Schmitzschwester[88], den L.'s gegenüber musste ich mich doch auch etwas als Besuch benehmen, sie holten mich Abends zu sich heran, etc. Jetzt ist die Frau fort, die auf die Länge doch ein bissel viel redend ist und ich komme endlich einmal früh zu Bett. Mit dem Dr. sitze ich gewöhnlich nach Tisch beim Café etwas zusammen und ein Weilchen beim Abendessen. Sonst hab ich schon meine Ruh. Weisst Du, solche Aufenthalte sind im Grunde überhaupt nicht mein Fall, ich fühl mich schon viel zu viel ange[3]hängt, z.B. durch die Mahlzeiten, dafür ist das Futter allerdings sehr gut. Die Frau Dr. wollte erst, ich sollte auch noch zum zweiten Frühstück um ½11 und zum Kaffee um

---

[86] Der Rechtsanwalt Alfred Frieß.

[87] Möglicherweise ist der Buchhändler Lentner gemeint.

[88] Es handelt sich um eine Schwester Hedwig Kubins (geb. Schmitz) und des Schriftstellers O. A. H. Schmitz.

4 hinaufkommen. Das hab ich glücklich abgewimmelt. – Ich versuche überhaupt mich um kleine Unannehmlichkeiten nicht zu kümmern und mir ein gutes Zeitsystem zu machen. Denk mal Suchi, ich stehe um 7 auf geh etwas an die Luft und male die Maus im Hemdchen am Fenster, hab eigentlich noch keine rechte Lust zum Arbeiten, aber zwinge mich dazu. Ich muss schauen mir in diesem Sommer wieder eine eiserne Energie zuzulegen. Da ich viel allein bin, hab ich Zeit mir Reden zu halten. Zum Draussenmalen ist das Wetter immer zu schlecht, es regnet alle Augenblick und die Beleuchtung wechselt zu sehr. Ueberhaupt hat die Gegend wenig Reiz für mich, ich kann hier [4] ~~begreifen~~ deine Aversion gegen das Spazierengehen begreifen, lauter ~~au~~ Waldwege auf und nieder mit endlosen Wegweisern, Bänken vom Verschönerungsverein etc. Ich mag nur in die Ebene hinunterradeln, zudem ist ~~meine~~ Venenbeinchen wieder ziemlich arg, ~~was~~ dann hat man garkeine Lust zum Laufen. War nur einmal mit der Maus auf dem Melibocus[89], heute sind wir etwas geradelt und die vordere Feder an meinem Sattel ist gebrochen, hab sie in einem Dorf mit Draht repariert. Samstag war ich in grosser Verzweiflung, hatte drei Schachteln Taback und keinen Stopsel, bin dann in der Annahme, dass Ihr ihn vergessen hättet, nach Darmstadt geradelt, und musste mir immer vorstellen wie Wolfskehl dort herumrast und vor Entzücken schnaubt. – Ich denke jedesmal, dass man doch nur in München leben kann, alle diese kleinen Städte [5] haben etwas so tötlich Langweiliges. Es reizt mich nicht einmal sehr sie mir anzusehen. –

Ja, Suchili, ich werde schon sehr fleissig malen. Mein Gott, eigentlich bin ich ja bloss diesen Sommer fortgegangen um mich einmal wieder gründlich zu concentrieren, es ist doch wirklich kein schönes Vergnügen sich so lange von seinem Geliebten zu trennen und man muss wenigstens sehr viel dafür gewinnen. Mich macht nur jetzt noch die Luft schrecklich müde, sie ist so viel weicher wie in München. Ich mag vor allem nicht laufen, das ist ja auch nicht nötig, werde um so dicker werden, und keinen Zwiespalt zwischen Fleiss und Unternehmungslust haben. Gruhle schrieb mir heute dass er nach Heidelberg kommt, da werde ich dann wohl mal hinradeln, [6] und mir bei der

---

[89] Der Melibokus (Malchen) ist ein markanter Bergkegel bei Bensheim.

Gelegenheit den Schwarzwald ansehen, der Odenwald ist glaube ich ziemlich langweilige Gegend, so in der Art wie hier.

Ach Such, ich freu mich so auf die Nordsee, das wird erst das Wahre, ganz allein sein und Heimat. Ich hab jetzt an einen Jugendfreund versucht auf Marchlevski anzupumpen, damit ich die Reise machen kann. Er ist Apotheker[90] und hat glaube ich Ersparnisse. –

Der Suchi geht nun also wirklich nach Posen? Ob's mit der Zeit zusammen geht, dass ich auch hinkomme? ~~Wenn~~ In Schleswig möchte ich 2 Monate bleiben, denke Mitte Juni von hier, aber die Reise wird viel Zeit nehmen und eine Woche Lübeck. Dann hängts von Bubi's Prüfung[91] ab, [7] ich werd anfragen, ob ich ihn hier in einem bayrischen Nest ausser der Zeit kann prüfen lassen. Sonst muss ich wohl 15 Sept. zu Hause sein, ev. 15 Juli mit ihm nach M. fahren und dann erst nach Norden, Das wäre ziemlich fad –

Was ich am meisten hier geniesse ist das Schlafen in einem hellen luftigen Zimmer, habe nie so ein[en] g[b]enommen[en] Kopf wie in der Kaulbachstrasse. Aber unsre Kaulbachstrasse ist doch schön. – Hier könnte ich auch reiten, ein Kerl im Dorf hat Pferde, aber ich würde den Doktor compromittieren und werds doch lassen.

Ach Suchilili, mir ist doch recht fad, aber schon auf dem Wege der Besserung, erst hab ich immer nur daran gedacht wie Ihr in der Küche [8] sitzt und immer an vorigen Sommer, wo Babchen[92] waren und wir abends radelten. Der Sommer hatte soviel Stimmung. –

Die Maus muss jetzt fleissig lernen und ist riesig brav. Leb jetzt wohl, Du Geliebstes, ich möchte ich könnte Dir Deine Sachen schön einpacken und noch etwas zusammennähen, möchte wissen wie sie ausschauen. Hat der arme Such schrecklich viel gearbeitet? er denkt doch nicht sehr viel an mich, sonst thät er öfter schreiben wenn man sehr Sehnsucht hat, schreibt man doch am ehesten.

Aber nun lebwohl, geliebstes und viele tausende Bussis

Dein Gemäuse.

---

[90] Erich Mühsam oder FzRs Jugendfreund Karl Schorer.

[91] Rolf erhielt von seiner Mutter Privatunterricht; von Zeit zu Zeit wurden seine Fortschritte von der Schulaufsichtsbehörde überprüft.

[92] Gemeint sind FzRs Zwillingstöchter, die gleich nach der Geburt am 1. Oktober 1904 in Forte dei Marmi (nahe Lucca) gestorben waren.

Liebstes Mädi Hertz! Dank für für Geschenkchen wir haben gleich die Pfeifen angestekt und den Kas mit Sensburg[93] aufgefressen.

Endlich im Hause haben wir ruhe, die zwei Wallröser habe ich hinaus gesetzt, was nicht leicht war, denn sie besasen eine gefühllose Haut, denke Dir nur diesen Betrieb: Mittag erheben sie sich aus ~~Ih~~ ihren Schlafftrögen, rasiren in Unterhosen in der Küche überhaupt Negligé im ganzem Hause und dann in der Küche hingesetzt und kleben geblieben bis Nachts 12-Uhr – ich übertreibe nicht – in zwischen Zeit in allen meglichen Geschieren rühreier gemacht und ganzen Tag Butterbröder gefressen. Es war keine Ecke frei wo man nicht entweder Juxer oder seine Fragmente berührt hat!

Franzl seine Geduld habe bewundert! Jetz komt Epilog!

Am Ersten musste 5 Mal dem Juxer sagen, wir brauchen Geld, und schlieslich sagte er ist zu viel, weil er auch Butter geholt hat!

Der zweite Wallross sagte: wir wollen Geschäfte machen!

Die Leute kennen dem Büttner mit ihrem Sect imponiren, für mich sind sie eine schebige Parvenü Bande!

[2] [Anfang eines gestrichenen Briefs an FzR[94]]. Mein Faible für Juxer ist auch jetz zum Teufel, Du schreibst im schöne Karten und schikst Du ihm Grüsse: Hat sich der krumme Hund ein Mal nach Dir eingehend erkundigt? Oder durch irgendwelche Kleinigkeit seine Aufmerksamkeit gezeigt? Nein!

Du wirst also am 1 Juli kommen sagte mir heute Franzl, es ist gut da wird Dein Nest auch vertig.

Und jetzt bitte Dich schone Dich und radle nicht.

Ich schlafe immer unter blauen Deckchen und denke immer an Dich 42 Bussi mein theuerstes Schatzi

4. MAI

Nein! mein liebes Mädi, ich habe eben so viel Sehnsucht wie Du, aber ich bin in der Bechausung ~~wo~~ wo jeder Gegenstand Dich beinahe

---

[93] Der Ehemann von FzRs Freundin Lisa Sensburg.

[94] „Winkl. Suchi hat sehr wenig gehapst und deshalb nur, um 6 Uhr früh auf der Bahn zu sein – übrigens nur mit Gemausse hapst man am besten!"

vertritt was nicht der Fall bei Dir ist!

Bin jetzt ganz allein da Juxer auch fort ist, leider nur auf kurze Zeit. Franzl sagte mir wehmüthig: er empfündet sehr dass da im Atelier ein fremder Mensch wohnt – Deine Lippen kreuseln sich schon zum spötischem Lächeln – er hat doch Recht! Mich hat schon früher un-angenehm berührt dass Juxer [2] wie eine junge Dogge trottette fort-werend durch Deine Zimmer, und besonders jetzt wo die Büttnerei turnt im Deinem Schlafzimmer.

Da ist aber nichts zu machen – Juxer kann Kopfstehen – !

Franzl hat 200. M. zum Haushalt gegeben, natürlich Metzger und Milchfrau u.s.w noch nicht bezahlt, da Juxer vor der Abreise Geld be-kamm so sagte ich ihm, dass ich Geld brauche er gab mir aber au[s]-weichende Antworten und ver[3]reiste, wenn er zurück kommt, werde schon ihm energischer sagen.

Verzeihe mir dass ich Dich mit diesen Kleinigkeiten bescheftige!

Baschl schrieb mir eine Karte dass Ihr Vater tot ist und Sie muss nach Wien.

Momentan ist mir selisch nicht gut.

Grüsse und küsse Dich

Such

Dem Paket lege ich ein Büchlein mit schönen Einband für Dich, auch der König Schrei[95] mit seinen Rothen Fleken ist dabei.

[4 Rand:] Soll ich vielleicht einen Rad-Sattel von Schad[96] schüken?

87 *FzR am 5. Mai 1905 aus Alsbach*

Alsbach 5/5.

Mein liebstes Herz, ich freue mich so furchtbar über jedes Brieflein von Dir, mein Suchi, ich begreifs recht gut mit dem Juxer, besonders wenn er seine Büttners oft da hat, – ich hab nur gefunden, man müsste ihm ein recht gutes Zimmer geben, ~~und~~ das untere ist doch nur zum Schlafen zu brauchen und bei Tage hätt er doch irgendwo anders herumgesessen. Zudem hab ich nicht damals gedacht, dass du noch länger bleiben würdest – – Suchischatz, mir ginge es gerade so, wenn du fort wärest und ich sähe jemand andres in Deinen Räumen.

---

[95] *König Schrei*, Drama in fünf Akten von Franz Dülberg, München 1905.

[96] Ein Münchner Fahrradhändler.

Aber du weisst ja, dass Gemäuse momentane und unüberlegte Tiere sind in allem was sie thun. Der Juxer ist ja recht nett, ich kann mir aber denken, dass er auf die Länge einem zuviel wird und überhaupt in unsrem [2] Hauswesen ein fremdes Element nicht am Platz ist. Schau, ich hab mich die letzte Zeit auch schon recht gestört gefühlt, weil immer noch jemand da war. – Nun wegen dem Geld, warum sagst Du Franzl nicht, er müsste noch 50 M. hergeben, es ist doch jeder mal so, dass er erst allmählich herausrückt, sag doch ich hätte Dir geschrieben, Metzger und Milch müssten jetzt gezahlt werden. Uebrigens hab ich ihn gestern auch gebeten mir etwas zu schicken, von Solln ist nichts gekommen, ich fürchte, dass Geldjahr ist jetzt herum, – habe garnichts mehr und bin etwas in Verlegenheit. Vorher hatte ich an Juxer drum geschr. hörte dann erst, dass er verreist ist, ich wollte mich [3] nicht gerne an Franzl wenden. – – Uebrigens sagte J. mir damals, er möchte es mit seiner Zahlung so machen, dass ich es bekäme – sag ihm du bitte von mir, er möchte es stattdessen dir für den Haushalt geben. Für Fütterung muss er doch auch einiges blechen. – Du kannst es doch rein geschäftlich mit ihm abmachen. Ach, dies verdammte Geld, ich habe so Angst dass meine Nordreise daran scheitert. Suchilili warum ist Dir seelisch nicht wohl, du musst ein liebes vergnügtes Suchi sein und Dich Deines Suchilebens freuen. Wann willst du zu den dicken Wojas, vielleicht wirst du da vergnügter. – Mir ist eigentlich auch recht miserabel zu Mut, die Radelei ist mir doch schlecht [4] bekommen, habe bäuchliche Gefühle und Kopfweh, gestern und heute ganz arges. Wird aber schon wieder vergehen und dann mach ich nicht wieder solche Dummheiten. Gehe jetzt alle Tage um 9 zu Bett und schlafe, schlafe. Ich möchte nur so gerne zum Malen recht frisch sein, ich denke jetzt an garnichts anderes. Ich glaube wenn ich den ganzen Sommer draussen bleiben kann im Land, in Ruhe, werd ich meine Nerven wirklich ganz los, aber hier nur als Vorstation. Die Hauptsache das ganz alleine hocken muss nachher noch kommen. Aber wenns nicht geht, so gehts halt nicht. Ich hoffe auf den Apothekerjugendfreund. – Ach Suchi, und dann im Herbst heimkommen in unser gutes altes Haus. Das Leben hat doch so viel Schönes, neben allem Faden. Sei mir du auch vergnügt, du

Herz, du hast doch ein Geliebstes in der Ferne, das immer an dich denkt und sich nach deinen geliebten Armen sehnt und nach Deinen Bussi's [Rand:] Bubi sagt oft, wenn wir doch unser Süchelchen hätten. Ach du Gutes, Einzigstes, ich bussi dich 1000 male Bin sehr neugierig auf das Büchlein. Dein Gemäuse

88 *FzR am 14. Mai 1905 aus Alsbach*

Mein Suchiherzi, schreib doch einmal wieder, ich hab so lange nichts von Dir, nur heut vom Franzl. – Mir scheint der Juxer macht Euch alle beide mit seiner Wirtschaft nervös. Es ist doch allemal dieselbe Geschichte, wenn man sich Leute in die Wohnung thut. Dass er den Bruder eingeschleppt hat, finde ich etwas reichlich, hat erst bei mir angefragt u. ich hab gleich geantwortet, dass das von Euch abhinge und er Euch fragen sollte. Er schien die Absicht zu haben ihn auf längere Zeit einzuquartieren. – Suchili, was ist mit deinen Plänen. Strahlen[2]dorf[97] schrieb was von Winkl? Willst du denn garnicht nach Posen? Ach Suchi, dann sehen wir uns ja doch noch Herbst, – mein Bruder Ludwig will Ende Juni nach M. kommen und möchte bei mir wohnen. Da muss ich doch schon hinkommen, obgleich es mir schlecht mit meinen Plänen zusammengeht. Und wenn ich schon dhinkomme, lasse ich Bubi auch gleich die Prüfung in M. machen, damit das erledigt ist. Dann möcht ich aber schleunigst wieder fort. Mir ist doch jetzt recht wohl hier, hab sehr viel Ruhe und Schläfchen. Ach, Suchi, wie das wohl thut, um 9 ins Bettchen [3] zu höppchen und früh heraus, heute hab ich wie verrückt gemalt. Suchi, gieb mir einen Rat, ich hab die Leinwand gleich ein grosses Stück grundiert, nun ist es krüppelich geworden un, wie kriegt man es glatt, feucht machen vielleicht? – Soll es man es ein andres Mal etwa erst auf Rahmen spannen und dann grundieren? Ausserdem ist der Grund sehr trocken, ist dann zu viel Kreide drin? Es ist ein Elend ich hab mir beim in Bensheim Pappe geholt, die ist so rauh, dass man kaum was damit anfangen kann.

Neulich ist eine Bauernfrau gekommen und hat gefragt, was es kosten soll ihren Mann und sie [4] zu malen. Soll ich mir eine Kuh ausbitten für die Kaulbachstrasse? Es sollen reiche Leute sein. Ich denke

---

[97] Der Maler Hans von Strahlendorff.

nächste Woche einmal hinzugehen, es thät mir doch einen Mords-spass machen. –

Voriges Jahr um die Zeit war der Suchi auch in Winkl, und schickte mir Berge von Flieder und das Gemäuse war sehr elend mit seinem Bauchi. –

Liebster Huz schreib mir doch bald, sonst werd ich sehr traurig. Schreib mir auch was du vorhast, – in Winkl bleiben oder doch zu Adams und wann? – Ich will Juni durch den Schwarzwald u. über Bodensee nach M. kommen, das wird eine Tour v. 5–6 Tagen. – Bussi dich viele tausendmale. Dein Gemäuse

89 *BvS am 25. Mai 1905 aus München (Die Postkarte zeigt ein Foto Rolfs am Kindertisch im Hof der Kaulbachstraße; ein Hund, wohl „Böbbchen", neben ihm.)*

Mon ceur is every times pink for You! S.

90 *BvS am 31. Mai 1905 aus München*

München 31. Mai

Wieder unter blauen Deckchen und vom blondem „Mädhi" ge-träumt: Bubi und Salzmann[98] im Hemd und barfuss spielten „Bil-lard", Mädhi sass am Fenster und weinte als ich fragte warum? Weil ich alt werde! Da sagte [2] ich: ich fühle mich auch alt, wenn ich allein bin, und mit meinem Mädhi bin furchtbar jung ....

91 *BvS am 6. Juni 1905 aus München (Postkarte mit aufgeklebtem Foto BvSs)*

Mein Hase wolte auch wunderlich laufen um die <u>Vergiftung</u> zu ver-treiben..... Pfingsten!!!!!. Häsin!!!!!. Alsbach!!!!! <u>Nichts!</u> Louis Michel[99] getroffen?! Wo wird für mich <u>wunderschön sein</u>?

92 *Luise Bücking, Lisa Sensburg, Maja Klett[100], Franz Hessel und BvS am 16. Juni 1905 aus München (Ansichtskarte, Bild eines Reiters auf Lipizzaner, darunter der gedruckte Text: „Halb lustig rechts gerade aus, A demi allegre sur la ligne.")*

[L. Bücking:] Lieber Reuter reit gegen Alsbach zu und bring die Grü-ße beyfolgender Meisjes: Luise Bücking [L. Sensburg:] Lisa Sensburg

---

[98] Bekannter von BvS und FzR.

[99] Vgl. *Ellen Olestjerne* (1903, S.162–171).

[100] Luise Bücking war eine Freundin von Franz Hessel; Lisa Sensburg und Maja Klett Freundinnen von FzR.

[M. Klett:] Wir freuen uns sehr, daß Sie bald wiederkommen Maja.
[in Textlücken an beiden Kartenrändern eingefügt:] [F]ranz SUCH[101]

93 *Ludwig Graf zu Reventlow am 22. Juni 1905 aus Gettorf (von BvS zusätzlich beschriebene Postkarte)[102]*

[Ludwig z. R.:] Ich kann erst am 30/6. kommen. LR[eventlow].
[BvS:] Teuerstes Maihertz! ich erwarte Dich nicht vor 28. (Mittwoch)
da die ganze Wohnung <u>nicht fertig wird</u>!!! Viele Küsse auf die Täschchen!
[auf dem Adressfeld von fremder Hand:] „nachs. 23/6 München"
[am linken Rand der Adressseitc von fremder Hand:] Abgereist nach
München Bayern Kaulbachstraße № 63 [unleserliche Unterschrift]

***

94 *BvS am 19. August 1905 aus Storchnest[103] (Telegramm)*

Chatri mon coeur – such

95 *BvS am 24. August 1905 aus Witchenske*

D. Witschenske. 24. AUG. 05
Hatzi ! Hatzi – Geliebstes mir graust dass ich so weit von Dir entfernt bin
Meine Reise war glänzend: 24 Stunden ohne Sc[h]laff und Atzung
und nur 5 Mal umgestiegen. Dicker Woja[104] hat sich aufrichtig über
meine Ankunft gefreut – er geffelt mir überhaupt sehr gut – immer
guter Laune und hat Ziel vor sich – er arbeitet.
Olga[105] erst Samstag gekommen, sehr lieb, im Wesen, ganz Sonja[106]
enlich, will fort werend von Dir sprechen – mit vieler Liebe und Achtung! Kinder sehr nett
Natürlich über Klages gesprochen und Putti[107] – wenn ich sie nächs-

---

[101] Die beiden Namen jeweils mit einem Rechteck umrahmt.

[102] Die Karte wurde von Gettorf nach Rotterdam, von dort nach Alsbach, von dort nach München gesendet.

[103] Heute: Osieczna; hier befand sich vermutlich das nächste Postamt.

[104] Albert Hentschels Bruder Edmund, Gutsbesitzer in Witschenske.

[105] Edmunds Frau.

[106] Alberts Frau, im TB auch „Somi" geschrieben; Olgas Schwester.

[107] Klages' Freundin Hedwig Bernhard.

tens in München treffe, nenne ich sie im bei sein von Zeugen „Ein Schwein" – am liebsten wenn Klages dabei ist – !!

Ich fange jetzt zu reiten, schon früh um 6 Uhr in der Reitbahn, dann um 9 Uhr über Stoppel mit D. Woja, und nach Mittag wieder. Alles gute zugerietene Pferde, man muss aber erst lehrnen sie zu verstehen, sonst merken [2] sie einen Fuscher und bocken. Alle paar Tage Hühner Jagden mit grösseren Gesellschafften, danach umziehen und Frau Oberst – oder Frau Olga zur Tafel führen – also so ein gesselschafftlicher Kitsch.

Habe seh gut geschossen nicht unter 5 Hühner täglich.

Das ist nun alles von mir. Was machst Du? Ich bin traurig das Du wieder nicht das hast was Du willst. Vielleicht wird besser wenn die Martha[108] fort ist – mein ~~M~~Hertz Hatzi.

Hier war auch so, fort werend Such! Such! und Such! das habe ich aber schnell abgewehnt und treibe mich ganz so wie mir passt.

Was macht Dein Kopf und überhaupt wie fühlst Du Dich körperlich, bei mir geht der Kopfweh los bis ich mir an die Keuschheit gewäne.

Und das Bübchen küsse ihn von mir – er ist wirklich mein Bübchen!
[3] Und Du bist mein liebstes Gemausse!

Wenn ich alleine bin da brauche nur die Augen zu schliessen, und da sehe ich gleich mein liebstes Mädi vor mir, wie Sie mich anlächelt und Suchi nennt!

Ich bin wirklich glüklich das ich Dich habe – dass wir uns haben nicht war?

Ich küsse Dich und liebe

Dein Such

gleich schreiben – ich auch!

[Rand:] D. Woja trank auf Dein Wohl bei der Tafel.

96 *FzR am 27. August 1905 aus Bregenz (auf Papier mit dem Aufdruck „Ettenberger's Hôtel Montfort Bregenz")*

Du Einziges, Liebstes auf der ganzen Welt. Gott, wie hab ich Dich lieb. Mein Herzi brennt, wenn ich an Dich und all unsre Liebe denke. Ich war so entsetzlich traurig, dass Du nie geschrieben hast und als Dein Brief kam, bin ich so glücklich geworden. Es freut mich <u>so</u>, dass

---

[108] Rolf von Brockdorffs neue Freundin.

Du dort bist und es Dir gefällt und Du alle gerne magst und Pferd-chen hast. Alles was Woja heisst, kommt mir ja immer ein bissel vor wie eine Familie von mir – vom guten grossen Woja her. Bleib nur recht lange, Liebstes, Suchi-Hazzi und sei ver[2]gnügt ich denke es thut guten Süchen ganz recht es einmal ein bissel angenehm zu haben und verwöhnt zu werden. – Nur hats mich geschleimt, dass er auf der Reise nichts zu fressen gehabt hat, hättest Du doch meine Ehe-ringe versetzt, Dummer. Erst war ich ein bissel wütend, ~~dass~~ als Mar-tha erzählt, der Such wäre die 2 Tage in Kochel gewesen und noch nicht fort. Hab gedacht, nun kann er natürlich wieder nicht fahren und warum bin ich dann fort u.s.w. Und als das Telegramm aus Storchnest kam, auf einmal das Gefühl, [3] o Gott, nun ist er so furchtbar weit weg, wenn ich doch auch hinkönnte. –

Aber jetzt ~~ist~~ bin ich ganz zufrieden und freu mich wirklich, dass Du zufrieden und vergnügt bist. – Bubi spricht immer von Dir und war ganz stolz als ich ihn von Dir gebussit hab.

Von mir sollt ich lieber garnicht schreiben um Dir nicht die Laune zu verderben mit Gemaunze. Aber es erleichtert mich doch meinem Su-chi immer alles vorzumaunzen wenn mir [4] etwas nicht gefällt. – Mir scheint ich mache in den letzten Jahren immer ganz blödsinnige Sa-chen, weil ich denke sie wären gescheit. So voriges Jahr Italien, sass dann da und dachte, wär' ich doch bloss nicht hergegangen. Dies Frühjahr Alsbach – d.h. das war ja doch schliesslich ganz nett mit allem drum und dran. Und hier gehts mir gradso. Es reut mich that-sächlich dass ich nicht [5] statt dessen mich irgendwo alleine hinge-hockt hab. Ich brauche thatsächlich eine Zeit „tiefer Einsamkeit" wie Klages sagte, um meine verdammten Nerven einmal zurechtzukrie-gen. Ich denke in 8–14 Tagen fahre ich zurück und dann auf 1–2 Monate nach Schäftlarn[109]. Ich kann thatsächlich keine Menschen mehr um mich vertragen oder hab nie die um mich die ich vertragen kann.

Damals hab ich gemeint ich thu dem Rolf einen grossen Gefallen, aber ich glaub es wär wirklich ganz [6] überflüssig gewesen und ich sitze den beiden nun im Weg. D.h. jetzt hab ich meinen Modus ge-

---

[109] Kloster Schäftlarn bei Ebenhausen.

funden, gehe mit Maus allein meine Wege und fühle mich dabei ganz wohl. Das ist aber erst seit gestern. Vorher war ein ewiges Herumziehen alle zusammen. Erst machten wir einen Tour nach Schaffhausen, Constanz etc. u. dann nach Zürich und Basel u. ich war grässlich nervös, Bubi zappelig, die andern lachen erst über seine Unarten sodass ich nichts machen kann und [7] werden dann selbst ungeduldig. Dabei Regenwetter, Zahnweh etc Sakrament. Allein Losziehen ist nichts, weil immer gemeinsame Pläne gemacht werden und man sich zusammen treffen muss. Ich bin nur immer früh aufgestanden und dann mit Maus herumgelaufen. – Na, man kann sowas schlecht beschreiben aber mir war sehr fad. Inzwischen hatte ich mir durch eine unvorsichtige Angabe meines Aufenthalts noch den Onkel Kef auf den Hals geladen, der 1 Tag hier war, dann hab ich ein Telegramm simuliert, dass ich nach München [8] müsste, wegen einer Geldsache. Kef hat es sehr bedauert und mir 20 Kronen dediciert. – Seit Basel haben sich dann R. u. M. glücklich gefunden, es war übrigens sehr komisch, die erste Nacht schlief ich bei Rolf im Zimmer, weil mein Bett mit Bubi zu schmal, die zweite alle 4 in einem, weil kein andres zu haben und in der dritten siedelte Martha endlich zu ihm über und ich hatte „mei Ruh". – Es ist wohl eigentlich [9] sehr indiskret, dass ich Suchi alles erzähl? –

Jetzt sind die beiden wie ein richtiges Brautpaar, ich finds an sich ja sehr nett und es freut mich für beide, aber ich denke mir, ich könnte gradesogut allein in Schäftlarn oder sonst wo sitzen, als hier die andern durch meine Gegenwart stören, 2 wollen gern für sich sein und der dritte wär am liebsten allein, wozu hocken die drei zusammen? Dabei das verdammte Gefühl [10] sie wären froh, wenn sie mich ganz los wären, u. es war überflüssig wie ein Kropf dass ich herkam – Aber wie gesagt – vorgestern Abend kamen wir zurück und seitdem ist es ganz nett. Gestern früh hab ich Maus aufgepackt und bin 4 Stunden mit ihm auf den Pfänderberg u. hinunter. Wir haben es beide genossen allein zu sein. Als ich zurück war der Brief vom Hazzi, Hazzi da und machte mich so froh. Die andern waren nach Lindau, ich ging mit Maus in den Circus, der [11] zum Totlachen war und wir waren den ganzen Tag sehr vergnügt. Heute ebenso. Jetzt ~~hab~~ sitz ich abend oben

in meinem Zimmer und trink Thee und schreib dem Hatzi, hab nur
schreckliches Kopfweh, weil nicht wohl. Wenn das jetzt vorbei, soll es
schon ganz schön werden, mit Maus baden, radeln, etsch, Such, ich
kann jetzt ohne Pfötchen fahren. Aber schwimmen kann ich garnicht
mehr, muss erst wieder tüchtig [12] üben, aber wenigsten[s] endlich
meine Angst überwunden und traue mich wieder ein Stückchen ohne
Grund zu schwimmen, was ich seit dem Rodiabend[110] nicht gewagt.
Bubi kriegt Korkgürtel um und sieht wahnsinnig lieb aus, wenn er dann
wie ein kleines Fischchen losschwimmt. 3 Züge und dann „jetzt muss
ich wieder ausruhen[“]. Als ich ihn einmal tauchte hat er entsetzlich ge-
schrieen: Du grausames Mamai, du grausames Mamai. –
Gott Such, wenn ich [13] mit dem geliebten Bübchen allein bin, bin
ich ja immer glücklich. –
Mit Gesundheit war mir auch die ganze Zeit nicht gut, ~~erst m~~ Ring[111]
hatte sich verschoben und elend gedrückt, der dumme hiesige Doktor ihn mir herausgethan und behauptet er wäre nicht mehr nötig, –
ohne dass ich es wollte. Dann bin ich nach Lindau zum Leibarzt der
Montignoso, und der hats wieder eingelegt. – Zahn hat gerast bis vor
3 Tagen und ich will nicht hier zum Bader gehen, und in Brusti
rasselts [14] wie in einer Mühle nachts kann ich manchmal keine Luft
kriegen, morgens blödsinniges Gehuste und über Tag ist ganz gut.
Da hast du das ganze Gemäuseelend! –
Aber Du weisst schon ich schimpfe viel und bin doch ganz vergnügt
dabei. Hab auch etwas gezeichnet und sowie ich jetzt wieder wohl
bin, thue ich ordentlich was, – ich fürchte nur, wenn Martha fort ist
muss ich Rolf wieder trösten. Jetzt sind beide ganz beschäftigt mit
der Yacht, die gestern [15] gekommen ist. – Solang beide dasind thu
ich nicht mit, überhaupt Suchi, Segeln, – – wenn man selbst alles
macht, macht es viel Spass, aber stundenlang im Boot sitzen u. leb-

---

[110] Der „Rodiabend" ist der Abend des 2. September 1902, als FzR und
Roderich Huch („Rodi") beim Baden im Schwabinger Bach nahe seiner
Münchner Wohnung fast ertrunken wären; vgl. TB 239f. (und Fn. 351).

[111] Schon in München, jetzt in Bregenz und später auf Korfu begab sich
FzR in gynäkologische Behandlung, wohl wegen Komplikationen nach der
Fehlgeburt im Herbst 1904. Die damals übliche Therapie bei Beschwerden,
die heute meist operativ behandelt werden, war das Einsetzen von Ringen.

hafte Mäuse im Zaum halten ist kein grosser Spass, dann lässt der Wind nach, der echte Segler will nicht zum Ruder greifen[112] und sitzt lieber 2 Stunden dicht vorm Hafen fest. –

Früher in Büsum hab ich mit grosser Frechheit allein selbst gesegelt, das war immer sehr schön. Mit Bubi thät ich mich [16] nicht mehr trauen, hab überhaupt wenn er mit ist immer etwas Angst. Kentern kanns schliesslich beim besten Führer einmal und ein Kind heraus zu bekommen wäre sehr schwer. So drück ich mich lieber wenigstens vor grösseren Touren. – Ausserdem ist der Bodensee ziemlich langweilig, wenn man ihn einmal gesehen hat.

Na, Liebi Hutzi, nun hab ich fürchterlich viel geschrieben und nun dauerts vielleicht wieder endlos, bis du mir schreibst. Aber ich [17] will nicht wieder traurig drüber sein. –

– Denk nur Marchlevskotu hat die 302 sofort gezahlt – ist wütend und geschmacklos – Er wäre der gutmütige Narr etc – ich schick dir mal die Briefe. – Er behauptet jetzt, es wär der Rest und ~~ich~~ nur noch für die unterwegs befindlichen Bücher zu erwarten. –

Ich hab den Rechtsanw. beauftragt alle Rechnungen über Subs. etc. einzufordern und die ganze Sache noch [18] genau zu controllieren. Nach meiner Rechnung müssen noch einige 100 M. da sein, wenn er nicht ganz blödsinnige Kosten ~~geforder~~ gerechnet hat und dann kann man sie anfechten. Ich bin sehr froh, dass ich's so gemacht hab, er ist doch ein schofler Hund. – Schrieb mir im ersten Brief: sogar Halsabschneider von Beruf hätten noch Vertrauen zu ihm, nur ich nicht. Worauf ich ihm antwortete, wenn die Halsabschneider Vertrauen hätten, sollte er nur das Geld auftreiben. –

Ueberhaupt hab ich jetzt [19] schöne Correspondenzen. Das schmutzige Beuteltier[113] stellte mir in einem unangenehm vertraulichen Brief den Antrag mit ihr und noch einem Schreckensweib eine literarische Tournée zu machen Ich hab sie ziemlich abfahren lassen und zu meiner Freude tötlich beleidigt. Grobe Briefe schreiben ist immer ein

---

[112] Zum Satz „der echte Segler will nicht zum Ruder greifen" ein geklammertes Fragezeichen der Autorin am Rand.

[113] Die Schriftstellerin Margarete Beutler.

Vergnügen. Ausserdem will Lübeck[114] mich klagen und Axel Junker mein Buch <u>vielleicht</u> nehmen. Langen[115] nicht. –

Jetzt will das Kopfi nimmer, aber es war ein [20] schönes Vergnügen ein langes Geschwätz mit dem Suchi zu machen. Ach Suchi, ich hab dich wirklich über alles lieb, ich möchte nur noch eine Masse Geld haben und ein Bebchen und ein Pferdchen. Beinah wär ich gestern zum „Circusdirektor" gegangen und hätt für die 300 M. ihm eins ab-gekauft. – Will aber doch lieber dafür mir ein paar gute stille Monate am Land machen. Wenn Du dann zurück bist, kannst du mich manchmal besuchen. Für Forte wirds nicht reichen. Leb wohl, mein Herz, mein Liebstes, mein [Rand:] Allergeliebtestes. Ich denke immer an Dich jeden Tag und hab manchmal schreckliche Sehnsucht. Dein Gemäuse.

[19 Rand:] Am 1 ist Bubis Geburtstag, schreib ihm doch ein Kärt-chen. Mein gutes Bübchen, es hat Dich so lieb, wie sonst niemand ausser mir.

97 *BvS am 27. August 1905 aus Witschenske*

Witschenske Sontag.

Hatzi-Mädi Geliebstes.

Hast Du auch das rothe seidene Hemdchen mitgenommen? Du weist! Oder lachst mich aus?

Gestern war hier Erntefest. Schnaps in Strömen, ein Knecht von Saufen heute gestorbe, das macht aber nichts. D. Woja zahlt den Sarg und die Sache ist erledigt.

Weist Du mein Geliebstes – [2] hier ist sehr schön und die Wojas sind sehr lieb, trotzdem bin ich jeden Moment entschlossen sofort zu Dir zukommen und irgend wo <u>zusammen</u> hocken, Winkl, Schäftlarn oder irgend wo!

Mit Dir fliesst Das Leben so harmonisch, so abgerundet, ach Ge-mäusse! ich hab Dich so rasend lieb.

Ist Dir jetzt schon besser, hast Du den „<u>Betrieb</u>" abgeschaft?

[3] Gib Bubi viele Bussis!

Ich küsse Dich unendlich auch die Täschen und liebe Dich

---

[114] Vermutlich FzRs geschiedener Ehemann Walter Lübke in Lübeck.
[115] Juncker war ein Berliner Verleger; Langen FzRs späterer Verleger.

Dein Such
Rolf und Martha Grüsse!!

98 *FzR am 30. August 1905 aus Bregenz (auf Hotelpapier wie in Brief 96)*

Suchi mein Liebstes

Hab mich so über Deinen zweiten Brief gefreut, Du bist ein liebes braves Hatzi.

Das rote Hemdchen hab ich mit und es bewährt sich wie immer. – Könnte mich höchstens in den Oberkellner verlieben. In Rolf nicht, trotzdem er jetzt nicht mehr zu haben ist. Er ist ein lieber guter Kerl [2] aber ich hab ihn nun schon oft amourös gesehen und da gefällt er mir nicht besonders.

Gestern sind die beiden übrigens beinah mit dem Segelboot verunglückt, es war die erste Fahrt mit der neuen Yacht bei ziemlichem Sturm. Ganz unter uns, ich glaube R. thut manchmal sachverständiger wie er ist. Er war zum mindesten sehr unvorsichtig bei dem herankommenden Wetter mit dem grossen Dings, das einer allein schwer [3] bedienen kann, loszufahren. Auch in der Art wie er nachher alles expliciert hat, wie sie davongekommen sind, hab ich dem Frieden nicht recht getraut. Sie waren auch beide gehörig mitgenommen. Aber wieder mein Aberglaube, ich bin den ganzen Nachmittag ganz ner[v]ös am Wasser auf und [ab], trotzdem man mir sagte, man sähe die Yacht bei Lindau liegen und als ich heimkam hatte eben Rolfs „Brotherr" [4] telephoniert er glückwünschte zur Rettung.

Schön muss es aber gewesen sein, es war mir ganz leid dass ich nicht mit gewesen. Im Grund bin ich doch ein Wassertier, trotz manchmaliger Nervosität, die ja auch meist mit der Maus zusammenhängt. Ich musste dran denken wie ich an der Nordsee früher manchmal ganz allein mit einem Segelbötchen losgegondelt bin ohne es zu können. – [5] Ich dachte den ganzen Abend wenn die beiden nun ertrunken zurückgekommen wären. Ich glaub es hätte mich so gegruselt, dass ich direkt zu Dir gefahren wäre. – – –

Heute Suchi hab ich ganzen Tag Räder geputzt und meinen verhassten alten Kettenkasten heruntergemacht. Jetzt hab ich so einen einfachen Kettenschutz.

Es war eine rasende Schmier[er]ei – das kluge Gemäuse hat aber kein

[6] einziges Schräubchen verloren und sogar die Kette hinauf und hinuntergethan. Ich behaupte ja immer, wenn ich einmal meine Gedanken beisammen habe, bin ich ganz geschickt. Das ist allerdings ziemlich selten. –

Diese letzten Tage war ich so schön alleine, das hab ich wirklich genossen Morgen reist nun aber die Martha und dann werden Rolf und ich uns [7] wieder Abends gegenüber sitzen, jeder in ein Glas Wein stieren und Melancholie reden. Das war von jeher so.

Aber ich werd nicht lange mehr bleiben. Ich [muss] noch meine einsame Landhockerei haben u. mir Rauchen und Nerven abgewöhnen. Unter Menschen kann ichs nicht. Und das Rauchen ist wirklich schlimm, hab neulich einmal aus Versehen inhaliert und bin beinah erstickt. Hals ist überhaupt [8] bös und deprimiert mich etwas. Im Liegen geht mir manchmal die Luft weg und ich kriege einen furchtbaren Schrecken.

Aber ich will nicht immer Gesundheitsberichte schreiben.

Hatzi, Hatzi, Liebes, jetzt geh ich schläfchen und will ins Bettchen höppchen.

Grüss die Wojas auch schön von mir, sag dem Dicken, mündlich hätt er mich auch immer eingeladen schriftlich aber nic.

Gute Nacht Einziges, Geliebtes, ich hab dich ganz furchtbar lieb [Rand:] und niemand auf der Welt hat ein so schönes gutes Hatzi wie ich

99 *BvS am 30. August 1905 aus Witschenske*

Böses Hatzi! Keine Briefchen ich schreibe auch nicht mehr Such.

100 *BvS am 1. September 1905 aus Witschenske*

Witschen[s]ke Freitag.

Du mein geliebtes Bräutchen, das war ein Briefchen, dass mann sich nicht sattlesen kann, und so viel schöne Liebi.

Ach, Hazzi, Hazzi ist das herrlich ~~ist~~ so viel liebe Worthe von Dir zu hören, ~~mann~~ ich kann dabei wie „mann sagt pervers" werden.

Ich schliesse nur die Augen und ~~v~~fiele schon Deine Schenkel Bauchi, Brusti und Lippen, mir ist als ob ich hoch auf wolkiger Masse mit blutiger Adern schwämme, die Nerven zittern, ich wäre beinahe fehig

– wenn ich mich länger in Extase halte – das ~~k~~Köstlichste zu erleben.
Ach Du mein Herlichstes!!

[2] Heute vor einem Jahre waren wir in Forte und das „Stattliche
Mamai" wandelte am Strande in Ihrem weissem Kleidchen.

Ich habe noch jetzt Gewüssenbisse dass ich so wenig um Dich war.
Verzeihe mir!

Bitte Liebstes bleibe doch länger in Bregenz vielleich wird jetzt gehen, ich wäre _unglüklich_ wenn Du ohne mich nach München gehst.

Rolf wird schon öfter nach München fahren und „Trost" suchen.

Mein Aufenthalt ist hier wie mann sagt ganz „nett" aber ich habe von
Dir gelernt auch ganz alleine zusein, und in Winkl wäre ich wenigstens nicht so weit von Dir.[116]

[3] Die Wojas sind wirklich lieb, er immer guter Laune und „am
Platze", Sie ist schwartz, zierlich und voller Herzensgütte fängt
immer von Dir zu sprechen und Du bist für Sie eine „Grösse", hat in
sich noch die Überreste von Klages/schen Enormitäten liest laut den
Nietsche will irgend was enormes[117] treumen, dabei aber alles ohne
Pose, ganz ehrlich!

Mich schaut Sie immer von der Seite an wie einen „Extravieh" und ist
böse wenn ich über das „Enorme" schlechte Witze mache. Adam noch
nicht hier, D. Woja sagt: Ja, Ja, er will Pferde zureiten und tausende
von Mark verdienen, sitz aber in Dänemark, und liesst Nietsche!

[4] Er kennt ihn gerade so gut wie Du, ha~~b~~t aber Sorgen um ihn, wie
das weiter gehen wird.

Fremde Leute kommen wenig, nur die Rittmeister/S v. Moser, Sie
sehr „fesch" erstem Mann durchgegangen, ziemlich Vollblut D. Woja
ist sehr hinterher, schiebt aber alles auf mich: – Olga! Ich lasse ein-
spannen, Such möchte zur Frau Rittmeister fahren Kaffe trinken. –
Frau Olga schaut mich an und sagt: Du auch!

Pferde sind prächtig, zugeritten, gehen wie Feuer, aber hast Du

---

[116] Ab hier ist viel mit Rotstift unterstrichen: „Dir gelernt … von Dir",
„nachrechnen", „so gut … vollbringen" (mit drei großen rot unterstrichenen
Ausrufezeichen am Rand), „sogerne ausübst", die Zeile „Hatzi … gesund",
„Unseres … er", „zu erwarten", „Gegenwart", „gestört" und „unfassbar".

[117] Das Wort „enormes" mit Verbindungsstrichen zum Wort „treumen"
später auf dem Rand beigefügt.

dDich kaum in [5] Sattel geschwungen, da hat mann schon zwanzig Fehler gemacht und der Gaul geht durch, weil er schlechte Hand fühlt, es geht jetzt besser, meine semtliche Muskel sind so geschwollen dass ich mich kaum bewegen kann.

Mai Hatzi, jetzt begreife ich erst was das für eine schwere Kunst ist.

Mit dem Pferdchen kanufen warte nur, das kriegen wir schon – D. Woja meint: für paar hundert Mark ein gesundes junges Thier kaufen und dann bei ihm gut ausfüttern und zureiten.

D. Woja thut Dir das sehr gerne. [Rand:] Etsch, Mamai ich kann englisch „ohne" Sattel trabcn!

[6] Also ohne Pföttchen kann das Gemäusse schon farhen? Das ist sehr geschikt! Aber ich bitte Dich thue das nicht, wenn Du fellst – was sehr leicht ist – dann die Kniescheiben und das Näschen ist hin, bedenke nur Dein „Näschen".

Dein Rad ist unzuferlessig. Errinere Dir mein Sturz in Forte.

Bin sehr traurig dass Dir nicht wohl bist. Die verdammte Raucherei! Der d. Woja hat auch ziemlich starke Astma davon, ich habe ihn soweit gebracht das er seit 14 Tagen nicht mehr raucht und es ist ihm gleich [7] besser geworden, Du hast auch Energie und mässige Dich in Rau[c]hen – Du kanst das so gut in anderen Leidenschaften das vollbringen – Bedenke nur dass das was Du sogerne ausübst wie Radeln, reiten, viel laufen u.s.w. durch die übermässige Raucherei ganz gestert ist.

Hatzi! Hatze! bleibe mir lange gesund !!!

Hier haben wir einen Esel der sehr boshaft und schmeist jeden herunter jch bin jedoch bis jetzt noch oben geblieben, ich will ihn für die Buben [8] zureiten, die beiden sind ziemlich nett, doch nach unserem Bübchen – Kein Vergleich – dafür aber ein Mädi, so was entzükendes habe in meinem leben nicht gesehen!

Neulich sprachen wir vom „Bübchen" und der d. Woja sagte: „er soll rafienirt sein" da war ich wütendt und beinahe unhöflich, ich sagte: Das ist ein dummer Kwatsch vom Klages, denn Adam ihnen mitgetheilt hat.

Haben mir auch zugegeben [9] dass das ein Absurdum ist bei Kinder so ein Urtheil zu fehlen.

Unseres Bübchen!!!! Kein Kind ist so gut, naiv, und mit so guten Instinkten ausgestatet wie er!

Dass Martha und Rolf sich zusammen im Bett gefunden haben war zu erwarten, aber dass Du sie mit Deiner Gegenwart nicht gestört hast ist mir doch unfassbar.

Das Marchlewski wütend wurde, war zu erwarten, er hat [10] gedacht, Dich vortwerend mit Paar Mark zu trösten, und Du hast gezeigt dass Du ihn durchschautest. Gott sei Dank dass Du Deine ethischen Gründe abgelegt hast. Resultat Money. Lass Dir nur unbarmherzig alles nachrechnen.

Die Beutlerin! mit ihrem bömisch durchwärmten Bauch. Pfui Teufel!

Nun Hatzi, Schönstes! habe auch ein Geschwätzi gemacht, was? Ich weis dass [11] Du Dich freust[118] und schreibst mir auch so ein schönes Geschwetzi.

Nun höre Allerliebstes: nicht rauchen, wenn Du mich lieb hast[119] – und Du wirst gesundt werden.

Das Bauchi pflegen und das vom Dr. Klein[120] eingesetzte [Ringchen] unbeding behalten.

Es hadt doch Dir schon ein Mal grosse Erleichterung gemacht.

Wenn Dir langweilig ist [12] depeschiere und ich bin gleich bei Dir und jetzt küsse Dich mein Allerschönstes und Liebstes, Du mein Alles, Ich liebe Dich

Such

Küsse Bibchen!

Hast Du die postlagernde Sendung mit Honig in Lindau abgeholt?

Willst Du mir 10. M. senden[121]

101 *BvS an Rolf zu Reventlow am 1. September 1905 aus Wüschenske (Postkarte)[122]*

Witschenske bei dickem Woja.

Mein liebes bübchen!

Ich gratuliere zu deinem Geburtstag, ich habe dich sehr lieb und schike dir viele Busis! Dein Such

---

[118] Die Wörter „Dich freust", erst anders geordnet, dann umnummeriert.

[119] „nicht ... hast" ist wieder mit Rotstift unterstrichen.

[120] Ein Münchner Gynäkologe.

[121] Dieser Satz ist mit Rotstift unter dem Brief hinzugefügt.

[122] BvS verwendet in seinen Briefen an Rolf immer deutsche Schrift.

Sage Mamai, dass in Lindau auf <u>der Post ein Packet Postlagerd</u>.

102 *FzR am 2. September 1905 aus Bregenz (auf Hotelpapier wie in Brief 96)*

Ich bin garkein böses Hatzi, ersten Tag, wo ich Suchibriefi kriegte hatte ich Kopfweh und konnte nicht schreiben. Maus sagt, wenn Suchi böses Hatzi schreibt, ist er nicht wirrrklich bös, denn Hatzi ist etwas Freundliches.

Rolf ist mit Martha nach München, jetzt ist es schön alleine, gestern Mäusegeburtstag, da hab ichs sehr genossen und wir waren sehr selig zusammen.

[2] Eben 6 Briefe geschrieben, lang aufgeschobene, und jetzt nur noch einen kleinen Gruss an Suchi.

Lieber Such, du gehst gewiss an die Weichsel und lässt Dir von einem Flösser einen Anzug für Carneval geben und kriegst die Cholera. Hab so Angst. Ist das, wo sie ist in Eurer Nähe? Oder es giebt Quarantäne und Du kannst nicht wieder zu mir. – –

Gestern einen greulichen Schrecken gehabt, fahr mit Maus, kommen an die Eisenbahn, Schranke wird [3] heruntergelassen, rufe: rasch herüberfahren, Maus fährt langsam, ich bin schon unter der ersten weg, Zug kommt, 2te geht zu, Maus im Galopp angesaust. „Absteigen![", steigt nicht [h]ab, ich hinterher, pack ihn am Arm, Rad und Maus stürzt gerettet zu Boden, aber ich hab ihn im Schreck so gepackt, dass ein ganzes Stück Haut herunter war. War aber eine gute Lehre für ihn, gleich zu thun was man ihm sagt. „Aber Mamai! ich hab gemeint der Zug kommt noch nicht.["] –

[4] – Nachmittag sind wir 3 Stunden gerudert und haben seine Böte schwimmen lassen. Hergott, ich bin aber nervös, wenn ich ins Wasser sehe und mir denke dass es furchtbar tief ist, gruselt mir so, dass ich denke, glei wir <u>müssen</u> ertrinken, selbst wenn wir im Boot sitzen. – Such, ich werde überhaupt halb blödsinnig: neulich hab ich mich selbst gesucht im ganzen Zimmer und gesagt, wo bin ich denn, zum Teufel? Maus brüllendes Gelächter und dann merkte ich, dass ich meinen Gürtel suchen wollte.

So jetzt leb wohl, geliebstes Suchi-Hatzi, sei mir gut und komm mir wieder. Ich mache jetzt wieder alle Tage Turnübungen und sehe mit Schrecken, dass ich ganz kraftlos bin. Das muss wieder anders werden in

Schäftlarn werde ich mich erholen. Gute Nacht, Hutzi, Hatzi, mein Herz.

103 *FzR am 4. September 1905 aus Bregenz (ein Blatt Hotelpapier wie in Brief 96)*
Suchihuzzi, Du freundliches lächerliches gutes, eben das Honigpacket-
chen von Lindau geholt – es war nur gut dass ich den Gummimantel
anhatte hatte eigentlich mit Rad fahren wollen aber es regnete, der
Transport wäre sehr lustig gewesen. Maus und ich haben uns halb tot
gelacht. Hast Du gemeint, Hazzi, das Packetchen wäre leicht unbe-
merkt durch den Zoll zu bringen? Du niedliches. Für Rucksack war es
zu klebrig und in die Tasche stecken zu gross, [2] habs also ehrlich auf
den Tisch gelegt und gesagt, das ist Honig und ob man das Wachs auch
verzollen müsste. – Wir sind bei den Zollbeamten schon bekannt wie
die bunten Hunde weil wir immer mit den absonderlichsten Sachen
kommen. Es hat dann aber nur ein paar Heller gekostet. Morgen
fangen wir an zu fressen und freuen uns furchtbar darauf.
– Liebes Herz, ich möcht nur bald einen [3] Brief von Dir. –
Heut eine angenehme Nachricht Axel Junker will das Buch nehmen.
Hoffentlich macht Marchlevski keine Schwierigkeiten, hab dem
Bloch gleich geschrieben, dass ers machen soll. Dann kommts noch
mit in den Weihnachtskatalog. Er zahlt weniger, ~~2,1~~ 1,60 statt 2,25
fürs Exemplar, dafür kanns aber eventuell durch neuen Verlag noch
wieder aufleben, während es bei M. doch ziemlich totliegt.
Rolf ist noch nicht wiedergekommen, und ich möchte bald fort

[4][123] Sehr geehrter Herr
Der bisherige Absatz des Buches war folgender

Subskriptionsexemplare	360
verkauft	903
von der dann folgenden I[I]. Auflage	
In Kommission geliefert	87
Seit letzter Abrechnung ausgeliefert	44
Am Lager	330

Ferner liegt die Sache so, dass

[5] Ich habs ja sehr schön und sehr verwöhnt, lauter Kellner hupfen
um mich herum und lesen mir die Wünsche von den Augen, aber ich
kann hier nichts rechtes anfangen. Das Wetter ist miserabel. Im Ho-

---

[123] Die 4. Seite des Gesamtbriefs war offenbar bereits vorher mit der ge-
zeigten Aufstellung beschrieben – es handelt sich um Verkaufs-Zahlen zu
Ellen Olestjerne. Die Liste ist senkrecht durchgestrichen.

telzimmer kann man nichts malen und draussen muss man den ganzen Apparat erst meilenweit schleppen, bei gutem Wetter thät ich halt jeden Tag irgendwohin fahren, aber das alles ist nichts für einen kürzeren Aufenthalt. Ich glaub überhaupt Such, bei dem ewigen Herumfahren ~~die~~ wie die letzten Jahre komm ich nie [6] zum was thun. Und ich möchte jetzt endlich mal ~~was~~ daran. Ich glaube ich muss mich einmal zwingen ein paar Jahre festzusitzen, oder wenigstens nur zwischen München und Umgebung herzupendeln. –

Ich schwanke jetzt ob ich nach Schäftlarn gehen soll oder in M. bleiben und gleich in eine Schule. Schäftlarn reizt mich furchtbar, ein paar Wochen ganz allein, wo ich jeden Fleck kenne und genau weiss was ich da zum Malen finde. Zudem hab ich bei schlechtem Wetter die Kuh und Schweineställe und das ganze ist mir so heimatlich. – Aber „es kostet Geld" [7] 150–200 M. werde ich brauchen vom Rest muss ich Lübeck etc. zahlen. Da geht wieder alles drauf, und ich bräuchte noch allerhand für den Winter. Möchte auch wieder reiten. –

Rat mir, Suchi, ich glaube halt ein paar Wochen Schäftlarnruhe thät mir verdammt wohl. – Nicht wahr, ich hab doch meinen Such, damit ich ihm alles vorschwätzen kann?

Ich hab jetzt solche Lust einmal ordentlich loszulegen, schleppe auch immer Skizzenbuch mit herum, was schon ein gutes Symptom ist. –

Gott und ich hab so Heimweh [8] die ganze Zeit hier. Mit dem Bodensee stehe ich mich nicht gut, hab immer gesponnen, wenn ich dran war. Ueberhaupt je älter man wird, muss man in seiner Umgebung sein eigner Herr sein, das fühl ich immer mehr.

6[. September]

Allergeliebstester Hatzi, den Brief wollt ich heut abschicken, da kam der liebe lange freundliche vom Suchi und ich will noch ein paar Worte dazu schreiben. Du liebes Herz hab 1000 mal Dank. Ich hab mich so arg gefreut. – Schon ~~seit~~ gestern haben wir 2 5 M Scheine eingewechselt. Maus hat vom Rolf Geld geschenkt gekriegt und gleich [9] erklärt er müsste dem Suchi 10 M schenken. Hat sichs selber ausgedacht und jeden Tag davon geredet. Wir waren heute per Rad in Nonnenhorn bei Lulus Schwester[124] die sehr nett ist. Eben in

---

[124] Eine Schwester von Julius Linnekogel („Lulu").

strömendem Gewitterregen zurück, dabei wars schon stockfinster. Nass bis auf die Haut, alle Leute haben gelacht ich zum Ueberfluss noch rote Cravatte, die ausgefärbt hat. Aber es war sehr lustig. Jetzt ärger ich mich, dass ich nicht eher hingefahren bin und mich dort ein paar Tage niedergelassen, da wäre was zum Malen, Donnerwetter und alles ganz Landidylle, kein Mensch würde einen stören [10] kleine Gärtchen voller Blumen, wie ichs selten gesehen hab. Wenns Wetter die nächsten Tage gut wird, fahr ich noch hin und mach ein paar Skizzen, kann bei ihr wohnen.

Sonst mag ich wirklich nicht lange mehr bleiben, es kommt mir zu dumm vor, dass ich sitze und dem Rolf eine Mordsrechnung mache, wo er nicht mal da ist. Heut eine Karte ~~aus München~~ von Martha, die ihn garnicht erwähnt. –

Uebrigens haben die beiden sich nicht in meiner Gegenwart gefunden, aber von Basel an dutzten sie sich. Ich glaube sie werden gleich losheiraten [11] Komisch dass die Leut alle vom Heiraten nicht genug kriegen. Aber jedenfalls wird R. mit der Martha besser fahren wie mit Frigga.

Such mein Herz, mich freuts so, dass Du da vergnügt bist.[125] Du sollst aber noch ruhig dableiben, schau ich werd nur ein paar Tage in München bleiben für Ceconi[126], Klein etc. und dann in Schäftlarn hocken, bis mir wieder wohl ist, und fest malen. Ich fänd es zu schad, wenn Du Deinen Aufenthalt so abkürztest, [12] wenn ich nicht vorläufig genug von der Reiserei hätte, thät ich also ganz frech nachkommen, aber ich hab arg genug, ich möchte Ruhe. Ich weiss ja, wenn ich ein grosses Gequieks nach dem Such anfang, ist er in 2 Tagen da.

Für heut gut Nacht, schreib nächster Tage mehr, bin totmüd von der wüsten Radelei, aber ganz vergnügt. Bübchen liegt im Bett ~~un~~ und miaut mit einer schwarzen Samtkatze vom Geburtstag. Ich geh jetzt immer um 8 od. 9 schlafen denke oft an Sybillchen[127]. Gute Nacht Huzzi, Huzzi, will jetzt Bettchen höppchen. [Rand:] Schwarzen Kä-

---

[125] Die Phrase „da vergnügt bist" ist mit Rotstift unterstrichen.

[126] Bekannter Münchner Zahnarzt und erster Ehemann Ricarda Huchs.

[127] Sybillchen war das zunächst überlebende der Zwillingsmädchen, die FzR am 1. Oktober 1904 bei einer Frühgeburt zur Welt brachte.

fer[128] werd ich schon abwimmeln dass es knaxt.

104 *FzR am 10. September 1905 aus Bregenz (auf Hotelpapier wie Brief 96)*

Suchi mein Hutzi, mein Liebstes. Hab schon 2 Tage deinen lieben
Brief und schreib erst heute. Du freundliches. Du machst so schöne
Geschwätze mit mir. Ich war vorgestern und gestern mit Rad zur Lu-
luschwester sie ist wirklich nett. Wollte malen, natürlich war das
Wetter schlecht, wurde erst zur Rückfahrt wieder gut. Und heute mit
Maus in den „Bregenzer Wald" 2 Stunden mit Bahn gefahren und zu
Fuß nach Dornbirn herüber. Eben erst zurück
[2] Nun will ich aber gleich dem Hatzi schreiben. Suchi, fahr doch
nach Warschau, aber ich finds grässlich unheimlich. Vielleicht wirst
Du plözlich patriotisch und machst Krawalle mit. Und dann ist der
Such hin. – Aber ich begreifs, dass Du's nicht lassen kannst. Hast Du
deinen Pass? Wenn du hinfährst musst Du die Teves[129] besuchen.
– Liebes Huz, lass mich nur ruhig nach München fahren, ich bleibe
8 Tage wegen Doktor etc. und dann Schäftlarn. [3] Mir ist garnicht
wohl und ich muss einmal ganz allein sein, wo es mir gefällt und ich
weiss dass ich gerne bin Ich bin ganz entsetzlich nervös, neulich
Abend mit der Luluschwester, die mir etwas gruseliges erzählte, hab
ich plötzlich gemeint ich werd verrückt. Es hat mich – über etwas
ganz Lächerliches – so ein Grusel gepackt, dass ich mich kaum be-
herrschen konnte. Ich hab plözlich eine wahnsinnige Angst gekriegt,
vor ihr sogar, beinah hätt ich laut gebrüllt und nur eine rasche Ci[4]-
garette hat mich davor gerettet. Und jetzt hab ich immer Angst, das
kommt wieder.
Mit Rauchen hast du ja Recht, aber ich <u>hab</u> nicht die Energie (d.h. ich
hab letzte Zeit nicht viel geraucht) Ich gehe im Herbst zu einem Nervenarzt und lasse mich darauf suggerieren. Es wäre doch möglich,
dass es ginge, grad wenn man so nervös ist, reagiert man eventuell
auf solche Sachen. Ich seh ja dass ichs so nicht fertig bringe, vielleicht
durch Schäftlarn. [5] Du musst bedenken, Huzzi, ich bin seit bald
3 Jahren nie ganz für mich gewesen und viel hin und her, ich glaube
davon kommt die ganze Zappelei und ich brauch schon im Ganzen

---

[128] So nannte FzR gelegentlich Franz Hessel.

[129] Vermutlich Bekannte FzRs aus ihrer ersten Münchner Zeit.

zu viel Energie um noch welche übrig zu haben.

Aber ich muss wieder in die Höhe kommen, und werds auch. –

Hier ist's wirklich nichts für mich, weiss nicht recht wo ich mit mir hinsoll.

Der „Comfort" der hier [6] um einen ist, hat viel Angenehmes aber er geniert mich auch. Ich bin hier die Frau Gräfin und mag nicht g'schert herumlaufen, mir nicht die Staffelei hinpflanzen wo's mir passt etc. Rolf kommt morgen, sonst wär ich schon heut gefahren, muss nun wohl aber noch ein paar Tage bleiben. In München scheinen sie als officiell verlobt aufzutreten – also ist das Unglück wieder einmal fertig. Mir gruselts immer, wenn Leute heiraten, [7] aber im Ganzen mögen die Beiden ganz gut zusammen passen. – Ach Huzzi, ich bin so froh, wenn ich erst München wiedersehe, ein bissel melancholisch wirds sein, wenn du nicht da bist, aber es sind doch Deine Zimmer und Sachen da und das Böbchen. Kaulbachstrasse hat viele Schattenseiten und auch <u>sehr</u> viel Schönes. Auf den Klein freue ich mich auch wirklich, mir ist so schlecht im Bauchi, mir scheint das [8] Dings drückt arg und will ihn doch nicht auf eigne Hand entfernen. – Grüsse mir die Wojas, sag nur dem Dicken, ich würde doch einmal kommen, trotzdem sämtliche Wojas ihre Frauen so vor mir bewachten. Mich interessiert Alles, was Du von ihnen schreibst. Ist Olga wirklich schwarz? Das Bebchen möcht ich auch sehen, ich bin so verliebt in Bebchen. Suchi, wenn Du mir einmal 100 M. Verdienst im Monat nach[9]weisen kannst, will ich ein Bebchen. Ich glaube ich muss noch eins haben. Aber nicht ohne Geld. –

Neulich hab ich eine ganze Nacht von Reiten geträumt von einem schwarzen Pferd. Ich glaube ich muss meine Hysterie erst wieder los sein, dann muss ich auch wieder Pferdchen höppchen, auch wenns nicht viel Sinn hat. Als der Circus hier war, war ich ganz wild. –

Gebadet hab ich jetzt kaum mehr, wegen Hals, Du [10] siehst dass ich vernünftig werde, ich hab die Drüsen unter den Ohren etwas geschwollen und ein komisches Druckgefühl um den ganzen Hals, da hab ichs lieber gelassen. Man ist wirklich defekt auf der ganzen Linie. –

Aber ich bin ein bissel getröstet, weil mir neulich 3 Bregenzer Lebemänner nachgestiegen sind. Aber sie waren ganz reizlos. –

Bubi sagte gestern, ich wollte ich wäre ein Mädi, weil die Kinder kriegen, oder ein Fisch weil die Männchen auch Eier legen. [11] Er ist so furchtbar lieb und herzig. – Komisch dass Woja auch dort von ihm gesprochen hat im Klagesschen Sinne. Ist doch ein Schaf – und kennt das Bübchen garnicht. Er ist sicher manchmal affig, aber ich glaube ich hab's ihm schon ziemlich ausgetrieben und es ist nicht die Hauptsache bei ihm. Raffiniert ist er sicher nicht. Wichtig machen thun alle Kinder gern – grosse Leute auch. Ich muss immer wieder von München anfangen, mir ist so wohl, dass ich wieder heimfahren kann. Und jetzt [12] will ich mich einmal festsetzen und arbeiten. Aber wirklich. Hab die letzten Jahre schändlich verbummelt. Du musst mir auch helfen, Hutzi, ich glaub wir haben uns gegenseitig etwas angesteckt mit Faulheit. Ich müsste manchmal jemand haben, der mich trietzt, was zu thun. Es ist wie ein toter Punkt, aber <u>wenn</u> man drüber kommt, wirds gehen.

– Neulich war ich auch einmal in Markdorf, um etwas über Müller[130] zu hören. Er sitzt in Bruchsal, hat noch 3 ½ Jahre vor sich. Hat sich wegen 70 Fällen / keimendes Leben zu verantworten gehabt. Es hat mich doch ganz [13] melancholisch gemacht, die Anstalt steht jetzt leer. Aber es scheint, dass alle Leute ihn gern gehabt haben, es sassen mehrere im Wirtshaus die ihn alle kannten. –

Ich bin müde – seit Rolf weg ist gehe ich mei schon um 8 manchmal schlafen und schlafe wie verrückt. Es war wenigstens gut dass nicht die ganze Zeit Betrieb war, was ich vorher fürchtete. Morgen mach ich noch eine Tour mit dem Bankdirektor u. seinem Bruder, [14] und Abends wird R. wohl kommen. Liebes gutes Schatzi, ich möcht, ich wär erst unterwegs. – Suchi, kannst Du die Wojas auf Rückreise anpumpen? sonst schreibs mir, ich werd jetzt viele Ausgaben haben und möchts rechtzeitig wissen. Wenn ich Geld hab, läufts mir immer so rasch durch die Finger.

Nun leb wohl mein furchtbar Geliebstes, hab mich lieb

Dein Gemäuse

---

[130] Der wegen Abtreibung inhaftierte Arzt Dr. Rudi Müller.

Witschenske

11 – SEPT –

Briefträger eben gekomen und kein Briefchen, Du grausames Hatzi!

Mich pakt manches Mal so eine Sehnsucht nach Dir mein Liebstes, dass ich nicht weis was ich machen soll?

Renne herum wie ein blöder Stier!

[2] Weist Du mein Hertz, meine Briefe entstehen so:

Ich denke an Dich, setze mich und schreibe, was ich gerade denke, bis ich irgend wo fort muss, und wenn ich wieder allein bin so setze ich mich wieder, schaue nach was ich mit meinem Madhi geschnattert habe und schreibe weiter.

Das ist meine [3] Unterhaltung mit Dir!

12 – SEPT –

Brifchen erchalten mein Liebstes, der mich sehr traurig stimmt.

Es ist schon schlimm wenn man wegen rauchen, sich von Nerven-Schwindler (Artzten) sugeriren lassen will!!

Nach allem sehe ich dass Du sehr nervös bist. (Warum?) und wünschest möglichst lange allein zu sein.

Ist gut! Werde mich [4] danach einrichten.

Pass habe und werde wohl nächste Woche reisen.

Küsse Dich Such

Sind die Rad und Bergturen gut für Dich, wenn Du Dich inerlich nich wohl fühlst? Ich glaube nicht![131]

<u>München</u>!

Hazzi, Hazzi, Geliebstes, Gelabstes. Da sind wir und sehr vergnügt. Es ist so schön wieder im alten Nest zu sein, laufe immer durch die Zimmer und schau mir alles an. Suchi Sachen und meine. – Montag machte ich noch eine Tour in den Bregenzer Wald mit dem Bankier, grässlich komisch. Gestern früh Himmel voller Wolken, Rolf noch nicht da und dann im Galopp gepackt und Mittag abgefahren, ich hab so Heimweh gehabt, konnte es wirklich nicht mehr aushalten.

---

[131] Der Brief in roter, nur der Zusatz „Sind ... nicht!" in schwarzer Tinte.

Traf Rolf noch hier, er und Martha abends hier, Franzl war nicht zu Haus. – Die beiden sind das richtige, glückliche Brautpaar, waren aber sehr nett. Geregnet hats in Strömen. Hof schwamm und lange nasse Weinranken schlugen einem ins Gesicht. Wär ich dummes Schaf doch gleich im Sommer da geblieben, anstatt mich da herumzustumpfen. Hab lange wachgelegen und ans Hazzi gedacht,[2] und heute ganz früh und sehr vergnügt aufgewacht. – Franzl ist ganz nett, ruhig, schnarrt nicht zuviel und scheint resigniert.

Gestern noch das liebe Suchibriefi gekriegt, hab Dank. Du Geliebstes. – Weisst Du für Warschau etc. thäts eigentlich nichts schaden, wenn du den dicken Woja etwas anpumptest. Ich thät Dir gern ein Geldchen schicken, aber das meine schmilzt schon arg zusammen, Rolf sagte mir einmal in Bregenz er wollte mir meine sämtlichen Schulden zahlen – fürchte aber er wirds vergessen. Sonst würde ich ganz reich. Im Ganzen schien er nicht unzufrieden, dass ich zurückgekommen, denn er hat kein Wort gesagt, dass ich hätte bleiben sollen, nur dass er jetzt viel arbeiten müsste.

Eben kommt mit rasendem Freudengebell das gute Böbchen gerast. Er ist die ganze Zeit fort gewesen nur hier und da zum Fressen gekommen. Jetzt mach ich das Loch zu dass er sich wieder ans Haus gewöhnt. Ich sitz in der Küche, draussen rasen Maus und Ludwig – und koche!

[3] Süppchen, Kohl und Pflaumen, noch ist keins angebrannt. – Es ist ganz gut dass wieder jemand hier ist, denn überall arge Schlamperei und Unordnung. Suppentopf und Butterdose z.B. nicht zu finden, Spinnen und alte Betttücher in den Betten, Roppzimmer[132] schwimmt, Drahtmatratze ganz verrostet Wie kann man die wieder blank kriegen, Suchi, gieb mir einen Rat? Und eine Luft in allen Zimmern wie in einem Grabgewölbe. Lasse morgen alles durchheizen.

Ach Such ich kann Dir nicht sagen wie froh ich bin wieder hier zu sein, es ist so mein eigenes hier. Ich hab gleich wieder Lust zu arbeiten, aber erst mal viel zu laufen, Ceconi, Klein und Schefer[133] etc pp.

---

[132] „Roppzimmer" wohl in Erinnerung an jenen Raben, der im Dezember 1903 kurz Mitbewohner der Kaulbachstraße war.

[133] Dr. Schäfer, ein Münchner Hals-, Nasen- und Ohrenarzt.

Husten ist auf einmal viel besser, aber jetzt sitzts bei den Ohren. Pass auf, ich endige noch wie Azbé[134], und dann steht in den Neuesten, ich wäre ein Urviech gewesen. –

Bisher hab ich nur den Abschaum der Menschheit getroffen, in der Bahn Heer[135] plözlich auf mich zugestürzt und mir [4] die Hand geschüttelt, erkannte ihn nicht gleich, hab ihn aber dann mit Kürze und hochnäsigem Gesicht abgewimmelt und ostentativ Rücken gedreht. (Wir fuhren die ganze Reise in einem Coupé.[)] Und heute Beuteltier, hatte einen Kerl bei sich und beide reckten sich die Hälse mit Umgucken. –

Donnerstag

So da bin ich nimmer zum Schreiben gekommen vor lauter Stöberei in dem uferlosen Saustall. Man lebt doch eigentlich wie die Schweine ohne genug Bedienung – Und überhaupt – ich wär doch froh wenn ich einmal wieder eine kleine Bude für mich hätte. –

Ich muss jetzt <u>fürchterlich</u> arbeiten und vergessen was mir nicht gefällt. –

Eigentlich bin ich ganz vergnügt und lache über mich selbst. –

Warum schreibt man nicht, Hazzi, Hazzi? Böbchen bleibt jetzt friedlich bei uns, kriegt zu fressen und liegt glücklich in seinem Korb und denkt, es ist doch schön zu Hause. Ein komisches Tier. Und jetzt gut Nacht, Hazzi, Liebstes, bussi Dich 1000 Male Dein Gemäuse.

[Rand:] Wo ist der Apparat, bei Mundi oder direkt versetzt? Möchte ihn nach Schäftlarn haben.

107 *FzR am 15. September 1905 aus München*

Hazzi, ich bin heut Abend so wütend, dass ich mich noch ausschimpfen muss. Mach ich da der Kathi[136] Krach, dass ~~ich~~ sie alle Bettwäsche und Handtücher nicht gewaschen hat und sie teilt mir mit dass Franzl ihr den Schlüssel abverlangt und 2 schwarze Damen in ~~meines~~ Zimmer für ein paar Tage gesteckt hat ihr aber verboten davon zu sprechen. Ich bin so wütend über die Unverschämtheit, dass ich schon dran dachte ihm heut Abend das Haus [2] abzuschliessen

---

134 Der Maler Anton Ažbe unterhielt eine berühmte Malschule.

135 Der Schweizer Schriftsteller Jakob Christoph Heer.

136 Eine Haushaltshilfe.

und ihn nicht hereinzulassen.

Du könntest mir hereinthun, wen du wolltes[t], Kubiny Salzmann oder Gott weiss wen, ich thät mich keinen Moment ärgern, aber der verdammte Bengel ist mir zu frech, dazu die Feigheit nichts zu sagen, wo er hört dass ich die Kathi zanke, und die Schlüssel von ihr zu verlangen, wo es doch daraus hervorgeht, dass ich die Zimmer verschlossen haben will. – Ohrfeigen könnt ich ihn, aber er würde mir die Hand abschlecken und [3] sagen: Sie Wundervolle! Soll ichs ihm blasen oder nicht?

Ich fürchte wenn man einmal anfängt ihm alles was gegen ihn vorliegt zu blasen so wird die Situation unhaltbar. Das anmutige Spiel mit den „Denaren" ist natürlich auch wieder in vollem Gang. Eh ich kam, muss er doch Kathi für die kleinen Ausgaben gegeben haben, von dem Moment wo ich da bin, ist nichts mehr da und ich muss ihm 1 M. geben, wenn er aus geht. Heute sind nun wieder Denare gekommen, und morgen muss ich anfangen sie [4] herauszupressen. – Hab natürlich gesagt, dass von Marchlevski nichts übrig ~~und~~ heut hatte ich Einkäufe für mich gemacht und um ihn zu ärgern erzählt, ich hätte einen alten Bekannten getroffen, der mir alles „gezahlt" hätte. Elender Hund, wenn man eine Frau haben will, oder um sie herumkriechen, dürft mans doch anders anfangen. Das werd ich ihm jetzt einmal klar machen. Ach es ist eine Schweinewirtschaft den Kerl mit herumziehen.

[5] 16. [September]

Liebling, heut früh Dein Briefchen. Du Gutes, Liebes, fühl es immer dass ich niemand hab wie Dich und Du der einzige anständige Mensch bist.

Nein Huzzi, ~~B~~ mein Brief soll Dich nicht traurig stimmen. Ich werd mich schon wieder zusammenrappeln und Du sollst kommen wann Du willst. Nur dachte ich es würde Dich vielleicht traurig machen, wenn ich dann nach Schäftlarn gehe und fad hier mit Franzl zu sitzen. Natürlich [6] könntest Du öfters herauskommen und ich käme auch manchmal herein. Ich möchte nur 4 Wochen ganz vernünftig leben, früh zu Bett, und viel draussen und keine Menschen; vor allem keine Juden. (Hast Du von Pücken[137] gelesen – das sollten wir auch

---

[137] Was mit „Pücken" gemeint ist, ist unklar.

einmal machen)

Ich denke dann bekomme ich meine Energie wieder zusammen, fürs Arbeiten und fürs Rauchen. Mir ist ja schon viel besser seit ich Münchner Luft [7] hab, nicht diese fade Tieflandsluft vom Bodensee. Vor allem muss ich arbeiten wie ein Teufel, sobald ich da wieder drin bin, ist mir auch wohl.

Für heute muss ich aufhören und kochen, will nachher mit Maus in den Circus. Aber nun nicht traurig Huzzi, sei mir gut, ich hab gesponnen und geht schon wieder vorüber. Es geht mir jetzt viel besser, vor allem bin ich Husten plözlich fast los weiss nicht wovon, und Bauch auch besser. [Klein h]at mir jetzt kleineren Ring gegeben. [8] Franzl nur 40 M hergegeben mit grosser Überwindung und frisst alles auf was man in der Küche stehen lässt. Hab wirklich lachen müssen, als eine grosse Schüssel Compot heute früh leer war.

Leb wohl mein geliebtes Huz, und sei vergnügt. Schreib mir aus Warschau!

Deins

108 *BvS am 17. September 1905 aus Witchenske*

Sontag 17. SEP.

Liebstes Mädi-Hatzi!

Endlich weht eine gute Stimmung in Deinem Brifchen, nur das Eine – Du wärst froh eine kleine Bude für sich zu besitzen – Warum hast Du nicht?

Thue das!

Ich höre das so oft !!![138]

Nein! Thue das nicht und bleibe mit mir!!!!

[2] Montag – 18: Sept:

Mein liebes Hertzi-Hatzi, Du bist wüthend aber vergnügt, das ist schon gut!

---

[138] Die Passage von „nur das Eine..." bis „...das so oft!!!" wird später in roter Tinte mit vier in Sternform angeordneten Linien gestrichen, der Satz danach („Nein!..." bis „...mir!!!!") in roter Tinte ergänzt. Die Formulierung „Nein! Thue das nicht und bleibe mit mir!!!!" bezieht sich auf den vorangehenden, gestrichenen Text.

Franzl unferschämter Bengel – und entweder sagt man ihm das mit energischer Handbewegung oder man schweigt – Gelegenheit wird schon kommen!!

Es ist ein Sau Jud. Wie oft hat er gesehen dass ich ungern fremde Leute in Deine Reume hinein lies –

[3] Den Pücklet[139] habe hier gesehen und man kann wirklich von ihm was lernen –

Vor allen Dingen! nur von uns soll das ausgehen Franzl hinauswerfen niemals von ihm!

Er ist fehig absichtig irgend was zu unternehmen was Dir Ärgerniss bereitet um sich los zu lesen. Das dürfen wir nur thuen!!!![140]

Ich koche ihm schon einmal eine Schüssel Compot!!!

[4] Geh nur nach Scheftlrn mein liebstes teuerstes Hertz, sei lustig „rauche nicht", und Du wirst gleich gesund werden.

Winter werden wir sehr fleisig sein und Geld verdienen für das „Bäbchen", glaub mir so war ich Dich liebe! Du mein Alles! [Ornament]

Gestern ist eine Schwester von Frau Olga gekommen und heute Adam alleine – und [5] jetzt geht los – Svastjka Paradigma – Sonnengott – Metapfisik auf Rädern – Sonnenopfer u.s.w. Also Schuller[141]!

Adam erzählte von Kopenhagen das er die Dagmar v. Bülow getroffen hät

diker Woja: Sie macht netten soliden Eindruck

grosser Woja: Ja woll! Sie geht ran wie ....

Es ist roh! Mich wundert! Er war so lange um Dich herum ohne sich vom derartigem ~~sich~~ nicht zu „reinigen"

[6] Er ist überhaupt jetzt ein gross Sprecher geworden dahinter ist aber „Stroh".

Die drite Teichmiller[142] ist ganz Sonij enlich aber alt. Die Olga ist schwartz und wirklich eine liebe, gute kindisch naive Frau alles hat

---

[139] Unklar; dasselbe wie „Pücken" in FzRs Brief 107?

[140] Die Passage „Vor allen..." bis „...thuen!" am linken Rand mit einer geschweiften Klammer zusammengefasst.

[141] Alfred Schuler, ein Mitglied des George-Kreises.

[142] Es handelt sich vermutlich um die weiter oben erwähnte „Schwester von Frau Olga" (und auch von Sonja); ihr Mädchenname war „Teichmüller".

Sie, nur keinen „Charm", Mund wie Viktor Levetzow[143]. Wie nent ihn Bubi?

Nun ich will nicht weiter ausrichten[144].

Heute gab mir Adam die [7] erste Reitstunde – ohne Bügel, ohne Trense, Hände hoch gehoben, auf einem ganz jungem, nicht zugerittenem Pferde, natürlich ist alles Unsinn und gefährlich – Mir scheint Adam wollte mich auf die Probe stellen, ob ich Curage habe – ich flog ein Mal und dann noch ein Mal, aber so hoch im Bogen das ich hätte beinahe Gnak gebrohen! Ich zeigte ihm aber, dass mich das absolut nicht incomodirt, er gab auch dann [8] zu, dass dazu, ~~muss~~ ein ganz frommes Pferd sein muss.

Er macht zu gerne den Pedagogen: natürlich verlangt dabei unmögliches. Gestern flog er nehmlich vom Gaul selbst, trotz den Zügel in der Hand und Bügeln.

Über haupt ist mit der Reiterei nicht so wie wir uns dachten: Wenn es passt, einen Gaul sateln lassen und reiten, sodern den darf man nicht weil zu jung, der andere [9] braucht einen sicheren Reiter, der muss geschont werden und so weiter; und jetzt über haupt ist keiner da ausser einem jungem ganz unfertigem.

Was soll ich noch meinem Hatzi vorsnattern? Sitze öfter in der Schnapsbrenerei, schaue den Maschinen zu, den Rädern, die sich um ihre Achse wie meine Gedanken um mein Liebstes Allerschönstes drehen.

Auf meinem Tischchen neben dem Bett liegt Dein Türkischer Pantofel und Handschuh, [10] brauche nur hin schauen und da sehe ich gleich Deine Füssi, die ich so viel geküst habe, drinen schteken.

Dein Briefchen!

Da spere ich mich in mein Stübchen (sonst fragen immer alle was ist neues) – und schwätze mit Dir. Ich wollte noch letzten Brief von hier schreiben, und recht fiel, meinem Schatzi vorsnattern. Also Mandel, man weis wenigstens, was los ist: nur nicht erkälten!

Ich nehme Dich [11] bald in meine Pflege und: im Hause führen wir die Ordnung wie Du wünschest!

---

[143] Ein Vetter FzRs.

[144] „(Leut-)ausrichten" – bairisch für „jemandem Übles nachreden".

Morgen fahre ich, es passt gut, weil sie hier Platz für momentane Einkwatierung brauchen. Adam fehrt ~~hier~~ auch fort nach München Wohnung suchen – Edmund meint: er weis selbst nicht was er will! Sei reservirt mit ihm über mich, er fragt auch seh <u>wenig nach Dir.</u> Ich glaube deshalb, weil Olga so gerne von <u>Dir sprechen möchte.</u>
[12] Schreibe mir nach Warschau, falls aber irgend welche operative Eingriffe wegen den Mandeln gemacht werden – sofort ein <u>Telegramm</u>!!
<u>Ich muss bei Dir sein!</u>
Leb wohl mein Geliebstes-Kostbarstes und noch lieber kam man Dich nicht haben ––
Dein Such
Wenn Dich mein Brief noch vor Geiselgasteig erreicht, nur eins: <u>Nich rauchen! Nicht erkälten.</u>
[am linken Rand:] Meinem Bübchen viele Busiss, und Böbchen schönes Breichen.
Apparat bei Mundi – 15. m auch mein Rad. Cleveland[145]!!! ·

109 *FzR am 19. September 1905 aus München*

Huzzi, Huzzi, ob Du wohl schon in Warschau bist? Schreib doch bald wieder. Ich siede noch vor Wut auf Franzl habe aber nichts gesagt. Ach, Suchi, die ewige Faderei mit Gesundheit ist es nicht wie verhext, war eben beim Dr. Schäfer, wegen Ohren, ist eine vereiterte Mandelgeschichte oder sowas und muss behandelt werden. Mir gruselt [2] davor weil sowas sehr weh thut. Er macht ein böses Gesicht und ist wieder misstrauisch auf Lunge, will morgen wieder abklopfen. ~~Hoffentlich~~ In dem Haus hier erkältet man sich natürlich gleich wieder trotz aller Vorsicht. – Na mir solls schon egal sein, wenn ich nur das Kopfweh loskrieg und mit der Ohrengeschichte ist nun [3] wohl endlich der Grund gefunden hoffe ich, – da es einen starken Druck und Congestionen giebt. Hab schon seit lange ein Gefühl als ob immer alles durch einen Schleier höre und wenn ich mich rasch bewege klopft es. Ja Hazzi, du hast ein schönes Gemäuse Das Wetter ist jetzt so schön, ich möchte jeden Tag fort, werd aber

---

[145] Fahrrad-Marke.

wohl noch 8 Tage brauchen. Hier ist's aber auch ganz nett ich bring das Haus schön in Ordnung [4] hab die Näherin da etc. und geniesse die Vorfreude auf Land und Malen. Wenig Bekannte gesehen, der arme Carlo sitzt mit der S im dunklen Zimmer, hat sich bei der Sonnenfinsternis[146] schlimme Augen geholt, beide waren sehr nett. –

Oktober kommen alle Majas und Bückings wieder, ich werde mich ganz zurückziehen, d.h. dann bin ich ja nicht da, aber später führen wir strenge Hausordnung ein, ja?

Vom Baschl krieg ich einen Kleiderschrank, dann thu ich meinen alten hinunter in das R Vor-Rabenzimmer [5] dann hast Du auch was zum Aufhängen und alles alte Zeugs. –

Ich hab jetzt Essen um 1 eingeführt, weils mir mit Zeit besser passt und F. selbst ums Abendessen schauen muss. Halt ihn überhaupt sehr kurz.

– Vorgestern in Solln, aber Fädchen ist nicht sehr liebenswürdig.

– Kubiny und Hollosy[147] haben eine Malschule [6] aufgethan und mir Prospekt geschickt, wenn Javlensky[148] nicht mehr will, kann ich ja vielleicht dorthin gehen.

Ja geliebtes Huzzi, das sind alle Neuigkeiten, hab heut viel zu schreiben, Junker, Marchlevski etc. und viel zu laufen. Samstag ist ein Fest in Geiselgasteig, hab aber noch keine grosse Lust. [7] Man wird wirklich immer fauler. Leb wohl mein Herz und schreib mir bald, dass Du mich lieb hast und vergnügt bist.

Dein Gemäuse

110 *BvS am 28. September 1905 aus Warschau (Ansichtskarte, Bild eines Dragoners)*

Vive la Pologne!

111 *FzR am 6. Oktober 1905 aus München*

Mein Hazzi-Liebling,

Eben hab ich Warschau-Briefchen[149] gekriegt und mich so gefreut.

---

[146] Eine totale Sonnenfinsternis über Spanien/Algerien, die partiell auch in Deutschland zu sehen war, ereignete sich am 30. August 1905.

[147] Ungarischer Maler und Gründer einer Münchner Malschule.

[148] Der russische Maler A. Jawlensky, später Mitglied des „Blauen Reiter".

[149] Dieser Brief scheint nicht erhalten.

War in Gedanken ganz mit dort, – aber Such Du <u>darfst</u> nicht krank werden und wenn Dir was fehlt mich <u>sofort</u> rufen. Komme zu Dir, wo es auch wäre. Ich hab so Angst, dass Du mir ganz wiederkommst und bin froh, wenn du wieder [2] bei Woyas bist. – Ach Gott – Herstein[150], ~~der~~ es hiess doch er wäre lange tot. – Das hätt mir doch auch Spass gemacht. Und Tewes. – Alle Geister der alten Zeit.

Gruhle hat eine schwere Blutvergiftung gehabt – Du bist auf seinen Pass und träumst, ich hätte eine – willst Du jetzt noch Mysticismus leugnen? –

[3] Adam war hier – und ein richtiger alter Grantlhuber. –

Du hast Recht, die Leut werden alle so rasch alt, – und wir leben wirklich in einer andern Welt das normale Leben und Welt kommt uns immer dummer vor, absurd, eklich geschmacklos. –

Hazzililli, hab bis jetzt noch garnichts erlebt und die Ruhe ist so gut für mich, so ein Gefühl [4] von Kräfte sammeln. Aber arbeiten muss man, zu thun haben den ganzen Tag, sonst –

Suchi, ich hab mich jetzt einmal zusammengenommen und mir gesagt: das geht nicht mehr, ich muss drangehen. Und bums denselben Nachmittag angefangen, male, zeichne Bubi, Schlafzimmerinterieur – und Resultat: nicht mehr nervös, nicht grantig, <u>ganz</u> glücklich keine Spinnerei mehr, [5] fühle als ob wieder 20 Jahre alt wär, Kaulbachstrasse ist gut, Franzl mir wurscht, bin sogar wieder freundlich mit ihm. Alles ist gut, nur malen, nur jetzt weiter kommen.

Trotzdem mir recht schlecht geht – will mich an nichts mehr kehren. – Hab wieder rasend erkältet, ein paar Tage Fieber, huste zum Platzen. Brust weh, Kehlkopf na die ganze Litanei [6] Jetzt ist etwas besser, aber schwitze des Nachts wie ein Dampfbad und kann morgens vor Mattigkeit nicht aufstehen. –

Dann bin ich auch noch nicht nach Schäftlarn es ist Sauwetter, eisigkalt und windig, und Dr. Lessing[151] dort! – Wenn es noch sehr schön wird und Katarrh besser, geh ich vielleicht noch auf 14 Tage länger hab ich so kein Geld, viele Ausgaben u. Franzl kneift, 230 M. –

---

[150] Polnischer Maler, den FzR 1893 in München kennengelernt und mit dem sie eine Beziehung hatte.

[151] Der Kulturphilosoph Theodor Lessing.

Na Such das ist ganz [7] egal, es wäre wunderschön gewesen, ein paar Wochen Schäftlarn, aber ich kann hier auch arbeiten. – Wie gesagt bei schönem Wetter thu ich's noch auf kurze Zeit, sonst solls auch gleich sein. Hazzi, liebes wenn ich nach S. gehe, werd ich <u>garkein</u> Geld übrig haben, es geht schon so kaum, könnte Dir dann erst 1 Nov. etwas schicken? Aber nicht wahr, Du [8] kannst, wenn Du eher kommst Woja anpumpen? Ich könnte eine Arbeit haben (durch Lessing) aber möchte nicht. – Ich will jetzt bloss malen Hazzi, – und du sollst auch ein fleissiger Hazzi werden und dann sind wir beide sehr stolz und vergnügt, ja?

War gestern in Solln und diesmal war es wieder so nett wie früher. Lutz möchte dass Fädchen reiten soll [9] und ich mit. Aber ich fürchte, ich kann jetzt nicht, bin ganz kraftlos. –

Rolf ist seit 14 Tagen ~~nicht~~ hier, lassen sich aber beide nicht sehen, ich glaub sie haben mir was krumm genommen, ist aber sehr Wurscht.

Bücking wieder hier und Franzl schnurrt vor Glück.

– Ich bin sehr schön allein mit Maus, ist schon Dein Bübchen, hab [10] ihn gefragt. Fragte dann warum: weil ich Suchi lieb hab. –

Morgens sitzt er mir sehr brav, es ist überhaupt ein furchtbar gutes Kind.

Jetzt ist mein Such wohl schon von Warschau weg – muss Dir doch sonderbar zu Mut gewesen sein, ich kann mirs so denken. Suchi, Deine Tante ist dumm, du bist ein sehr schöner Such – mag [11] ja sein dass du früher noch schöner warst.

Liebling und nur nicht krank, nur nicht krank.

Ich bin heut müde, war Abends aus, sonst geh ich immer um 8, 9 zu Bett, will ein kleines Schläfchen machen und dann noch malen. Leb wohl Geliebstes, Du bist ein freundliches Hazzi. Sei vergnügt [12] und grüss die Wojas. Neulich als der grosse hier war, war ich sehr geladen auf Franzl und hab geschimpft. Woja mir dann Pauke gehalten, dass ich jetzt umgehend Massage lernen Malen aufstecken, man hat ja gesehen, dass doch nichts dabei herausschaut. Woja soll sich selbst bei den Ohren kriegen. –

– Das Böbchen wird räudig, dann wirds wohl nichts mehr sein mit ihm, das gute Hündchen und das ganze Haus voll Mäuse, tanzen Abends in der Küche und allen Zimmern [Rand:] Addio Hazzi Dein Hazzi

112 *BvS am 9. Oktober 1905 aus Witschenske*

Witschenske 9. OCT.

500 Klm: näher meinem Schatzihertz und kein Briefchen – Du hast meins aus Warshau[152] wohl noch nicht bekommen.

Ich bin also wieder auf dem sicherem Boden – ich bin froh! Mich hat eine fixe Idee verfolgt, dass ich auf ein Mal zwieschen vier Wänden sitze gegen die ich mit meincm Kopf aus Verzeifung renne. [2] Und mein <u>Alles</u> so weit! Jetzt habe wieder meine Ruhe!

Dicker Woja und Olga so lieb, haben sich so gefreut, sind wirklich so gute liebe Menschen und voll Takt. Grosser Woja natürlich sagte gleich die Kaulbachst wakelt – muss er gleich das wissen?

Für ihn und Klageles[153] [3] wäre das ein <u>Fressen</u>, dann wird es gleich heissen: das haben wir gleich gewusst, das es so kommen wird u,s,w.

Nun, ich verstehe Dich aber auch, wenn man so einen alten Freund hat wie Woja, dass man ihm alles sagt. Aber wie wir machen sollen, da werden wir schon selbst wissen!!

Mit meinen Lieben in Warschau war es köstlich. Meine Schwester fragte [4] mich was ich brauche: ich sagte 1000 Mark oder gar nichts, das war natürlich ein Wenig stark für sie – da meinte ich: ~~ich~~ ich brauche von euch gar nichts und zeigte absichtlich die Stelle im Deinem Brief: <u>Wenn Du von Deiner Schwester Geld nicht nehmen willst, u,s w.</u> da war die Empörung vollkommen und ging es los!

Zum Schluss sagte ich: ich kann nur schtolz werden, wenn mir <u>Je-mand</u> so schreibt!!

– Finis –

[5] Bist Du schon in Scheftlarn? Jeden Morgen denke mir: jetzt steht mein Hazzi auf, wäscht sich und striegelt vor dem Spiegel das Büb-chen rennt herum und bekommt ab und zu einen Klaps, und dann sitzt alles am Tisch und futtert.

Ich hätte so gerne mit Adam von Dir gesprochen, wie Du aussiehst,

---

[152] Dieser Brief ist nicht erhalten; vgl. Brief 111.

[153] Ironisch für „Klages" (ein Ausdruck aus dem *Schwabinger Beobachter*).

was macht Bübchen, und überhaupt, aber mit ~~ist~~ ihm ist nicht möglich. Beim reiten auch, da macht er einen ganz nervös, mit seiner Schulmeisterei.

[6] Dinstag – – 10. OCT –

Hurra! das Briefchen von Mädi ist da!

Du mein Liebes, Schönes! Wenn ich Dich nur bald hätte!!¹⁵⁴ Ich werde „Fussi" küssen – meine Welt ist in – DIR –

Wenn Du wüsstest wie mir ist, wenn ich das schreibe. Mai Hazzi, ich bin gar [7] nicht krank – nur schlafen kann ich nicht – ist das das Alter?

Ich hoffe mein „Schönstes" wird mich davon heilen!

Gruhle! – Das ist eigentümlich! Mein Traum, dass Du Blutvergiftung hast. Nach Schwabinger Art, wäre das Enorm!

Ich glaube an Mysticismus aber ich will mich nicht darine vertiefen. – Sonst wäre ich verückt!

[8] Und das meiste Mystische habe ich, seit wir uns kennen erlebt, ich wusste zum Beispiel ganz genau, was Du an Wolfskehl geschrieben hast, am Ambend vor der Operation im Josefineum!

Herstein, Teves! Ich glaube, Dir hätte nur ein „Augenblick" Spass gemacht, mit dennen zu sprechen, und desto mehr Enteuschung da nach. Glaubes mir, das habe ich auch crlcbt! [9] Die Leute sind so gar im Auesserem eklich, und vom Geist da spreche ich lieber gar nicht – Neben Dir habe erst gelernt, sich Selbst auch ein Wenig zu Schätzen. Und das ist sehr nothwendig! –

Werend des auspakens meiner Koffer war Adam und Olga im meinem Zimmer ich zeigte ihnen Postkarten aus Warschau – da zwischen war Deine Fotografie mit Bübchen (ich glaube aus Steben¹⁵⁵) [10] Olga war ganz entzükt, und sagte: da muss man sich in so einer Frau verlieben! (wörtlich) Adam machte dumes Gesicht und meinte: die Fotografie ist nicht gut nicht war Such? da sagte ich: im Gegentheil, ich fünde die Selbe sehr gut. Adam schob sein Unterkinn noch mehr nach forne und schwieg.

Dummer Töpp! Er kann doch was aufriechtiges sagen.

---

¹⁵⁴ „Du..." bis „...hätte!!" in schwarzer Tinte (der übrige Brief in grün).

¹⁵⁵ In Steben (Schweiz) war FzR im Frühjahr 1902 zur Kur gewesen.

[11] Diker Woja in seiner Kindlicher naivität sagte auch einmal zu mir: Such! Sie müssen Gräfin sehr lieben. Da sagte ich ihm einfach: solche Frauen verehre ich immer!

Also nichts erlebt! Hast Du nicht wollen!

Du mein Hertz!

Du fündest vielleicht albern, und geschmacklos wenn ich so was schreibe.

[12] Also in Scheftlarn bist Du noch nicht mein Hazzi? Das muss Dich wohl sehr ergern.

Ich möchte bis 20. OCTOBer in München sein, da ein Antiquitäten händler aus Warsch: kommt, bringt mir ein Panzerhämd und kauft vielleicht was. Da muss ich schauen dass ich auf irgend welcher Wei- se hier vortkomme.

Orlowski habe zufälig in Warschau getroffen, freute sich sehr und [13] fragte auch gleich: was macht „Hrabianka" (Comtesschen) und Winkl. Fragte mich gleich: Können Sie Geld brauchen? Das war na- türlich sehr günstig. (25. Rubel) Sonst wäre ich noch nicht hier.

Du arbeitest fleissig, sonst –

Gut Mai! Du sollst sehen wie wir arbeiten werden. Wir werden stolz und vergnügt.

[14] Der Woja mit seiner Masage!

Er thut nur klug reden, aber kein einziges Pferd geht tadellos unter dem Sattel.

Der arme Edmund wird so von allen Seiten gezogen, dass ich mich nicht traue ihm was zu sagen.

Es wird schon vielleicht anders gehen.

[15] Du musst noch nach Scheftlarn, mus aber schönes Wetter sein, im November kann es noch werden, nicht war mein Liebling?

Ich will diesen Brief zur Post und küsse Dich furchtbar

Dein Such

Ein Warschauer Geschänkchen kommt für Dich.

Bübchen schönen Kuss![156]

---

[156] Der letzte Satz in schwarzer Tinte.

Mein Lieblingshuzzi

Tausend mal Dank für liebes Briefi. Hatte gleich nach W. geschrieben weil ich dachte du wärest schon dort. (Was hast Du zu den Knieeschei-ben gesagt?) Ach komm nur bald, Du Liebes. – Aber – ich <u>kann</u> Dir jetzt kein Geldchen schicken, absolut nicht, [2] und ersten Nov. wirds auch ziemlich schwach sein. Hab so viel im Haus gebraucht u.s.w. Gestern sogar Gerichtsvollzieher wegen Polizeistrafe – wenn nicht in 8 Tagen zahle, hat er sich mein Rädchen angeguckt. Na, das krieg ich schon, aber kannst Dir danach denken, Dury[157] droht auch etc. pp. [3] Hätts sonst wirklich gern gethan. Liebes Hazzi, schreib mir ob Du die Ringe versetzt hast oder wo sie sind? kann sie nicht finden.

Bin etwas ärgerlich weil nun auch wegen Geld nicht in die Schule kann. Kubinny will mit Hollosy sprechen, aber –

Schäftlarn wird also erst im November gehen, aber ich möchte es durchaus, [4] bin eigentlich verdammt nervös, hauptsächlich durch die Ohren. Seit vielen Wochen höre ich alles wie in der Narkose u. das macht mich ganz kribbelig, besonders jedes laute Geräusch.

Ja Hazzi, bin ganz froh, dass Du von ~~Se~~ Warschau weg, mir wars auch so unheimlich. Hättest Dich aber nicht verkrachen sollen. –

Liebes Huzzi, ich finde [5] Du kannst ruhig dicken Woja anpumpen, er thuts gewiss gerne. Von Franzl gehts nicht, er ist zu schofel. Himmel Hergott! Ich glaube wir haben ihn immer noch überschätzt. – Aber egal, ich bleibe solange es hält, um Ruhe zu haben, hab alle Tage gemalt, aber greuliches Zeug.

[6] Na Suchi, hab Dir schon gesagt, wenn Du jetzt kommst, musst Du artig arbeiten. – Wirst auch ebenso vergnügt dabei sein. Ich hab es wohl begriffen, dass du die letzten Jahre nichts gethan hast, aber jetzt ists Zeit und, wird Dir auch mehr Spass machen als früher, wenn Du allein mit Böbchen in Deinem [7] Atelier gehockt hast. –

– Wetter grenzt an Wahnsinn, Regen Regen ohne Ende. Gestern Schnee, ein Tag wie der andre, aber ich finds ganz lustig, besonders weil ich jetzt doch nicht fort könnte.

Hier jetzt voller Betrieb, Maja, Bücking, Lang etc. Sehe sie aber

---

[157] Das Malerbedarfsgeschäft von Franz Dury.

kaum, weil mich immer flüchte. Nur Lisa kommt auch zu mir und die mag ich sehr gerne.

[8] Gestern hat mich ein Journalist photographiert[158] für einen literarischen Artikel – da siehst du was Du für ein berühmtes Gemäuse hast. –

Adam ist ein Schaf – aber ich war halt damals so geladen wegen der Zimmergeschichte und hab geflucht, ich hätte es sehr satt. Wollte glaub ich was von mir heraus kriegen [9] und sagte, ich sollte doch mit Dir zusammenziehen. Hab heftig abgelehnt – mit Such? – Aber das würde mir nie einfallen. Allein will ich wohnen.

Uebrigens Kubiny lässt Dich sehr grüssen u. für Karte danken. Du solltest doch über Zakopane fahren u. seinen Onkel besuchen.

[10] – Ach was giebts alles zu schnattern ~~was~~ wenn Du kommst. –

Ich fühl mich so angenehm menschenfrei, alle Tage früh zu Bett schlafe meist von 8 od. 9 bis 7. Diese Tage wieder ein bissel herunter von argem Halsweh, aber sonst ganz wohl. Ist mir immer noch lieber wie Bauch oder Kopf.

[11] Gehe nur dann u. wann zu Wolfskehls, Petrichs u. heute zur Füchsin[159], die krank ist.

Koche sehr schlecht, denke ans Malen und es brennt an. War 2mal in Solln, neulich kamen sie abends u. luden mich auf nächsten Tag. Sind sehr lieb, es war wieder ganz wie früher. Fädchen mag ihre Launen haben wie wir alle und hat auch viel auf den Nerven, aber sie bleiben [12] doch die alten Freunde. Gruhle war auch hier, ist sehr schwer krank gewesen, liess Dir sagen, wenn du Pass nicht mehr brauchtest möcht er ihn wieder haben, ~~weiss~~ u hab vergessen wozu. Schick ihn doch an mich er kommt nächste Woche noch mal.

Huzzi, wenn du hier bist wirst du mir auch ein bissel helfen, z.B. etwas auf Maus schauen, dass ich zur Schule kann, möchte auch Abendakt.

[13] Mein Allergeliebtestes

wie schön endlich wieder ein Briefchen von Dir, eben beim Heim-

---

[158] Der Bildjournalist Philipp Kester fotografierte FzR am 11. Oktober in München für einen Artikel über „Moderne deutsche Erzählerinnen" in der „Berliner Illustrirten Zeitung" , der am 17.12.1905 erschien (vgl. Abb.1, S.6).

[159] O. A. H. Schmitz' zweite Frau.

kommen aus dem Kasten genommen und gleich am Siegel gefühlt, dass es von Dir. Nein Liebstes, ich brauch jetzt keine Bude für mich, werde ja in der Schule arbeiten – und überhaupts, 1–2 Jahre noch Kaulbachstrasse halten aus einfacher [14] Schlauheit. Man hat hier auch seine Momente, wo mans über den Haufen schmeissen möchte. Aber ich will jetzt vor allem denken, wie ichs mache ordentlich arbeiten zu können. Und so hab ich ja doch freie Zeit und Alles – was wäre sonst? Misere oder Uebersetzen oder Massage. –

Und das Haus liebt man auch so! Und die Maus hats so gut. Und mit Suchi ists so schön, – [15] nicht zum letzten!

Pass nur auf Suchi, <u>wenn</u> ich gesund bin, so bring ich bald etwas zusammen. Ich bin ja noch nie ordentlich dabei gewesen. Aber jetzt 4 Wochen Schäftlarn, ruhige Nerven, dann solls nur so fliegen. Allmählich erwacht das alte Gemäuse wieder wie es früher war. Mir ist im Ganzen sehr frisch und unternehmend seit ich wieder hier bin [16] die Plagen sind nur Details. Die Oehrchen plagen mich allerdings tüchtig, immer Schleier und Druck und Nervös auf laute Geräusche aber es wird hoffentlich bald vergehen. Doktor reisst mir mit einer Harpune die Eiterpfropfen wie ers nennt aus der Mandelgegend, thut infam weh und immer wieder muss man das Maul dazu aufmachen. Eine Seite ist schon so gemacht, aber Ohr nicht besser davon,[160]

114 *BvS am 13. Oktober 1905 aus Witschenske*

Freitag 13–OCT–

O Du mein Hazzi Libeli!

Was für ein schönes Treumchen hatte ich heute, has Du fielleicht stark an mich gedacht?

Ich treumte, dass wir uns furchtbar vor Deinem Spiegel lieb hatten, Du warst aber so riesenhaft gross dass ich Dich kaum umfassen konnte!

Wir waren beide überhaupt riesenhaft, wie zwei Cycklopen –

Ich habe ~~überhaupt~~ [2] derartiges von Dir noch nicht geträumt!

Immer war ich sonst die drite, in peinlichster Situation überflüssige

---

[160] Der Schluss des Briefes ist nicht erhalten.

Person!

Ich glaube, jetzt stehe ich Deiner Seele näher.

Hier gehen ganz geheimnissvolle Dinge vor sich: Anna ist plöt[z]lich gekommen, mit ihr ein kurländischer Baron und Sohn, geheimnissvolle Beratungen – Adam wie gewänlich Telegramme und eingeschriebene Briefe – mir war ganz [3] und noch ist peinlich, weil ich ihnen instictiv aus dem Wege gehen musste.

Jetzt ist Anna plötzlich fort.

Bin gar nicht neugerig, möchte aber auch nicht in Verdacht stehen, dass mich irgend was interessiert.

(Falls Du Adam früher siehst bitte sehr reservirt) natürlich nur betrefs meiner Briefe. (Schafi wirst Du denken)

Er sagte schon einmal picirt: Na, Sie schreiben wieder! Bericht?

[4] Hier ist jetzt scheuslich; regen und kalt, mam ist an das Zimmer angewises, oder ich treibe mich alleine herum.

Vor einem Jahr, glaube ich waren wir zwieschen Forte und Florenz, ach war das schön, mit meinem Hazzilili!

Ich habe jetzt einen energischen Vorsatz zum sparen, keinen pfenig überflüssig auszugeben, und im Frühjar mit „Euch" eine Radtour nach [5] Forte zu machen.

Nur einen Panzerhemd muss ich noch bezahlen, und sonst brauche ich gar nichts.

Das Panzerhemd spielte eine grosse Rolle im meinem Leben. Nicht war?!

Sontag

Dein liebes Briefchen bekommen! Du bist lustig und vergnügt: das freut mich sehr mein Schönens Hazzi!

[6] Mit Schule warte ein Wenig – Holoschi muss bezahlt werden, er hat eine unangenehme Frau die auf Geld wie ein Teufel ist, und das Gescheftliche in der Schule selbst erledigt, also Du kommst ihr nicht aus.

Holoschi ist in seiner Versprechungen ganz unzuferlässig!

Bitte warten bis ich komme.

[7] Also die guten schönen Öhrchen sind noch nicht besser? Pass auf Hazzi, wenn ich komme, werde sie ausblasen und dann küssen.

Ach Hazzi! Hazzi! möchte jetzt so küssen!!!

Ich sitze ganz alleine in meimem Stübchen, weil unten wieder grosse Berathung –

Drausen kalt und Regen dass die Hunde heulen.

[8] Der kurländische Baron schpriecht ein Deutsch, dass ich schwietze, wenn ich zuhöre z.B: „Ich weis nicht wie weit die Tiefe des Geistes disciplienirt worden ists" u-s-w Greulich!

Das wuste ich schon lange, dass ich berühmtes Hazzi habe, aber nicht nur das, auch ein schönes!

Ich bilde mir auch furchtbar ein, dass mich so ein „Hazzi" lieb [9] hat!

Ich werde schon schauen das ich hier baldigst fort komme, mir ist nach meinem Hazzi wie einem Verdurstetem im der Wüste Sahara!

Hast Du das Geschenkhen erhalten? Es ist sehr wenig! Eine kaukasische Reitgerte habe noch hier für Dich!

Den Jüdischen-Talmud-Leuchter steken wir an, wenn wir dem Franz garaus machen!

[10] Mit kochen geht Dir gar nicht? Das glaube ich, für wem solltes Du auch Dir Mühe geben.

Ich werde bald mein Amt übernehmen, und für mein Gemausse die feinste Leckerbissen zusammen stellen.

Das Bübchen werde schon bewachen wie ein Kenguruhvater wenn Du in die Schule gehst –

Willst Du meinen Act nicht zeichnen? Ich werde sehr artig!

[11] Habe sehr schöne Beinchen vom reiten bekommen. Das heist, schöner wie Deine sind sie doch nicht!

Bum! Bum! Der kurländische Baron übt sich im Pistolen schüssen, irgend ein Duel schwiert in der Luft.

Weist Du Mai-Hazzi noch vor drei Jahren um die Zeit; da warst Du in Scheftlar und ich [12] besuchte Dich mit Helene[161], Fischerwirth, der Tote warme Dachs.

Eben kommt Wojaadam und lässt Dich grüssen.

Das ist sehr gut mein Liebstes dass Du zu Adam sagtest: wie Du kommst dazu mit mir zu Wohnen

Niemand braucht zu wissen wie wir uns lieben.

Das ist für mich heilig. Denken können sie sich alle was sie wollen,

---

[161] Wahrscheinlich ist Ludwig Klages' Schwester Helene gemeint.

nur nicht das richtige! und ich weis dass ist [13] auch Deine Meinung. Was meinst Du mit dem Zusammenklappen? So ein temperamentvolles Mädi klapt nie zusammen. Wir werden noch das schöne Lebi ordentlich genüssen.

Und arbeiten will ich auch mein Geliebstes, Du sollst schon sehen! Morgen ist eine Parforcéjagd ich weis noch nicht ob ich reite, die Graben sind doch ein [14] wenig zu breit und die Pferde nicht ganz sicher, kommt so ein Gaul bis an Graben im Galopp und plötzlich überlegt sich die Sache mit dem Spriengen – und Resultat, man liegt im Graben, und nicht immer mit ganzen Knochen.

Jetzt schlaf wohl mein Hertz ich gehe auch Bettchen und hab mich so wie ich [15] Dich, vielle Bussi auch auf Pitschi Patschi. Dein Such

115 *FzR am 18. Oktober 1905 aus München*

Liebstes Huzenssuchi

Gestern kam das schöne Packetchen, ich habs gleich in meine Höhle getragen und ausgepackt, und mich furchtbar über die schönen Geschenkchen von meinem Huzzi gefreut. Ach du gutes Liebes, so schöne Geschenkchen. Der Leuchter ist ganz wundervoll ich schau ihn immer wieder an u. finde ihn [2] noch schöner du gutes, die köstlichen Marmelädchen hab ich schon fast aufgefressen – Huzzi was ist das denn für ein freundliches Seifchen für Fussi? Maus zieht den ganzen Tag mit seiner Bömschenschachtel[162] herum. Lauter schönes Vergnügen hat uns Suchi gemacht. Hab Dank Du Gutes, Liebes, Allerbestes und Allergeliebstestes. Kommst Du jetzt bald? [3] Kannst Du Geld kriegen? – Ach je, ich hab garnichts mehr weiss schon garnicht mehr wie ich dies Monat zu Ende komme. – Aber für mich ist's mir ganz gleich, ich bin sehr zufrieden. Malen macht mich einfach glücklich und wunschlos.[163] Bin jetzt in der Kubiny Hollosy Schule, ~~hab~~ vormittags ½9 – 11 od. 12. Dann heimrennen und Kochen, Nachmittag Maus u. 5 h Abendakt. Stehe um 6 / ½7 auf, und früh zu Bett. [4] Hab die Maja auch mitgeschleift, ich finde sie ist sehr talentvoll u. ganz vertieft wenn sie arbeitet. U[e]berhaupt ist sie sehr lieb, – ohne Franzl. –

Endlich ist auch Hals besser, bis auf zwei wehe Stellen zwischen Hals

---

[162] Vermutlich eine Bonbon-Schachtel („Bömschen").

[163] Die Passage „Malen ... wunschlos" am Rand angestrichen.

u. Ohr. – Dr. Schäfer hat mich zu einer Ohrenautorität geschickt – ja Huzzi, eventuell werde ich so allmählich taub und täuber werden, sagte er könnte mir nichts Bestimmtes versprechen, Gehörnerv ist krank es könnte aber auch besser werden [5] muss jetzt zur Behandlung kommen, elektrisieren etc.

Wenns nur so bleibt wie jetzt, ist noch nicht schlimm, ich höre nicht mal so schlecht, nur alles mit Schleier u. ein Druckgefühl, wie wenn man Wasser drin hat. Stundenweis ganz undeutlich, dann mal wieder ganz gut. Ich hatte eigentlich gehofft, es wäre Einbildung aber er hat lange Untersuchung gemacht mit Stimmgabeln etc. und sagte, das Gehör wäre sehr reduciert. –

[6] Erst war ich sehr deprimiert aber jetzt ist's mir wieder wurscht u. Meistens wirds ja nicht so schlimm wie man denkt ich hab doch im Ganzen Glück mit so Sachen und selbst wenn das Schlimmste angenommen, ists noch besser taub wie blind oder lahm. – Nur machts so schrecklich nervös jedes laute Geräusch ist mir eine [7] Qual. – Na, basta. – Dafür bin ich jetzt so schön gesund und kann alles gut aushalten, arbeiten aufstehen etc.

Jetzt muss ich ans Kochen u. dann Ceconi, ich lebe jetzt wie in alten Zeiten, jeden Moment etwas zu thun. Mein Geliebtes, umarme dich 1000mal und danke Dir für Alles Schöne. Schreib bald [8] Kubiny lässt grüssen. – Ist der Hollosy ein Schwätzer, hat mich umsonst aufgenommen u. sagte mir, er wäre froh wenn er Leute mit solchem Geist und die das Leben kennten in der Schule hätte etc. Mit der Korrektur, man muss nicht nur so malen, schaffen muss man – wie ein Gott. – Hab mich sehr amüsiert. Aber nun lebewohl Huze Huzzi, Liebes Gutes,

Dein Gemäuse.

116 *BvS am 18. Oktober 1905 aus Witschenske*

18. OCTB.

Mein liebstes Mädi,

ich muss fort, die Abende sind schauderhaft lang, und was soll man machen? Am Tage geht nochl.

Heute war ich zur Parforcejagd, es ist schön, die Rotröcke im Galopp durch die grünen Wiesen, zu sehen.

Habe liebe Noth mit meinem englischen Fuchs gehabt. Wolte unbedingt [2] mit, als er die Hunde sah.

Es ist ein angenehmes Gefühl, so ein Pferd zu zehmen, dass es thut was wir wollen.

Samstag

Briefchen vom meinem liebsten Herzt, grade beim Aufsitzen bekams ich, und musste ungelesen halben Tag in der Tasche tragen.

Das war eine Qual!

Ich bin sehr glücklich [3] dass Du Dich über die Geschenkchen gefreut hast.

Du Hazzilili!

Das freundliche Seifchen ist für Dein Samthautchen und ich werde selbst einseifen und küssen, Du mein Herlichstes!

Ich bin so mit der Abreise bescheftigt, dass ich neulig die ganze Nacht treumte, ich fahre nach München, und bin immer im falschen Zug ein geschtiegen.

Die ganze Nacht habe mich [4] damit abgequelt.

Wie gehts Dir mein Hertz? Hast Du mich lieb und ....

Ach, wie ~~ich~~ werde mich freuen, wenn ich ein Mal höre Suchi..............
Kuss Deins SUCH.

117 *FzR am 21. Oktober 1905 aus München*

Geliebtes Hatz. Hab Dir ja garnicht gedankt für die reizenden Bü-chelchen gutes, ich freu mich so an schönen Geschenkchen, an je-dem extra. –

Und so viel Dank für Dein Briefchen Liebstes, – muss jetzt fad sein bei dem geheimnisvollen Betrieb. – Aber Suchilili, in der Schule bin ich jetzt schon – wäre es doch Javlenski, merke jetzt erst wie fein er Modell ge-stellt hat gegen diese, und doch ist es für mich jetzt grosse Wonne. Abendakt – seit 10 Jahren. Maja geht auch. – Ueberhaupt ganz nette Leute, hatte mir gedacht lauter ungarische Juden. – Aber mir wirds ein bissel viel mit Kochen und Hauswirtschaft u. allem andren. Du musst bald kommen und mir etwas helfen. Ich bin etwas abgehetzt. Na morgen ist Sonntag, will großen Spaziergang machen. Diese Woche war ich nicht wohl und hab doch gearbeitet, das hat mich etwas kaput gemacht [Rand:] Schreib bald wieder, ich kann heut Abend nimmer, fall gleich um, [2] bin aber trotzdem ganz fidel. Morgens wenn ich aufwache (6 Uhr), freue ich mich schon aufs Malen. Diese Woche giebts einen Akt. – Aber müd bin ich Abends, da machst du dir keinen Begriff. Immer um 9 im Bett. Einmal war die Marthe bis 11 da bin ich beinah eingeschlafen. Nein Huzzi, gesund leben und arbeiten ist doch das Vergnügteste. – Morgen will ich mit Lisa u. Maja zum jour, [3] sehe sonst kaum jemand. Viele Laufereien wegen Bubis Religion, Montag zum Pfarrer u werde dem Glauben meiner Väter abschwören und extra meinen roten Hut aufsetzen. Und Ceconi – all die Sachen hören nie auf, aber er hat mir eine sehr schöne Plombe gemacht. Komm nun bald du liebenswürdiger Huzzi, du sollst dich freuen wie wohl ich aussehe, Montag wieder zum Ohrenkerl, das Elektrisieren hat nicht viel geholfen – . Mir soll alles recht sein, wenn ich nur sonst gesund bleib. [Rand:] Gute Nacht Geliebstes 6000 Bussi vom Bübchen Deine sämtlichen Gemäuse [2 Rand:] Wann kommst Du denn? Kubiny lässt grüssen, du solltest den Onkel besuchen

118 *FzR am 13. Dezember 1905 aus Berlin, Hotelpapier „Askanischer Hof"*

Herzehazzi – warte auf meinen Bruder[164] und will die Zeit zu einem Geschnatter benutzen. 7 Uhr – gewiss wird grade mein Bübchen gefüttert und zu Bettchen gebracht. Ich bin trotz mächtigem Schläfchen im Zug etwas verkatert, aber wenn man alleine ist, fühlt man es nicht so. Vormittag mit Ludwig gebummelt und im Reichstag herumgelaufen, auch dort gegessen mit L. u. einem Officier als nobles stolzes Gemäuse [2] Der arme Ludwig ist sehr krank, schrecklich nervös und sehr lieb
Notwendiges ist nicht zu thun, er wollte nur mit mir sprechen, wird wahrscheinlich eine schwere Operation zu bestehen haben, demnächst. – – Von den andren Brüdernbesuchen hat er mir dringend abgeraten – beide endgültig erzürnt über den Roman[165]. Sage mir auch wozu, – will es lieber geniessen mit L. noch recht schön beisammen zu sein.
[3] Nachmittag war bei Bruhns[166] – von denen ich dir erzählt hab. Frau Bruhn umarmte mich und die Tochter schrie: Gott, Fanny! Es ist ~~so~~ doch nett wenn Menschen einem zeigen dass sie einen gern haben.
Ging dann noch zu Hessels weil in der Nähe – aber nur der kleine zu

---

[164] FzRs Bruder Ludwig.
[165] Gemeint ist FzRs Roman *Ellen Olestjerne*.
[166] Mit FzR von Lübeck her bekannte Berliner Familie.

Hause. –

Morgen Junker, ist ganz in meiner Nähe etc. etc. –

Herrgott bin ich jetzt müde [4] ganzen Tag nicht geschläfchen und ganzen Abend mit Ludwig schönen Rotwein g'suffa. Lässt Hazzi schön grüssen.

Jetzt liegen meine beiden Hazzis gewiss schon nebeneinander im Bettchen mit Pfötchen. Ach Ihr Geliebten, Ihr Freundlichen Liebling, du Gutes, dass du mir mein Bübchen hütest. – Mag nicht zu Bett gehen weil ganz ohne Hazzis. Gute Nacht Liebstes.

[Rand:] Häzchen – <u>8000</u> M.[167] Bin ich ein reiches Hazzi! Hurra, jetzt kann ich meine Malerei haben

119 *BvS am 14. Dezember 1905 aus München*

Ja Hatzi, um 7 Uhr war Bubi schon im Bett aber in Solln. Fädchen hat telephonirt wir sollten unbedink kommen und helfen.

Bubi ist sehr artig, wir schliefen zusammen im Bidermaierbett. „Hast Du mich liiiiieb?" [2] und nächsten Tag waren wir wider Abend zu Hause.

Bubi schreibt Brief an Dich und malt Zierleiste dazu.

Viele 100000000000000000000000000000 Bussi

S

120 *Rolf zu Reventlow an FzR (kleines Briefchen Rolfs an seine Mutter, vermutlich BvSs Brief vom 14. Dezember beigelegt) aus München*

Libes Mamai 30 Miljonen busis dein Büpchen. Kohm bald wider mein Tästament mein Mamai

121 *FzR am 15. Dezember 1905 aus Berlin, Hotelpapier „Askanischer Hof"*

Freit. Abend.

Suchi-Huzzi, mein Herzliebstes, ich hab so entsetzliches Heimweh, gestern gings noch aber heute wirds ganz toll, trotzdem wirklich alles nett ist, ach mein Huzzi und mein Bübchen, mein Bübchen – wenn ich andre Kinder sehe merke ich erst was für ein herziges frisches Geschöpfchen ich hab. [2] – Ernst[168] hat mich bitten lassen zu kommen und ich war da. Ach Huzzi ich bin ein sentimentales Tier und

---

[167] FzRs Erbteil nach dem Tod ihrer Mutter am 19. November 1905.

[168] FzRs Bruder Ernst.

nur immer dran ein grosses Rührungsgeheul anzufangen, am meisten als ich den alten Schreibtisch von meinem Vater sah mit all den alten Bildern und das ~~fr~~ Bufet aus Husum, aus dem ich immer als Kind genascht hab. – Ernst rasend verändert, Frau krank im Bett, er wie ein kranker Mensch herumgegangen, dick geworden, das ganze den Eindruck einer – allerdings mit fabelhafter Würde [3] getragenen – Misere. Na, kurz – Catty[169] will mich nicht sehen, bin froh dass nicht hingegangen. – Er sollte um 7 zu Ernst kommen ~~um~~ 10 Minuten vor bin ich fortgegangen. Das war mir doch ein bissel arg, aber ich denk dann wenn ich erst wieder daheim bin, ist's wieder weit weg.

Ach Hüzchen und ich hätt doch Gott weiss was darum gegeben grade Catty zu sehen und wieder zu kriegen. –

Hesselmutter nicht gesehen, war 2mal da, mehr war doch [4] nicht nötig. – Ich bin so entsetzlich taub momentan, dass ich ganz unglücklich darüber bin, Telephon einfach unmöglich.

Auch heute noch bei Bruhns da war es <u>so</u> nett, als ob man sie gestern zuletzt gesehen hätte.

Mit Junker alles erledigt. Harden[170] nicht zu sprechen weil krank.

Ach Hazzi ich möcht doch wieder heim, – fahre entweder morgen od. Sonntag vormittag. Verbindung nach Lissa[171] sehr schlecht, nur ein menschlicher Zug um 10 früh[172]

[169] FzRs jüngerer Bruder Karl.
[170] Der Publizist Maximilian Harden.
[171] FzR fuhr im Anschluss an ihren Berlin-Aufenthalt nach Witschenske.
[172] Der Schluss dieses Briefes ist nicht erhalten.

Abb. 19 – Rolfs Brieflein an die Mamai nach Berlin, Brief 120

122 *FzR am 18. Dezember 1905 während der Fahrt von Berlin nach Lissa*

Beim Nachtzug in jedem Nest Aufenthalt. Leb noch mein Huz, und küss mein Bübchen, und sei mir gut, gut, gut. Mein Pläzchen ist bei Euch, aber Husumer Schreibtische zerren doch an meinem Herzi. Leb wohl Schatzi.

***

123 *FzR am 19. Mai 1906 aus München*

Euch beiden Huzzis noch 1000 Bussis und alles Liebe, eben am Bahnhof – Euer trauriges Mamai[173]

124 *FzR am 2. September 1906 aus Winkl*

Hazzi, liebstes Süsses, Einziges ich weiss garnicht, was ich anfangen soll, mir ist so ganz trostloss ohne Dich.[174] Eben hab ich auf meinem Bettchen gesessen und geheult, da lag der Hazzi noch heute Nacht so dick und warm und ich war nicht einmal sehr freundlich, das quält mich so. Ach Hazzi, ich war die letzten Tage schon ganz caput und nervös von Traurigkeit u. hab immer daran gedacht wie mein Huzzei fortgeht. Aus lauter Verzweiflung haben wir den ganzen Vormittag aufgeräumt aber es hilft garnicht. Nun ist die Käffchen Zeit und mir wird immer trauriger.

[2] Maus und ich sind heute Morgen doch noch nach gefahren, aber grade gekommen wie der Zug wegfuhr und der Hazzi hat nicht herausgeschaut. Nein Huzzei, ich glaube ich kann garnicht mehr ohne Dich sein. Gott, wie ist das Haus leer, Dein Zimmer, um die Zeit fuhrst Du immer zum See, Huzzei, Huzzei, Du musst noch einmal wiederkommen, sonst werd ich verrückt und verzweifelt. Jetzt will ich nach Hagenau und malen kann mich nicht hinlegen, aber ich hab nicht mal Lust zum Malen und mir graust wie jeder Tag herum gehen soll. Lieber wär ich auch weit weg.

[3] Ach Hazzi, nun ist es Abend und immer trauriger. Nachmittag

---

[173] FzR reiste am 19. Mai 1906 nach Wiesbaden zu ihrem schwerkranken Bruder Ludwig, der am 26. Mai dort verstarb.

[174] BvS war nach Nürnberg gefahren, da er dort von Paul Brann, dem Leiter eines Marionetten-Theaters, engagiert worden war.

hab ich in Hagenau gemalt, aber es wollte garnicht gehen, ich war viel zu zerstreut, dann mit Maja und Maus Bädchen, – ohne Hazzi, das Bötchen sieht auch so traurig aus, nichts ist mehr schön. Häzchen, wenns doch irgend möglich wäre, so lass dich erst zum November festmachen, aber es wird wohl nicht gehen. Und jetzt zurück kommen, alles ist so aufgeräumt und ordentlich, und alles leer und traurig. Ich hab dich doch wahnsinnig lieb, Huzzi. Jetzt hab ich mir ein Bier (!) holen lassen um stumpfsinnig zu werden und die Jalousie zu gemacht um den Mond [4] nicht zu sehen und mein Herzi ist ganz zusammengezogen u alles thut mir weh. Montag werden wir eine Tour mit dem Boot rings um den See machen vielleicht 2 Tage, hier kann ich es nicht aushalten und auch nicht arbeiten.

Gute Nacht mein Geliebtestes, ich wollte ~~ich~~ Du kämest lieb und dick und freundlich in mein Bettchen gekrochen, wollte Dich so hazzen und bussin Lebwohl, Huz

Dein Häzchen.

125 *Maja Klett und FzR am 3. September 1906 aus Prien (Ansichtskarte Gstadt)*

[FzR:] L. S. So weit haben wirs heute gebracht. Den Mast hätten wir bald abgebrochen. Segel mit Sicherheitsnadeln gerefft. Bobby wollte mehrmals mitten am See aussteigen. Morgen Stock Feldwies heim. Aus Platzmangel müssen wir beim Ho-uber schlafen. Er sitzt schon am andern Tisch und sauft. 1000 Gr. [rechter Rand:] Gruß an Lutz Deins [linker Rand:] Boot erregt Sensation

[M. Klett im Bild:] Lieber Such! Heute sind wir schon wieder ganz fidel trotz Ihrer Abwesenheit. Wir haben uns so müde ger[udert] u. [ge]segelt u. dösen allmählich ins Bett. Viele Grüsse v. Maja.

[2] [FzR, Adressfeld:] Sind Sie dort Hans Kasperl geworden oder was?

126 *BvS am 4. September 1906 aus Nürnberg*

Nürnberg.

Liebes, liebes Hatzulein.

Also bin hier! Zwischen München und Nürnberg wäre ich beinahe ausgestigen, so eine Sehnsucht bekam ich nach Euch – aber der Zug hielt nicht und es ging immer weiter und so viele häsliche [2] Menschen im Zuge, pfui Teufel! Der Proffesor[175] ein Adonis!

Jetz geht schon besser das Puppen Schpiel ist sehr interessant.

Adam! Echter Schmaren! Ich kann mir die Reise nach Mexico auf folgende Weise verdienen: Ein Professor in Warschau (der jetz Tod ist) hat in Sibirien so ein Vich ....auros ausgebugraben und ich soll hin fahren und das Vich nach München bringen, bekomme 500!!!

Es wäre vielleicht nicht unmöglich, aber bis jetzt weist nicht mal der Adam wie der Proffesor heist!!

Und da habe ich schon kein Vertrauen!

[3] Morgen schreiben mehr Liebstes Hatzu

Bubi küssen

Dein Such.

127 *BvS am 5. September 1906 aus Nürnberg*

O Du mein! mein liebes süsses Hatzu-Patzu!

Ich bin auch nicht in besserer Stimmung wie Du, und wenn Lutz und Fädchen nicht hier wäre, wäre ich schon ausgerissen, mir behagt der ganze Betrieb nicht – es riecht nach dem Octoberfest – es ist überflüssig wie ein Kropf – aber ich werde doch aushalten!

Zu thun habe noch nichts, die Puppen werden von paar Jarmarkt Sachsen bewegt, dazu sprechen drei Schauspieler, und eine Schauspielerin, ekelhafte Bande die mit Portie[r] aus einem Topf Kaffe trinkt. [2] Brrrrr!!!!

Also Hätzchen thut grosse Segelpartien machen.

Ach wie schade! Bin nicht dabei!

Und mein Böbchen mit, das gute Thier.

Mein schöner Chiemsee!

Wenn Du mir noch einmal so ein Brief schreibst, dann kehre zurück, und werde Knecht bei Mayer in Hagenau!!

[3] Lutzens sind fort, er kommt erst Samstag zurück.

Waren beide sehr lieb, haben mich in ihre Wohnung genohmen, und werde mit ihm zusamen wohnen.

Trotz der Zestreuung die man hier hat, mir ist ganz <u>ekelhaft</u> zu muthe.

---

[175] Im Gegensatz zum später erwähnten „Professor aus Warschau" ein alter Herr in Hagenau mit dem Spitznamen „Professor".

Mit Brann habe noch nichts ausgemacht, er ist auch fort nach M. will auch Dich besuchen und sich Winkl ansehen.

Für heute weis nichts mehr und küsse Dich, Du mein kostbarstes.

Dein SUCH.

[4] Die <u>Flaschen Züge</u> sind beim <u>Proffesor</u> in der Werkstatd am Fenster – die werden angebunden – Bubi wird schon wüssen – damit kann man, den Mast besser befestigen und Segel anziehen

128 *FzR am 7. September 1906 aus Winkl*

Mein süßes einziges Huzi Hazi ich war die vorigen Tage so traurig daß immer kein Hazibriefchen kam, daß ich selbst nicht schreiben mochte, auf jedes Pöstchen hab ich gewartet, nun kam heut morgen ein Schuhkatalog an dich und ich warf ihn ganz ärgerlich hin, da flog dein Briefchen heraus, das sich verkrochen hatte. Und nun muß ich dir gleich schreiben. Ist auch besser, daß ichs die vorigen Tage nicht gethan, ich war zu deprimiert und hätte dich bloß traurig gemacht.

Wie ich die Karte mit Lutz und Fädchen kriegte, dachte ich der Hazzi ist kreuzfidel. Mein Liebstes du sollst nicht traurig sein, ich kanns gewiß aushalten, wenn ich denke, daß du dich ungemütlich fühlst. Was machst du denn überhaupt den ganzen Tag, Hüzchen wenn du [2] noch nichts zu thun hast, könntest du nicht vorläufig noch etwas herkommen? Ich schick dir das Geldchen, wenns geht

Ich mag Winkl jetzt garnicht mehr, alles kommt mir verödet vor mag auch nichts thun und hab zu nichts Lust. Alles macht mich nervös.

Ich dachte wenigstens, es würde alles ganz amüsant sein und dir Spaß machen. Vielleicht kommt das mit der Zeit, wenn du erst zu thun bekommst. Was wirst du denn überhaupt thun sollen, Hazzi? – Schreib mir was du den ganzen Tag machst. Und jetzt, wenn die andern alle fort sind? Kommt Fädchen denn im Winter auch hin? Hazilein, in Berlin wirds doch viel besser sein, da findet man doch irgendwelche Menschen Huzzei, wenn du nicht mehr [3] kannst so komm ich auf einen Tag nach Nürnberg. – Sehen möcht ich dich noch, du Geliebtes. Heut Nacht hab ich einen verrückten Traum gehabt, du saßest an meinem Bett auf einmal wurd es dunkel und kommt noch jemand, ich befühl das Gesicht und sage mir das ist nicht der Hazzi, dann wars der Reitknecht und ich dacht immer, aber ich mag ihn doch nicht mehr, und muß mit dem Huzi allein sein, dann kamen noch Baschl und Stern beide im Nachthemd und du liefst fort, und ich war so traurig und dachte wenn ich nur die andren los wär. –

N.B. Baschl schrieb mir heute daß sie wirklich so weit ist, ich bin ganz gerührt das arme B. scheint sich entsetzlich elend zu fühlen, schreibt aber sehr tapfer. Ich hab ihr vorgeschlagen mit nach Rom zu gehen, glaub aber nicht daß sie es thut. –

[4] Woja ist doch ein Schaf, bin nur froh, daß du auf den Blödsinn nicht eingegangen bist, es wär nur was gewesen, wenn er dich ganz und gar auf die Reise eingeladen hätt. Und bedenk Hüzchen, daß du durch das Puppentheater auch ordentlich zum Zug kommst und nachträglich etwas davon haben wirst.

Branns Besuch begeistert mich nicht sehr, aber ich werd ~~wohl~~ sehr nett sein und allerhand über die Hatzi Zukunft erfahren, denk ich.

Jetzt ist wieder das alte liebe Regenwetter seit gestern. Unsre große Bootfahrt war recht schön. Wir haben das Segel auch ohne die Flaschenzüge ganz gut zusammen gekriegt, ich wußt nicht wo sie waren. Am ersten Tag sind wir erst nach Seebruck gefahren, dann nach Gstad, ich hab ca 8 Stunden gerudert, der Wind hat ein bissel mitgetrieben, aber [5] es ging zu langsam. Maja hat mich manchmal abgelöst, ~~aber und~~ sehr brav und mit gutem Willen, aber sie kann doch nicht viel aushalten. In Gstad blieben wir über Nacht trafen in der Früh natürlich Steinmetz[176], dann nach Stock, was auch eine tüchtige Ecke ist, aber sehr schön. Von da zurück nach der Fraueninsel, *da hab ich etwas merkwürdiges beobachtet, nämlich bei ganz ruhigem Wetter plötzlich ein Windstoß, der das Segel mit solcher Gewalt herüberwarf, daß ich*[177] dacht, nun gehts schief und dann wieder alles still. Im stillen hab ich überhaupt etwas Angst gehabt, es muß starken Wind und Gewitter geben, es war eine Hitze die 2 Tage, ganz unglaublich, ich hab mir die Arme total verbrannt, der eine ist auch geschwollen, als wir zurück kamen, waren die sämtlichen Hagenauer und die Hirschauer Jünglin-

---

[176] Ein Bekannter von FzR.

[177] Aus dem Brief schnitt BvS die kursiv hervorgehobene Passage aus, so dass nun hier und auf S.[6] eine entsprechende Lücke auftritt; den Ausschnitt legte er seinem Brief vom 8. September (130) bei, um die schlechte Lesbarkeit – noch dazu in deutscher Schrift – zu belegen; nun restauriert.

ge am [6] Ufer und wir wurden mit förmlichen Ovationen begrüßt. Mast und Segel hab ich am Boot gelassen, nur herunter gelassen und schön zusammengebunden. Oder soll ichs abnehmen? Ich schau immer nach. Ach Hatzilein, das Böotchen macht mich immer ganz melancholisch, und als ich den Abend hierherkam wär ich am liebsten davongelaufen. *Ueberhaupt muß ich nur fort, denk dann aber wieder, daß ich hoffe auf die Monate die Ruh hier zu haben.* Wenn ich nur wüßt, was ich denn wollte, hab doch am meisten Lust auf Rom. Ich würde jetzt zu sehr spinnen, wenn ich irgendwo ganz allein im Stillen sitze und im Winter ist es halt zeitweise schlechtes Wetter. Was thu ich dann in irgendeinem Dorf? –

Und so krieg ich Rom gründlich zu sehen, wer weiß, wann ich [7] sonst einmal hinkomme. Wenn die faden Bekannten nicht wären blieb ich ja am liebsten in München, aber das ist nur Faulheit. Ach Hutze, Hutzei, ich bin eigentlich gar kein tapfres Hützchen mehr aber es ist deshalb notwendig sich einmal aufzuraffen. Und erstrecht, wo das große Hatzi jetzt so tapfer ist. Mir thut der Gedanke immer so weh, daß du all die Vergnügen hier hast aufgeben müssen, das Hazi hat diesen Sommer so schön genossen mit Bötchen. Ueberhaupt Liebstes, es war so viel Traurigkeit, und doch war es ein schöner Sommer, mir kommt vor als ob seit Jahren das Leben nie so angenehm gewesen wär so ruhig und friedlich und so schön zum Arbeiten. Mir ist diese Tage etwas elend, es ist Bauchizeit in der Nähe u. viel Kopfweh, aber nachher will ich auch frisch [8] malen. Hab Dank Gutes daß du die Sachen in M. besorgt hast. –

Nun bist du schon 8 Tage fort, den Morgen wußte ich garnicht was ich anfangen sollte und eigentlich ist es noch grade so. Auch die Abende – wie ich mich grusel und allein fühle. Hatzi Herz, Hutzei, geliebstes, du hast mir diesen Sommer so schön gemacht und mir über die Traurigkeit geholfen, aber jetzt sitz ich wiederum da und denke an alles, an Ludwig. Alles was man lieb hat geht von einem fort.

Das Bübchen ist wieder viel artiger, ich hab ihm er neulich eine große Rede gehalten und es giebt sich jetzt die größte Mühe, und wir sprechen viel vom Hatzi.

Leb wohl mein Herz, mein gutes, schreib mir doch oft, das ist das

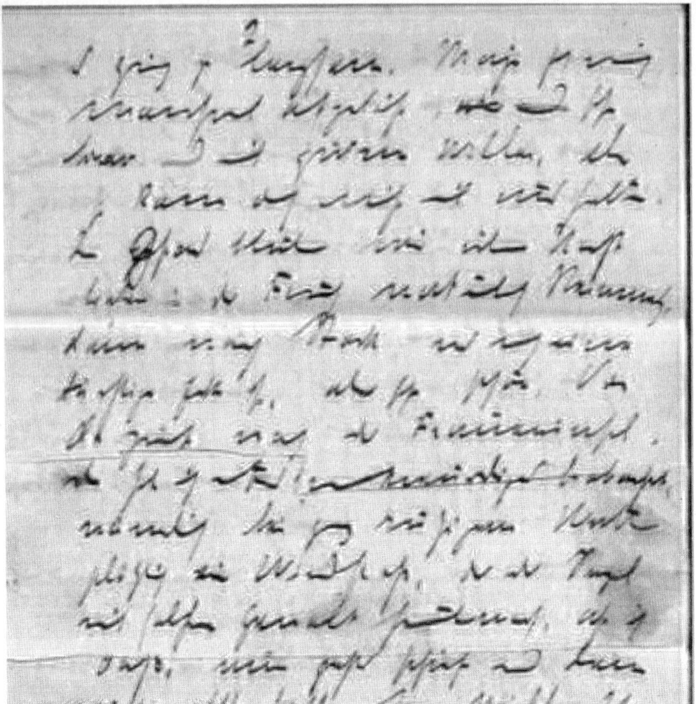

Abb. 20 – Ausschnitt aus Brief 128 von FzR mit wieder eingefügtem Ausschnitt

einzige Tröstchen, was es giebt, was du thust, und vor allem ob du noch kommst, ich möcht mich so gerne drauf freuen können. Bussi dich tausend mal mein Einziges und hab dich so lieb

129 *BvS am 8. September 1906 aus Nürnberg an Rolf zu Reventlow (Ansichtskarte)*

Lieber Bubi wenn Du hier Sprichst, kriegst Du auch so ein Maulkorb[178]. Bussi! Such

130 *BvS am 8. September 1906 aus Nürnberg*

NÜRNBERG

O Du mein Hatzu Patzu, wie gehts Dir? Die Seglerei gut abgelaufen? Mir ist miserabl – Kopfwehe – Hals – Husten und schwer bin ich wie unsere Puppen wenn sie nicht bewegt werden –. Ich bin wie ein Pferd, der von grüner Weide in die Stadt kommt, und muss auf den Steinen und im Staub herumhopsen –

Und die Austellung!

Statisttische Tabellen, wie viel ist hier und dort Torf oder Kohle ausgegraben worden, und das die und die Maschine macht 1000 Umdrehungen in der Minute. [2] Zum Schluss jeden Abend Beleuchtung mit so viel und so viel 1000 von Lichter.

Die Menschen dick und Fett, auf jedem Finger ein Ring und voll Bier in Beuchen, dass man plumpsen hört.

Nürnberg architectonisch kann sich damit nicht messen was man in Italien gesehen hat.

Eben Brief bekommen – aber mein liebes Hatzu, schreib doch das ich lesen kann![179] Was ist das? Weis kein Wort! Und so ist der ganze Brief.

Ich habe paar Tage Arbeit bis ich alles herauskriege um Dir darauf zu antworten und jetzt küsse Dich mein liebstes Hatzu Hertz und Dich habe ich nur lieb

Dein SUCH.

---

[178] Auf der Karte ist ein mit einem Maulkorb am mittelalterlichen Pranger Stehender abgebildet. Der Text darunter: „Bestrafung eines Zotenreißers". Diese drei Wörter sind geschwärzt, offenbar aus Rücksicht auf den kleinen Rolf, an den die Karte gerichtet ist.

[179] An dieser Stelle seines Briefes klebte BvS einen Ausschnitt aus FzRs Brief vom 7. September 1906 (128) ein.

131 *BvS am 11. September 1906 aus Nürnberg*

Liebstes! Mein Süsses Hatzu Patzu, endlich habe ich mich im Deinem Brief durchgearbeitet, der Brann ist noch nicht da, nur Lutz gekommen, folglich weis ich nicht wann ich komme, und ich muss auch wegen der Wohnung kommen.

Bis jetzt thue ich gar nichts. Die Mittwirkenden benehmen sich „en Miniature" wie auf der grosser Bühne: Sie Idiot! Wo ist das Stichwort? Das verbiette ich mir, und wenn Sie nicht eine Dame wäre würde ihnen schon anders darauf antworten, Sie Saumensch! u.s.w.

Ich habe paar mal Sprietzkuchen spendiert, und das sind [2] sie ganz nett mit mir. Pack!

Ich werde schon aushalten hier, notabene wenn ich das leisten kann was Lutz und Brann von mir erwarten.

Schau mein liebes Hatzu! Du bist mindenstens halbes Jahr nicht da, denn Du muss unbedingt nach Italien gehen und da wäre in München wieder die alte Bummelei und Misere, und so lässt sich vielleicht paar Mark herausschlagen – natürlich <u>wir</u> kommen nach München wieder, auch werde ich die Möglichkeit Dich abzuholen haben.

Wird das nich schön werden?

Du mein kostbarstes Hatzu!

Hatzu Patzu thue jetz nicht segeln! mit so einem <u>Material</u> kann man das nicht, das ist alles Gelump, weder Refen kanst Du noch korekt Anzurren, wir werden schon uns ein Böttchen einrichten, nächsten Sommer. Und jetzt mein Mädi, ich küsse Dein Brüstchen und habe Dich lieb, lieb, und noch ein Mal lieb. SUCH.

132 *FzR am 12. September 1906 aus Winkl*

O Huzzei, da haben wir den Salat, den längst gefürchteten. Benedikta[180] will nicht. Sie hat erst jetzt den Vertrag entdeckt und meint es wäre nicht in Ludwigs Sinn daran zu ändern Ich müsste doch auch sparen damit bei meinem Tod der Bubi was hätte. Na, Prost! Es scheint ihr aber doch etwas unangenehm Ich hab noch mal geschrieben, aber ich fürchte im <u>allerbesten</u> Fall wird sie mir 1200 pro Jahr schon jetzt herausrücken. Nun probier ich noch Franzl anpumpen,

---

[180] Die Witwe von FzRs Bruder Ludwig.

gehts nicht, so bleib ich halt in München Ich muss eigentlich lachen, so was passiert immer nur mir. Kein Geld haben ist noch kein Kunststück, aber eins [2] haben und nicht kriegen können.

– Gott, wenn Brann mich auch engagierte, aber mint meiner Stimme würde es nicht gehen.

Hab 1000 Dank für Dein liebes Herzebriefchen, du guter Huzzi, nun hast du wenigstens Lutz wieder und ich krieg Fädchen, wenn gutes Wetter ist kommt sie. Ich freu mich furchtbar darauf. Es ist jetzt ein Wetter, dass man lieber weg möchte, Platzregen, Wind, eiskalt und ganz unmotiviertes Gedonner. Gestern bin ich beim grössten Sauwetter nach Hagenau u. musste mit Nudeln essen. Der Bauer und der Professor knixten wundervoll beim Tischgebet. Alles fragte nach dem Huzzi und sie hätten so Zeitlang nach ihm. Schreib ihnen [3] doch mal eine Karte. Das Bötchen stand traurig im Wasser, ganz schmutzig und voll Wasser. Ich hab dummerweise den Klüver sitzen lassen, weil ich den letzten schönen Tag drunten war und mit Maus gesegelt hab und der ist vom Sturm abgerissen, d.h. nur ein Strick, ich richt es schon wieder, das Grosse Segel hatte ich eingerollt und habs noch nicht herein, weil ich abwarten will dass es ichs draussen ausspannen und trocknen kann. – Grössere Touren will ich auch nimmer machen, höchstens da in der Nähe ein bissel herumpatschen, ich glaub auch es ist bei jedem stärkerem Wind etwas riskiert. Ich erzählte dir von dem einen Windstoss, der kam so plözlich und stark dass ich einen Moment dachte er haut das ganze Boot hin. –

[4] Maja seit vorgestern nicht gesehen, bei schlechtem Wetter bleibt sie meist drin. Und unter uns ich bin manchmal froh um einen ganz alleinen Tag. Das gute Kind macht mich manchmal nervös mit dem Herumsuchen, Leinwandbetrieb etc Während die Maus einfach ideal ist, wenn wir ganz allein sind.

Dem Professor hab ich gestern gesagt, ich thät ihn noch malen und er grinste übers ganze Gesicht und meinte in einer weissen Zipfelmütze wie vor 100 Jahren. –

Abends.

Hazzi, hab ich eben einen Schreck gehabt, ich konnte diesen Brief nicht finden und dachte ich hätte ihn mit an Benedikta geschickt. –

Na Gott sei Dank nicht. Mein Gott wie es regnet, du machst dir garkeinen Begriff, wie aus Kübeln. Bin morgens im Wald gewesen Schwammerln [5] suchen. Nachmittags gemalt, ich bin jetzt wieder arg fleissig morgen mach ich bei der Ochserin die drei Kinder im Zimmer, war eben noch droben „Jo, kimmt denn der Such nimmer?" Aber die Wiesen sind einfach ein Meer, ich bin froh um die Bergstiefel. Huzzei, geliebtes, die Abende sind so furchtbar melancholisch, ich geh jetzt oft schon um 8 zu Bett und rauche wenig.

Und doch mag ich garnicht daran denken hier fort zu gehen, wie wird mir die Ruhe fehlen. Wenn wir doch nächsten Sommer wieder da sein könnten es kommt einem doch vor, als gehörte es uns. Ich möchte Orlowski käme noch, – wenn ich dann nur nicht grade [6] ein kurzes Röckchen und Bergstiefel anhabe und voll Oelfarbe bin.

Donnerstag

Huzzei, mein Hazzi, mein Pazu, ach jetzt kann gar kein Puzzei[181] kommen. Liebstes, wenn ich kein Geldchen kriege, ~~kann ich~~ muss ich doch am ersten definitiv herein gehen, sonst hätte ich Lust noch 14 Tage hierzusein, ich möchte so viel noch malen. Vormittag mach ich jetzt die Ochserkinder mit der Stube, ach so schwer.

Leb wohl Herz geliebstes das Briefchen soll fort, damit du bald eins kriegst.

Süsses Liebstes, ich bussi dich 1000 mal

Dein Hüzchen.

133 *BvS am 13. September 1906 aus Nürnberg*

Danke mein Hertz für das schöne Briefchen, jetzt kann ich alles lesen. Du meinst ich werde mich fielleicht amüsieren! auf welche Weise? Alles ist schon dagewesen und die Wwwwwaiber? Ich danke! Bin immer mit Lutz zusammen, er ist sehr lieb, wir schlaffen zusammen, aber am liebsten möchte alleine sein, er spert Nachts alle Fenster zu und ich schnappe die ganze Nacht nach der Luft wie ein Hecht im Netz, und Morgen früh habe immer Kopfwehe, und immer Weinhaus! Mein Gott! Ich möchte am liebsten wie in Winkl, müde nach Hause kommen einen Haufen Salat [2] am Tisch fünden, neben

---

[181] Mit „Puzzei" ist wohl ein erwünschtes Baby gemeint.

an liegt das Hätzchen und schnattert im Schlaff, dann geht man zu ihr, das Hätzchen fragt, bist du Suchi? Ja! Und man ist wieder im Paradiese!

Hatzi! Hatzi! War das ein schönes Lebi! Winkl ist wirklich Paradies!

Brann ist noch nicht hier, darum weis ich nicht wann ich Urlaub kriege und jetz werden die Proben zum „Kasian" vom Schnitzler beginnen.[182]

Ich thue noch gar nichts. Im Grunde genommen, mir behagt das Ganze nicht sehr, wenn schon Hanswursterei spielen, dann schon in grösserem Sinne, hätten wir unseren Stier tressiert, Hatzi! [3] das wäre eine Numer, Hatzi als Europa auf seinem Rücken!

Und die Herren mit infamen Blücken nach Hatzi schauen und mit Blumen werfen.

Ich brenne manches Mal dem Lutz Abends durch – von der Austellung in die Stadt ist halbe Stunde – und gehe Abends ins Apollotheater Variete, da sind „Blue Boys" 40 amerikanische Kadetten, die vollvieren militerischen Evolutionen, einfach wundervoll, nach der Vorstellung sitzen wir zusammen und rauchen unsere Pfei[f]ch[e]ne Das ist auch bis jetzt auch mein ganzes Vergnügen gewesen.

[4] Heute habe bei der Vorstellung Puppen geführt – das wäre was für Dich mein Schatzi! Acht Fäden in der Hand und an dem richtigem und zur richtiger Zeit anziehen!

So mein Hutzei jetz habe genug gesnattert, habe Dich vurchtbar lieb mein Einziges Dein SUCH.

Dem Bübchen schönen Kuss und Lutz schikt ihm ein Los.

134 *FzR am 14. September 1906 aus Winkl*

Hazzuli – Baschl, das sehr elend ist hat mich gebeten ihr beim Umzug zu helfen so fahr ich Sonntag bis etwa Dienstag hinein. Schreib mir doch unter Baschls Adresse Ungererstr. 6[IV] ob ich gleich für Dich Zimmer oder Atelier suchen soll, resp. nehmen, wenn ich was finde. ~~Auf alle Fälle~~ Hab mich greulich erkältet trotz allem Warmanziehen und Schmerzen überall, da geh ich auch gleich zum Doktor. Ach je, nun fängts alles wieder von vorne an, Bübchen thu ich nach

---

[182] Arthur Schnitzlers Singspiel für Puppenspiel *Der tapfere Cassian*, 1904.

Solln um Baschl recht helfen zu können. Addio mein Huze Huzzei. Konntest du doch jetzt auch abkommen, da könnten wir die ganze Packerei erledigen.

Dein geliebstes Hüzchen [Rand:] 1000 Grüße an Lutz, komm doch wenn du kannst. Montag nach M.

135 *FzR am 14. September 1906 aus Winkl*

So Huzei jetzt ist das Bötchen in Ordnung, Mast auf dem Speicher aufgestellt und Segel aufgezogen. Mein Gewissen hat schon geschlagen, dass ichs die Tage, zwar eingezogen, aber draussen gelassen hab, aber erst war ich nicht wohl und dachte dann immer es erst bei gutem Wetter einen Tag aufzuspannen zum Trocknen. ~~Heute~~ Heut sahs etwas besser aus, aber wie wir zum See gingen, ein Sauwetter. See ganz weiss, Boot ganz im Wasser mussten erst eine Brücke bauen alles flog einem um die Ohren, Böbchen hab ich aus Wut über 3 meter ans Ufer geschmissen, weil es sich durchaus auf die Bootbank setzen wollte. Na, aber nun kann ich ruhig schlafen. Ach Huzzei, du kannst Dir nicht denken wie herbstmelancholisch alles ausschaut. Also morgen Nachmittag nach München Gute Nacht geliebstes Dein Hüzchen

136 *BvS am 18. September 1906 aus Nürnberg*

Also! Mein liebstes Hatzu!

Jetzt sind wir da, jetzt kann los gehen. Aber mei Patzai! Mein Patzai, gibts keins mehr.

Habe meine Pfeife im Luitpold[183] vergessen — bitte schike mir und das Messer vom Schleifer.[184]

Ich habe lieb, lieb, lieb lieb

Dein SUCH.

137 *FzR am 19. September 1906 aus München*

Mein Liebstes, ich hab mich so über dein Briefchen gefreut. Huzuli, es ist so traurig, daß du wieder fort bist, ich hab so Zeitlang nach Dir, so arge. Ueberhaupt ist mir fad, ich wollte ich wär auch wieder drau-

---

[183] Das zentral gelegene Café „Luitpold" an der Brienner Straße.

[184] BvS war vom 17. auf den 18. September in München.

ßen und malte. Dies Gelaufe! u. heut zum erstenmal etwas ausgeschlafen. Die andern Tage war es immer so spät. Aber gestern hab ich noch nichts gefunden, nur ~~ein~~ eins mit 2 Zimmern 18 M. aber ~~eign~~ kein eigner Eingang. Heut bin ich früh herein, warte auf Lisa im Stephanie[185] und geh dann [2] gleich hierher. Vis à vis sitzt Moulin Rouge u. möcht sich gern herübersetzen. – Gaston[186] wird Deine Pfeife und meinen Schirm suchen u. mir geben. –

Fädchen fährt mit nach Winkl. Samstag Abend. Eher kann sie nicht und ich brauch mich dann nicht so hetzen, und nachher nimmer in die Stadt zu fahren. Das gute Fädchen, es ist allemal so schön wenn man nach dem Gerase hinaus kommt.

[3] Maus ist sentimental u. macht mir Scenen wie ein versetztes Gspusi, hat neulich in meinem Nachthemd geschlafen, weil das „mich etwas ersetzte.“[187]

Leb wohl Huzzei. Lisa ist da und ich kann nimmer schreiben. Liebstes Herz, ich bussi dich 1000 mal.

Dein Huzzi, und das kleine Puzzei lässt auch grüssen.

138 *BvS am 19. September 1906 aus Nürnberg*

Mitwoch. 7 Uhr

Mein Hatzi! Hatzi, hast Du schon Nest?

Ich habe immer weniger Vertrauen in dem ganzem Klim-Bim, folglich muss die Wohnung so sein das ich dort sofort arbeiten kann –

Bin sehr pessimistisch gestimmt!!!

D[i]e Sachen die bei mir bis jetzt verpakt waren, hinauswerfen [2] auf den Boden, dass sie ausmodern.

Habe heute ganze Nacht von Dir getreumt, Du warst in einem Cáfe, und schmücktest Dich mit einem seltsamen Kleide, eine Menge Gala[n]ts bewunderten Dich, und ich kamm nur nachfragen nach Jemanden, und heu[c]helte grosse Gleichgiltigkeit.

Ach, habe ich heute geschlafen 18. Stunden.

---

[185] Das Café „Stephanie" (richtig „Stefanie") im 'Quartier latin' Ecke Theresien-/Amalienstraße war das Schwabinger Stammlokal der Bohème.

[186] Ein Bekannter FzRs, der später (zeitweilig?) nach Mexiko ging.

[187] Der kleine Rolf war während des 'Baschl-Umzuges' und der Wohnungssuche in München bei den Landshoffs in Solln untergebracht.

[3] Also Hatzuleinchen

leb wohl und ich habe Dich sehr lieb, sage Fädchens, dass ich habe sehr viel Schpass – – besonders jetzt als beinahe Regisseur – aber meine Hofnungen rapid schwinden, dass daraus was wird, miserable Schprecher, keine Proben!!

[4] Schlüssel vom Atelier bei Güttners lassen, und bei neuen Wirtsleuten, meinen Nahmen sagen.

Kuss, Kuss Kus und noch ein Mal

Dein SUCH.

Hier ist die Quittung für bezahlte Mithe. Schlüssel nicht geben, sagen ich wohne noch da bis zum 8. Oct.

139 *BvS am 21. September 1906 aus Nürnberg*

Mein liebes Huatzai,

Du quellst Dich mit der Umzieherei und und ich lasse Püppchen tanzen. Ich habe schon Angst von der neuen Wohnung – und wird mir nichts übrig bleiben, als wieder umziehen, wenn ich nach München komme – was auch sehr wahrscheinlich [2] ist, denn wir raten dem Brann nach München zu gehen und dort für Berlin Alles einstudieren.

Geh nur baldigst nach Winkl, setze Dich ruhig am Ofen, mache Deine Pfötchen warm. Drenge auf baldigsten Bescheid von Bene[188]!!!

Das Lutzchen ist da und da muss ich wieder mit ihn höppchen – mit thut [3] man das gerne.

~~Schike mir denn~~

Sonst habe ich das Hutzai furchtbar, O! Furchtbar lieb und küsse Alles auch Puzzei

Such.

Was ist denn das Puzzei?

Fädtchen soll Bubi ein Handkuss von mir geben.

140 *FzR am 22. September 1906 aus München*

Du mein Liebstes, gestern hab ich Dir nicht einmal geschrieben vor lauter Eile. Aber dem Huzzei vielen Dank für sein geliebtes Brief-

---

[188] Zwischen Benedikta zu Reventlow und FzR gab es Unstimmigkeiten, was die Auszahlung von Ludwigs Erbe an FzR betraf.

chen. Ich hab zu dummes Pech gehabt, trau mich garnicht es dir zu
schreiben. Du wirst schon den Kopf schütteln, ich hatte nur bei der
Hausmeisterin gemietet (hab also die Lehre profitiert dass man das
nicht thun soll.) Nachher war alles anders und es gab grossen Krach
mit den 2 alten Schachteln.[189] Nun muss ich halt weiter suchen und
die Sachen dort wieder fortnehmen. [2] Schimpf mich nur nicht Huz-
zu, ich war thatsächlich unschuldig, aber gegen die Bande nichts zu
machen und es ist arg fad immer noch hier zu sein und herumzura-
sen. Denke den ganzen Tag, wenn ich nur wieder in Winkel sässe. Ich
bleib auch noch den Oktober, mein Allergeliebstes, du musst nicht
bös sein über kurze und dumme Briefe, ich bin ganz verblödet und
bissel kaput. <u>Hoffentlich</u> komme ich nun doch morgen oder übermorgen hinaus [3] Pfeifchen und Messer schicke ich. Leb wohl mein
Herz, vielleicht schreibe ich Abends in Solln noch ausführlicher. Ach
Winkl, ach Hazzi, hier wird man ganz unglücklich.
1000 Bussi du Liebstes Gutes wenn du doch hier wärest Dein Hazzi.

141 *BvS am 23. September 1906 aus Nürnberg*

22. Sontag.[190]

O Du mein armes Hatzu-Patzu, bin <u>ich</u> ein <u>Esel</u> dass ich die Umzieh-
rerei nicht selbst besorgt habe – ich bin wütend über <u>mich</u>!!
Ich verstehe aber nicht wie es war, man kann die Hausmeister doch
verantwortlich machen – die muss doch denn zweiten Umzug bezahlen – oder ich verstehe nicht worum sich handelt.
Wir kommen gewiss nach M. um die Sticke für Berlin einstudieren,
das passt mir sehr gut, ich werde etliche Gläser machen und da sind
gleich unsere Finanzen aufgebessert.
[2] Denke Dir mein Hertz, treume schon seit acht Tagen imer von
Fädchen trotzdem dass ich keine sünd~~fache~~hafte Gedanken gegen sie
trage. Sonderbar! Vom Hatzi auch einmal.
Ach Hatzi, Hatzi wie möchte ich Dich besitzen!!!
Hoffentlich bist Du mit Umziehen fertig und dampfst nach Winkl –

---

[189] Am Donnerstag, den 20. September hatte FzR „ein Lokal gefunden in
dem alten Atelierhaus Theresienstraße 54" und gemietet, bekam aber „mit
den alten Hausweibern Krake[e]l" (TB 398) und kündigte gleich wieder.

[190] Der 22. September 1906 war ein Samstag.

ich werde höchst wahrscheinlich auch kommen kennen.

Eben die erste W̶Vorstellung ist zu Ende und ich eine Stunde Zeit mit meinem Herz zu schnatern, ich weis aber nicht viel, heute gehe ich mit Lutz ins Theater – Carmen – dann essen und früh ins Bettchen höppchen – denke immer an mein Hatzi bein einschlafen und bein Erwachen erst recht.

Ich habe Dich lieb! Du Meins!

SUCH.

142 *BvS am 25. September 1906 aus Nürnberg*[191]

Dinstag.

Liebes Hatzi!

Es geht mir wirklich jedes Verständniss der Humoristik beim Umzug, wenn <u>mein</u> Gelump̶t̶ auf der Strasse liegt, und wenn die zwei Hausfrauen noch so p̶buklich sind – vollstendig ab.

Ist mir auch sehr <u>unangenehm</u> dass Gaston <u>meine</u> – Deine Sachen jedem zu zeigen ist Deine spezielle Geschmacksache – Gelump sehen musste.

Du bist in grossem Irrtuhm wenn Du glaubst, dass jeder Mensch muss den „Charm" unserer zerlumpten Sachen begreifen. [2] Die sehen nur eine „Misere" darin.

Beweis: Juxer leiht den Divan, es wird ihm die Vergangenheit den Selben auf Hertz gelegt, und Resultat: man lacht am Karten Tisch darüber, und den Divan kriegst Du nicht wieder.[192]

Bitte nur nicht durch Gastons Gegenwart, die Reizbarkeit im <u>anderem</u> Sinne zu erblicken, gleichviel wäre mir unangenehm wenn auch dabei Laumenn[193] wäre.

Am liebsten wäre, m̶i̶r̶, befasse Dich gar nicht mehr, fahre nach Winkl oder bleibe in München, ich werde am 8. Oct. kommen und das Alles besorgen.

Oder hast Du schon?

[3] Ich weis doch voraus dass ich wieder Umziehe!

---

[191] BvS beantwortet hier einen Brief FzRs, der uns nicht erhalten ist.

[192] Dieses Möbelstück – von FzR im TB bisweilen „Divan der Schreckliche" genannt – spielte im Haushalt FzRs eine besondere Rolle.

[193] Die Münchner Malerin Maria Laumen.

Im meinem Traum waren andere „Galans", als das „Kroppzeug" bei
Fürmann[194] welches dort abgefüttert wird!

Da mit kein Imponieren, sowenig wie ich mit Oters!

Gestern habe an Carlo gedacht, und zwar wie er sich <u>gemein</u> benom-
men hat, als er Dir den Namen des „Warners" nicht nennen wo[ll]tte,
(Ditlindenst Zeiten) und heute folgender Traum: in einem Stück vom
Düllberg (!) trittst Du auf mit Carlo als Liebhaberin und Liebhaber in
schebigen, kitschigen Costimen, [4] das sehe ich und will mir unbeding
eine Karte zur Forstellung verschafen, der Kasierer will mir aber nicht
verkaufen, und ich sehe „Euch" hinter der Coulisse verschwinden.

Habe mich aber <u>nur</u> über die schlechten Costüme geergert!!

Lutz schrieb zum Fädchen Ihr solltet kommen, wozu?

Nur Unbequemlichkeiten für Dich und keine Ruhe.

Ich küsse Dich

SUCH.

Bitte die Pfeife Spediteur Wetsch[195] zu übergeben.

Das Rad unter 100 M. verkaufe ich <u>nicht</u>!

143 *BvS am 1. Oktober 1906 aus Nürnberg*

Liebes Gemausse!

1.

2.

3. [196] Du hast recht![197]

4.

5.

6. Ich habe Dir keine Dummheiten vorgeworfen.

7. Ich habe niemals an Deine Jugend gezweifelt, in gegenheil, Du bist
für mich beinahe [2] zu jung.

8. Werde keine Treume erzehlen – hoffe aber auch von Dir dasselbe.

9. Hätte Dich sehr gerne in Nürnberg gesehen, aber nur in <u>Deiner</u>
intteresse habe abgeraten – weil Du Ruhe bedarfst.

10. Wegen dem Rad missverstanden – denn <u>Alles</u> [3] was ich besitze,

---

[194] Die Pension Fürmann in Schwabing.

[195] Die Firma Gebr. Wetsch, Möbel- und Kunst-Transporte, München.

[196] Geschweifte Klammer über die ersten 5 Punkte.

[197] Auch hier bezieht sich BvS auf einen uns nicht erhaltenen Brief FzRs.

wenn Du willst und musst, zu jeder Zeit kannst Du auch verkaufen –

11. Alle Entschuldigung sind überflüssig – weil Du mir <u>keine</u> schuldig bist –

12. Besten Dank.

Dein SUCH.

144 *FzR am 2. Oktober 1906 aus Winkl*

Mein Huzzei, Huzzi, warum schreibst Du nicht. Ich bin ganz traurig, nur das Kärtchen mit Lutzens. – War gestern in München – beinah hätt ich den berühmten Angermann[198] kennen gelernt und wär beinah mit nach Mexiko gefahren. Er ~~nimmt~~ hat den Girard ~~ebenfalls~~ engagiert und der hätt's vermittelt. Aber grad den Tag war Angermann nicht aufzutreiben. Du kannst dir denken, dass ich Lust bekommen habe, es wär noch schöner wie Sicilien und thäte denselben Zweck. Vielleicht wirds noch, aber ist sehr unwahrscheinlich, denn vor allem thäten mich die Adams herausbeissen wollen. Entweder käme ich nächstes [2] Frühjahr zurück oder der Huzzei mir nach. Das würde sich bis dahin möglich machen lassen. Ach Huzzei, so weit von dir fort wäre mir furchtbar schwer, aber ich muss ja sowieso von dir fort für den Winter u. ev. wärst du ja selbst dorthin.

Nun aber bitte nicht denken ich wollte mit dem G. durchgehen. Ich möchte nur in schöne fremde Ländchen höppchen und denke was man dort malen könnte. Ich hab nur meinen Huzzei lieb, mehr wie je. Seit du fort bist, ist es nur noch ein halbes Huzzi und ein trauriges. –

Na Huzzei und ich glaube es wird auch doch nichts mehr draus, die Zeit ist zu kurz, das Geld noch nicht da. –

[3] Die Situation ist sehr zuwider momentan weder von Benedikta noch von Rolf kommt etwas und ich muss nächster Tage die 70 erlegen sonst sind die gepfändeten Sachen hin. Meine Räder etc. – Ich hoffte es in M. aufzutreiben, aber unmöglich. Die Leute, Neuner & Basch[199] haben es so hingestellt als ob ich „fluchtverdächtig" wäre

---

[198] Um die Jahrhundertwende lebender Mexiko-Forscher.

[199] Die Damen-Mäntel-Fabrik Neuner & Basch in der Münchner Kaufinger Straße. Offenbar hatte FzR einen dort getätigten Einkauf nicht korrekt bezahlt, so dass der Gerichtsvollzieher erschienen war.

u. dann wird alles beschleunigt. Sag Hazzi, könntest du es nicht von Lutz nehmen ~~und~~ u. sowie ich ~~es hab~~ das andre bekomme schick ich es zurück. Aber dann bitte telegraphisch. Ich hab nur noch 10 M. die ich Adam abgenommen hab.

Habe den Vollzieher nur mit Mühe bewogen sich nicht an den Verwalter zu wenden. Er behauptete die Sachen entweder mitnehmen oder einschliessen ~~oder dem Ve~~ zu müssen. Da nun nirgends [4] ein Schlüssel ist, wollte er sich vom Verw. sicherstellen lassen, dass nichts fortkäme. Habe es aber noch glücklich verhindert. –

Ach Hüzchen, wenn du doch bald kämest. Dein Wöhnchen ist wirklich recht nett, ich hab gestern dort geschläfchent. Noch eins, Adam wollte durchaus die Schlüssel für ein paar Tage, sagte mir du hättest ihm deine jeweilige Wohnung in M. als Absteigequartier versprochen u. ich dachte unter diesen Umständen wär es dir nicht lieb, wenn ich nein sagte. Er fährt Samstag ab und schickt sie dann an Güttner, hab ihm Couvert u. alles hergerichtet, damit ers nicht vergisst, den Wohnungsschlüssel hab ich ausserdem doppelt und einen hier, den du also jederzeit bekommen kannst. ~~Der Tho~~ [5] Der Verwalter ist sehr höflich geworden, ich hab neulich ohne ihn zu fragen mich nach Uebersee fahren lassen, da er grade nicht da war und er hat mich aus eignem Antrieb abholen lassen, weil die Post jetzt anders geht. ~~um~~ Mein Suchi, ich bin froh wenn ich hier bin und fühl mich so zu Hause, aber du fehlst mir fortwährend Ob ich mich wohl wirklich entschliessen könnte so weit fort zu gehen, ich weiss es selber noch nicht, wenn du jetzt bei mir wärest könnt ich es sicher nicht. Ich denke immer, das nächste Halbjahr hab ich dich ja doch nicht und da wärs ganz egal wo ich wäre. Bis Sonntag werd ich wissen, ob ~~noch~~ Aussicht ist.

[6] Schreib mir doch ein liebes Briefchen. Heut ist richtiger Sturm und die Blätter fliegen. Der Sommer ist so unglaublich rasch gegangen, denk dir als wir kamen u. es erst Frühling war.

Lebwohl mein Herz geliebtes und bleib mir gut und komm bald bald, Dein Hüzchen

145 *BvS am 3. Oktober 1906 aus Nürnberg*

Hatzi <u>freches</u>, liebes mein Geliebstes!

Hier ist ziemlich alles Pleite – möchte am liebsten dem Brann die 75. M. auf den Kopf werfen die ich im Vorschuss habe, und da wäre ich erlöst.

Fädchens reisen heute fort [2] und wollen mit dem „Trottel" ziemlich nichts zu thun haben.

Kehre <u>Du</u> bald zurück nach Winkl denn die Fädchen/ˢ wollen Dich unbeding besuchen, event. gleich mit nach Italien nehmen, das wäre doch am besten – wenn Du das Geld schon bekommen hast –

Ich werde bis 15 Oct: hier bleiben müssen.

[3] Bitte!!!!!! erledige möglichst bald den Neuner-Basch!!!!!

Bussi –

Du Meins

SUCH

Ich möchte Dir doch einmal den Pitschi-Patschi ordentlich klopfen Du Vreches!!!

[4, Ph. Landshoff:] Nur schnell viele Grüsse! Auf dem Sprung nach München Fä[d]chen

146 *FzR am 4. Oktober 1906 aus Winkl*

Mein Schatz, mein Liebstes, eben Dein Briefchen – endlich Warum bin ich ein freches? Du freundlicher Huzzei. – Eben ist mir ein Lichtgedanke gekommen u. habe dem Friess geschrieben mir telegraphisch die 70 pumpen, da heut wieder nichts gekommen ist, bis übermorgen muss ichs haben. – ~~als~~ Huzi wie schad, wenn Eure Geschichte verkracht. Ich habs mir wohl gedacht, aber nicht so schnell. Ach du armes, wenn du wieder Gläschen malen sollst. Ich sollte doch nach Mexiko gehen[200] dass wir reich werden, aber ich fürchte es wird nichts mehr. Wär ich 14 Tage früher auf die Idee gekommen. Aber ich hab heute die Schicksalsmacher hergenommen. Ach Gott wir Hazzis. Gott Liebstes komm doch bälder Deins [Rand:] Das ganz ganz kleine Puzzei ist noch unentschieden.

---

[200] Laut TB 399 erhielt sie drei Tage zuvor von Albert Hentschel die Einladung, nach Mexiko mitzukommen, wozu sie auch große Lust verspürte.

III – Korfu

(November 1906 bis März 1907)

147 *FzR am 25. November 1906 aus Comissa (auf Lissa)*

Comissa[201] auf Lissa[202]

Mein Geliebtes, Sonntag Abend u. Hüzchen ist etwas melancholisch. Die Fahrt ist ziemlich bewegt hier zwischen den Inseln, ich hätt mich gern hingelegt, muss aber droben bleiben, weil die Maus sich unten nicht behaupten kann. Das ganze Schiff speit seit Mittag, ich verkürz mir die Zeit damit dass ich mich im Gehen übe und habs jetzt heraus, man muss die Füsse nur nicht zu lange am Boden lassen, dann ist's als ob sie anklebten u. man schwankt. Wir fahren heut Abend wieder zurück nach Lissa, das wird wohl wieder ein tüchtiger Tanz werden wie auf dem Herweg, bleiben die Nacht dort liegen. Der Dampfer geht [2] ganz nahe ~~an d~~ am Strand, es muss rasend tief sein direkt am Land.

Die ganze Fahrt von hinter Triest an ist immer das gleiche Bild, wundervolles blaues Meer u. steinige Inseln, fast ohne Grün. Sehr hübsch einmal durchzufahren, aber bloss nicht zum Bleiben. Die Städtchen auch alle gleich, dicht zusammengepresst, ganz enge Strassen, alles grau in grau. Lesina[203] noch am hübschesten, die Gebäude, Plätze etc sehr nett. Aber nirgendwo schöner Strand, graues Gestein, dass direkt zum Meer abfällt. – Zum Malen ganz reizlos.

[3] Sonntagsvolk nach neuster Mode, aber sehr hübsch gewachsene Mädchen. Hier wi[r]d wieder ein paar Stunden Fässer und Säcke geladen und ein Kaminkehrer und ein Totenkranz. Mir ist es sehr recht dass ich mit diesem Dampfer gefahren bin, weil man alle Details zu sehen bekommt, sonst ist es allerdings Zeitverschwendung und kostspieliger wegen der vielen Fresserei. D.h. Bubi kann meist nicht essen u.

---

[201] Der italienische Name von Komiža.

[202] Der Brief wird auf dem Schiff vor Lissa (d.i. Vis, nicht zu verwechseln mit dem polnischen Lissa) begonnen und kurz vor der Ankunft in Ragusa (Dubrovnik) am Tag darauf auf dem Schiff beendet.

[203] Der italienische Name von Hvar.

ich nicht wegen dem Maul[204], so gehts noch. N. B. damit scheints aber besser zu werden, nachdem es nach heftiger Eiterung noch [4] ein meterlanger Splitter heraus ist. – Jetzt möcht ich nur schlafen, schlafen u. mich einmal gründlich waschen. Na, in Ragusa. – Bubi meint das einzige was man auf diesen Inseln thun könnte wäre mit einem Esel Wüste spielen. Es ist sehr brav und sehr lieb. O du Huzzi, ich möchte am liebsten noch lange so weiterfahren u. vom Schiff aus die Welt besehen, aber einmal muss ich doch aussteigen. Schilt nur das unbeständige Häzchen nicht – wenn mich ein Ort nicht lockt, kann ich nicht bleiben, [5] nachdem ich Lesina gesehen habe, denke ich mit etwas Schauer daran, wenn ich jetzt dort sässe, und nicht weg könnte. In Ragusa giebt es doch Vegetation, es <u>muss</u> einfach schön sein u. die Billigkeit werd ich schon ausfindig machen. Es soll auch ein ziemlich stiller Ort sein u. allerhand in der Umgegend. – Ich musste an Samos denken, das die meisten nicht reizvoll finden würden, aber dort genügte schon allein der Strand und einige Feigenbäume. Und die weissen [6] Häuser, hier ist alles grau, wie tot u. versteinert, ganz ohne Farbe und Leuchten, trotz der Sonne. Warm war es heute wie ein Sommertag.

Wenn ich die Augen zumache bin ich immer in München beim Huzzei in den freundlichen Zimmerchen.

Also morgen Abend in Ragusa, von da werd ich Dir ein Telegrämmchen schicken. Nach Lesina schreibe ich, dass man Briefe weiterschickt. Wollte auf die Post gehen, aber das Schiff ging ab, wäre beinah mit noch einem [7] Wiener Ehepaar dort sitzen geblieben. Der brave Capitano hat 2mal wegen uns tuten lassen.

Bis hierher haben wir noch von mitgebrachtem Futter gefressehöppchent, gestern die letzten Huzzi-Butterbrödchen mit dem Wursti von Fädchen Cakes etc. Lutz hat mir noch ein Reisebesteck gebracht, wie ich mirs schon lange gewünscht hab und Fädechen ein Wolljäck[ch]en das sehr wohlthuend ist. Abends ists oft verdammt kalt, besonders am Boraabend, wo wir bis ½ 11 draussen sassen.

[8] Heute hoffe ich die Maus ins Bett zu schieben, ehe wir wieder

---

[204] FzR laborierte im Herbst 1906 an den Folgen einer Zahnextraktion. Trümmer eines Zahns mussten später entfernt werden; daher auch die Stomatitis, über die sie klagt.

fahren, vielleicht merkt er's dann nicht so. Der Dampfer ist aber auch ein elende kleines Dings, wie am Bodensee etwa. Ich war erst ganz erstaunt. Da merkt man die Bewegungen viel mehr, das ganze Viech zittert wie Espenlaub. Die Eil[dampfer] sollen viel grösser sein. Das arme Pferdchen fühlt sich sehr unglücklich und die Truthühner sind ganz verzweifelt. Ach du gutes Huze Hazi, Kuze-Kazi [9] Was machst du wohl heute? Ob Du bei Fädchens bist? Bei allem was ich sehe, denke ich was du wohl dazu sagtest, wenn du da wärest. Wahrscheinlich dasselbe wie ich – es ist eigentlich immer dasselbe, d.h. die Menschen das „Volksleben" ist wirklich nicht anders wie sonst u. das Volk riecht grad so nach Zwiebeln wie in Italien. In Sebenico[205] hatte es schon etwas Spezielles, alles in Tracht, andre Gesichter u. die Leute nicht recht ruhig ohne Neugier Nachlaufen etc.

[10] Montag Abend

Nun kommen wir nach Gravosa[206], was Station für Ragusa ist. Schade, dass die Fahrt zu Ende ist, es war so schön die langen warmen Tage am Deck. Aber mir ist kreuzelend. Bauchi mit Kopf und die Zähne – Himmelherrgott, wie lang das noch dauert, Zahnfleisch auf der ganzen Linie entzündet, ich möchte noch tagelang so weiter duseln, da kann man's am besten aushalten. Ich bleibe heut Nacht in Gravosa im Hotel und dann gleich suchen. Die Inselnester waren alle nichts zu langem Bleiben, nichts zum Malen, kein flacher Strand u. sahen alle aus als ob man nichts zum Leben blk bekommen könnte [11] Ein Ehepaar vom Schiff blieb gestern während wir noch nach einem Ort fuhren 6 Stunden in Lissa u. konnten weder ein Restaurant noch sonst was zu essen auftreiben. In Lesina wirds ebenso sein, ausser dem Hotel, wo uns ein alter Insulaner gleich hinschleppen wollte. Dann ist doch an der Küste besser, wo man weiter herumlaufen kann. Sehr hübsch war Curzola[207] alles alte Bauten und entzückende Winkel, aber sonst ebenso grau u. zusammengeschachtelt. Jetzt stehen sämtliche Camerieres mit Trinkgeldgesichtern herum, jedes Zündholz bringt ein andrer, der auch was haben will u. das Huzzi

---

[205] Der italienische Name für Šibenik.

[206] Der italienische Name für Gruž; heute ein Stadtteil von Dubrovnik.

[207] Der italienische Name für Korčula.

165

[12] sitzt stolz da u. ~~erzz~~ erzieht sie mit schmalen Gaben zur Beschei-
denheit. Das Leben am Schiff ist relativ so teuer, dass sich der Eildampfer besser lohnen würde. Wir haben nur 2mal eine richtige
Mahlzeit mitgehapst, sonst Rühreier etc, aber doch 40 Kronen für die
4 Tage. – Heut waren wir in einem Nest, wo grosser Weinmarkt ist,
der ganze Quai wimmelte von Maultieren mit Weinschläuchen aus
Ziegen[leder]. Die Schläuche sehen sehr komisch aus, wie aufgebla-
sene Schweine, wenn sie ausgeschüttet werden u. umgekehrt sehr
eklich. Wein ist überhaupt eine Schweinerei sehe ich, Leute stecken
die Pfoten hinein etc.

[13] Wenn mir nur wohler wäre, aber so bin ich etwas geknickt. Die
Stomatitis blüht, ich rauche fast garnicht und thue alles, was man
thun kann. Dumm ist nur dass man hier noch 4 Tage sitzen muss
und Geld braucht, das Zimmer 5 Kronen ist noch sehr billig und
sehr primitiv alle Wasserleitungen caput, Morgen und Abendfutter
mache ich mir selbst. O du mein Hazzi, ich habe Anfälle von Heimweh, dass ich aufpacken möchte und zurückfahren. Wenn ich eine
Höhle hätte, auspacken und malen könnte, wärs vielleicht besser.
Jetzt geh ich noch Gravosa und Umgegend absuchen. Es ist sehr
schön [14] zu Fuss zu gehen, gestern sind wir 5–6 Stunden gelaufen
heut ist der Himmel grau. Ach Huze Puz, ich tröst mich damit dass
ich in 4 Monaten zurück sein kann und wieder in Winkl sitzen, mir ist
wirklich recht gottsjämmerlich und obdachlos zu Mut.

Ich hoffe nun in Corfu durch Consul oder so etwas zu finden. Nun
lebwohl meine geliebtes Herz es ist so abscheulich nichts von dir zu
hören ach Gott es ist grosse Häzchen-Traurigkeit. Im Zimmer sitzen
halt ich überhaupt nicht aus [15] Adieu und unendliche Busseis Dein
Hüzchen.

148 *BvS am 25. November 1906 aus München*

Sontag

Du mein liebes Hazzi-Pazzi! Ich danke für so viele schöne Briefchen[208], Du kannst mir wenigstens vieles und interessantes schreiben
– ich habe nichts!

---

[208] BvS bezieht sich wahrscheinlich auf nicht erhaltene Briefe.

Ich trauere mein Häzzchen streie mir die Asche auf den Schedel und schlafe vorleufig bis Nachmittag, dann stehe auf, gehe durch die Zimmer, rufe Häzzchen, Häzzchen! Bobbi sucht den Bubbi, war noch nirgends und habe noch niemanden gesehen – Heute muss ich aber raus, der varfluchte Pfonografl!

[2] Zwei mal habe schon angefangen die Küche zu reinigen endlich habe heute vertig gebracht. Und der Ausguss! Die ganze Nacht hat in dem Ausguss gejammert und gepfiffen und Wasser herausgespritzt bis ich endlich mit einem Franzosen abgeschraubt habe – alles verstopf, und, in der Röre irgend was lei[c]henhaftes. Brrrrr!!

In der Wohnung spukt!

Dein Samtkleid lag [3] quer über das Bett!!

Morgen werde die Zimmer einrichten und gleich arbeiten habe riesige <u>Lust</u>!

Hat das Häzzchen schon eine gute Wohnung schon gefunden?

Mitt Deinen Zähnen geffält mir gar nicht, wie kann nur das so lange dauern.

Verseume nur nicht möglichst ofte zu reinigen.

[4] Sei nur vergnigt mein Häzzchen und erhole Dich ordentlich daran hat Dir am meisten gefelt seit vielen Jahren.

Ich werde mir die gröste Mühe geben im Frühjahre auch hin zu kommen.

Viele Bussi, mein Einziges.

SUCH.

Bübbchen recht küssen vom mir.

Hast Du an die Bank geschrieben?

149 *FzR am 27. November 1906 aus Ragusa*

Ragusa Dienstag.

O Huz o Haz

Die Sache ist wirklich etwas dumm. Es ist hier ganz wundervoll, eine Luft und die Gegend – u. alles aber nichts wohnungsartiges zu finden, es giebt einfach nichts, ausser ganzen Villen od Pensionen, die natürlich unerschwinglich sind! Ragusa ist schnell abgelaufen, Gravosa dito, u. die Leute sagen mir auch dass es ziemlich aussichtslos wäre alles für den Winter schon besetzt. So wirds wahrscheinlich in den andern Nestern, die noch in Frage kommen auch gehen Eigentlich wars wirklich eine grandiose Dummheit dahin zu gondeln u. ich zerbreche [2] mir jetzt ein wenig den Kopf was ich machen soll.

Wenn ich mit den 1000 M den Winter leben will, muss ich ein billiges Höhlchen haben Ich denke jetzt daran noch das Stückchen nach Korfu weiterzufahren u mich dort in ein Dorf zu setzen. Nach Italien kann ich von hier überhaupt nicht herüber kommen, es ginge nur über ~~Triest~~ – Corfu – Brindisi. Ich hab nur jetzt Angst gekriegt ob in Corfu was zu finden ist, aber ich glaube es bleibt nichts andres übrig. Theoretisch kann man sichs gewiss nicht vorzustellen, dass [3] thatsächlich ~~ni~~ kein Unterkommen wie ichs brauche zu kriegen ist, aber es ist doch so, ich habs den ganzen Weg herunter gesehen Hotel auf Lesina wäre das einzige gewesen u. auch das viel zu teuer trotz den prezzi moderati. Ich hab noch 220 Kronen, damit käme ich noch bis K.[Korfu] u. wenn ich dann dort das Gewünschte finde würde es schon gehen, die billigsten Zimmer hier sind 30–40 Gulden u. nicht am Meer, wo es überall kolossal staubig ist. – Zum Anschauen ist Ragusa ja wundervoll [4] so ganz Süden u. all die schönen alten Gebäudchen, Brunnen etc. Und die Trachten, da hätte der Huzzi was zu schauen. Was für ein Unterschied mit italienischen Städten, alles unglaublich sauber u. die Leute, kein Mensch schaut einen an, nur die Backfischer den Bubi. – Gestern so warm, dass einem ohne Mantel zu heiss war u. Nachts Mücken, o mein Gott, ich bin im Gesicht so zerstochen, dass es wie Blattern aussieht.

Eben hab ich mich erkundigt, ~~vor~~ Sonntag kann ich nach Corfu fahren u. bin Mittwoch dort. Bis dahin schaue ich mich noch hier um, es könnte ja sein, dass es doch noch glückte.

[5] O mein Huz, ich bin so traurig und fühl mich so kreuz ungemütlich. Am liebsten käme ich direkt zurück. Das Hüzchen ist garnicht tapfer und garnicht vergnügt. Wenn man nur gleich weiter könnte statt hier herumzuheulen aber nach Corfu geht ~~erst~~ Sonntag der einzige Dampfer, – und 3 Tage lang. Heute ist ein Sauwetter, Sturm und Regen, Fenster und Türen klappern wie verrückt, draussen ganz unmöglich. Ich denk dran heute vor 8 Tagen, letzter Tag in München mit dem Fädchenabend.

Ueber die Künst[l]erkolonie auf Lacroma[209] musste ich wirklich lachen. Auf Lacroma giebt es nur ein altes Kloster u. einen [6] Turm. Süsses Huzzei, wenn nur die Tage etwas schneller hingehen wollten u. wir ein Plätzchen hätten, da wollt ich schon vergnügter sein. Mich reut das Geld, was ich hier brauche, es kommt immerhin auf ca 60–70 Kr. u. die Fahrt nach Corfu noch mal 70. Fressi mache ich mir morgen und abend selbst und nehme es auch aufs Schiff mit. 2ter Klasse ist bei diesen Schiffen wirklich unmöglich, oder wenigstens abscheulich. ~~Ich hab~~ Auf dem Lloidschiff wenigstens waren es unglaublich dreckige Löcher mit schmierigen Decken und X Leute in einem Raum. [7] Zudem ist das ganze Deck für die erste Klasse. So hat man doch Genuss von der Fahrt. Hoffentlich wirds nicht wieder so unruhig wegen Bübchen, er war noch ein paar Tage nachher angegriffen u. schwindlich. Man fährt die ganze albanische Küste entlang und dann erst quer herüber nach Corfu.

Ich geh jetzt noch zum Konsul, weil ich nicht weiss ob mein Pass genügt, der nur für In- u. Ausland ausgestellt ist.

– O diese Ragusaner In 2 Agenturen hat man mir gesagt dass nur der Sonntagsdampfer ginge, heute[210] höre ich in Gravosa dass morgen ein viel besserer geht, womit ich schon Montag früh dort bin.

[8] Ach Hazu Huzulein, ich lege mich immer nach Tisch etwas hin, kann aber nicht schlafen, weil mich dann immer solches Heimweh befällt, dass ich zurückfahren möchte. Ich muss aufstehen und wieder ausgehen, sonst halt ichs nicht aus. Mit einmal bin ich in Winkl oder Hagenau oder auf Hazzis Sopha. Ich muss arbeiten, dann wird es vielleicht besser. Jetzt geh ich draussen Skizzchen machen. Gott sei Dank dass ich morgen schon fahren kann. Es ist ein grosser Dampfer der nach Alexandrien geht u. über Brindisi Korfu, kostet inclusive Bett u Futter dasselbe wie der andre ohne alles.

Gott, nur erst ein Brief von Dir, nur ein Wort. Ich hoffte [9] Du würdest mir auf meines ein Telegramm schicken, aber nein, Du böses Huzzei.

Heute war grosser Markt, Costüme sag ich dir, könntest du das doch

---

[209] Der italienische Name für Lokrum, eine Insel vor Dubrovnik.

[210] Freitag, 30. November 1906.

sehen. Na es war recht für die Katz die Woche hier zu sitzen, aber hat mir doch allerhand Spässchen gemacht. Die Gegend gefällt mir nicht besonders, obgleich sie zu den „unvergleichlichen Punkten" gehört. Theaterdekoration mit wenig Inhalt, dahinter immer die „blaue Adria" Der Strand von Forte ist für mich 1000 mal schöner. Man muss das Meer haben [10] können, nicht so von ferne zum Anschauen nur. Ich bin nun wirklich gespannt ob ich das in Corfu finde und wie es mit dem Kostenpunkt ist. Heut hab ich hier ein Zimmer angeschaut, man musste erst durch die ganze Behausung der Leute durch u. 30 Gulden Dafür werd ichs in Korfu auch haben können und andren Strand.

Mein Gott wie verschieden, was die Leute schön finden. Ich kann mir denken, dass man Dalmatien schön findet beim [11] Durchreisen – und wenn man noch nicht viel andres gesehen hat. „Eigenartig" ist es ja. Aber ich habe nichts gesehen, was ich malen möchte. Steine und immer wieder nur Steine, alles so tot. Die kleinen Städtchen wieder aus grauen Steinen, alles dicht zusammengedrängt, ein Quai, eine Strandpromenade und Schluss. O du Huzzi und ich wär so froh, wenn ich ein Stübchen hätte, meine Sachen auspacken könnte und malen gehen.

– Das Mäulchen fängt an sich zu bessern, d.h. der ausgerissne Zahn eitert lustig weiter, thut aber nicht mehr so weh, woraus ich hoffe, dass es bald aufhört, – [12] und die Stomatitis scheint auch besser zu werden. Ich reibe das Zahnfleisch jetzt immer mit Citrone das scheint gut zu sein u. rauche sehr wenig.

Heut[211] warte ich mit Spannung auf die Ankunft des Dampfers, es kommt vor, dass er sich verspätet, gehe dann um 6 an Bord u. um Mitternacht gehts los. Die Fahrt wird wahrscheinlich unruhig, da wieder tüchtige Bora weht, – mit einem ganz infamen Staub. In der Stadt mit den engen Gassen ist überhaupt sehr schlechte Luft. Ach ich bin so froh weiter zu fahren. Warum hast du nicht geschrieben [13] Von der Bank bekam ich einen Brief der Mittwoch aus München geschickt ist heute, Samstag. – Nach Corfu musst du so schreiben, dass der Brief Freit. früh in Triest ist, Samstag geht der Dampfer von

---

[211] Samstag, 1. Dezember 1906.

170

hier. Wahrscheinlich gehen ja noch öfter welche von Brindisi. Gott wie bin ich weit fort und doch kann ich von Corfu schneller zurück-fahren über Brindisi. O Hazzi Puz, halt ichs wohl aus vor Heimweh. Ich weiss es wirklich noch nicht. Es reut mich ja eigentlich schon weggefahren zu sein, wenigstens so weit. Nun kommt ja auch dazu dass ich bis jetzt nicht sehr wohl war u. mich unlustig zu Allem fühlte Du mein Geliebstes Einziges, ob Dir wohl auch so einsam und gott-verlassen [14] ist wie mir? Trotz allem Schönen denke ich doch ich wäre viel lieber in München, u. hätte den Winter ordentlich zum Ma-len ausgenutzt. Das ist mir doch die Hauptsache und ich denke jetzt, ich schmeisse immer mehr Geld hinaus ohne zur Hauptsache zu kommen.

Leb wohl du Huzgeliebtes schreib mir und tröste mich u. mach mich vergnügt. Ich bussi dich und bussi dich und bussi dich und die Maus auch

Dein trauriges Häzchen

150 *BvS am 29. November 1906 aus München*

Donerstag.

Liebes, mein Einziges Häzzchen!

Über Dich spannt sich der Firmament wie eine blaue Kuppel und hier: grau, grau Regen und traurig!

Sitze zu Hause und mache Ordnung. Böbbchen schaut zu und macht grosse Augen er ist jetzt ganz ordentlich geworden, bekommt täglich einen Hundekuchen ich eine Tasse Kacao und erst Abend ordentli-ches Essen, Eierschalen sind noch nicht in der Küche vorhanden – aber bald!

Speicher habe ich verstaut wie ein „Schifsraum" – Zimmer zum er-beiten eingerichtet, und jetzt wird die „Glaskiste aufgemacht"

Lache nicht Häzzchen

[2] Du hast Deine sämtlichen Pitschi-Patschi, Örchen, Bauchi Waschläppchen vergessen, jetzt benutze ich, Etsch!

Bis jetzt war ich ~~nicht b~~ nur bei Basevis[212] – um einmal gut zu essen – und sonst niemanden gesehen, habe auch kein Bedirfniss.

---

[212] Münchner Bekannte.

Mir ist ganz sonderbar zu Muthe habe Alles was ich brauche und doch so leer und langweilig.

Herr Gott! Hazzi, wie man ohne Dich nur „Halb" ist.

Gestern bin ich ausgegangen, und war ich im „Simpl['] bis 3. Uhr.

Misahm[213] das dreckige zottige Schwein Gedichte vorgetragen: Vom Abort! zum sterben!

Auf einmal winkt mir Jemand vom vis a vis Tisch: Cramer und Klages. Er machte mir Complimente [3] dass ich so Jung ausschaue und habe Kinder Augen wie „die Gräfin". Allerdings für mich sehr schmeichelhaft!!

Klages war ganz entusiastmiert von der „Cleo" und sagte: er muss sie kennen lernen. Cramer schon besofen sagte laut: sie hat Sypf: u, s. w. überhaupt Unterhaltung Paradox und gaschmacklos!!

Ich glaube Du hast nur die Kunst bessesen aus Klages das esentionelle herauszuziehen!

Für mich langweilig!

Also Ragusa!

Häzzchen! Häzzchen, wen Du so weiter machst bist Du auf einmal auf „Ceylon"

Das macht Dir Spass! Nicht war? [4] So herum zu gondeln.

Ach! Hazzchen, hast Du schön ausgesehen bei der Abreise im Coupé wie ein zwanzigjäriger Backfisch, mit Deinen blauen Auglein!

Was macht Zahn?

Basevi, sagte die Splitter müssen alle auseitern und dan hast Du Ruhe.

Mein Häzzchen, ich habe hier sehr wenig Stoff zu schreiben, und jetzt leb wohl mein süsses, schönstes Häzzchen, ich habe Dich auch furchtbar lieb, Du bist auch mein Einziges auf der Welt.

Tausende unartigste Bussi

Dein SUCH

In Lesina ist ein Brief für Dich[214]

151 *FzR am 3. Dezember 1906 aus Brindisi (Ansichtskarte: BRINDISI-Castello Federico Barbarossa visto del mare)*

L. S. 1000 herzl. Gr. u B. morgen früh in Corfu. B. B. 2 Huzzis

---

[213] Erich Mühsam.

[214] Vermutlich BvSs Brief vom 25. November 1906 (148).

Corfu. Dienstag

Nun mein Herz, mein geliebtes, jetzt haben wirs endlich. Ich bin in Ragusa noch auf die gute Idee gekommen Desyllas[215] zu benachrichtigen und hab gestern mit seiner Hülfe etwas sehr schönes gefunden. Alleine hätts schwer gehalten, ich hab mein Griechisch doch recht vergessen u. die Bande ist frech, für ein abscheuliches Zimmer verlangte man 6 Drachmen pro Tag. Jetzt haben wir ein sehr nettes Zimmerchen für 45 Drachmen ca 35 M. was für hier sehr wenig ist in [2] Gasturi, eine Stunde von der Stadt mit Küche und unglaublich schöner Umgebung. Corfu ist überhaupt ein Paradies, Orangen und Citronenbäume, Oelwälder da giebts was zum Malen Donnerwetter.

Nun erst ein Brief von Dir, ich komme mir vor wie jemand, der verdurstet – 14 Tage ohne etwas vom Hazzi, ~~ist~~ es ist nimmer zum Aushalten, Du Einziges Schreib bald, gleich und viel, sag mir viel Liebes [3] Du mein Huzzi, mein einziges geliebtes

Seit ich hier bin, fühle ich mich wie erlöst, es ist alles so wunderschön, ich bin nach dem Reisehandbuch in eine Pilsenerbierhalle gegangen, wo auch Zimmer sind u. alles sehr nett u. ziehe heute Nachmittag mit Sack und Pack hinaus.

Die Reise war bös, Sauwetter von Ragusa bis hierher, Samstag Nacht bis gestern früh, ich und die 2 Capitäne die einzigen beiden Mahlzeiten, alles andere lag verzweifelt in den Cabinen [4] selbst der Arzt, das Bübchen wurde an Deck etabliert und gefuttert, dann gings zur Not. Aber schlafen die letzte Nacht kein Gedanke u. gestern waren wir ganz caput. Ich werd nicht seekrank aber krieg nachher fürchterliches Kopfweh, wenigstens gestern. Heut hat man doch ausgeschlafen und ist ein andrer Mensch. Ich hatte grade einen Wagen genommen um in die Dörfer auf Suche zu fahren als Desyllas erschien, der sich im Schiff geirrt hatte u. dann mitfuhr. Hergott haben wir was herumgehandelt, d.h. er

[5] In Benizze – noch eine Stunde weiter hätte ich ein kleines Haus bekommen mit fabelhaftem Orangengarten u. das Nest liegt hart am Meer. Aber der ganze Ort voll von abscheulichem dreckigem Gesin-

---

[215] Ein Korfiote, den FzR aus München kannte.

del und vom Haus abgesehen lange nicht so schön. Zudem solls dort viel kälter und sehr nass sein u. sehr entlegen. Ach Herz, ich dachte immer daran, wenn du mitwärest u. ich hab so furchtbare Sehnsucht nach dir. Schreib mir, schreib mir. –

[6] – Vorgestern Nacht auf See war ein Mordsgewitter, überhaupt regnet es jetzt ziemlich viel, aber dazwischen schöne Stunden und recht warm. Ich freu mich so aufs Malen, – und sag dir offen, wenn das nichts wäre, ich glaub ich wär aus lauter Heimweh zurückgefahren. In Brindisi war ich nah daran u. in Ragusa auch. Aber hier wird alles sehr schön sein, mein Wöhnchen ist ganz für sich, ich werd dir Zeichnungen davon machen, lauter [7] Garten, Oelwald etc. drum herum. Das ist schon eine andre Landschaft wie Dalmatiens Steinwüsten Hazzi, schick mir bitte <u>gleich</u> den kleinen Meier für Neugriechisch (im Wohnzimmer muss er liegen) und wenn du es finden kannst griechischen Sprachführer von Wied, grün gebunden, ich glaube es ist auch im Wohnzimmer, weil ich es erst mitnehmen wollte. Aber bitte gleich, da draussen versteht man nur Griechisch, hier in ~~Cor~~ der Stadt kommt man mit Italienisch durch.

[8] Mir ist heut zum erstenmal wohl und vergnügt und ich freu mich auf die Zeit hier

Geliebtes, Einziges, leb jetzt wohl, ich muss noch allerhand Einkäufe für meinen Haushalt machen und will dann heraus. Schreib bitte Corfu ferma in posta, ich werde 2mal die Woche auf der Post nachschauen, hinaus geht keine. ~~D~~ Ach du Herz, ich <u>muss</u> bald von dir hören. Maus grüsst furchtbar, ist noch recht mitgenommen von der Seereise. Leb wohl Herz geliebtes und 1000 Bussi Dein Huzzi.

153 *BvS am 7. Dezember 1906 aus München*

MÜNCH – 7 – DEZEMBER

Liebes! Du mein Alles! Ich Wollte wieder anfangen zu grandeln, und weist Du warum? Alle die mich begegnen, sagen: Die arme Gräfin, wer hat ihr zur Dalmatien geraten u, s, w. müssen sie alles wüssen?
Und das hat mich geerget!
Wie gehts Dir Huzzchen?
Ich war heute bei Bassevis zum essen, und sie bekam Abends ein Kärtchen von Dir, da konnte ich kaum aushalten, ~~da~~ ich hoffte [2] im

meinem Briefkasten auch was zu fünden, wie ich aber kam, war nichts drinne.

Böses Hözzchen!

Hast Du Briefe von Lesina, Ragusa in Corfu bekommen?

Eigentlich mein liebes Häzzchen, es war von Dir grausam mich hier so alleine ~~so~~ sitzen zu lassen. Ich komme sehr späth nach Hau~~sen~~ 2 – 3 Uhr, dann gehe ich mit Licht herum und rufe, Huzz, Huzz! und da ist mir sehr traurig!

Nur Eins ist schön. Dein Bättchen! Schlaffe bis 2 Uhr.

Erst Abend gehe ich fort, und [3] hocke wieder die Nacht im Simplicissimus. Pfui!!

Ich verdien~~en~~ ordentliche Schelte von Dir, aber vorleufig kann ich anders nicht leben, ich bin alt und grandig geworden, alle wundern sich dass ich nirgends zu sehen bin, sie dachten wohl alle dass wen Du fort bist, ich laufe wie ~~wie~~ eine befreite Katze mit „Friesirtem Schwanz" herum.

Gerade umgekehrt ist es!

Bei Fädchens war ich nur ein Mal – ich musste immer denken: dass Häzzchen ist nicht da –

[4] Eine Besserung ist doch bei mir ein getretten nehmlich: die krankhafte vortwerende erotische Reizung.

<u>Nach Dir erscheint mir alles: unwürdig und reizlos</u> – besonders wenn noch in meiner jetziger Stimmung, ein Weib einem noch nachlauft – Du muss aus Deiner Erfahrungen das mir nach empfünden.

Aber Mitleid gibts in der <u>Beziehung bei mir nicht!</u>

Mitwoch war Souper bei der „Schandleiche"[216]. Sie ist nicht so schliem, ist auch „Perwers reizbar" (für Zecconi) Schöne Augen und Polipenfinger mit Brilanten, körperlich sehr [5] gepflegt und ohne Verstellung mit ihrem berliner Humor –

Sie sagte immer: „Ermano" er boshaft „Gnädige Frau".

Es waren Wolfskehls – Stern – Lutzens (Fädchen entzückert) und zwei Laumen (Grässlich!)

---

[216] Unklarer Begriff, der aus der Schwabinger Faschingskultur bzw. der bayrischen Folklore stammen könnte. „Leich" ist im bairischen Deutsch die Beerdigung, nicht die Leiche. Der Begriff meint hier Ceconis neue Freundin.

Carlo fing' gleich mit mir von „der Gräfin" zu sprechen, dann wieder Lutzens, auch Stern.

Bei der Schandleiche kleine Verlegenheit – Laumen betrachtete die Decke – endlich sagte sie: Ermano gehen wir zu Tisch.

Das war zu komisch!

[6] Beim Tisch wieder Carlo stotternt, bbbbbleibt die Gräfin in Dalmatien?

Hauptgesprech Hannas Kinder Treume und Zecconis Witze. Ihm ist doch unbehaglich!

Schandleiche war besonders freundlich gegen mich.

Nach dem Käse: „Gramopfon".

Steif und ungemidlich.

Lisa ist zurück, konnte länger nicht mehr aushalten, ich war heute bei Firmans essen. Wiesel[217] sucht ein Zimmer, soll [7] ich ihr ein Zimmer vermiethen?

Nein Huzz! In unseres Nest kommt kein Mensch! Weist Du Huzz geliebstes, wer mir am besten gefält von den allen „Majsiens"? Die Kubin!

Sie bedankte sich dass ich sie, auf dem Bauernball voriges Jahr treffen sollte (!)

Sie ist sehr niedlich, die Unterhaltung ist allerdings etwas schwierig – desto besser.

Dein Bruder Ernst hat hier Vortrag gehalten.

[8] auch Rielke[218] hat zur Baschl telepfonirt. Er ist jetzt bei Rodin Secraiter.

Samstag – 8. Dezember

Huzz geliebstes Brief!

Also hast Du was Du willst.

Dessillas! Oho!

Rache! Und Dolch! Wenn!

Ich küsse Dein Herz mein liebes Mädhi!

[9] Das war ein schönes Geschnater, mein Liebstes, also hast Du jetz alles. Mei Gott wenn ich dort jetzt wäre!

---

[217] Vielleicht Franz Hessels Freundin Luise Bücking.

[218] Rainer Maria Rilke.

Hast Du noch keine Briefe bekommen? Habe schon 3 gesch: Wenn Du Diesen bekommst, notiere das ~~Das~~ Datum von der Briefmarke und schreibe mir, möchte genau wissen, wie lange er braucht – Deins[219] ist am 7 Dezem. in München angekommen, folglich braucht er 4 Tage.

Ich glaube sie ~~brauchen~~ gehen über Brindissi.

[10] Überhaupt schreibe mir genau den <u>Datum</u>, <u>deutlich</u>, und <u>Seiten numerieren.</u>

Was macht Zahn?

Lass von der Bande Dir nichts stellen, denn das ist alte Sache wenn Du fort gehst, sie suchen Dir den Koffer durch, bei gelegenheit und indireckt würde ich den Revolver zeigen – Das wirkt bei der feiger Bande.

Meine Weihnachten werden auch alleine sein, und [11] traurig. Ich habe zu gar nichts Lust.

Baschl ist noch in Wien. Schreibe ihr dass ich das Segelboot „Hedwig" taufen werde und Du wirst die taufe volziehen –

Die Bücher werde gleich Morgen abschiken, heute ist irgend ein Feiertag.[220]

Ich mache mir ein Zettel an die Wand und notiere die Briefe. Ich schreibe jeden ~~Samstag~~ Freitag, dann ist er Montag früh in Brindissi.

[12] Ich soll Dir viel „Liebes" sagen.

Also mein Häzzchen Du bist meine Königin! Wie Bubbi sagt

Leb wohl mein geliebtes Herz und milionen Bussis artige und …

Dein SUCH.

Das Geld lass Dir doch von der Bank schon gewechselt senden!

[auf dem Rand, mit drei Strichen oben und drei Strichen unten hervorgehoben:] Bubbi Bussi!

154 *FzR am 8. Dezember 1906 aus Gastourion*

8 Dez

Geliebster Huze Puz

Eben Deine 2 geliebten Briefchen gekriegt (einen von Ragusa) u ges-

---

[219] FzRs Brief vom 4. Dezember 1906 (152).

[220] Das Fest der „Unbefleckten Empfängnis Mariens" am 8. Dezember.

tern von Lesina[221]. Ach das war eine Huzzifreude nach der langen Zeit. Endlich ein Stückchen Hazzi. Hab ich dir auch für das Telegrämmchen gedankt, das war so freundlich. Liebstes, wenn du nur vergnügt wärest. Ich denk so viel an dich, was du machst, und bin dann sehr traurig, Gott Heimweh ist überhaupt etwas schlimmes. Liebstes, ich hab hier wirklich gefunden, was ich suchte, Landschaft wunderschön, schon rings um mein Haus herum, und wo man hingeht, lauter Genuss für die Augen. Werde hier mit solchem Vergnügen malen. Ich bin doch nicht <u>bloss</u> wegen meiner Lunge auf der Welt, auch das übrige Hüzzchen will sein Vergnügen haben und sich wohl fühlen, [2] nicht auf einem garstigen Kieshaufen sitzen u. eine Strandpromenade vor sich haben, wo tout Lesina auf und abgeht. Verschiedene Leute auf den Schiffen, die es kennen, haben mir auch gesagt, dass wenn man nicht im Hotel wohnt garnichts zu haben ist. Mir war selber garnicht recht soweit zu fahren, aber jetzt bin ich froh drum. Es ist hier jetzt wie bei uns ein schöner September, manchmal direkt heiss, auch Regen aber nie lange.

Dasyllas war mir recht bequem, seit ich hier bin, hab ich ihn nicht gesehen und zudem geht er bald nach Deutschland, das hab ich auch gut getroffen, denn zu vielem Verkehr hätt ich mit ihm keine Lust.

[3] Huzze Puz, mit Basch ist ja glänzend, dann kriegst du Segelbotchen, wie? Nach Warschau fahren – Huzzi, glaubst du du hast davon viel Vergnügen? Ich thät doch eher eine andre schöne Reise machen, Rom – Paris od. so. Verzeih dass ich gleich komme damit, aber wirst du mir 200 M. geben können? – –

Huzze Puz Geld perdu ist garnichts bei mir, ich finde ich fange jetzt endlich an etwas davon zu haben u. mit 1300 M. auf lange Reisen gehen ist immer ein Experiment. Wenn ich zurückkomm, werde ich schauen Uebersetzungen zu kriegen für den Sommer.

Huzzei sei nur nicht traurig, das macht mir das Herzi kaput die Zeit wird so schnell vergehen, und dann nimmst du wieder Dein Packetchen und zupfst Hörnchen [4] Mir fängt sie jetzt schon an sehr schnell zu gehen, der Tag ist herum wie nichts. Die ärgste Arbeit war das Einräumen, das Zimmer ist sehr klein ohne Kommode u.

---

[221] BvSs Briefe vom 25. und 29. November 1906 (148 und 150).

Schrank. Das war ein Kopfzerbrechen, aber jetzt gehts. Unten ist meine Küche, Heizerei und Köchelchen nimmt auch viel Zeit. Vorgestern u. heute bin ich in die Stadt gegangen, damit ist immer der halbe Tag weg, 2 Stunden hin u. 2 zurück, aber ich musste allerhand einkaufen, Tongeschirr, anständiges Brod etc. Jetzt brauch ich lange nicht mehr herein. Und gestern Leinwand aufgezogen, Pappe ist hier scheusslich teuer. Ich freu mich so aufs Malen, war aber die Tage noch etwas angegriffen, hab mir am Schiff das Bauchi erkältet, weil bei dem Sauwetter immer draussen gesessen, aber ein paar Tage Ruhe, dann ists wieder gut. Und wieder ein Splitter, der eitert und nicht herauswill, aber es geht einigermassen.

Ueber Klages Cramer hab mich sehr [5] ~~gefreut~~ amüsiert, ich glaube Kl. vertrottelt immer mehr. Geh doch oft nach Solln, das ist doch 2tes Zuhause und immer Wärme. Von Fädchen mehrere Karten und hab mich sehr gefreut. Huzzi, war mir zu Mut beim Wegfahren, ich dachte ich geh caput, Heimweh ist wie eine Krankheit, ich muss mich immer drum herumdrücken, etwas thun oder herumlaufen. Schlafe nie mehr zu Mittag, das ist die schlimmste Zeit, wenn man dann aufwacht.

Eben mit Maus spazieren gegangen bis es dunkel war. Ach Hazzi, ist es hier schön. Auf Schritt u Tritt Sachen die man malen möchte. In ½ Stunde ist man am Strand u. kann auf den grauen Steinen sitzen, kein Mensch zu sehen und Maus schreit vor Freude Mamai, wie ist die Welt schön! [6] Wenn nur du da wärest, es kommt mir so gemein vor, dass ich alles Schöne alleine haben soll und mein Huzzei nicht mit.

Zuerst hat's mich gereut, dass ich nicht nach Benizze gegangen wo ich ein ganzes Häuschen gehabt hätte, aber der Wirt von der deutschen Bierhalle, wo ich die erste Nacht gewohnt, sagte mir es wäre ein elendes Fiebernest So bin ich froh hier zu sein. Wohne auch ganz ausserhalb dem Dorf Bedienung ein ganzer Haufe von Griechenweibern mit ungeheurem Geschwätz. Ich kann noch nicht so recht mitkommen, habs ziemlich vergessen u. der Dialekt ist anders. Huzzi, den griech. Sprachführer hab ich gefunden, brauche also nur d. kleinen Meier [7] ~~konn~~ bitte schick mir doch auch Rechenbuch für Büb-

179

chen, III Classe, kannst es in Couvert schicken – u. wenns geht meine grauen Lederhandschuhe.

Zu Bari werde ich nächstens gehen, – Huzzi den Apparat nicht schicken, Zoll soll schauderhaft sein für solche Sachen, sonst hätt ich ihn gern gehabt.

Heut als wir aus der Stadt kamen hat ein alter Eseltreiber Bübchen aufsitzen lassen, das war eine Seligkeit werd jetzt immer hinreiten, wenn ich was zu thun habe, kostet nur 1 Dr. Ueberhaupt ist hier ganz billig leben wenn man aufpasst. Mein Hausherr hat eine Art Comestibel[222] u. ich lasse mir alles von ihm vorrechnen u. zahle jeden Tag. Ueberhaupt ordentlich bin ich geworden, Huzzi – [8] Seit München alles angeschrieben Eigentlich hat mich gewundert, dass ich nicht viel mehr gebraucht hab.

Ach Liebling Schatz, es ist schlimm wenn man sich so lieb hat, früher konnte ich so gut allein sein, u. hab mir auch jetzt gesagt, ich muss einmal wieder in die „Einsamkeit", um es nicht ganz zu verlernen. Aber es ist so schwer, ich hab alle „Charakterfestigkeit" verloren vor lauter Liebhabi. Aber ich hab Arbeit die ich liebe und Bübchen und du hast kein Vergnügen u. das thut mir so weh.

Huzzi Weihnachten wird grässlich melancholisch werden. Ich glaube wir thun diesmal das griechische[223]

155 *BvS, Hedwig Kubin, Martha Reich und Bruno Riezler am 8. Dezember 1906 aus München (Ansichtskarte aus dem Künstlerlokal „Simplicissimus")*

O! Hazz! Wie alleine bin hier! Dein [Such]

[Bildseite:] 8. Dezember – Samstag –

Ich sitze alleine hier, vis á vis Frau Kubin in Gesellschaft. Prosit SUCH! [H. Kubin:] Prost! Mieze Kubin [M. Reich:] Martha Reich [B. Riezler:] Bruno Riezler

156 *BvS am 10. Dezember 1906 aus München (Ansichtskarte, Pferde an der Tränke)*

O! Mein Huzz! Ich habe Durst nach Dir wie die Pferdchen![224]

---

[222] „Comestibles" im altertümlichen Sprachgebrauch für „Feinkost".

[223] Der Schluss des Briefes fehlt.

[224] Im Schriftfeld der Karte die Federskizze eines von einem Pfeil durchbohrten Herzens mit eingeschriebener Ziffer „3".

~~10~~ 11/12.

Herz mein Herz, mein geliebtes. Wann kommt wohl wieder ein Briefchen von Dir Du musst mir die Woche auch 2mal schreiben, hörst
du? Ich les immer wieder deine freundliche Haze Puze briefe. Sei
nun tapfer Liebes und thu schön was zusammen arbeiten. Ich hab
eine Menge Blumen und so Zeugs gezeichnet, draussen ists jetzt zu
schlecht. Ach und das verdammte Grundieren. Habe nur Kreide in
grossen Stücken die man erst zerpulvern muss und will sich nicht mit
dem [2] andern Zeugs binden. Dann muss man wieder die grossen
Kreidetrümmer abkratzen. Ich bin neugierig wie sich darauf malen
lässt.

Ein Wetter wars die letzten Tage, manchmal als ob das Haus umfallen möchte und Gewitter die ganze Nacht. Dazwischen wie bei uns
an einem Maitag frieren thut man nicht und erkälti sich auch nicht.
Die Tage gehen so schnell ganz unglaublich. Wir gehen viel spaziern
u. Bübchen muss lernen ich köchelchen [3] 3 mal am Tag heizen.
(Spiritus kostet ½ l. 1 Fr. 20.) Und das Flöhchen fangen nimmt soviel
Zeit, die ersten Tage waren nur wenige, jetzt wimmelts, ich hoffe
man wird bald immun, jedenfalls kann man nichts dagegen machen,
und die Weiber versichern mir dass es überall in Ellas polli psili[225] gäbe. – Und die Schwabinger dichten: Hellas ewig unsre Liebe. Es ist
sonst relativ sauber, die cusa[226] wird häufig poliert, überhaupt ist man
hier cultivierter wie in Samos, d.h. Mist aufladen thun sie auch mit
den Händen, aber das Land ist überall angebaut u. man sieht überall
Leute arbeiten. [4] Unsre Küche ist immer umlagert von halbver-
hungerten Katzen u. Hunden, die auf Ueberreste warten zu Bubis
grosser Freude. Er ist überhaupt völlig ausser sich über Eselchen und
Ziegen u. kleine Lämmer.

Gestern waren wir im Achilleion[227] (ich musste an Schuler seine Gedichte auf Marmortafeln denken, die hätte ich mitnehmen und

---

[225] ... dass es überall in Griechenland viele Flöhe gebe (πολι ψιλλοι).

[226] Kurzform des griechischen „kusina" (κουζινα) für „Küche".

[227] Das Schloss „Achilleion" bei Gastourion war bis 1892 zeitweiliger
Aufenthaltsort der Kaiserin Elisabeth von Österreich („Sisi").

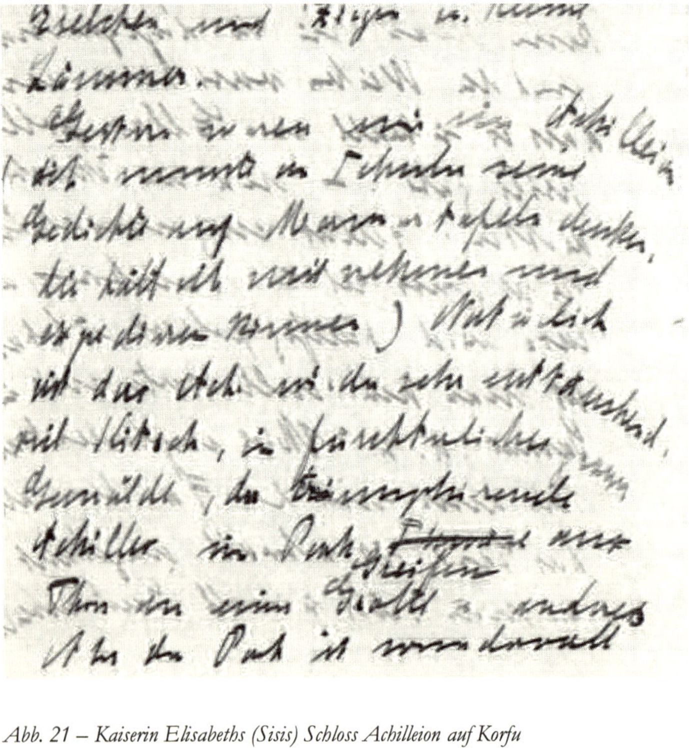

Abb. 21 – Kaiserin Elisabeths (Sisis) Schloss Achilleion auf Korfu
Abb. 22 – FzRs Bericht vom Besuch dort (Ausschnitt aus Brief 157)

expedieren können) Natürlich ist das Ach.[Achilleon] wieder sehr enttäuschend, viel Kitsch, ein fürchterliches grosses Gemälde, der triumphirende Achilles, im Park ~~Schwäne~~ Greifen aus Thon in einer Grotte u. anderes. Aber der Park ist wundervoll [5] Vom obersten Stock gehts in Terassen in den Garten über und bis ans Meer hinunter. Maus sagte, ach Mamai, wenn wir doch auch so ein Schlösschen hätten. Es ist so ein Vergnügen, mit Bübchen in fremden Ländern, er versteht es wirklich Genuss davon zu haben. Ich wundre mich beinah darüber, dass es mir hier so gefällt, aber wenn ich schon weg sein soll, so bin [ich] wirklich sehr erbaut von dem Aufenthalt, und recht froh dass ich dahier gelandet bin. Jetzt blühen schon Alpenveilchen draussen, im nächsten Monat muss es sehr schön werden, [6] es ist so angenehm zu wissen, dass immer noch etwas schöneres kommt.

Jetzt ist mir auch wieder wohler, u. kein Bäuchelchenweh mehr, Desyllas lässt sich nicht blicken, was mir recht lieb ist, was soll ich mit ihm anfangen? Aber was macht mein Huzzi, thut er jetzt etwas mehr aushöppchen? Abends Nägelchen polieren und höppchen? Huzzei, Weihnachten werden wir beide sehr traurig sein, ich möchts am liebsten ignorieren, aber die Mause, die kleine u. mich macht das schrecklich [7] sentimental wenn ich denke, daheim ist Eis und Schnee und alles läuft mit Packeten und man ging sonst in die Stadt Geschenkchen kaufen und dann Baum mit Lichtern u. Gansbraten mit Baschl in der Küche. O Huzzei, ich darf nicht dran denken, sonst werd ich traurig und fahr heim. Hazzi, thu doch meine alten Maurers[228] an Weihnachten einmal besuchen u. ihnen Cigarren u. etwas Kuchen bringen. Die sind gewiss traurig, u. denken an mich. Es wär sehr lieb von dir. Sie wohnen Schleissheimer: 80 2tes Rückgebäude. –

[8] Jetzt muss ich Brief aber hinübertragen u. dann kommt der Abendspaziergang, fressi und Bettchen, geh immer mit der Maus schlafen, um ½ 8, 8, übrigens Huzzi, meine Adresse ist jetzt eingelenkt, du kannst also auch schreiben: Gastouri Restaurant Bella Viena, aber auch was postl. adressiert ist kanns eben so schnell her. – Liebstes, wenn es hier auch wunderschön ist, ich werd mich wahn-

---

228 Ein Hausmeisterehepaar, das seit 1897, zuletzt 1909, von FzR regelmäßig zu Weihnachten besucht und beschenkt wurde.

sinnig aufs Heimkommen freuen, freue mich schon jetzt darauf und bin froh dass mir die Zeit so schnell geht. Wenn [9] ich erst ordentlich losmalen kann, wirds noch schneller gehen. Der schönste Traum ist mir noch ein Sommer in Winkl – obs gehen wird. Wenn du wirklich nach Polen gehst, solltest du auch zu Orlowski fahren, dann käme es eher zurecht. Und denk dir wie schön es wäre. Gott wie oft ich in Gedanken in Winkl bin u. vom See nach Haus komme abends. Dies Heimatsgefühl, was man da hatte. –

Huzzi, Huzzi, wenn ich doch jetzt bei dir wäre, auf deinem Sophachen, es wird dunkel u. Hazzi geht seinem Hüzzchen schönes Fressi kaufen u. dann werden [10] alle Packetchen ins Bett gelegt und schlafen, schlafen. Ich träum jetzt immer so entsetzlichen Unsinn, mehr wie je, alle Bekannten schwirren darin herum und morgens muss ich mich lange besinnen, wo ich bin und was los ist.

Ach du gutes, ich möchte endlos mit dir schnattern, u. mir wird immer heimwehiger dabei. –

Grüss Baschl auch sehr von mir, ich will ihr nächstens schreiben, wird nun wohl zurück sein und sehr vergnügt. Das Baby[229] möcht ich [11] auch gerne miterleben. –

Ist man immer noch so neugierig auf das Bräutchen? Was machen Fädchens, bist du öfters draussen. Nun schon 3 Wochen, dass ich weg bin, bald ein Monat, Huzzi ich denk so an dich, dass ich beinah wirklich bei dir bin. Möchte dich erschrecken mit Huze Hazzi Kuze Kazzi. Ach hat sich das grosse Hazzi dann gefürchtet. Und möchte das freundliche Höhlchen wiedersehen, mit allen guten alten Sachen.

Leb wohl du mein Gutes, Allergeliebtestes, [12] ich bussi dich 1000mal u. nehm in Gedanken mein gutes grosses Packetchen, Bübchen grüsst 1000 mal malt verrückte Wappen und macht sich Rüstungen aus Caktus.

Du Liebstes

Dein Hazzi

158 *FzR am 14. Dezember 1906 aus Gastourion*

14. Dez.

Postschiff geht Sonntag d. 16 ab

---

[229] Gemeint ist das Kind, das Hedwig von Basch erwartete.

Süsser Huzzi

~~Vorgestern~~ Dienstag als[o] am Posttag kam kein Briefchen von dir u. war so traurig, nun aber heute so viel Liebes und Schönes, 1 dickes Briefi von Huzzi und zwei Karten[230] – Maus war so gerührt über die Pferdchenkarte, sass ganz lange und immer wieder: wie niedlich! das freundliche Num[231] du geliebtes habe 1000, 1000 Dank und Bussis.

Zuerst die Postfrage. Freitag geht von Triest Eildampfer (Alexandria) der Montag früh in Corfu ist mit dem glaube ich am schnellsten Briefchen. – Dann kommt hier Freitag Post an, ~~muss etwa Montag~~ Schiff weiss ich aber nicht, – Dein heutiges Br. ist vom 7, also 7 Tage gegangen was zuviel ist. – (Karte an Basseva hab ich zugleich mit Brief an dich abgeschickt), [2] Geld nie direkt schicken sondern an Fels & Companie / deutsche Nationalbank und deutsches Consulat, (am besten ist mir gesagt worden mit Check[)] – Aber das pressiert ja noch nicht. –

So und nun wird das Huzzi tüchtig gescholten – schäm dich Huzzi, so ein dummes Leben anzufangen – dann kommst du überhaupt nicht mehr heraus u. ist Zeit. Soll alle Erziehung und Moralpredigten des Häzchens für die Katz gewesen sein. Hast du was davon die Nacht unter schmierigem Pack in ekliger Kneipe zu sitzen, Tag zu verschlafen u. grantig zu sein? Pfui Huzze-Paz, das hätte ich nicht gedacht. Ist vielleicht nicht andren Leuten auch manchmal gottsjämmerlich zu Mut und müssen auch damit fertig werden. [3] Dazu giebts nur eins arbeiten u. nochmal arbeiten und sich ein sympatisches Leben machen, dass man sich ein gutes Gefühl macht, auf wacht u. denkt: nun thu ich das u. das. Aber lieber Huzzi, du bist im Grunde furchtbar vergnügungssüchtig und willst nur angenehme Sachen haben, aber sie sollen von selbst kommen, nicht? Und aus Angst vor unangenehmen thust du welche die dir schliesslich noch viel unangenehmer werden. Liebes, gutes, ich bitt dich recht von Huzziherzen, thu dir einmal einen Ruck geben, leb vernünftig und

[230] BvSs Brief vom 7. und die beiden Karten vom 8. und 10. Dezember 1906 (153, 155 und 156).

[231] Vielleicht die Abkürzung für „Nummer", da die Karte, für die sie sich bedankt, ein Herz mit einer „3" darin aufweist.

fang an arbeiten. Und sei nicht böse über diese Predigt. Ich hab schon das Hazzirecht dir einmal eine zu halten. –

So mein Huzzei, Schluss davon. Ueber die Schildrungen vom Schandleichenfest hab ich mich diebisch gefreut. Wie schade dass Ernst [4] jetzt da war, hättest du ihn doch besucht.

Mein süsses, [wegen] Desyllas brauchst du keine Angst haben – um <u>Gottes</u> <u>Willen</u>, hab ihn überhaupt seit meinem Einzug nicht gesehen. Du Schaf, du freundliches!

Die Mieze Kubin finde ich auch sehr lieb und sympatisch. –

Na hier ist es jetzt recht gemütlich – solches Wetter bringt Ihr selbst in München nicht z'samm. Orkanartiger Sturm u. Regen wie Wolkenbruch, seit gestern Mittag. Wir waren zu Fuss in der Stadt u. genossen grade noch den Anfang im Freien. Man muss manches selbst besorgen, der Padrone schmiert mich sonst zu sehr an, u. ich musste Butter kaufen, nachdem sie mir 2mal ein schauderhaftes Fett stattdessen brachten, was ebensoviel kostet. Jetzt hab ichs soweit dass ich erstmals Butter und Brot kriege, ohne selbst drum zu laufen. – Wir ~~koch~~ hocken in unsrer Küche den grössten [5] Teil des Tages und haben es Fresswetter genannt, weil wir zur Verkürzung der Zeit jeden Augenblick eine Mahlzeit halten (überhaupt fressen thu ich hier, dass es nimmer schön ist, sehe auch ganz rund aus u. kriege dicken Hals.) – Die Passage zu unsrem Zimmer, ein Treppchen, von dem vorgestern die Hälfte abbrach u. ein Tischler mit den alten Lappen wieder flickte ist jedesmal ein Vergnügen, eine Traufe auf den Kopf die nicht zu umgehen ist, Beleuchtungsgegenstände muss man eingewickelt hinuntertragen. Wir wechseln immer, einmal Zimmer weil es bessere Luft, dann wieder Küche weil wärmer. Angezogen wie am Nordpol, Gummischuhe, Fädchen-Jäck[ch]en, noch eine Jacke. D.h. sehr kalt ist es nicht, ich hab nur Angst, mich zu erkälten. – Dabei fortwährend Gewitter, u. auf den Bergen von der Küste von Epirus liegt Schnee. Aber das ist schliesslich um die [6] Zeit im Süden überall, nicht zu vermeiden, u. wird vorbeigehen. Es soll nie lange dauern. Nur etwas deprimierend, aber ich bin jetzt fleissig, zeichne u. mache Tu[s]chzeichnungen von unsrer Höhle, lehre Bübchen u. der Tag ist weg wie nichts. Habe kaum Zeit zum griechisch lesen. – Bubi er-

186

findet fraksikanische Buchstaben[232] u. schreibt sie: albera, berbera, zerbera etc.

Und jammert über die Flöhe, na diese Tage ists etwas besser oder man gewöhnt sich. Gestern hab ich Kreolin gekauft.Abend. – Lampe ist kaput aber wir haben eine Kerze. Huzzei, du thätest was schimpfen, Türen fliegen, Licht weht aus, alles klappert, scheppert. –

Wir haben gestern einen neuen Weg nach der Stadt entdeckt wo ich wundervolle Sachen zum Malen gesehen hab, ganz einsame Höhen u. Thäler, ein Kapellchen [7] mit einer Riesencypresse. Könnte man nur erst draussen malen. Jetzt ist 6 ¼ Uhr, Ecke des Reistopfs im Düstern.– Und ein vergnügter Abend weil Briefchen gekommen ist. Auch ein sehr liebes von Fädchen.

Eben kommt die „Maria" und bringt die Abendmilch u. wir leisten uns eine lakonische Unterhaltung über das Wetter. Morgens sind die Flöhe das Thema. Ich denke oft an Samos und möchte meine Jassimo[233] hierhaben. Ueberhaupt waren die Leute netter dort. Hier sind sie dafür anständiger – scheinen wirklich nicht zu stehlen um ihr Renommé als Fremdenort nicht zu verlieren. Der Padrone ist ein echtes Griechenekel, mit grosser Höflichkeit, wütend dass ich meine Sachen jeden Tag zahle u. er mir nichts mehr aufschreiben kann, lasse es mir immer vorrechnen und finde die billigsten Sachen unerhört teuer.

[8] Ist das ein Pack, haben alle Gärten voll Orangen u. reissen alle unreif ab, bei uns hat man viel bessere.

Gestern ~~Heute~~ hab ich aus Dösigkeit eine solche Unmasse Reis gekocht, dass wir 3 Tage dran essen müssen u. sinne darauf ihm eine neue Gestalt zu geben. – Blumenkohl giebts Mordsköpfe aber viel zu stark ausgewachsen.

Bauchi ist wieder ganz gesund u. heute hab ich einen grossen Knochensplitter herausgezogen, der mich greulich geplagt hat, blutet noch immer, wenn man dran kommt. Vielleicht heilts jetzt zu.

Huzzei, mir scheint die Schandleiche gefällt dir besser wie Laumen? –

---

[232] Rolf erfand offenbar gerne Sprachen; vgl. TB 247, 341.

[233] Griechische Freundin FzRs während ihres Samos-Aufenthalts mit Albert Hentschel im Jahr 1900.

Aber ich finde sie doch greulich u. schade um Ceconi. – –

Huz mein Herz, wenn ich doch Weihnachten ein freundliches Geschnatter von dir kriegen thät. Mir graust so vor der Spinnerei. Werde mich einsam besaufen. – Geliebtes leb jetzt wohl und thu mir die Liebe, sei ein ordentliches, tapfres, fleissiges Hazzi ich bin auch tapfer. – Lebwohl und unendliche Bussis und Dank

Dein Huzzi

159 *BvS am 14. Dezember 1906 aus München[234]*

Freitag 14. Dez:

Kalispéra! Mein teures Herz!

Ja mein Huzz – Sehnsucht! Es ist was entsetzliches, das zerrt Einen an tausend Nerven zu einem Punkt der weit, weit von uns entfernt ist.

Das habe ich schon viele Jahre nicht empfunden, ich glaube seit 25.

Also hast Du gefunden was Du wolltest. Vergiss aber nicht: [2] vom November bis Februaar auf Corfu ist die schlechste Zeit – besonders für Dich, das höre ich von allen und lese; <u>also nicht erkälten!</u>

Die Bori sagt: Du wohnst in der Stadt um die hälfte billiger wie in Gastouri, deshalb passe auf was Dein Wirth sich für alles zahlen lässt, die Bori meint Du kannst nie genug <u>aufpassen.</u>

Es soll unglaublige Bande sein.

Dein System alle Tage zu zahlen ist sehr gut. <u>Bleibe aber dabei!</u>

[3] Wie schliesst Du Dich Nachts ein? Ambesten stells Du direkt an die Türe zwei Stühle (ein auf das andere) sollte Jemand kommen so muss er Stühle <u>umwerfen</u> und Du wirst gleich <u>erwachen.</u>

Ja mein Huzz die Kocherei, besonders mit Kohlen.

Nehme Dir beim Kochen eins vor: <u>nie vom Herd so lange Du kochst fortgehen,</u> dann geht schnell!

Esse viel Salat, das Öl ist dort billig und gut, und für Deine Mundkrankheit, als [4] Blutreinigungsmittel vorzüglich! Versuche doch täglich ein Quart Öl trinken, in 3 Portionen, vorher wiegen.

Ich werde langweilig, nich war?

Baschl ist immer noch in Wien, verkauft den Nachlass und sucht nach Testament, schreibe ihr <u>(Wien IX Frankgasse 6)</u>

---

[234] BvS beantwortet hier FzRs Brief vom 8. Dezember 1906 (154).

Natürlich Hazzi das Geld gehört überhaupt Dir!

Wenn ~~w~~Wir nur ein mal thätten [5] was sie will.

Baschl kommt Montag zurück, hat viel Perlen, Brilanten und 40. seidene Unterröcke geerbt. Meine Papiere noch nicht in Ordnung. Werofkina wollte mir auch bei Stalipin[235] helfen, ging aber nicht. Sie läßt Dich sehr grüssen.

Wenn Du mein liebstes Häzzchen irgend was mit Öl kochst, da thut man zu erst fein geschnittenen Zwiebel hinein lässt nur <u>gelb</u> werden, und dann, Eier [6] oder Fleisch, Reis, u,s,w. Zwiebel nimmt den unangenehmen Ölgeschmack weg. Und wenn richtig gemacht, besser wie Butter, Du verwehnte Butterholnsteinerin!! Du!

Vom Orlowski noch nichts gehört, frage immer im „Jahreszeiten"[236] nach.

Polux[237] will ich den Sontag abholen, kommt mir aber wie eine Strafe vor, so unangenehm ist mir hin zu fahren.

Dein Rädchen hat ganz freundlich, [7] gegrunzt als ich ein Gruss von Dir ausgerichtet habe.

Nächstens geht zum Schad.

Du schreibst mir viel mehr und öfter, ~~aber~~ mein Schatzi, ich möchte auch, aber hier gibts nichts neues.

Schreib mir nur bald und ein schönes erotiki epistolf[238], und Du bist mein theuerster „Eunoumenes" –

Bussi unendliche und [8] heute zum abwechslung auf das schöne Pitschi-Pätschchen.

[Hier ein Foto BvSs eingefügt, darunter:] 1893. [neben dem Foto:] Der Kerl der hier abgebildet ist hat das Gemausse rasend lieb!

Du Schönste!

Dein SUCH.

Bübbchen Bussi!

---

[235] Der russische Innenminister Stolypin, gesprochen: Stalípin. BvSs Papiere müssen „in Ordnung" sein wegen seiner Heirat mit Hedwig von Basch.

[236] Das Münchner Hotel „Vier Jahreszeiten".

[237] Pol(l)ux – vermutlich ein Hund oder Pferd.

[238] Liebesbrief(chen); griech.: ερωτικη επιστολη.

<u>18 dez</u>

Mein liebstes Häzchen.

Ich bin viel freundlicher und schreibe Dir viel öfter. Schreib doch 2mal die Woche Geliebstes, wenn auch nur ein Kärtchen.

Heut muss ich mich aber eilen, denn ich hab die Tage verwechselt u. gemeint Post ginge erst morgen, nun hab ich nur eine halbe Stunde u. wollte dir so ein langes Hazzebriefchen schreiben, dass du grade Weihnachten kriegst. Herzi mein liebes, sei nur nicht traurig, geh zu Fädchens u. denk an Dein Hüzzchen, dass es bald kommt. [2] Mir läuft die Zeit so schnell bei dem stillen Leben, aufstehn spazieren höppchen, kochen, zeichnen, wieder kochen, wieder aus, u. zu Bettchen höppchen. Schlafe schauderhaft schlecht, muss vom Luftwechsel kommen, immer Erschrecken und Gruselträume, ganz fürchterliche. Die letzten Tage etwas besser. Ist auch immer Gewitterwetter, das mag auch Schuld haben, und die Flöhchen, und ein freundliches Wänzchen, das alle paar Tage auftaucht mir den Rücken zerbeisst u. wieder verschwindet. [3] Nun, heute hab ich ein andres Zimmer bekommen, in demselben Hause, aber wo vorher niemand geschlafen hat. Und viel grösser mit einer bequemen Küche auf demselben Flur. Beim andren musste man immer eine Treppe im Freien hinunter bei fürchterlicher Nässe u war jedesmal schmutzig wie ein Schweinchen. Hier ist sogar ein Rauchfang Im Zimmer ein Riesentisch u. Platz für alles u. derselbe Preis. Sonst wär ich weitergezogen, die ganze Nachbarschaft reisst sich jetzt um uns [4] mit reduciertem Preis, da sie gesehen haben, dass ich es hier dafür bekommen habe. –

Ich bin ganz glücklich über den Wechsel, die andre Bude war etwas qualvoll. Und wir haben hier unsre Bettchen nebeneinander u. können Pfötchen geben. In der andern nahm ich meist die Mause in meins, wenn wir beide Abends sentimental waren u. dann wars unbequem.

Maus hat sich neulich beim Spaziergang auf eine Mauer gesetzt und furchtbar geheult, ach der gute Huzzei und nun ist [5] so alleine und traurig.

Weihnachten will ich schauen ein kleines Cypressenbäumchen zu be-

kommen, ach Huzzi mir wird recht fad sein. – Dies Jahr macht mich
alles so traurig u. muss immer an Ludwig denken. Liebes Huzzi, es war
das erste wirklich traurige was ich erlebt hab, schlimmer wie alles andere. Komme mir so viel alleiner vor, u. bin oft sehr melancholisch. –
Wenn ich doch morgen ein Briefei von Dir kriegte, und ein recht
freundliches.

[6] Wir waren eben am Meer, der Himmel ganz mit schwarzen
Wolken und grosse Wellen. Sonst wars die letzten Tage besser,
Sonntag war Desyllas da aber nur kurz, mit Rad. – Bereue etwas, dass
ich unsre Räder nicht mithabe, wär so bequem nach der Stadt zu fahren. Jetzt muss ich vor Weihnachten noch mal herein wegen Geschenkchen dann nimmer. Hab immer noch etwas Bäuchelchen u.
viel Gehen bekommt dem nicht gut, aber es wird schon besser.

[7] Hazzi und die Bergstiefel – die Wege machen die Stiefel kaput,
meine Lehmams sind von dem bissel Gehen schon wie Papier. Na, es
macht nichts. Süsses Huzzei, dies Briefchen ist kaum der Mühe wert,
aber du sollst doch eins haben. Und lebwohl Du mein Einziges, sehr
geliebetes, allerfreundlichstes, hab mich lieb und schreib mir <u>recht</u>
viel Liebes, ich bin oft sehr traurig u mir ist einsam u. fürchte mich.
Bübchen lässt furchtbar grüssen. Deine beiden treuen Hüzzchen
[Rand:] Wahnsinnig viele Bussis.

161 *BvS am 18. Dezember 1906 aus München*[239]

ruhen einige Zeit und zeichne, immer zeichne, zu erst die Form be-
herschen, dann kannst Du die richtige Farbe auf den richtigen Fleck
hinlegen. –

Was für Kamaschen willst Du haben ich verstehe nicht. Du bist doch
so empfündlich gegen alle Fussbandagen. Bitte zeichne mir auf.

Warum probirst Du nicht mit grichischen Zaruchas[240], die müssen
doch bequem und dauerhaft sein. Für Kamaschen Maas nehmen,
Wade und Knöchel.

[2] Baschl ist da, hat Körbe voll Ringe und Wiener Bijuterien mitgebracht – zum Totlachen über den Geschmack.

---

[239] Der Briefanfang liegt uns nicht vor.

[240] Mit „Zaruchas" (griechisch: τσαρουχι, „Schnabelschuhe") ist eine be-
stimmte Art Pantoffeln gemeint.

Habe immer keine Papiere, und sie wird dicker!

Vielleich hat sie auch schon Lust verloren – ich kann doch ihr mit England energisch nicht zurathen – da ich doch Geld bekomme.

Wenn nur der Adam da wäre er würde die Sache gleich energischer betreiben.

Baschl selbst soll drängen und nicht ich!!!!

[3] Häzzchen! Sollte Dich Franzl in Corfu besuchen, dann komme ich nach und die Schwertfische bekommen einen Fetten Bissen!

Wir haben mit Lutz und Fädchen grosse Pläne im Mai!

Ich werde mein liebstes Huzze-Kuzze wieder sehr oft schreiben – mir ist machesmal auch sehr eklich, ich möchte mich in das warme Bettchen hin legen und nicht [4] mehr aufstehen.

Du fällst mir furchtbar.

Leb wohl mein Huzz 1000 Bussis unartige alle möglichen wie Du willst.

Das Briefchenkorb nicht höher hängen

Immer nur

Dein SUCH

162 *BvS am 21. Dezember 1906 aus München an Rolf zu Reventlow (Ansichtskarte mit idyllischer Winterlandschaft)*

Hier sieht jetzt so aus und furcht bar kalt Bussi Dein Such.

163 *BvS am 21. Dezember 1906 aus München*

FREITAG. 20. XII[241]

Liebstes, süssestes Mädi!

Da hast Du ihm[242] ordentlich heimgeleuchtet! Eigentlich viel zu wenig!

Ich habe „ihm" auch gesagt so ein Leben führt zu gar nichts, aber er wollte mich gar nicht hören, und weist Du in welcher Stimmung er einmal war?

Nachdem er bis 5 Uhr geschlafen hat, in seiner erbärmlichen [2] Verfassung schielte er nach dem Revolwer!

---

[241] Der 20. Dezember 1906 war ein Donnerstag.

[242] Hier spricht BvS per „ihm" über sich selbst. Dies ist die Reaktion auf die Vorhaltungen in FzRs Brief vom 14. Dezember 1906 (158).

Der Trottel!

Vielleicht bessert er sich wenigstens Dir zu liebe.

<u>Ich habe nicht</u> viel Hofnung.

[1 Rand:] Übrigens die letzte Woche hat er sich ein Wenig gebessert.

Die Briefe gehen hier ab über <u>nur „Brindisi"</u>, und ich habe schon aufgegeben zu rechnen wann der Schiff abgeht, sondern schreibe jeden Montag und Freitag. Von Brindissi geht doch ein Schiff am Montag nach Corfu [3] – mit dem Du gereist bist – folglich muss Du Dienstag die Post haben. –

Gewiss mein Herz, Schandleiche ist mir schon lieber wie die Laumen – trotzdem ist natürlich um Cacconi schade.

Ich freue mich sehr dass Huzz so vorsichtig ist, um nicht zu erkälten – weil gerade im südlichem Klima ist das am <u>gefärlichsten.</u>

Mit derm zu viel Reiskocherei passirte mir sehr öft – kannst Du daraus nicht was modelieren?

[4] <u>Hazzi thue viel Salat essen!</u>

Unreife Orangen in Scheiben schneiden und mit Zucker streuen – Stunde stehen lassen –.

Blumenkohl auch als Salat und viel Öl – (Natürlich zuerst Blumenkohl kochen.)

Lache nicht Häzzchen! Dir kann alles mögliches passiren.

Ach Hazzi! Hazzi möchte kommen und – die Kocherei übernehmen!

[5] Bauchi also gesund, o das Freundliche! Und die Zähne?

Eben war Lutz bei mir, soll umbeding Weihnachten mit faiern, und fragte wie am ist besten „Euch" was schiken.

Die Guten denken immer so an Dich und dabei auch an mich.

Häzzchen was sind das für unartige Briefmärkchen die Du auf die Briefe klebst – haben die [6] sich so lieb? Oder ist das meine „Befleckte Fantasie"

O Huzz! O Huzz!

War etliche male bei Klett, Lisa verliebt im Nolf[243], der zottige J[ü]nglig, der eingebildet ist und lügt.

Erzhehlt auch von Lisa, das sie ihm nachgeht und er hat keine Ruhe von ihr.

---

[243] Der Schriftsteller Johannes Nohl.

Arme Lisa! Mir scheint keiner will ihr den „Liebesdolchstich" geweren! [7] Ich auch nicht!

Ich war einmal im Deutschen Theater und sah im Traumen das Hätzchen im rothen Domino hüpfen – frech und vergnügt – ich freue mich das Hätzchen vergnigt war, <u>solche Hätzchen wie Du</u> müssen so was haben, das ist so wie ein „Mairegen" der alles auffrischt.

Du Gutes und voll von Reizen!

Leb wohl Du Süsse [8] meine Schönste und Einzigste, ich bussi Dich und Bussi Dich, das Näbelchen auch, auch alles unartige, zu Weihnachten darf man doch.

Kommen die Löckchen?

Dein gebesserter HUZZ

164 *BvS am 21. Dezember 1906 aus München an Rolf zu Reventlow*

An Bubi den Kacktus Ritter – und Eselreiter

[2] Liebes Bübchen!

Als ich hinaus ging da lag der Schnee zirka 2 Meter, da musste ich die Ski anschnallen und den Bobi in Rucksack nehmen, sonst wären wir im Schnee ertrunken.

Was machen die Kacktus?

<u>Gehe nie an den Esel von hinten</u>

1,000 und ½ Bussis.

Dein SUCH

165 *FzR am 21. Dezember 1906 aus Gastourion*

O Du mein Huzzi Hazzi, was bist du für ein freundliches Kuzze Kazzi. So ein freundliches Briefchen[244] und es war grosses Freudehöppchen. Und das liebe Bildchen, das war sehr lieb von dir, du Gutes und hat mich so gefreut.

Ach sei doch nur etwas vergnügter, sonst kann ichs nicht aushalten, wenn ich immer denke, Huzzi ist traurig. Hüzchen, arbeite, Hüzchen arbeite, dann wirst du sicher vergnügter und das Huzzi wird geklopft und gelobt und verzogen, wenn es tapfer ist.

Du bist gar nicht langweilig, Huzzi Geliebtes, wenn du mir freundlichen Rat giebst, es freut mich grade wenn du wie ein gutes Mamai in

---

[244] BvSs Brief vom 14. Dezember 1906 (159).

Gedanken für deine Hüzchen sorgst. Du soll[s]test nur einmal Bübchen sehen, wenn ein Brief von dir kommt, was er für Augen macht
und sich an [Rand:] mich drängt u. jedes Wort verschlingt [2] Huzzei,
es ist manchmal etwas schwer gute Laune behalten, diese Tage das
Bauchivergnügen und ein Sauwetter, d.h. gestern morgen war es so
warm dass stundenlang draussen gesessen, die Nacht davor Gewitter
bis 6 Uhr früh u. heute wie Münchner Novembertag. Desyllas sagt, das
dauert höchstens bis Ende Dez. u im Januar etc. wunderschön. Weisst
du, mein Liebes, wenn Aerzte jemand für Winter in den Süden schicken, setzen sie natürlich voraus, dass man in Hotels oder Sanatorien
wohnt, wo alles warm und bequem ist. Müller sagte mir doch auch mit
Dalmatien möchte ich mich sehr vorsehen, weil es windig wäre. Aber
es hat doch auch seinen Vorteil mit den vielen schönen Tagen, man hat
immer offne Fenster u. ist doch viel mehr an der Luft wie bei uns um
die Zeit. x Ich bin ja erst 14 Tage hier [3] und war vielleicht die Hälfte
nur ganz schlechtes Wetter, und habe mich nicht ein bischen erkältet,
im Gegenteil, ganz freien Hals ohne Räusperei wie lange nicht. – Mit
diesem Monat wird eben das Schlimmste überstanden sein und dann
der ungetrübte Vorteil kommen.

Maus hat gestern Abend drauf bestanden, dass nach Hazzis Befehl
Stühle vor die Tür gepackt wurden u. auch vors Fenster. Wir sind
jetzt Parterre u. Haustür immer auf, auf der einen Seite ist überhaupt
nur ein offner Türrahmen. Aber ich glaube wirklich ~~dam~~ mit Einbre-
chen hats keine Gefahr Gastouri ist ein Fremdenort u. wenn so was
vorkäme würde es grossen Hallo geben. Wenn ich an Tigani[245] denke,
wo man direkt gewarnt wurde dort zu wohnen wegen des Räu-
bergesindels – Hab nur um Gottes willen keine Angst, ich hab hier
garkeine, ~~d~~ wenn du die Kerle sähest, ein jammervolls Pack, mit so
einem wollt ich schon fertig werden. – Beim Umzug in das andre
Zimmer hab ich in der Früh meinen Revolver offen liegen lassen,
was eine förmliche Panik hervorrief. Frauen kreischten u. Männer
zitterten u. der „Hausherr" meinte, ich sollte ihn ihm doch immer
zum Aufheben geben, wenn ich fortginge.
– Mit Betrügen sind sie auch nicht halb so schlimm wie in Samos – [4]

---

[245] FzRs und Albert Hentschels Aufenthaltsort auf Samos 1900.

Janie, der Hausherr ist natürlich ein elender Hund, wenn mir Sachen ausgehen wie Reis od. ähnl. u. ich es bei ihm nehme, rechnet er sich immer seine 10 Lepta drauf, mehr kaum und schlecht gewogen. Aber ich nehme ostentativ alles in der Stadt. Montag geh ich herein wegen Weihnachten u. nehme dann grosse Vorräte mit, Mehl, Caffee, alles. Hab auch neulich alles möglichst sehen lassen, was ich dort gekauft. Und heute morgen Kohlen Krach gemacht, wo mir vorkam dass er schlecht gewogen hat. – Man muss nur immer kritteln u. zweifeln, damit sie merken, dass man aufpasst. Der Biermann[246] sagte mir, dass auch in der Stadt alles sehr teuer ist, frage ihn immer um die Preise um zu vergleichen. – Salat essen, Huzzi, ich hab noch keinen gesehen, die Leute fressen alles möglich[e] z.B. Radieschenkraut als Salat, aber gekocht. Bei gutem Wetter will ich mal in den Gärtnereien umschauen, bei der Stadt. – Was mich am meisten kostet, ist der fürchterliche Appetit ~~ist~~, den man hier hat, ich könnte den ganzen Tag fressen und thu es auch. Fleisch nur manchmal ein Hühnchen, das 1,40 Drachmen kostet, also etwa 1,20 M, sonst immer Eier, Reis, „Puddinge", Pfannkuchen etc. [5] Bei dem schlechten Wetter mach ich mir viel mit dem Kochen zu thun, nachher werd ichs etwas vereinfachen. – Ich denk oft mit Sehnsucht an die schönen Huzzefressis. –

Liebstes, hab doch nur so gesagt, geh lieber nach P.[Paris] oder R.[Rom] als nach Warschau wo du damals garnicht viel Spass davon hattest. Dummes, ich wollte dich schon gerne hier haben, aber hin u. zurück wirds dich ca 400 kosten u. im Frühjahr hier sehr schwer Wohnung zu finden unter 60–80 Dann lieber in Rom treffen oder ein paar Wochen Forte im Frühjahr!! Und Huzze Puz dran denken, dass wir Sommer existieren können. Ich werde blank zurück kommen u. vor Herbst sicher nichts von Benedikta kriegen können. Sei nicht böse dass ich so egoistische Bestie bin. Wenn ich an Malen denke werde ich egoistisch. Nur jetzt dabeibleiben können. Wäre auch nicht hierher gegangen wenn ~~ich~~ nicht wegen Gesundwerden, sondern in M. geblieben und Akte gemalt, und finde es immerhin etwas schade um das viele Geldchen, das dabei draufgeht. Ebenso, wenn du deines gleich verreisen thätest. – Aber dass Leute die viel haben nicht sehr

[246] Wohl der Wirt der deutschen Bierhalle; vgl. Brief 154.

viel reisen! Das begreif ich nicht. Z.B. von hier nach Athen, nach Samos Egypten, Spanien – mit 1500 M. könnte mans machen. Ein Sprung nach Samos – ach das möcht ich, nur auf 2 Tage. – Schaue eben auf meine Hände, ach Huzzi, was kriegt man für Hände. Schick mir doch ein paar alte Lederhandschuhe von dir oder Fädchen für Nachts einschmieren u. anziehen. Ich hab nur ein paar [6] gute weisse u. es ist einfach zum Erbarmen wie meine Clamöttchen ausschauen. Die Kohlenheizerei ist wüst, u. das Obstschälen, etc. Kannst du mir nicht auch mal ein paar Backpulver schicken, hier nicht zu kriegen. Vanille nur mit Zucker u. in der Apotheke.

Unartige Löckchen sollst du haben, mein Herzi, alle, hier brauch ich keine, gehören dem Häzchen. Ach Suchi, du nimmst dir doch gewiss ein andres Häzchen.

Samstag

Ich bin immer ganz traurig, wenn Posttag ist und möchte immer weiter an meinem Briefchen schreiben. Nun hab ich die Löck[ch]en heut früh nicht abgeschnitten schick dirs das nächste Mal. Huzzi ich bin recht trübsinnig heute, grauer Himmel, diese Tage nicht arbeiten können wegen Bauchi, herumgelegen, recht ungemütlich u. Weihnachten. In München lauft jetzt alles durch die Strassen mit Packetchen u Bäumen, Hüzzchen verstecken ihre Geschenke, vielleicht ist Schnee und Frost. Am ersten Weihnachtstag fährt man nach Solln. O Huzzei, das verdammte Heimweh, wenn man alleine ist u. dabei soll man doch sein Bübchen vergnügt machen. Ach ich möchte heim, heim, mit Hazzi sitzen Schlittschuh laufen, in eine Schule gehen, und vergnügt sein. – Eben spazieren gegangen und mich nach einer Winterlandschaft [7] gesehnt. Könnt man nicht wenigstens ordentlich arbeiten, so fange ich ganz schrecklich an zu spinnen. Denke, ich verliere nur meine Zeit und wozu? Wäre auch im Gebirge gesund geworden. – Gemäuse, hör auf, sonst wirds nur immer ärger. Wenn nicht bald Sonnenschein kommt, pack ich auf und fahr heim, lasse mich schimpfen und auslachen, soviel Ihr wollt. –

Bin hier wahnsinnig unliebenswürdig mit dem Volk, antworte meist garnicht auf die vielen Ansprachen. Traf einen alten Priester im Laden, der meine wollnen Handschuh bewunderte u. geschenkt haben

wollte. Hab aber nur gesagt, sie wären sehr warm. Denke oft an unsre Hagenauer die Mutter thät öfters die Hände zusammenschlagen, wenn sie das Pack sähe Ach Huzzei, wenn ich an einen Winternachmittag in Winkl denke, wird mir ganz elend. Aber ich will aufhören mit dem Gemaunze, sonst mache ich Dich traurig. Sowie Bauchi vorüber ist, thu ich zeichnen wie verrückt. Nur Weihnachten erst vorbei und Sylvesterabend vorbei Winter vorbei und Frühling vorbei [8] u. malen, malen. Nicht in dem Zimmer herumsitzen u nasse Spaziergänge machen. Ich bin etwas ungerecht denn heute regnets nicht einmal. Montag fahr ich in die Stadt, Besorgungen machen Mittag wieder zurück, irgendein festlicher Frass, ein Cypressenbäumchen richten. O Gott, o Gott, ich besaufe mich den Abend, Hazzi und trau mich kaum an dich denken. Heut von Dir geträumt, du wolltest Soldat werden. Und ich sagte immer wieder, ach Huzzi, was ist das für ein neuer Unsinn, du hast ja doch keinen Spass davon. Aber du wolltest durchaus. An Tagen wie heute bin ich froh wenn Abend ist u. schlafen gehen. Jetzt schlaf ich wieder sehr schön, auch nicht soviel böse Tiere in dem Zimmer. Lebwohl du mein Herz, mein Geliebtes – heut Abend thät ich auch in den Simplicissimus gehen, wenn es einen gäbe, aber es gibt nur ein Kefénion mit schmutzigen Griechen und Kalisperasas. Drücke mein geliebtes 1000 mal an mein Herz und es muss immer meins bleiben und mich lieb haben –
Dein Hüzchen manchmal sehr trauriges.

166 *BvS am 24. Dezember 1906 aus München an Rolf zu Reventlow*

Lieber Bubi!
Als ich Dein Brief[247] aufmachte da flog mir Deine Sehle zirka 5 Millimeter groß in die Augen und dan wollte sie zum Fenster hinaus – weil hier sehr kalt ist – da sagte ich: Oho! Jetzt mus Du schon hier st bleiben! Aber sie ist doch davon. Hast Du sie wieder?
Waren Weihnachten schön?
[2] Was hast Du Mamai geschenkt Ich habe für Dich einen Japanischen Fischermantel gekauft.
Ruth lässt den Rrrrrrolf grüssen.

---

[247] Dieser Brief ist nicht erhalten.

Ich habe neue „Qualen" herausgefunden die „Persichen", aber am Böbbchen kann man nicht probieren, er schreit so.

Bussi! Bussi! und noch einmal Bussi

Dein Such

167 *FzR am 25. Dezember 1906 aus Gastourion*

25/12.

Mein Herz, mein Haz

Ach wie schau ich nach einem Briefchen aus, hoffentlich morgen. Aus der Post werde der Teufel klug bis jetzt kam 2mal die Woche, nun höre ich es ist Streik der italienischen Dampfer und kämen keine mehr her nur die Lloyd, – so sind am Ende auch meine verspätet gekommen. Geliebstes und hast du Bücher abgeschickt??

Nun ist das gefürchtete Weihnachten vorüber und war recht wehmütig aber auch ganz schön. Das Bübchen war so wahnsinnig lieb, ach Gott ach Gott, das Tierchen, das süsse. –

Wir fuhren gestern früh in die Stadt, unsre gewohnte Carotsa[248] war schon besetzt, wir sassen in einem kleinen „Kafenion" am Wege (eine kleine offne Bude die sich London beer House nennt, weil es da eine scheussliche Limonade giebt, Zinzerbeer genannt/Gingerbeer) O Hellas! [2] während etliche Kerle, die wir am Weg auftrieben mit furchtbarem Geschrei die Strasse entlang liefen um einen andren Wagen aufzutreiben. Schliesslich kam dann ein sehr zerfetztes Gespann daher, das dafür sehr billig war, u. uns auch zurück fuhr. Es war so schönes Wetter, aber man ~~musste u~~ konnte sich nicht recht vorstellen, dass wirklich Weihnachten wäre. In der Stadt grosser Festtag, St. Spiridion, dessen Knochen mit grossem Geschrei spazieren getragen wurden u. vielen Kerzen, dreckigen Priestern, kostümierten Landleuten u. dazwischen Wagen ~~voll~~ mit 10 geschlachteten u. aufgeblasenen Schweinen, deren Bäuche hin u herwackelten. Wir haben schrecklich lachen müssten. Na und die Besorgerei, alle Läden voll Leute und das Gekauderwelsch, bis man sich versteht. Und für Bübchen etwas finden, Spielsachen, du lieber Gott. Wie ich von früher her weiss [3] soll das Hauptspiel griechischer Kinder darin bestehen

---

[248] Pferdewagen, griechisch: „καρροτσα".

Mäuse oder Vögel Schwänze Flügel etc abzuschneiden u. sie dann an Fäden tanzen zu lassen. Deshalb brauchen sie wahrscheinlich keine andren Sachen. Mit Müh u. Not ein paar Bilderbücher aufgetrieben, natürlich deutsche, andre giebts nicht u. ein paar Kleinigkeiten u. den Mann furchtbar geärgert, in dem ich einen grossen Haufen zusammengelegt u. mit Hohngelächter über die Preise das meiste wieder zurück gelassen hab dann wurde er allmälich etwas billiger. Bübchen raste währenddem alleine von Laden zu Laden u. kaufte für mich Geschenke, die ich mir vorher gewünscht hab, einen wundervollen grossen Schwamm, wie ich in Samos einen hatte, so gross dass man ihn um die Schultern legen kann und ein paar Zarruchias. Das gute, von seinem Geldchen das Fädchen ihm zum Abschied geschenkt hatte. Dann hat der Biermann nur noch etwas Baumschmuck u. Kerzen [4] geschenkt u. wir seinem Bamsen[249] ein Büchlein, ich mir eine menschenwürdige Lampe, Marke „Wunderlampe“, was Bubi sehr begeistert, ~~Und e~~ und ein paar Malrahmen, na du würdest lachen Huzzi. Vor 10 Tagen hatte ich Lust welche zu machen bestellt u. seitdem drauf gewartet. Jetzt hiess es, machen könnten sie keine u. brachten ein paar fabelhafte Tiere an, die man aber zur Not brauchen kann. – Dann gings heim, auf halbem Weg der „Kutscher“ ~~der~~ seine Schnur von der Peitsche verloren u. zuruckgerannt, sie holen. 10 Minuten weiter beide Pferde gestürzt u. das ganze Geschirr kaput, Wagen auch beinah umgefallen. Kutscher fröhlich gelacht „den birusi“[250] (Schadet nichts). Die Gäule aufgesammelt, alles mit Spagat etwas zusammengeknüpft, dann weiter. – Dann haben wir unser Cypressenbäumchen gehauen, gesägt, gebort u mit unendlicher Mühe Lichter festgemacht, mit Stecknadeln. – Dann war grosses Bübchenvergnügen, er fand es wäre doch ein wunder[5]schönes Weihnachten. Abends gab's ein Schweinebrätchen. Ich dachte an Kaulbachküche mit Gänschen voriges Jahr ach du Huze Puz. Wirklich zum Glück hab ich solches Kopfweh gehabt, dass es nur mit Müh ging. Du hast mir deine Migräne angehext, schon zum 2ten mal, früher hatte ich nur gewöhnliches Kopfweh. Um ½ 9 gings nimmer u. hab mich ins

---

[249] „Bams“ ist ein bairischer Ausdruck für „Kind“.

[250] „dhen pirási“; griechisch: „δεν πειραζει“.

Bett gelegt unfähig noch zu bewegen u. Bübchen hat mir vorgelesen u. dann allmählich zu mir gekrochen.

Halt, da hab ich noch vergessen, gegen Abend kam der Schlossverwalter, Signore Buontempo (K. Elisabeths Woldl,[251]) mir einen Besuch machen, u. mitteilen, dass von Fädchens ein freundliches Geldchen angekommen wäre. Lud uns ein heute mit ihm zur Stadt zu fahren was wir auch thaten. Geldchen geholt, die guten Fädchens – , u Mittags zurück, natürlich wieder Sauwetter, Münchner Novembertag. War mit Maus in „Deutschen Logierhaus" Café trinken, weil ich am Konsulat warten musste. Der Mann will mir russischen Tabak besorgen Gott sei Dank, das Zeugs hier ist infam.

[6] Die Bude machte einen komischen u. etwas zweifelhaften Eindruck. 2 parfümierte „Dämchen" auf der Treppe u. ein Guckkasten mit „hochpikanten" ~~Ach~~ Aktbildern im Zimmer. Bübchen hatte natürlich schon seine 10 Lepta hineingesteckt u genoss die Balleteusen bei der Toilette etc., als der Herr des Hauses seiner Frau sagte, sie möchte doch Landschaften hineinstecken.

– Nun sitzen wir bei unsrer Lampe, Bubi schneidet Bildchen aus u ist etwas müde von gestern. Mein Köpfchen tobt noch etwas, aber gegen gestern ists ein Vergnügen. – Gäbs doch morgen ein Briefchen – ach Hazzi, ach Huzzi, diese Tage bin ich bald geplatzt vor Heimweh. Morgen fang ich nun an früh aufzustehen u. „systematisch" zu arbeiten. Gezeichnet hab ich ziemlich viel u. mit Bubi gelernt. Huzzi, die Mause ist von einer Artigkeit, dass du's nicht glauben würdest und so lieb, dass man ihn aufhapsen möchte, das Göttertier. Immer schnattern wir vom Huzzi, was er wohl macht [7] u. wie freundlich es wäre, wenn es mit im Bettchen läge u. Rippchen zählen und Huzzitisch[252] u. alle freundlichen Spiele mit uns spielte.

Will mich jetzt noch dran machen etwas mehr Italienisch u Griech. zu lernen. Hätt ich nur erst den Meyer u Bubis Rechenbuch, Hazzi! Für den Tagesbedarf komme ich ja aus, ~~aber~~ u. kann schon viel besser Italienisch, aber es hapert doch noch sehr. Der alte Buontempo,

[251] Ein „Woldl" ist eine Art Hausmeister. Buontempo war Kastellan im Schloss „Achilleion" auf Korfu.

[252] Wohl ein Spiel mit BvSs polnischer Muttersprache („Huzzitisch").

übrigens ein ganz netter Kerl, spricht zwar Deutsch, aber wie, ist 16 Jahre hier, sagt aber dass er sehr wenig griechisch könnte, weil er keine Lust hat die Sprache von dem Sauvolk zu lernen. Hat auch eigentlich recht. Nett sind nur manchmal Backfische, hübsch u. „anmutig", aber die ausgewachsenen, brrr, besonders die Kerle sind hässlich u. unsympatisch, u. soviel alte Weiber sieht man nirgends, richtige Hexen. Angebettelt wird man mindestens 10mal täglich, gebe aber nie etwas, u. wenn sie die schönsten Segensprüche an mich u. Bubi verschwenden.

[8] Mein liebstes mein Huz, ich will noch an Fädchen schreiben u. dann mit Bübchen spielen zum Weihnachtsvergnügen. Es fragt schon immer wann ich fertig bin Lebwohl du geliebstes, du musst mir auch von deinem Weihnachtchen schreiben, wo bist du wohl gewesen. Weisst du noch heute vor 4 Jahren, wie der Huzzi noch der „Pole" war u. morgens kam und mir Käffchen machte. Huzzei u. am Neujahr fangst du an ein artiges fleissiges Huzzi zu sein, glaub mir die Zeit geht so viel schneller, wenn man etwas bestimmtes alle Tage vor hat.

Lebwohl mein Süsses, geliebtes, das nächste mal ganz bestimmt die Löckchen, immer vergess ich früh sie abschneiden, ~~w~~ aber du kriegst sie.

Küsse dich viele 1000 male und das Bübchen auch seinen Huzzi, es hat ihn so lieb und ich auch

Dein Hüzchen.

[Rand:] das Herzchen war am Weihnachtsbaum

168 *FzR am 27. Dezember 1906 aus Gastourion*

27.

Huzei, mein süsses, mein einziges, mein allergeliebtetes, ich nehm dich und bussi dich und klopf dich und patsch dich und hab dich lieb. O Hazze Patz, ich möcht so gern heimfahren und dich haben und in den Schnee höppchen und polnisch lernen statt griechisch und ich weiss nicht was. Geheult hab ich beinah als ich von Schnee hörte und meinen Koffer angeschaut, aber der sagte nein, sei ein vernünftiges Hazzi und bleib. Aber es ist wirklich wie ein Wahnsinn, Heimweh haben O diese Weihnachtstage, Gott sei Dank dass die herum sind [2] Und Bübchen fing auch an: Mamai, lass uns heimfahren. – Also Huzze Putz, aber wir hatten viel schönes Vergnügen diese Tage, gestern Nachmittag kamen 2 süsse Hazzibriefe[253] auf einmal (aus der Post ist unmöglich klug zu werden) u. von meiner Schwester [Agnes] ein langer Brief und Packetchen (echt reventlowische) mit Kuchen u. [...] u. heute wieder von Lutzens, den guten, so schöne Bücher, Rabelais Gargantua für mich, worauf ich schon lange gierig war einmal zu lesen u Märchen für Bübchen – und Meier von Hazzi mit einem süssen Zettelchen u. Handschuh mit [3] Bömschen drin. Du Freches, das war eine schöne Arbeit, herauszukriegen bis ich Technick bekommen hab. Ach mein Huz, aber jedes mal bei allem Freundlichen von daheim möcht ich zerplatzen. Es ist so deprimierend hier sitzen bei <u>dem</u> Sauwetter, das nur manchmal eine kleine Pause macht und dann gehts wieder los, giesst nur so, Himmel stock finster Jetzt ist mir wieder wohl, dann gehts eher, wenn man immer irgend etwas thun kann. Hab heut einen Tintenfisch erwischt u. einen Skorpionfisch u. in Zeichnen geschwelgt. –

– Das verdammte Bauchi plagt mich noch immer – hätte Klein [4] mir doch lieber ein Ringchen gegeben[254]. Durch Erkälten Anschwellung u. dann ist der Teufel los. Komisch, ich hab bis letztes Jahr nie Plage mit Bauchi gehabt, wenigstens nur ganz vorübergehend u. das macht mich ganz unglücklich Findst du nicht der liebe Gott könnte aufhören arme Häzchen zu quälen. Es ist reinste Ironie, kein Husten, kein Hals, aber Bauchi u. Zimmer hat verdammt kalten Boden. – Das hat man nun von aller Artigkeit. Hab Combination an u. furchtbar warme Höschen u. wollne Strümpfe u. Nachts Lodencape umgewickelt. Na, es wird bald aufhören u. Hüzchen wieder vergnügt [5] sein. Ich <u>will</u> nicht spinnen, sonst wärs ganz gefehlt. – Du süsses – Oel <u>kann</u> ich nicht saufen u. Salat essen! Giebt keinen hier draussen u. kaum in der Stadt, habe dort nur schlechte Endivien gesehen. Das Pack frisst eher seine eignen Pfoten mit Oel u. Essig wie Gemus zu pflanzen. Nur einmal einen Wirsing erwischt, aber schlecht, – alles schlecht überhaupt, man kann nur Reissachen u. Maccaroni u. dergl. essen. Fische hier draussen nur ganz kleine u. miserable, u wenn man

[253] BvSs Briefe an FzR und Rolf vom 21. Dezember 1906 (163 und 164).
[254] Vgl. die Erläuterung in Brief 96.

nicht selbst kauft in der Stadt, bekommt man lauter Blödsinn. Aber wir haben sehr gute Eier, aber teuer, draussen 12 Lepta, drinnen 15, [6] sehr gutes Brod u. Butter. Herrgott, was wir für viele Butterbrödchen fressen. Und Orangen u. gebratnen Ziegenkäs. Ach ich möchte der Hazzi thät mir mal wieder ein Fressi kochen. Die Kocherei macht mich oft etwas unglücklich.

Ach du gutes Herz, all die schönen Zettelchen im Meier, ich fing gestern Abend an darin zu studieren und fand eins nach dem andern und Maus schrie vor Entzücken. Und über die Karte mit Schnee und über Böbbchen im Rucksack.[255]

– Haz mein Haz – ich will bestimmt nach Rom im April, sobald es ~~sch~~ dort schön ist [7] du weisst dass ich am liebsten überhaupt dorthin gegangen wäre u. ich möchte nicht drum kommen, weil ich so vernünftig war und nicht gleich hinging. Mit 4 Monaten hier werd ich genug und übergenug haben, wenn ich alles gemalt hab was mich hier lockt. Und dann im Mai heim. Wie's dann weiter wird – hoffentlich giebts was zu Uebersetzen, jetzt hat er nichts – Ach Huzzi, ich merk immer mehr, dass mir alles andre gleich ist, wenn ich nur malen kann. Deshalb bin ich auch hier so ungeduldig u. denke hätt ich lieber nicht das Geld hinausgeschmissen u. ein Jahr ordentlich hintereinander in M. gemalt, 2 Monate verloren. Tröste mich mit Pflanzen u. solches Zeug zeichnen [8] gestern hab ich einen Tintenfisch u. einen Skarpius, so eine Art Stachelfisch erwischt, das war eine Schlemmerei, aber mich lechts wie ein Raubtier nach Farben. In dem Zimmer kann man nichts machen u. die Leute sind mir zu dreckig um sie hereinzunehmen. Red mir nicht von Lunge. Hauptsache, wenn ich bei dieser Schweinerei mich nicht erkälte, hätts ich auch in München u einer richtigen Wohnung nicht gethan. Malen ist Hauptsache, Hutz. – Uebrigens sehe ich wahnsinnig wohl aus, ganz rund im Gesicht und am Hals, Schlüsselbeine verschwinden immer mehr. [9] Wans[256] noch lange schlecht bleibt, mache ich mir gewaltsam Platz im Zimmer u. mache draussen Skizzen u. male aus dem Kopf. Es ist ja niemand da, der mich auslacht.

Liebstes, wie ist's nun mit der Hochzeit, kriegst du's in Ordnung,

---

[255] BvSs Karte an Rolf vom 21. Dezember 1906 (164).

[256] FzR liebte das bairische Deutsch; dies hier steht für „Wenn's".

Huzze Putz, dass Geld mir gehört ist Unsinn, ich will nur 200 Märkchen haben und find das schon gemein und du sollst mir etwas zu helfen schauen, wenn ich im Sommer ganz blank bin. Wenn Winkl nicht ist, nehm ich mir ein möbliertes Zimmerchen und man kann mit wenig leben, nur dass ich in eine Schule gehen kann.

[10] Du freundliches, dass du dich gebessert hast u nicht zu viel höppchen gehst. Ich seh den Huzzi vor mir wie er schöne Schläfchen macht und sich nach dem Frühstück wieder ins Bettchen legt. Du gemütliches und es freut mich so dass du Dein Wöhnchen lieb hast.

Maja hat noch garnicht geschrieben, was macht sie, schreibst garnichts von ihr? Lisa sich in Nohl verlieben, o weh. Ich glaub er ist ein eklicher hysterischer Bengel. –

Ob du um Weihnachten bei Lutzens warst? Und dann war er gewiss sehr nett. Jetzt sind sie wohl in Berlin[257], und mein Haz ist noch alleiner. Aber sei froh dass du nicht hier bist, thätest schrecklich schimpfen [11] über alles, male es mir manchmal aus. Forte ist ja Grossstadt an Bequemlichkeit dagegen. – Die Verwahrlostigkeit der Griechen übertrifft doch ziemlich alles. Es könnte zB ein schöner Garten sein bei unserm Haus, aber alles liegt voll von zerbrochnen Krügen u. andrem Geschlampe. Die Hausleute sind oft um 9 noch nicht aufgestanden, wenn man etwas haben will und niemand versteht auch nur einen Nagel einzuschlagen. Bügeln hab ich der Wäscherin erst beibringen müssen, das kennt man nicht. – Aber das thät mir alles nichts machen, sowie kein Ungeziefer da ist und es geht jetzt damit.

Puzzi, darf ich noch um etwas bitten, oder wirst du bös? – Ich hätt so gern meinen Feldstuhl [12] zum draussen zeichnen u. hab ihn dummerweise nicht genommen u. blaue Matrosenbluse, die rote, die einzige wollne die ich mit hab ist in traurigem Zustand und die Sachen ruinieren schrecklich bei dem Dreck, trotz Malkittel. Und dann schick gleich ~~mit~~ den Bädecker von Unteritalien mit für Rom und Rückreise. Wickel es in einen Sack, Packete kommen meist in Fetzen an Mit Kleidern hätt man sich überhaupt besser vorsehen müssen, aber es geht zur Not, ~~sonst~~ habe sehr bereut dass ich nicht noch ein kurzes graues Röckchen mit hab. – Nun aber muss ich Schluss ma-

257 Der Verleger S. Fischer war mit L. Landshoffs Schwester verheiratet.

chen und Abend köchelchen ~~una~~ Montag schreib ich wieder, möchte immerfort schreibchen. Gute Nacht, du Herz, du artiges, aber Huzzi noch 4 Monate? Na, wenn ich komme erwürge ich die Nebenhäzchen [Rand:] 1000 Bussi, und der Hazzi darf sich ein unartiges nehmen du Geliebtes Dein Huzzi

169 *BvS am 28. Dezember 1906 aus München*

FREITAG – nach Weihnachten

Liebstes, theuerstes Mädi-Hazzi!

Nicht spinnen mein Herz, wir haben schon überstanden, natürlich mir wars leichter wie Dir[258]!

Lutz war noch einmal bei mir, um zu erfragen wie man Dir irgendwas übermiteln kann

Montag bin ich Mittag hinaus gefahren um den Baum zu [2] schmücken, dann Bescherung – ich bekam Haufen Zeug Brief Papier – Whiski – Jäckchen wie Du, Wohlgerüche-Zigarreten, Thee, also zu reichlich, dann zu draien Souper mit Austern und Sekt.

Beim Braten stand Fädchen mit Glas Sekt auf und thoastierte auf „die liebe Gräfin"!

Wir auch!!

Dann Übernachten.

Am ersten Feiertag Gottseidank kein Besuch, am zweiten natürlich einer und sehr fader.

Da bin ich gleich ausgerückt [3] und ging nach Pullach spazieren.

Ach mein Herz, die Erinerrung! Das Indianerdorf sehe ich noch, vor mir, wie die Räder sich im Mond spiegelten, und die Korngarben – Dein rothes Hüttchen!

War schön, ist schön, und wird schön, mit so einem Hazzi. –

Da hat Wilde[259] doch bei uns unrecht wenn er meint:

Oberflächliche Frauen und oberflächliche Liebe leben lang.

Grosse Liebe und grosse Frauen vernichten sich durch ihre eigene Fülle.

[4] Bei uns hat er doch Unrecht?

---

[258] BvS spielt auf FzRs Befürchtungen an, sie werde Weihnachten in Melancholie verfallen; vgl. ihren Brief vom 21. Dezember 1906 (165).

[259] Oscar Wilde.

Nicht war Häzzchen?

Fedchen hat auch „Lisistrata" vom Lutz bekommen, mit Illustrationen von Berdslley[260], – Du wirst wohl kennen – ich lachte sie aus, weil sie damit ins Bett ging.

Sie haben leich zu reden, meinte sie.

Armes Fedchen, wenn das schon so ist!!

Am Donnerstag Nachmittag waren „Deine Verwandten" zum Thee.

[5] Was ist aber mein Herz mit Deinem Bauchi, fruher habe immer gedacht ich trage die meiste Schuld daran – doch sehe ich dass nicht der Fall ist.

Ich werde langweilig, ich sage aber noch einmal:

<u>Nicht erkälten</u>!

In München wäres Du schon 10 Mal –

<u>Jetz aber basta</u>.

Da wird das Häzzchen Fett und rund ankommen ~~ich~~ und ich werde das schöne Pitschi[6]Patschi klopfen und Rüppchen zehlen und die schönsten Sachen köchelchen und lieb haben – Hazzi, Huzzi gib mir schnell im Geiste einen Kuss! So!

Ach Du mein!

Winkl wird wohl gehen, und wenn ich zum Orlonski hin fahren musste, und dann hast Du auch mein Wöhnchen zur Ferfügung.

Mit Geld was ich vom Baschl kriege, werden wir bis Dezember (vom Mai) ausreichen.

[7] Ich möchte Dich gerne in Rom abholen das müste ich durch meine Arbeit verdienen. Nur nicht zu ~~f~~viel Pläne.

Baschl sitzt noch immer in Wien und zählt ihre Perlenschnüren, sie schrieb mir wenn sie ihre Pretiosen anlegt, so gibts Menschenauflauf am Standesamt.

Olga hat mir von Witschenke einen Hasen geschikt – die Adams sollten am 1. Januar kommen –

[8] Lutzens kommen Sontag zurück.

Fedchen/ˢ Geburtstag am 7 Januar –

Carnaval!

---

[260] Aubrey Beardsleys acht satirisch-pornographische Blätter zu Aristophanes' *Lysistrate* (1896).

O weh!

Ich will nicht schwören, aber ich erwarte von mir dass ich nirgends gehe.

Und jetzt Huzze Hazze mein Herz Bussi, Bussi, Milonen und ein un-artiges nehme mir selbst

Dein SUCH

[Rand:] Ich werde keine Nebenhäzzchen zu erwirgen haben!

170 *FzR am 31. Dezember 1906 aus Gastourion*

Neujahrsabend 06.

O du mein Huze Puz

Mause zieht sich aus und ich will bei meinem Theechen noch schnell ein kleines Geschnatter machen. Mir hat heute so komisches Zeugs geträumt. Wir wohnten beide in einer Hütte am Meer, ich sass und zeichnete u. Huzzi kochte Fische, nahm sie einfach aus dem Meer u. warf sie in einen Kessel. Dann kam ein wundervoller kleiner Schwert-fisch auf mich zu u. sass mir Modell. Später waren wir in einem Zimmer u mir brachen sämtliche Zähne heraus mit grossen Stücken Kinnlade u. ich schrie vor Schrecken Huzzi Huzzi u. du sagtest ich sollte nur ruhig sein, dann hätte ich auch keine Schmerzen mehr.

Aber es ist immer so schön von dir zu träumen, als ob man dich wirklich gesehen hätte.

Wir sind jetzt so fleissig, dass wir das Sauwetter kaum mehr merken, ich zeichne u. zeichne u. Maus lernt und übt. Als er zum erstenmal die Geige nahm, [2] wurde er ganz sentimental: Ach Mamai, das ist so heimatlich. Ueberhaupt verlangt er manchmal heftig dass wir heim-fahren sollen: „für deine Lunge hats ja doch keinen Zweck, du erkäl-test dich höchstens noch mehr und in München hätten wir schönen Schnee und Huzzi." Aber die Tage rennen nur so, kaum hat man Mittag gekochelchent so ist schon Abend. Ich bin recht froh darüber, die Zeit soll nur rasen, bis es Frühling wird.

Gute Nacht mein Lieb mein Huz, was machst du heute Abend, wo bist du? Wo trinkst du dein Pünschenchen u. denkst an die fernen Hüzzchen, die postlose Zeit von Freitag bis Mittwoch ist so fad, hof-fentlich kommt jetzt bald wieder öfters welche.

[3] 1 Jan

Heut Nacht hab ich viel wachgelegen u. dazwischen wieder Wahnsinn geträumt u. der Vollmond schien herein u. das Hüzchen dachte über alles mögliche nach, dass doch eigentlich das Leben so schön ist, Huzzi so schön. Nur gesund sein, dann sollte man über nichts jammern, aber mir ist recht elend die letzte Zeit, ich will mich jetzt einmal ganz ruhig verhalten u. viel liegen, damit das Gebäuche vergeht. Es ist so überflüssig wie ein Kropf, nur wieder persönliche Chikane von meinem lieben Gott. Na, der kann was erleben, wenn er mich einmal zu sehen bekommt.

Wir lagen morgens lange im Bett es war schon hell u. der Mond schien noch wie in der Nacht u. Maus sagte, ich bilde mir jetzt ein dass wir in München sind u. Eisblumen am Fenster u. [4] – Und auf einmal heute das schönste Wetter, warm in der Sonne, Himmel klar. Gott, wenns jetzt bliebe, dann ist man wie im Paradies. Morgens ums Haus herumgetrottet, alles schwimmt in Sonne wie die schönste Frühlingslandschaft, Schäfchen hopsen, ich brauchte nur meine Malsachen nehmen u. losziehen. Aber Stehen, Gehen, alles thut mir weh u bin froh, wenn ich ruhig dasitzen kann. Ja Huzzi, so spielt die Natur. Geht man seiner Lunge wegen bis nach Afrika, so wird man natürlich bauchkrank. Nun mach ich aber Ernst u. thu mich schonen, nicht spazieren gehen, u in 14 Tagen ist schönes Wetter u. gesunde Hüzchen. – – – Abends.

[5] Nachmittags Besuch von Desyllas – fragte ihn nach einem Doktor. – Prost. – Gehen Sie doch in eine Apotheke, jede Apotheke hat 4 od. 5 Aerzte, die eben dort in einem Nebenzimmer Consultation halten. –

Hab heut halben Tag im Bett gelegen u. griechisch gelernt, nun ist mir auch schon wieder viel besser, u. dem griechisch auch. Mit einigen kann ich mich ganz gut verstehen, nur mit alten Weibern ist es schwer, die keine Zähne mehr haben.

Heut wird unser Haus neu angestrichen, das wär ein Anblick für den Huzzi. Der Kerl hat erst 14 Tage gebraucht um oben 4 kleine Zimmer zu streichen und jetzt begreife ich es, er hat einen kleinen Pinsel wie ich zum Grundieren, den an eine Stange gebunden, um ihn von der Leiter aus einzutauchen, der Farbentopf steht auf der Erde, für je und die Stange ist nicht lang genug. Bei jedem Strich muss er die halbe Leiter hinuntersteigen [6] um einzutauchen, beim wiederaufsteigen fliegt die halbe Farbe wieder davon, sämtliche Bäume u. Büsche sind infolgedessen mit Farbe bedeckt. Vom Stiel des Pinsels läuft noch mal eine Menge herunter, mit dem Rest macht er ein paar kleine Klexe, sieht sich enttäuscht um u. steigt wieder eintauchen. Diesen Künstler bezeichnet unser Hausherr als uno maestro chi va dipingere la casa. Der Maestro erscheint jeden Tag in einem andren Anzug, da er keinen Malkittel hat.

An solchen Sachen hab ich hier immer mein ungeteiltes Vergnügen, ebenso an einer uralten Frau die klappernd u. stöhnend am Feuer sitzt, über Schmerzen jammert, während die gefühlvolle Familie Enkelinnen etc. sich über ihr Gehaben halb tot lacht, u. mit Freudengeheul erzählt, die Alte wäre so krank, dass sie nimmer gehen könnte. Sowie ich wohler bin fange ich an die Bande zu malen, [7] es sind 2 sehr niedliche Backfische da u die Alte mit Triefaugen u. einem Zwicker auf der Nasenspitze. – Heute ist es trotz gutem Wetter so kalt, dass man garnicht an Malen denken mag. Ach Huzzei, bei dir auf dem Sopha liegen und verzogenes Huzzi sein. Aber ich bin doch ganz vergnügt, du Liebes. Es ist ja doch so schön hier, Huzzepuz, unser Garten bei Mondschein u. das Achillaion mit all den Cypressen, bei Mond und Sturm, wenn sie sich ganz tief niederbiegen. Und das Meer, manchmal haben wir lange drunten an den Steinen gesessen, es ist fast immer stark bewegt und dann so schön. Ich möchte nur erst wieder ordentlich höppchen können.

– Liebstes – solltest du Feldstühlchen u Blüschen schon abgeschickt haben? – ich glaube kaum, u. wenn nicht, so stifte mir doch ein paar solche braune Gamaschen [8] wie du hast, dann kann ich meine alten Halbschuhe auch tragen, gute Stiefel anziehen ist wirklich schade, sie gehen ganz kaput von den steinigen Wegen. Ueberhaupt werde ich barfus nach Rom kommen.

– Heut abend will ich zur Neujahrsfeier ein köstliches Schmalzgebäck probieren, was ich auch einst in Samos gemacht hab. Ueberhaupt werden immer neue Mehlspeisen erfunden. Heut hatten wir keine Butter u. Reis mit Oel gekocht, pfui Teufel. Bei Pfannkuchen hab ichs auch probiert, aber ich kann's nicht leiden, glaube ich verstehe nicht damit umzugehen oder das Oel ist schlecht. Speck schmeckt hier nach Seife u. ohne Salz – brrrrr.

Im nächsten Brief schicke ich ein ~~selbsg~~ Myrtenkränzchen für Baschl mit Beeren dran, ist das nicht ein schönes Symbol. Lebwohl mein Huz, mein Herz. Hast du Löckchen gebussit? Ach du mein Packetchen mein grosses freundliches. Bist du vergnügt? Und brav? und fleissig? schreib mir viel, viel. [Rand:] Furchtbar viele Bussis. Und Huzze Hazzi, Kuzze Kazzi. Geliebstes, Gelapstes Dein Hüzzchen.

171 *FzR am 4. Januar 1907 aus Gastourion*

4 Jan.

O du freundliches Hazzitier

Wir haben heut Abend schon beinah geheult, weil es 7 Uhr u. keine Post – da kam sie noch[261] u. Freudengeschrei. Für alles so viel Huzzidank, du Gutes, hab alles bekommen, vorgestern die Graphics u. haben 2 Abende damit zugebracht u. heut ausser Briefchen, die 2 Paar Handschuh, ach ist das eine Wohlthat. Und die Bömschen gleich gehapst u. Bückenpulver[262], ei wie schön. Du machst uns immer lauter Vergnügen, Gutes. Hüzchen, ich nehme mein Gemaunz zurück, bedenk auch, dass man immer grade in spinneten Momenten schreibt. Und ich war recht arg elend eine Zeitlang, dachte ich würde krank. Nun hab ich 3 Tage ganz geruht, nur im Garten herumgekrochen, viel gelegen u. ist <u>viel</u> besser, keine Schmerzen mehr. Gott um Weinachten herum war ich so melancholisch, jetzt hat man das Gefühl, die Zeit [2] geht vorwärts mit neuem Jahr Und ich hab so viel Schönes hier u vor mir u. hinter mir. Bübchen ist artig wie in einem Märchen u. masslo[b][s] lieb. Jetzt dehn ich mich recht in angenehmen Gefühlen und Gedanken, zeichne viel dummes Zeug und ~~male~~ versuche Gouasche malen. – Es freut mich so, dass du in Solln recht verzogen bist, das ist brav von Fädchen. Und du wärst sonst viel trauriger gewesen, Menschen helfen doch. Mich hats am Weihn. Abend sogar getröstet wie der alte Verwalter gekommen ist Der ist überhaupt sehr nett, erkundigt sich nach uns, wenn er uns ein paar

---

[261] BvSs Brief vom 28. Dezember 1906 (169).

[262] Vermutlich ist „Backpulver" gemeint, sie hatte BvS darum gebeten.

Tage nicht gesehen hat u wie ich meinte ich würde krank, war es mir lieb zu wissen, dass doch ein menschliches Wesen in der Nähe ist. Aber jetzt ist es wirklich vorbei, ich werd mich noch recht schonen, denn alles auf der Welt ist zu ertragen, nur keine chronischen Bauchgeschichten. – Eben hab ich aus Freude [3] über deinen Brief beinah Zucker in die Makaronis gethan. O Huz ich bin überhaupt eine schöne Köchin, ich danke. Am ersten wollten wir abends grosses Fest machen, mir war ein Rezept zu einem Schmalzgebäckchen eingefallen u. fing um 7 Uhr damit an. Dann fiel mir ein, dass der Teig erst wieder kalt sein müsste, also warten, dann die Dinger zu gross gemacht u. brauchten entsetzlich lange. Zuletzt sassen wir beide und lasen u. wenn welche fertig waren, frassen wir sie, bis auf einmal das Oel aus dem Kochen war u. die Uhr ½ 10. Aber gut waren die Dinger schon u. ich sehr stolz. Aber die Träume, noch schlimmer wie bei Dampfnudeln. Träumte, dass ich mit Lisa zu einem Henker ging u. wir wollten uns köpfen lassen. Und er sagte es ginge erst morgen weil wir die Papiere nicht hatten. –

Du gute Kutze Katze, dein Briefchen ist so freundlich, wenn du wüstest wie man darauf lauert u. [4] dann drüber herfällt – Nein Huzzi, ich werde brav bis April hierbleiben, wenn ich nicht zu viel Geld brauche, ich möchte gerne mehr sparen, hab aber solchen Appetit, dass es garnichts hilft u. Alles ist ziemlich teuer, Mehl, Reis, Zucker, schauderhaft, u. das es kein andres Obst zum Kochen od so giebt fressen wir unzählige Orangen. Immerhin rechne ich und. knausere wie ein richtiger Hausdrachen u schreibe alles auf, worüber ich selbst erstaunt bin u. mir selbst imponiere –

Heut war der alte Onkel da und erzählte mir die schönsten Corfiotengeschichten, wie mein Wirt, der Jani, u. seine Genossen einen schwachsinnigen italienischen Prinzen so gerupft haben, dass er zuletzt in einer Bettdecke herumging, er erkannte auch meinen Tisch als den des Prinzen. In Benizye hat man dieser Tage ein ~~leerstehendes~~ unbewohntes Haus (wahrscheinlich das was ich haben wollte) vollständig [5] ausgeräumt u man sieht Polizisten hin u. herwandern, die extra dazu gekommen sind, denn hier ~~sind~~ ist seit einigen Monaten keine Polizei mehr. Es ist doch ein fideles Nest. Der alte Franzose der über mir wohnt, hat dem Jani voriges Jahr 1000 M. gegeben um das Haus zu kaufen u. sie nicht wieder gekriegt, so ist er wieder gekommen u. frisst sie nun bei ihm auf. Jani[s] nennt ihn mon père u sie saufen alle Abend zusammen, u. reden in allen Sprachen, da keiner die des andern kann.

– Bübchen hat gehopst vor Freude über Huzzibrief[263], er ist sehr niedlich und lieb, lernt seine 2 Stunden, übt Geigchen mit grossem Geschrei, malt erfindet eine fraksikonische Sprache u. ist immer vergnügt.

Huzzi, von Zoll ist bisher auch bei Packeten keine Red gewesen, nicht einmal aufgemacht. –

Huzze Puzzi, die Einladung zum Schandleichensouper war doch ein Complot, was? Du freundliches geliebtes, dass du keine andren Hüzchen magst, kann mir aber denken dass der Huzzi sehr begehrt ist.

[6] 5 Jan.

Heut abend geht Post weg, u. ich hab nur noch 3 Seiten zum Geschnatter. Schreib mir doch, ob meine Briefe immer ganz frankiert waren, der Janis behauptet, wenn er sie wegschickt drückt der Grand-Postier in Corfu ein Auge zu.

Ich hab den ganzen Tag gemalt, eine fabe[l]hafte Cypressenlandschaft nach Bleistiftskizze. Ich konnte es wirklich nimmer aushalten, einmal wieder mit Farben zu matschen, u bin ganz glücklich Aber du lieber Gott, der Grund ist etwas komisch, geht aber, Terpentin, was ich um 1 Drachme in der Apotheke gekauft hab, sonst giebts keins, ist bei näherer Betrachtung halb mit Wasser gefüllt, das Dicke schwimmt oben auf Platz ist überhaupt keiner u. das Zimmer nur hell, wenns blitzt. Denn heute ist wieder schwarzer Himmel u. Wolkenbrüche mit Gewitter. – Buontempo, der geborner Dalmatiner ist, sagte mir, dass dort Schnee und sehr kalt. – Das tröstet mich etwas. Na überhaupt, noch einmal 4 Wochen wirds doch wohl nicht dauern, es soll heuer ganz besonders schlecht sein für normal nur 14 Tage richtige Regenzeit [7] Und es ist doch schön in dieser ungeheuren Ruhe und Alleinigkeit. Das Stadtlaufen hab ich auch aufgesteckt, nachdem ich alle Preise etc. constatiert habe. Einiges lasse ich mir kommen, da jeden Tag ein Kerl hinfährt u. für das bissel, was ich hier

---

[263] Vermutlich BvSs Brief an Rolf vom 24. Dezember 1906 (166).

mehr zahle rentiert sichs nicht. Zu Fuss ist es etwas anstrengend besonders mit Sachen schleppen, die einfache Fahrt kostet 2 Dr. u. dann verfrisst man noch etwas in der Stadt. Die ersten male hats mir Spass gemacht aber jetzt kennt man den Weg auswendig u. da ists langweilig. –

Häzchen, hast du garnichts mehr von Orlonski gehört. – Und was ist aus Pollux geworden? Ach Gott nun muss man wieder bis Mittwoch warten, dass Briefchen kommen, jetzt nur Mittw. u. Freitag u. dazwischen ist so lange Zeit. Dieser Tage kommen Fädchens wohl auch zurück, dann hat Huzzi wieder ein freundliches Plätzchen, ich hoffe auch auf ein Briefchen von Fädchen.

Morgen möchte ich wieder spazierhöppchen, mir ist ganz dumm von dem vielen Zimmerhocken [8] sitze allerdings immer bei offnem Fenster, sonst ist die Luft feucht u abscheulich, ungefähr so wie parterre Kaulbachstraße. –

Nun fängt wohl schon Carneval an, sehe Huzzi Schminkkasten suchen, Engländer machen u. Presseball höppchen. Ach du freches. Die weissen Handschuhe – sehe Huzzi als Napoleon im Fenster stehen. Ich bin thatsächlich froh, dass ich dies Jahr schmerzlos drum herumkomme u meine Stimme nicht verliere, – und die Achtung meiner Mitmenschen. – – –

Denk mal, hier wird erst um 6 Uhr abends dunkel, es kommt einem immer vor, als ob schon März wäre. Januar, kann ich mir nicht vorstellen. Lebwohl mein vielgeliebter Huze Huzzi, du bist so lieb und freundlich Huzzei, Wilde wollen wir lieber so drehen, oberflächliche Frauen u. grosse Liebe.[264] –

Du Geliebtes denke viel an den kommenden Sommer. Wenn Winkl nicht ist, Stadt u. Akte malen u. Abend Schleissheim radeln. Grüss mein gutes Rädchen. Dein Hüzchen umarmt dich 1000mal u. bussit u. klopft sein fettes grosses Packetchen. [Rand:] Wir üben uns jetzt wie Esel schreien u. können es bald.

---

[264] Zum Oscar-Wilde-Zitat s. Brief 169.

Abb. 23 – Ausschnitt aus Brief 171 von FzR (mit dem Titelzitat dieses Buches auf dem linken Seitenrand)

5.I.07

Mein liebes, süsses Hatzi Patzi Mädi, sei mir nur nicht krank, ich weis wie das ist wenn man niemanden hat zum pflegen.

Ich hatte eine furchtbare „Infalenza", Fiber 39! und kein Mensch, endlich kam Klett zufälig und holte mir Migränin, Citronen, us,w. 6 pulver migränin gefressen, Zitro[2]nenlimonade Eimer voll, und gleich wurde mir besser, dann ging ich zur Güttnerin, die kurirte mich noch mit warmen Bier nach und ich bin gerettet.

O Hazzi ist das schlimm, wenn niemand da ist, der Pfoti einem auf die Stirn legt und sagt: Suchi willst du Thee?

Ich habe schon 8 Tage nicht an Dich geschrieben, und von Dir schon 2 Briefchen erhalten. Und die Löckchen! [3] Weist Du Hazz, wenn ich die Löckchen anschaue und anhauche dann die bewegegen sie sich. ~~Ich~~ [Ist] das nicht inposibile?

O wie gut ich mich daran errinern kann wo ich noch als „Pole" bei Dir war, in Vuras[265] Wohnung. Da lag das Hüzzchen wie ein Mäuschen zusammen gerollt, mit angeschwollenener Backe. Ich hätte schon damals das Häzzchen gerne am Füssi angefasst – aber seit Scheftlarn traute ich mich nichts mehr zu unternehmen.

[4] Das Wätter ist hier entsetzlich, 8 Tage unglaublicher Schnee und Kälte, und über eine Nacht, Regen und 10 Gr Wärme.

In zwei Tagen war der Meter hohe Schnee zum Wasser und alle durch die plötzliche Temperatur Verenderung sind krank.

Sei froh und bereue nicht, dass Du nicht in München bist. –

Es ist also kein Wunder dass auf Corfu auch schlechtes Wetter ist.

[5] Jetzt muss ich wieder klug reden: Bereue nicht Deine Reise, es muss doch ein grossartiges Klima sein, wenn Du <u>Deine üblichen Erkältungen nicht mehr hast.</u>

Hier wäre für Dich jetzt ein <u>entsetzliches Wetter.</u>

Dein Lüngchen wird auf Jahre lang gesund und Du wirst mit Dir zufrieden.

Selbstredend werde ich keine Reisen unternehmen sondern Geld fur unseren Sommer behalten.

---

[265] Eine nicht weiter identifizierte weibliche Bekannte FzRs.

Um jeden Preiss möchte ich aber den Orlowski in die Klauen [6] kriegen um „uns" Winkl zu sichern.

Das ist das Wichtigste.

Neues Häzzchen anschafen? O Du mein Hazzi, mein Hazzi, nach Dir ist das furchtbar schwer und ich bin wie umgewandelt, ich brauche keine.

Ich bin auch indireckt der Schandleiche einen Dank schuldig, dass ich der Treibjagt entgangen bin.

Nehmlich dass sie mich zu dem Souper eingeladen hat!

Also Häzzchen Du kriegst mich unferführt!! –

[7] Abends haben wir gepackt, und heute früh sin sie nach Berlin zu Fischers abgereist. Ich soll Dich sehr grüssen, und Fedchen wird Dir von dort einen langen Brief schreiben. —

Fedchen war solieb, dass sie mich öfter in Verlegenheit brachte, sie schmirte mir meine gesprungene Lippen mit Vaselin, ich durfte unter Ihrer Pelzdecke schlafen – natürlich sensa Fedchen – u, s, w.

Schliesslich sagte ich: [8] wo mit habe ich das Alles verdient?

Da sagte Lutz: Gräfin hat geschrieben, mann soll den Such verwenen! Und Fedchen soll mein Mamai sein.

O Du gutes! Du liebes! Ich küsse Dir Dein schönes Näbelchen dafür. Jetzt sitze ich wieder alleine in meinem Höllchen, und lese noch einmal Dein Briefchen.[266]

[9] Ich bin so gar mit dem apatischen Zustand ganz zufrieden.

Handschuh vom Fedchen für Deine Klamötchen sende gleich heute. Die lieben, guten, Pfötchen, die so zaubern kännen. Ordentlich einschmieren, jede Nacht.

Mayer habe schon lange fort geschikt, auch die guten Handschuhe, alles eingeschrieben. Sollten sie dort irgend einen Zoll verlagen – einfach nicht annehmen, ist nichts dabei verloren.

[10] Und jetzt Häzzchen ich drücke Dich auch ~~auf~~ an mein Herz welches nur Dir gehört und Bussi, Bussi die glühensten auf Deine schöne Lippen und Löckchen

Dein Dein Dein und immer Dein SUCH

---

[266] Entweder FzRs Brief vom 25. oder vom 31. Dezember 1906 (167 und 170); der vorliegende Brief bezieht sich auf beide.

8.

Huzzi mein Huzzi, ich bin schon so ungeduldig auf morgen, ob wohl
ein Briefchen kommt und fluche schon wieder ein wenig. Es ist so
kalt und nass, brrrr. Gestern etwas besser u. den ganzen Morgen auf
einer Wiese gesessen u gezeichnet. Alle Leute waren in der Kirche[267]
u. kein Mensch zu sehen, das war so schön. Abends sind wir noch
eine Stunde gegangen u. dann wieder so Bauchweh, dass ich ganz
verzweifelt war u mich entschlossen hab beim ersten guten Wetter in
die Stadt zu fahren u. einen Doktor zu suchen, der mir ein Ringchen
schaffen soll. Aber natürlich muss es heute wieder in Strömen
giessen. Gutes Liebes, soll man das nicht dumm finden hier zu
hocken, [2] u. sich elend zu fühlen, zähneklappernd aufzustehn u.
ebenso zu Bettchen. Wirklich wenns nicht garzu blöd wäre, thät ich
schon jetzt nach Rom gehen. Na, aber ich will nicht wieder so
anfangen, sondern das Bauchi richten lassen u. dann wird auch Stimmung besser. Das zwickt nun schon 4 Wochen an mir. – Die letzten
2 tage hab ich tapfer gemalt, im Zimmer natürlich heut ist wieder
Nordpoltag u. wir sitzen in der Küche zum wärmen. Maus liest
römische Geschichte u hat erst lange an einem Katzi für den Such
gestickt. –
Da sind die Myrtenzweige für Baschls Brautkranz –
[3] Neulich hab ich meinen Brief doppelt frankiert, weil er zu schwer
war u. statt dessen haben die Trottel ihn eingeschrieben, du wirst
dich wohl drüber gewundert haben.
Ach ich möchte morgen ein recht schönes Briefchen zum Vergnügt
werden u. übermorgen hoff ich zur Stadt zu können. Heut ist mir natürlich wieder besser, aber immer nur, wenn ich nicht gehe muss sich
also um etwas ganz mechanisches handeln. Ich bin's nicht gewohnt,
dass ich nicht laufen kann u. das irritiert mich schrecklich. Im übrigen, je länger es regnet, desto mehr Hoffnung dass es bald aufhört.
Jetzt ist mir endlich warm, 2 Jacken, Feuer und Lampe dicht vor mir.
Siehst du Hüzchen, ich wäre ja sehr vergnügt u. mir alles egal, wenn
ich mich [4] wohl fühlte u. sowie ~~ich~~ das sein wird, ist Alles gut und

---

[267] Gemeint ist das orthodoxe Weihnachtsfest, das auf den 7. Januar fällt.

schön. Nur Bauchsachen plagen die Nerven so arg. Sei nicht böse Huz, wenn ich heut so kurz schreibe, ich ~~haub~~ hab aus lauter Gefriere die Zeit verduselt und jetzt ist's spät u. ich muss noch köchelchen dafür kriegst du den nächsten Brief schön lang u lustiger wie heute. Es ist eben ein schlechter Tag u ich freu mich nur aufs Bettchen. Morgen wird wieder gemalt u. schönes Vergnügen gemacht, die Spinnerei dauert nie lange. Leb wohl, du alles, geliebtestes Herzepatze, ich bussi dich viele viele viele Male, du freundliches

Dein Hüzzchen.

174 *BvS am 11. Januar 1907 aus München*[268]

11. Januar.

Liebes – Liebes mein Mädi Hazzi!

Ob ich die Löckchen gebussit habe?

Die kostbaren! 1000 Mal

Wann werde ich sie lebendig vor mir haben – ?

Sollner sind zurück, auch alle verschnupft wie ich, Fädchens Geburtstag, viel Geschenke

[2] Ich habe von Merkel als Hochzeitsgeschenk ein Glaservis bekommen, das gab ich Fädchen was viel Freude verursachte.

Sie sind alle so lieb und <u>nobel</u>.

Gestern war Gauklerfest und ich war - - - - nicht da. Siest Du Hazz!

In Solln wird auch ein Fest geben von den „Academischer" Egyptysches! Lutz will unbedingt gehen, Fädchen nicht, und ich stehe auch auf ihrer Seite.

Übrigens sehe ich nirgends eine [3] Carnavalistische Stimmung, nur O.A.H.[269] und Maja rasen herum mit irgend einem Fetzen unter arm.

Armer Klett kriegt 6 Falten im Gesicht, da Maja die ganze Nächte mit Mühsam und Noll sich herumtreibt.

Noll hatte gestern polizeiliche „Unannehmlichkeiten", wurde zu erst vom Jemand erpresst und dann angezeigt wegen § 14. 6.[270] auf die Polizei gebracht, und ärtzlich untersucht. Pfui Teufi!

---

[268] BvSs Antwort auf FzRs Brief vom 31. Dezember 1906 (170).

[269] Der Schriftsteller O. A. H. Schmitz.

[270] BvS meint vermutlich den die Homosexualität betreffenden §175 StGB (der oft als „Datum", nämlich „17.5." abgekürzt wurde).

Das kommt, ~~wegen~~ wenn man mit jedem Pack verkehrt.

[4] Es muss doch dabei was wahres sein, sonst hätte er doch so einen Bissen wie Lisa, nicht so vernachlesigt.

Lisa hat unlengst um Logis gebeten, habe ihr auch auf dem harten Divan Lager bereitet, am Morgen klagte sie dass ihr alle Knochen wehthuen vom liegen, trank dann ein paar Glas Whisky und meinte wie schade dass die Gräfin nicht da ist, sie hat verschtanden einen eintgleisten Menschen wieder zu recht zu machen.

Sie weisst überhaupt nicht[271]

175 *FzR am 18. Januar 1907 aus Gastourion*

Mein geliebtes, du freundliche Kutze-Katze wenn ich ein Briefchen[272] von dir krieg, muss ich mich immer gleich ans Schreiben setzen u. ein Geschnatter mit dir machen. Hab Dank, so vielen, mein Gutes, auch für das liebe Huzzibildchen, Du artiges, freundliches, dass du nicht so höppchen gehst, d.h. wenn du Spass daran hättest möcht' ich schon, dass du gehen solltest, aber ich glaube du hättst nicht viel u. nachher Kopfweh u. Katzenjammer, besonders wenn kein allgemein animierter Karneval ist. Vielleicht aber thätest du dich besser amüsieren wenn ich nicht dabin u. dich ärgere?

Das arme Bämschen[273], Carneval wird ihm gewiss die Maja fortschwemmen u. das wär sehr traurig. Ist er denn nicht mehr so befreundet mit Nohl u. Mühsam – diese Sorte von schmierigen Enthusiasten sind ziemlich schrecklich; na und erst recht, wenn sie homo sind und homo posieren. Aber die Begeisterung wird sich bei Maja schon geben. Gott wenn ich denke mit was für Viechern man einmal verkehrt hat u. sie entzückend fand. Das geht vorbei.

Sag doch Lisa, sie soll mir einmal schreiben, das grosse Faultier. – Und Dein Baschl, Huzzi – Herrgott fahrt doch nach England, dann ist alles in Ordnung. Ich sehe Basch vor mir, wie es mit Perlen behangen u. mit allen seidnen Unterröcken zurückkommt, das Gute. Ueber ihre [2] taktvolle Mutter kann man sich nicht genug freuen. Wir haben alle dem Baschl immer zugeredet ein Baby zu kriegen,

---

[271] Der Schluss des Briefes liegt uns nicht vor.

[272] BvSs Brief vom 11. Januar 1907 (174).

[273] Bams oder Bämschen: BvSS Freund Klett, der Mann von Maja Klett.

aber ohne diese besondren Glücksfälle wär es doch eine harte Sache gewesen für solch zartes Wesen. Es ist direkt wohlthuend zu sehen, wenn das Leben sich einmal anständig gegen jemand benimmt.

Ich bin heute dumm aufgelegt, Bäuchelchen plagt mich und Kopf, aber morgen kommt der Ring. Ich wollte zeichnen u. alles wurde schlecht, dann werd ich schlechter Laune, versuchs immer wieder u. es wird immer schlimmer. Ach überhaupt die Verzweiflung dass man nichts kann, alles schöne, was einen reizt, möchte man packen u. festhalten u. immer wirds G'lump. Und in Gedanken kann man so wundervoll malen. Mich freut auch mein ganzes Leben nicht mehr, wenn ich's nicht noch dahin bringe.

Aber ist Javlenski wieder da – ach Hazzi, ich bin grade diese Tage so geknickt über mein Geschmiere.

[3] Ich war die ganze Zeit bis jetzt elend nervös und dann wird alles abscheulich, das weiss ich schon u. bliebe besser davon, will aber doch immer arbeiten.

Morgen ist wieder megali[274] fest u. Christi Taufe, Christus in aqua, wie der Janni es mir heute erklärte da ist morgens um 7 ein Klimbim am Dorfbrunnen, wo ich hingehen will. Und von da an habe ich mir geschworen wieder früh aufzustehen. Ja Huzzi, Gott seis geklagt, vor 8, ½ 9 stehe ich jetzt eigentlich nie auf, die Luft macht hier so müde. Bis ich dann warmes Wasser habe, na, kurz es ist eine arge Bummelei. Nun hab ich das diesmalige Bauchi abgewartet um einen neuen Lebenswandel anzufangen. Man kommt sonst wirklich zu nichts mit Kocherei und alle dem Zeugs. Aber Bubi ist hier ebenso schlapp, heut war er von einer Stunde Gehen ganz müde

[4] Gestern hat der Doktor[275] mir nun den Ring eingelegt, aber diese ärztlichen Besuche. Erst sitzt er eine volle Stunde, raucht eine Cig. nach der andern u. beguckt alles was auf dem Tisch liegt u. fragt was es wäre. Nach der Execution muss ich mit ihm drüben Café trinken, was wieder eine Stunde geht, dabei reden wir abwechselnd franz. u. ital. oder ich muss griechisch zeigen, was ich kann u er probiert deutsch. – Aber er war wenigstens geschickt u. sauber, u ich bin froh,

---

[274] μεγαλι (griech.): groß(es).

[275] Dr. Kapso Kavadhes, FzRs Arzt auf Korfu.

es jetzt in Ordnung zu haben. –

Wir sind überhaupt vergnügt, es ist so unglaublich schön jetzt bei dem hellen Wetter, morgens und Abends ~~no~~ recht kühl, u. nur in der Sonne wirklich warm, aber man sucht sich eben Sonnenplätze. [5] Heute haben wir von einem Fisch Suppe gekocht, nach Anweisung des Janni, und sie war sehr gut. Huzzei schau doch mal im Kochbuch nach Recepten mit Reismehl, ich hab durch ein Sprachversehen welches gekauft u. weiss nichts damit anzufangen wie einen greulichen Brei, weiss auch nicht wie man es behandelt. Es ist wirklich manchmal stumpfsinnig mit der Kocherei, man weiss gar keine Abwechslung zu machen u. sehnt sich danach. Fleisch nehme ich nicht, weil man immer dabei hereinfallen würde, also Mehlsachen u. weiss so wenige. Pfannkuchen u. Maccaroni kann ich schon nimmer sehen. Das Oel mit Zwiebeln zu machen bin ich zuletzt von selbst verfallen, denk mal wie schlau, aber prost, die Zwiebeln sind schlecht, alle ausgewachsen u. das Oel auch nicht wie in Italien, (das sagen mir auch die andern[)], Tomaten noch keine gesehen. [6] Also Huzzi, Reismehl u. überhaupt Mehlspeisenrecepte. Bitte geliebtes schick mir die Bluse, blaue Matrosen, hast du's vergessen u. Feldstuhl u Gamaschen die musst du freilich käufchen, aber Baschl pumpt dirs schon. Um Rechenheft hat Bubi an Fädchen geschr. da sie fragte ob wir nichts brauchen.

19. [Januar]

Ach Gott, der Himmi ist wieder bewölkt u. fängt an zu regnen. Komisch, wie einem dann gleich ~~fadt~~ fad wird. Gestern gingen wir über Wiesen u. pflückten eine Menge Iris u ich dachte, wenn ich nur in 2 Monaten alles malen kann, was ich möchte. Heute früh waren wir also schon um 7 in der Kirche. Wahnsinnig interessant war es eigentlich nicht, wenig Leute, die das Heiligenbild abschleckten, einer nach dem andern, zwischen der Liturgie schwätzten die Popen mit den Zuschauern, der Küster spuckte unaufhörlich über einen Tisch weg u. rief dem Pfaffen etwas von 25 Drachmen zu. Dann ging eine Pro[7]cession nach dem Platanenbrunnen wo auf einem Marmortisch eine Waschschüssel stand u noch aller mögliche Mumpitz getrieben wurde. Aber schöne Kostüme waren zu sehen. Gestern kam ein Pope das Haus weihen, ich kochte grade, er spritzte aus mit Weihwasser u. hielt mir das Kruzifix unter die Nase Ich sagte posso kostisi[276]? (was kostet es) worauf er sich beleidigt entfernte.

Heute mein Huz dein Kärtchen aus Grabenstädt, ach Gott. Was wohl die guten Hagenauer gesagt haben. Und so heimatlich, dass du Pollux erst jetzt geholt hast. Muzzi ist sehr freundlich. –

Ach Sakrament, grad hab ich meine Energie etwas zusammengesammelt, um zu malen, da muss es regnen. Dann krieg ich jedesmal Lust abzufahren. Aber hab keine Angst, ich werde bestimmt bis Mitte [8] März oder 1 April ~~um~~ bleiben u. dann Römchen u. Anfang Mai heim. Das Klima thut viel zur Stimmung, alle fremden sind hier nervös, Luft ist weich und feucht. Der alte Buontempo sagt mir heute ich sähe 3mal so rund aus, als wie ich ankam. –

Nun will ich noch an Fädchen schreiben u. mich dann etwas zum Zeichnen aufraffen, manchmal mag ich absolut nichts thun, sag aber, Huzzi du musst einfach, aber man begreift, dass die Leute in dem Klima faule Luder sind. Herze-hazzi leb wohl ach bitte schreib etwas öfter, hörst du, sei nicht so fäulchen erzähl mir was du thust, was du siehst, mich interessiert doch alles, jeder Kram, wenn man so weit fort ist. Hörst du. Sonst häng ich dem Hazzi auch den Briefchenkorb etwas höher, du freches, Geliebtes, gutes, Freundliches. Ich herze und hazze dich furchtbar

Dein Hüzchen.

[Rand:] 4 silberne Löffel hab ich mit.

176 *FzR am 1. Februar 1907 aus Gastourion*

1/2.

Mein geliebter Hazze-Pazzi.

Endlich ein Brief[277], ich war wirklich schon ganz böse oder dachte du wärest krank. D.h. eigentlich sah ich den Hazzi vor mir, wie er sich kostümiert abends um 11 fertig ist und den nächsten Tag Migräne hat. Das wird auch wohl am ehesten stimmen, du freundliches. Wenn du dich nur amüsiertest u. vergnügt wärest, aber ich kenne ja den Carnevalshazzi, dem das Anziehen mehr Freude macht wie die Feste selbst.

---

[276] Griechisch: ποσος κοστιζει.

[277] Vermutlich BvSs Brief vom 18. Dezember 1906 (161).

Könntest ~~du~~ ich dir doch etwas von meiner Fähigkeit sich zu amüsieren abgeben. Dummes Hazzi, wenn du keinen Stoff hast zum Schreiben, was soll ich denn sagen, ich kann dir nur immer dasselbe erzählen, von Wetter etc. – Und weil ich immer dasselbe schreib, sagst du, ich wäre ungeduldig. Ganz im Gegenteil Hazzei, ich habe noch nie solche stoische, wahrhaft antike Seelenruhe gehabt wie hier, u. stelle mir manchmal meinen verehrten Hazzi vor, wenn er in meiner Haut sässe, der würde schön rumoren u. mir keine Ungeduld mehr nachsagen. Seit den 8 schönen Tagen ist wieder ein förmlicher Höllentumult, das ist mir nun aber allmählich schon ganz einerlei, auch das Malen. Wir suchen uns jeden Tag möglichst angenehm zu machen [2] und dies stille Leben wird mir immer lieber. Ich fühl mich jetzt schon so zu Hause, u. wenn alles danach wäre bliebe ich lieber 4 Monate noch. Aber liebes Huze Hazzi, es geht mir ganz verdammt elend. Eigentlich sollt ich dirs garnicht schreiben, aber du brauchst dich auch nicht ängstigen. Ausser meinem typischen Pech hab ich ja auch mein typisches Glück immer gut davon zu kommen. Die letzten 8 Tage bin ich ungefähr auf allen Vieren gekrochen, nachdem mir erst besser war u. ich mehr gegangen bin. Die sonderbarsten Bauchwehe, obgleich mit Ring etc. alles in Ordnung ist und das verdammte Fieber, seit jetzt 3 Wochen. Erst so alle paar Tage, jetzt fängts jeden Abend gegen 5, 6 an mich zu beuteln, wenn ich still sitze, platz ich vor Hitze und bei jeder Bewegung frierts mich. Morgens ist man ganz zerschmettert, trinkt alles aus, was man erreichen kann u. wird allmählich wieder normal. – Na, in Griechenland hat man an jedem dritten Ort Fieber, das ist bekannt u. solange man keine Darmgeschichten kriegt ist es wohl nicht gefährlich. Ich hoffe auch, dass es vergeht, wenn das Wetter trockner wird. Du machst dir keinen Begriff von der feuchten Kälte überall, im Haus etc. ist auch kein Wunder, wenn es 2 Monate lang in Türen u. Fenster hineinregnet. Aber wie gesagt, ich bin jetzt sehr vergnügt dabei, seit ich nicht mehr durchaus etwas thun will u. mich der Energielosigkeit überlasse, [3] darin feiere ich jetzt förmliche Orgien. Und dann hat es seine nicht unsympatische Stimmung, sich so halbkrank zu fühlen, lange im Bett zu liegen u. alles faul und langsam zu machen, bis man sich mit innigem Genuss wieder ins Bett legt.

Ich müsste in die Stadt um Geld zu holen u. freue mich jeden Tag wenn das Wetter es unmöglich macht. Aber ich merke doch, dass ich hier sehr gerne bin, denn ich möchte nicht gerne bald wegfahren. Am traurigsten ist dass mein Fett wieder schwindet und ich wieder blaue Ringe um die Augen habe. Ueberhaupt Hazzi ist mein Leben in bezug auf Gesundheit die reinste Humoreske, u. immer wenn es einen bestimmten Grad erreicht, amüsiert man sich selbst darüber. Das thue ich jetzt auch und deshalb befindet meine Seele sich ganz wohl. Dummer Huzzi, ich wollte solche kleine Tuchgamaschen haben, wie du sie bei langen Hosen trägst, dafür brauchts kein Mass. Schick mir aber bitte vor allem blaue Bluse und einen Feldstuhl, Hazzi, sonst ist's nicht mehr der Mühe wert, ich hoffe ja doch noch einige Skizzen zu machen und stehen kann ich jetzt garnicht. –

Ich kann mir so gut vorgestellen, wie der liebe Gott hohnlachte, als ich alle die Farben u. Malgeschichten einpackte. Ich hab noch Angst gehabt, dass sie nicht reichten. Ja das Menschenherz ist ein thörichtes Ding [4] Fest bei Fädchens – da denk ich an voriges Jahr. Und Bauernball konnte ich mir nach den Hazzischilderungen so gut vorstellen, nein es war ja Gaukler. Mir macht es heuer gar keine Schmerzen wundere mich selbst darüber. Es ist wirklich gut einmal aus München herauszukommen. Huzzei, lass doch den armen Franzl Franzl sein, und sei nicht ungerecht in deinem stürmischen Hazziherz. Wir sind beide ungerecht gegen ihn geworden, weil er uns auf die Nerven gefallen ist, u. jetzt kann er dir doch ganz egal sein. Sei überhaupt nicht so viel zornig Hazzi, das ist nicht gut. Vergnügt sein ist die Hauptsache. Merkwürdig wie viel leichter das ist, ohne Menschen. Ich glaube wenigstens ich bin am normalsten, wenn ich ganz alleine bin, u. wenn mich nichts aus meiner Dösigkeit weckt.

– Doch hab ich noch eine Sensation zu erzählen, d.h. für Korfu war es eine. Desyllas hat eine schöne junge Dame aus „bester Gesellschaft" entführt und sich auf dem Lande mit ihr trauen lassen, sodass die Eltern nichts mehr dagegen machen können. Dabei fällt mir Baschl ein, ich hab auch mein Interesse daran, u. schon Angst, dass Du mir nach Rom kein Geld schicken kannst, o weh. Dann muss ich direkt heimfahren, was der Hazzi viel lieber möchte. Was hast du für

Pläne mit Fädchens? Warum so geheimnisvoll? Jetzt lebwohl du geliebstes, gelabstes, ich fange wieder an zu klappern und krieche ins Bettchen. Werde mir in der Stadt Chinin käufchen. Schreib doch mehr Huzzei u. erzähl mir recht viel dummes Zeug, auch vom Carneval. Gehst du auch bal paré, da du eine Montur hast. [Rand:] Du hast nichts von Hagenau geschrieben? Warst du nicht da? So jetzt wirst du noch viele male gebussit und geklöpfchent du Freches Freundliches Dein Hüzchen

177 *FzR am 6. Februar 1907 aus Gastourion (Postkarte)*[278]

L. Huz. Hoffe morgen auf einen Brief. Jetzt schreibt überhaupt kein Mensch scheint dass alle sehr beschäftigt. Was machst du Haz? Wir hatten wieder rasendes Unwetter, Gewitter und Sturm, eigentlich wundervoll zum anschauen, aber seit 2 Tagen kein Fieber u. werde allmählich wieder Mensch. Läuft Huzzi Schlittschuh, daran denke ich manchmal mit Sehnsucht und an gute Cigaretten. Ist das ein Zeugs hier, brrrr. – 1000, 1000 Grüsse und viel schreiben auch vom Fädchenfest, und Vs[279] soll mir Adressen für Rom geben. <u>Bald</u>. Lebwohl, Geliebs, Gelabs. D. Huzzi
Grüsse von Bübchen

178 *FzR am 15. Februar 1907 aus Gastourion*

Mein lieber Huzzi
Was soll ich immer schreiben, wenn ich seit Wochen nichts von dir höre und nicht weiss warum. Wenn dir daran läge von mir zu hören, würdest du ~~wohl~~ auch schreiben und soviel Zeit hättest du wohl selbst im Carneval gehabt. Aber es sei ferne von mir den Huzzi an seine Pflicht und Schuldigkeit zu ermahnen, ich freue mich wenn er wenigstens vergnügt gewesen ist.
Ich fahre Dienstag ab und nach Rom. Habe nur noch soviel Geld ~~dass ich~~ für die Reise u. um dort einen Monat bleiben zu können. Aber das Wetter ist so andauernd miserabel, dass ich davon mehr ha-

---

[278] Das Poststempel-Datum der Karte ist der 24. Jan. 1907 – des in Griechenland damals gültigen Julianischen Kalenders; es entspricht dem 6. Februar des Gregorianischen Kalenders.
[279] Name (?) nicht identifiziert.

ben werde wie noch hier zu bleiben u. wenn es wirklich schön wird doch fortzumüssen. Da möchte ich dich nun dringend bitten lieber Huzzi mir noch Geld zu verschaffen, damit ich in Rom länger bleiben kann, du hast es mir damals als bestimmt verheissen u. ich rechne immer noch darauf, selbst wenn die Baschlsache noch nicht in Ordnung ist. Ich möchte verdammt ungerne zum April schon zurück, wo es in Italien grade schön wird u. in München hätte ich jetzt auch keine andren Quellen mehr. Finde es bitte nicht unfreundlich, lieber Hazzi, [2] wenn ich mich jetzt an dich halte. Dass ich mit den 1400 M. nicht ewig reichen würde, war ja vorauszusehen. Also bitte lieber Huzzi, hilf mir jetzt.

Bei schönem Wetter wär es mir arg, schon fortzugehen, aber das Bleiben hätte wirklich nur Zweck, wenn es noch auf lange wäre u. man hier nicht soviel brauchte. Zudem sind wir beide ziemlich elend, was bei der wahnsinnigen Nässe und Zimmerhockerei kein Wunder ist. In Rom kann man wenigstens herumlaufen u. Sachen ansehen. Na kurz, wozu sich in alle Gründe vertiefen. Es war eine schöne Zeit bei allem Pech aber es geht halt nicht mehr.

Meine nächste Adresse ist also Rom postlagernd, u, ich werde etwa Freitag d. 22 dort sein, da ich einen Tag in Neapel bleibe.

Ach schreib doch Huzzi, was hast du u. was ist mi[t][t] dir? Ich kann dir doch jetzt wirklich nichts gethan haben u. begreife dich nicht. Weisst du wie es ist, wenn man 3 Wochen auf einen Brief wartet u. nie einer kommt? Aber ich will lieber nicht mehr schreiben leb wohl. Dein Hazzi

179 *BvS am 17. Februar 1907 aus München*

Sontag

Mein liebes, liebes, Herz Hazzi – Jetzt setze mich und schreibe, schreibé! Es war keine Absicht, nur Bumelei auch nicht Carnaval.

Sage mir liebstes Hazzi was fehlt Dir ist und dem Bübbchen? habe zufehlig im Luitpold Gruhle getroffen, warum schreibst mir nichts al davon?

Ich muss doch alles wüssen, und Du machst so geheimnissvoll.

Noch immer Bauchi? Zähne?

[2] Ich habe viel Zeit mit Edmund verbummelt. Er kamm hier zum

227

Carnaval, bestellte mich immer im Luitpold, kamm aber nicht hin, gerade wie Adam war er so unpünktlich.

Adam ist noch nicht hier – Edmund reist im März mit ganzer Familie nach Mexico.

Ich soll nach Wintschenke fahren und zur Übersiedelung helfen – ~~f~~vielleicht gehe ich auf 14. Tage hin – wenn er die Reise bezahlt.

Über Adam war Edmund sehr [3] laconisch. Er wusste nicht ob er nach Mexico geht, und wo er ist wusste er auch nicht.

Also sie haben sich zerkriegt War auch im der Reitbahn bei ~~der~~ Musiczeiten.

Frl de 'Ahna war ganz vertraulich, als ob ich irgend ein Geheimniss von ihr wüsste.

Steht das nir[280] der gefundener Haarnadel in Verbindung.

Gaston Gerard de Sucre Fromagé de Brie blieb in Mexico. Edmund will ihm Mary's Schwes[4]ter mitbringen.

Bauernball war ich auch einmal mein liebster Huzz, Büttner Abends um 9 Uhr gab mir eine Karte.

Natürlich gleich ein Krach, wegen Rotenhosen, Sporen, u,s,w, war selbst über mich wütend das ich hin ging.

Schtralendorff hat mir sein Herz ausgeschüttet, was für ehrliche Absichten er mit Dir hatte, und wie Du ihm ganz aufrichtig sagtest: Sie sind mir körperlich unsympatisch.

Das war so nett gesagt! Meinte er.

[5] Na, war nichts zu machen dagegen und er hat sich hineingefügt.

Wir sind ihm die liebsten Menschen.

Bekommen eben Dein Kärtchen[281]. Ich glaube mein Brief ist irgend wo stecken geblieben. Hier ist jämmerliche Kälte, sogar, lese ich dass der Chiemsee zugefuoren ist, möchte gerne hin fahren mir da~~s~~ anschauen.

Schlittschuhe laufen war ich noch nicht. Ohne Dich!

[6] Meine Papiere habe schon ziemlich zusamen bis auf Ledigkeitszeugniss von der Polizei, aber als ich hin kam, da hies es, ich bin gar nicht angemeldet.

Ja, Häzzchen das hast Du ganz vergessen.

---

[280] Vermutlich verschrieben für „mit".

[281] FzRs Postkarte vom 6. Februar 1907 (177).

Jetz gibts Schererei.

Du g kriegst doch Deine „Märkchen".

Mein Huzze-Katze, wenn die Scheidung wird auch so umständlich dann „Prosit Mallzeit['] Herr Gott ich kann gar nicht mehr deutsch.

[7] Nun, mein Liebstes schreib mir jetzt gleich wie Dir geht, kalt muss es sein auf Corfu sein, denn in Constantinopel war 10. Grad Kälte. Das wird ich aber plötzlich endern und der geliebste Huzz liegt in der Sonne und fühlt sich wohl.

Bussis die schönsten und liebsten

Dein SUCH

[8] Mein liebstes Bübbchen!

Was macht Du den ganzen Tag? Der Bobbi ist sehr traurig und beinahe möchte er fragen wann Du kommst.

Hier ist sehr kalt, die gefrorenen Ohrwaschel liegen auf der Strasse, wie Nuss Schalen. Einem Mann ist sogar die Nase auf den Boden gefalln und ein Hund hat es gegessen. Pfui

Bussi Dein SUCH

180 *BvS am 20. Februar 1907 aus München*

MITWOCH

Liebe Gräfin![282]

Ich erfahre soeben eine Adresse vom einer Dame die in ROM längere Zeit, sie wird vielleicht fur Sie von nutzen sein.

Frl: Woermann[283]. Palazzo Costaguti – Piazza Mattei – auch (Tartaruga)

Habe hier ihre Freundin [2] kennen gelernt, Tilly Reylaender aus Itzehoe, eine Malerin aus Worpwede, die längere Zeit mit Woermann in Rom waren.

Sie soll sehr nett sein.

Frl ist Woermann ist bekant mit: Klages, Fritz Huch, Lisa, doch nich nur seh[r] oberflächlig. Keine grosse Empfelung aber machen Sie

---

[282] BvS greift hier zur förmlichen Anrede, weil er den Brief anscheinend in Ottilie Reylaenders Gegenwart abfasst und seine Beziehung zu FzR nicht offenbaren will. Er spricht hier wohl zum ersten Mal von seiner Begegnung mit der Worpsweder Malerin, die später seine Lebensgefährtin werden sollte.

[283] Eine Tochter des Bremer Reeders Adolph Woermann.

sich nichts daraus, und nützen Sie die Gelegenheit aus, sie soll eine grosse [3] Wohnung haben.

Jetzt bin allein mein Huzz liebstes, schreib mir doch nicht solche Briefe wie der letzte,[284] ich kann doch nicht dafür wenn zwei Briefe verloren gegangen sind. Ich bin ganz erstaunt dass Du schon jetzt nach Rom gehst. Wird dass Wetter dort besser sein?

Aber wenigstens bessere Wohnung.

[4] Ich eile mit dem Brief, da die höchste Zeit zum Zug ist.

Also mein liebstes Huzze Hazze – Kutze Kätzchen, geht nur gleich kaltlächelnd zu der Wörmann, und habt Ihr E[u]ch gegenseitig sympatisch gefunden so kann die Wörmann Dir vom grossen Nutzen sein.

Bussi Bussi Bus Milonen SUCH

Das Geld wird bald da sein

181 *BvS am 23/24. Februar 1907 aus München*

SAMSTAG.

Huzze-Hazze-Kuzze-Kazze, wie viel Ohrfeigen „in Petto" hast Du für mich?

Geliebtes! E[r]st heute traue mich zu schreiben, da ich Kleinigkeit an Dich geschickt habe – es war war nichts zu machen, ich wäre lieber an Deiner Stelle in Rom ohne Geld, als Du an meiner hier, und wenn man gegen die Wand [2] mit Schedel rennt.

Baschl: Ich erwarte jeden Moment Geld.

U.S.W.

Meine Heirath war auch am Härchen gehangen weil die Papiere noch uncomplet sind und der P. zahlt jetzt 1600 Mark in Warschau, und dann bekomme ich neuen Pass, und die Heirat kann los gehen.

Schade ums Geld!

[3] Wie hast Du Dir geholfen die Paar Tage ohne Geld?

Mir war es greslich immer daran zu denken. Verzeihe mir mein Häzzchen!

Die nächste Woche gegen Donerstag schike Dir wieder telegrafisch 100 M.

---

[284] Vielleicht FzRs Brief vom 15. Februar 1907 (178).

Kanst Du mir auch gelbe Kamäschchen in Rom kaufen, meine sind alt.

Ist Bübbchen gesund?

Der Bams hatte Zeit [4] herum zu laufen und Geld pumpen, so könnte er auch zu mir kommen, der Kwatschkopf!

Also sei vergnügt, hab mich lieb und Bussis

Bussis

Dein SUCH.

[5] SONTAG.

Hutze Hätzchen - Kutze Kätzchen, warum so ein trauriges Brief-chen?[285]

Gott sei Dank dass Du auf dem Festlande bist, so kann man alle Tage schreiben ohne immer das ankomende Schiff ausrechnen zu brauchen.

Ich hoffe es werden Dir meine Briefe von Corfu nachgeschikt werden.

Mag sein mein liebstes Häzchen dass ich letzte Zeit nicht so oft schrieb, [6] aber zwei Briefe sind entschieden verloren gegangen.

Wenn Du mich an meine Pflicht errinerst so hast Du nur Recht dazu, und es ist sehr lieb von Dir, wenn Du mir das ungeschminkt sagst.

Das Geld wirst Du siecher haben, mein Liebstes, und nichts ist da übel zu nehmen wenn Du daran errinerst.

Bin sehr gespannt ob Du bei Woermann warst?

Ich habe hier Deine Lantmännin[286] kennen gelernt, aus Itzehoe:

[7] blond, weiss, üppig und kalt wie Hundeschnautze, mokirt sich über „Schwabing" in einer Art, wie Koch oder Gruhle, sehr witzig und reservirt kennt von Worpswede, Klages, Huch, Rielke, u, s, w, Dich von hören sagen natürlich auch, na! und wie!

Also sie meinte, wenn Du die Woermann kennen lernst, so ist es möglich von ihr viele Liebenswürdigkeit zu emfangen, ach das wäre famos! denn Fritz Huch will sich bei ihr einnisten, meint die Reylaender, und Du würdest ihm zu forkommen.

Bin gespannt!

---

[285] BvS meint vielleicht FzRs Brief vom 15. Februar 1907 (178).

[286] Ottilie Reylaender.

[8] Baede[ke]r von Rom haben wir nie gehabt, ich habe die ganze Wohnung abgesucht, natürlich den Feldstuhl und Bergstiefel im Sattelsack gefunden. Jetz wirst Du aber nicht mehr brauchen.

Blouse schiken?

Ach Hazzi, Hazzi bist Du jetzt so in der nähe, Gott sei Dank!

Jetzt kann man schon eher die zwei Monate aushalten.

Hier ist immer noch tiefer Winter, folglich in Rom wird auch kalt sein

Bussi-Bussi-Bus

Dein SUCH

[Rand:] Bübbchen 100 Küsse –

182 *FzR am 27. Februar 1907 aus Rom*

Rom 27/2.

Also mein geliebter Huze Paz, da sind wir in Rom und waren eben endlich in der Peterskirche, und haben endlich einen Brief vom Hazzi[287]. Ich wusste garnicht mehr was ich aus diesem Schweigen machen sollte – 4 Wochen ohne ein Wort vom Haz. Und hab selber nicht mehr geschrieben, weil ich wirklich dachte der Hazzi hat ein neues Häzchen und mag das alte nicht mehr. Wo sind nur deine Briefe geblieben? Ich werde noch mal nach Korfu schreiben.

Ach Hüzchen, es war schwer von Gastouri fort zu gehen, beinah hätt ich noch alles fahren lassen und wär dort geblieben, ich konnte mich garnicht losreissen als es so weit war und hätt ich nicht die fixe Idee gehabt nach Rom, so sässe ich noch dort. ~~Eigentli~~ In Neapel blieb ich zwei Tage, denn am ersten war Pompeji ~~ges~~ teilweise geschlossen u. das wollte ich denn doch sehen. So fuhren wir am 2ten hin. O Hazzi, das ist schon der Mühe wert, u ich hab wie bei so manchem gedacht, wenns doch der Hazzi auch sehen könnte. Es war ein schöner sonniger Tag und ein merkwürdiges Gefühl, in dieser toten Stadt herumzugehen. – Beim Haus des tragischen Dichters musste ich lebhaft an Schwabing denken. –

[2] Und nun kommt die grosse Thorheit für die du mir tüchtige Pitsche Patsche geben darfst wenn ich zurück bin. Der Vesuv sah ~~schon na~~ so

---

[287] BvSs Brief vom 23./24. Februar 1907 (181).

nahe aus, man versicherte mir es wär eine Kleinigkeit von 2 Stunden hin und zurück, grösstenteils mit Wagen etc pp. nur ein kleines Stück zu Pferde. Also ich konnte nicht widerstehen. Aber Prost, mit dem Wagen nach Bosko tre Case, da sah man die Lavamassen vom vorigen Jahr wie ein unheimlicher schwarzer Strom zwischen Häusern u. Gärten. – Dann kamen die Pferde, na Hazzi sowas von Pferden giebts selbst bei Mengele[288] nicht, ein vorsündflutlicher Damensattel, 2 meter breit und an jeder Seite ein Horn Bubi kam alleine auf ein richtiges grosses Pferd, und brüllte vor Angst, um uns her eine aufgeregte Menschenmenge, die auf meine Saluta trinken wollte und nach Maccaroni schrie, die ich ihnen schmeissen sollte. Kaum zum Dorf hinaus, setzten die Pferde sich abwechselnd in einen gehirnerschütternden Trab, ~~ging~~ oder Galopp, gingen in die Lava hinein, kehrten nach Hause um, Pferdebuben rissen sie am Schwanz und an der Mähne, – das einzige womit man sich mit ihnen verständigen konnte. Bubi schrie der Führer tobte über dies Kind das keinen Coraggio hatte, na es war ganz hübsch, bis ich mich auf dem Damensattel in Herrensitz setzte [3] u. das wilde Tier glücklich bändigte. Dann wechselten wir u. der Führer mit Bubi auf meinem, ~~und~~ – Unglaublich was diese Biester laufen können, fast immer Galopp bergauf. Mir fiel mit Entsetzen mein Bauchi ein, dass ich thatsächlich ganz vergessen hatte. – ~~Dann kon~~ Wo die Pferde nicht weiterkamen kommt noch eine Stunde hinauf durch knietiefe Asche eine Schar von Banditen die einem am Strick hinaufziehen will, ich lehnte ab, 10 Lire pro Person – man hatte mir vorher gesagt es wären nur 10 Minuten jetzt hiess es un'oretta, aber nach 5 Minuten war man einfach fertig u. sie wollten es jetzt für 5 Lire. Also einen Strick genommen, aber ebenso unmöglich, meine Beine waren von dem Gaul vollständig ohnmächtig. Alle andren Leute liessen sich tragen, aber die Kerle verlangten 20 L. für jeden. Worauf ich mich auf die Erde setzte vielmehr in die Asche und basta erklärte. Der Führer raste, die Banditen wollten 10 Lire extra für Maccaroni, u. ich hatte das Gefühl von einem Wendepunkt meines Lebens, weil ich thatsächlich vor einer körperlichen Anstrengung „erlag". Dachte aber, soll ich mich und Bübchen wegen diesem elenden Krater kaput machen, ob ich da oben

---

[288] Besitzer eines Reitstalles in München.

noch Dampf und Schwefel sähe, ist nicht der Mühe wert. Also umgekehrt, u. den Kerls keine Maccaroni gezahlt. Den Sattel ausgenommen war der Ritt [4] dann wirklich schön so im Abend über den schwarzen Berg mit dem Blick auf Meer, Neapel etc. wo schon Lichter brannten. – Aber weißt du Hazzi, ich hab bisher die Geschichten von Fremdenschinderei immer für übertrieben gehalten, aber dort ist es wirklich unglaublich. Beständig tobt ein halbes Dutzend Kerle neben dir, vor dir, hinter dir u. will etwas haben, der Führer reisst seine Mütze ab und ruft Gott mit gefalteten Händen zum Zeugen an, dass er noch eine Lire mehr haben müsste, wenn nicht Weib und Kinder verhungern sollten. Die Pferde müssen Wein zu trinken haben, weil es kein Wasser giebt, na das hab ich mit Vergnügen gethan, denn man kam sich dabei vor wie ein römischer Kaiser. Man lernt begreifen, wenn Leute alles hergeben um nur Ruhe zu haben, und ich hab meine Charakterfestigkeit bewundert. Zum Schluss noch der Kutscher, der uns nach Neapel zurückfuhr u. gänzlich besoffen war, 2mal beinah vom Bock fiel und zur Strafe dass ich ihm nicht mehr geben wollte ~~im Galopp~~ 1½ Stunden im Galopp fuhr, so dass man an jeder Ecke auf ein seliges Ende gefasst war u. ich ihn ein paar Mal durch Boxen in den Rücken zur Ordnung rufen musste. Das arme Bübchen hat an dem Tag etwas von Angst ausgestanden, beim Reiten auf dem Rückweg war er aber sehr tapfer u. hat allein Trab u Galopp geritten. Ich kann erst seit gestern wieder ordentlich [5] gehen, hatte die ganzen Beine u. alle Drüsen angeschwollen, aber es war gerechte Strafe für den Blödsinn. Aber eigentlich kam alles von dem Bädecker den ich nicht hatte u. aus thörichter Sparsamkeit nicht kaufen wollte, so dass ich von der ganzen Vesuverei nichts ahnte. – Spass gemacht hats mir schliesslich doch. Aber ich will lieber dreimal in einem Tag auf den Wendelstein steigen, wie ~~das~~ eine Viertelstunde in der Asche steigen. –

Dann kamen die ersten Tage hier, die etwas melancholisch waren, in einem düsteren aber billigen Albergo, u. mit dem Gefühl aus der Gastouri-Ruhe in einer grossen fremden Stadt zu sein, die nicht gleich wie Rom aussieht, besonders wenn man mit gelähmtem Unterkörper herum schleicht. Zum Trost lernte ich eine österr. Malerin kennen, die das Baschl einmal gesehen hat. Aber das Heimweh nach

Gastouri, nach der Ruhe! Den ersten Tag fuhr ich nach Fraskati, ich dachte man könnte vielleicht dort od. in einem andern Vorort wohnen, aber alles viel zu weit. Aber schöne alte Villen und Parks draussen. Gestern hab ich dann dies Wöhnchen gefunden, das sehr entzückend ist, Balkon u. Aussicht auf einen schönen Platz mit unendlichen Blumenständen. Dafür kostet es 60 Lire ich habe ca 20 angesehen, u. nur eins für 55 das greulich war, die andern alle noch teurer, u da meine Beine mich nicht [6] mehr trugen hab ichs genommen für 1 Monat. Denn länger mein geliebtes werde ich nicht bleiben. Ich kann in 1 Monat Rom gründlich geniessen, da ich hier garnichts andres thun werde u. will. Kann grade Ostern noch erleben u den Pabst Messe lesen sehen. Längere Zeit wäre zu grosse Verschwendung, da ich schon genug durchgebracht hab. Dann komme ich nach München u. direkt in die Malschule. Na Huzzei, gesehen hat man was bei dieser Reise. Und meine Lunge scheint auch gerettet. – Es ist hier schon kälter wie in Korfu, aber man fühlt sich dabei frischer. Die feuchte Wärme hat mich dort ganz blöd gemacht. Und das Wetter ist bis jetzt wundervoll, mit etwas kaltem Wind. –

Hazzi, zur Rückreise wirst du mich auslösen müssen, ich habe nur noch 140 Lire ausser dem Zimmer.

Seit ich heute in St. Peter war, fühle ich als in Rom, freue mich jetzt 4 Wochen nichts andres zu thun wie herumbummeln und zu schlafen. Auch in dem Zimmer ists ein Vergnügen zu sein mit offner Balkontür. Die Padrona ist eine sympathische gebildete Witwe mit endlosen Majolikagegenständen. –

Baschl schrieb mir dass es nun endlich doch wird. Ich freu mich eigentlich zum Baby [7] zurückzusein das Baschl steht meinem Herzen doch sehr nah.

Hüzchen, wenn du mir Ende März 100150 M. schicktest – meinst du ich kann dann den Sommer i–„ohne Sorgen" sein, mit Vergnügen grosse Sparsamkeit, aber nur malen können! Langen hat nichts sonst hätt ich eine Arbeit genommen, könnte aber jetzt auch schlecht arbeiten, die Fieberei hat mich ganz ausgelaugt, habs immer noch hier und da abends.

Hazzi, also schreib die Woermannadresse, es thät mir viel Spass ge-

~~macht~~ machen, ich hab so oft von ihr gehört besonders von Rodi, und früher sollte sie einmal die kosmische Wurzen werden.

Huzzei, ich hab auf meiner Rückreise viele Triumphe gefeiert, Bubi wird andauernd für meinen fratello gehalten. Nur bin ich fast in Ohnmacht gefallen als mich auf dem Schiff jemand fragte: sind Sie vielleicht die Verfasserin von Ellen Olestjerne? Das ist doch hart.

Bluse nicht mehr schicken, Häzchen, hier kann ich sie kaum brauchen, aber vielleicht meine zwei wollnen Combinazions, meine andern sind tot u es könnt noch kalt werden. Sie liegen im Strohkorb in der Küche, glaube ich. – Schau dass du bis 1 April ein Zimmerchen für mich findest nicht zu klein, sonst ganz egal, wo und wie. [8] Es ist ein komisches Gefühl dass man wieder jeden Tag Briefe kriegen kann, aber im übrigen muss man sich erst mit Mühe wieder an Stadt gewöhnen, und an Italiener. Die Griechen sind doch unendlich sympathischer, wenigstens das Volk. Ueberhaupt hab ich mich zuletzt arg in Corfu verliebt u. träume davon mal einen Sommer dazusitzen. Es war wirklich Pech grade einen solchen Winter zu erwischen, u. so viel krank zu sein. Bauchi scheint die wilde Jagd neulich gut gethan zu haben, vielleicht hat das Rütteln den Doktor ersetzt, aber hier kann ich ja auch genug welche haben.

Leb wohl geliebstes, gelabstes, hast du mich wirklich noch lieb. – Denk nur noch 5 Wochen. Mir kommt vor als ob ich viele Jahre weg wäre.

Gute Nacht, du freundliches.

183 *BvS vielleicht im Frühjahr 1907 aus München*

<u>Freitag</u>

Mein Alles! Liebstes!

Endlich habe fertig!! Atelier eingerichtet, dass mein Hatzi ein bekwemes Nestchen hat – das Körbchen ausgepakt. Ach, wie viel Erinnerungen an jedem Kleidunksstik! Ich beroch jedes Stück und überal, Main Hatzi, Mein Mädi!

Kuss

S.

2/3.

Geliebtes Hazzi

Heute ist dein Geburtstag u. ich kann dir kein Tischchen machen und kein Törtchen kaufen. – Und ich muss immer dran denken, dass voriges Jahr an dem Tag Ludwig seine Operation war u. ich auf Telegramm eine gute Antwort kriegte.

Ich kann dies Jahr schlecht alleine sein, immer wieder kommen die Gedanken und in der Fremde fühlt man es 1000 mal mehr. –

Sonst ist es hier jetzt wunderschön, Wetter frisch und sonnig. Ich bin nicht mehr [2] so entsetzlich schlapp wie in Korfu, wache ausgeschlafen um 7 Uhr auf und kann aufstehen. Dort war es immer ein Kampf auf Leben und Tod aus dem Bett zu kommen.

Heute bekam ich Karte von Dir und Bams aus den Tagen Deiner Influenza – na aber ich sehe eben am Stempel, dass es erst am 25 Febr. ~~von~~ abgeschickt ist. Und ein Briefchen mit 1½ Zeilen, wo Hazzi mich zankt dass ich an Carlo geschrieben hab, statt an Huzzi. Dummes ich hab die ganze Zeit nicht geschrieben, weil ich nichts [3] u wieder nichts von Dir hörte.

Huzze Hazzi, ich hab neulich geschrieben Ende März Geldchen schicken, aber kannst du nicht jetzt schon? Vielleicht 50 M. meine Kleidung ist in traurigem Zustand, nur schwarzes Röckchen noch möglich u wenn ichs alle Tage trag, gehts ihm auch bald schlecht, Stiefel in Fetzen, hab mir schon Gamaschen kaufen müssen um die Blössen zu decken, Mantel ganzes Futter kaput, muss am Hals mit Boa zu gedeckt werden, kurz – es ist ziemlich schlimm Ich büsse und bereue den Leichtsinn 2 Tage in Neapel geblieben zu sein, aber jetzt lässt sichs nicht mehr ändern. Leben thun wir jetzt sehr [4] billig: holen uns Futter aus einer Strassenbraterei od kochen Eier. Aber es geniert mich thatsächlich hier so zerlumpt herumzulaufen. Ich möchte mir nur ein bescheidenes graues Röckchen machen lassen, die Stoffe sind hier billig und Stiefelchen.

An Erfahrung bin ich aber auf dieser Reise um so reicher geworden, nämlich Hazzi dass ~~das mal~~ all diese berühmten Städte wie Florenz, Neapel, Rom auch einen doch immer arg ernüchtern – als Ganzes wenigstens. Ich habs mir immer vorgestellt es müsste wundervoll sein lange in Rom zu leben [5] und wollte doch eigentlich anfänglich für den ganzen Winter hergehen. Jetzt kommts mir doch viel besser vor, es nur einen Monat anzusehen, sich so recht vollzustopfen mit Schauen und dann weiter. –

Und ~~waru~~ warum fühlt man sich immer gestört – nur durch die verdammte Menschheit. Heut war ich in der Villa Borghese erst war alles so schön leer in dem wundervollen Park und man konnte sich so gut die schwelgenden Cardinäle vorstellen, wie sie da lustwandelten mit schönen Huzzis. Auch in der Villa trotzdem sie jetzt Museum ist. Dann füllte sich Alles mit schrecklicher Menschheit, Droschken und Automobilen.

[6] Nur ein fetter Priester war tröstlich anzusehen.

Das ist noch am besten in St. Peter, wo alles so ungeheuer ist, dass man die paar Menschen kaum sieht.

Ich bin noch nicht viel herum gewesen, weil ich mich nicht abhetzen mag. In unsrem Zimmer ist auch sehr gut sein, es ist hell u. sonnig, ~~u~~ man sieht grade auf die Treppe die zum Pincio hinaufführt. Unten dran sind ein paar Blumenstände mit Narzissen u. riesigen Mandelbaumzweigen u. manchmal gegen Abend gehen scharlachrote Priester hinauf.

Ich denke oft und mit Heimweh an Korfu wo jetzt gewiss auch alles blüht, u. man die ganze Welt für sich allein [7] hatte. Da möcht ich einmal einen ganzen Sommer sein.

Aber was für ein Unterschied in der Luft, hier ist mir so viel frischer und leichter. Ich bin doch nicht zum Doktor gegangen, weil mir bäuchlings wieder besser ist, nur manchmal ganz fatale Rückenschmerzen des Morgens. Aber diesen Winter hab ich viel Geduld gelernt.

Heut bin ich ganz traurig geworden, dass ich so lange nicht gemalt hab, aber sowie ich in München bin. Hier ist mir das Sehen wichtiger u. ~~od~~ mit beidem wärs zu viel. Das Zimmer ist auch zu anständig um darin zu arbeiten.

Manchmal freue ich mich an den Malertypen aus der französischen Akademie mit Samtjacken u. langen Haaren, [8] oder kühn umgeworfnen Mänteln.

Nun leb wohl geliebter Huzzei, bist du vergnügt? Du erzählst mir nie

was du überhaupt machst, du Freches, also viel Gescheites wirds
wohl nicht sein.

Viele Bussis

Dein Hüzzchen.

185 *FzR am 2. März 1907 aus Rom (Telegramm)*

Glückwunsch[289] Gruß Bussi.

186 *BvS am 6. März 1907 aus München[290]*

Mittwoch.

Mein Huzzei mein Geliebtes

Deine Briefchen werden immer trauriger, was ist denn das?

Das arme Bübbchen, gib ihm nur Milch und Eier, es ist doch nichts
gefährliches, er hatte öfter derartiges.

Selbstredent mein Liebstes dass ich auch nicht ~~voh~~ vor hatte wieder
zu sammen zu wonnen – trotzdem dass Du mir nie auf die Nerven
fielst – aber Du nimmst die Wohnung von mir über [2] ich habe sie
für Dich eingerichtet – den Speicher kannst Du wunderbar als Atelie
benützen und Bübbchen kann spielen, ich nehme mir ein leeres
Zimmer zum schlafen und arbeiten.

Billiger und ungenirter kanst Du nicht wohnen.

Du gehst in die Schuhle malen, und ich komme zu Dir um 12 Uhr,
koche den Frass, und gehe weiter. Nur nicht in die Kneipe essen!

Die Wohnungseinrichterei habe ich auch ganz satt.

Und nun Hazz, sei überzeugt, [3] dass das nur <u>Deine Höhle ist.</u>
<u>Du siehst mich nur bei Mittag kochen.</u>

Ich muss übrigens in Baschels Wohnung ~~ei~~ angemeldet sein als ihr
Mann.

Es sind doch nur Deine Sachen ich habe gar nichts, und wenn Du sie
heraus nimmst, dann bleibt nichts übrig, und ich brauche die Wohnung nicht.

Ich werde wohl doch nach Winkl gehen.

---

[289] Der 2. März war BvSs Geburtstag.

[290] Der hier beantwortete Brief von FzR ist wahrscheinlich verloren. Hier
wie an anderen Stellen liegt der Verdacht nahe, dass sich die Korrespondenten öfter auf Briefe beziehen, die aus dem Konvolut verschwunden sind.

Nach Forte zu gehen, wäre [4] sehr gut für Dich, warte noch 8. Tage, dass ich weis wann ich vom Baschl was krieg ~~en~~ Also bleibe nur unbesorgt in Rom sitzen und ruhe.

Ich erzehle von Deinen Briefen nie was, das wäre noch schöner, die habe ich nur für mich, und von Krankheiten erst recht nicht!

Eben erfahre ich dass Klett und Maja plötzlich nach Rom gereist sind, habe mich furchtbar geärgert, über den [5] Franzl! Du schriebst mir ich soll nicht so gehässig sein.

Dieser Juden Bengel vermeidet keine Gelegenheit mir neher zu komen, neulich sass er neben mir, fängt sogar an mit mir zu sprechen und schaut dabei in die Augen wie ein Hund der ein Fusstritt bekomme hat. Ein Eckel!

Mir scheint, die Maja hat er sich doch endlich für paar Pfenige gekauft. Er nimmt sie nach Paris.

Was schreibst Du von Wohnung suchen? Du nimmst die meine und ich [6] suche mir ein kleines Zimmerchen zum schlafen.

Ich werde kochen und mein Häzzchen wieder pflegen.

Oder magst Du nicht mehr!?

Warum schreibst Du mir nichts von Bubi? Hast Du ihn nicht mehr?

Eigentlich zu dumm!

Jetzt hätte ich Mittel das zu thuen was ich im meinem Leben beinahe als Ereigniss nennen würde: nach Rom fahren, Häzzchen Geld geben, nach München bringen u, s, w

Meinc Heirat ist doch sicher, [7] Geld kriege ich da für, aber manche Menschen verstehen nicht „Einem" zu richtiger Zeit damit zu helfen. Nur „Eins" hält mich ab zu sagen: Ich danke jetzt!

Was macht Woermann?

Mir scheint, Du hast keine Lust neue Bekantschaften zu machen.

Adam ist zurück. Sonja sieht wie verjugt aus durch seine Abwesenheit.

[8] Jetzt bin ich fleissig in schreiben wie Du, nach Rom schreibe ich den fünften Brief und Häzzchen erst 2.

Bussi, Bussi mein Häzzchen

NUR DEIN SUCH

[Unterer Rand auf dem Kopf:] Eigentlich warum weis man nicht Deine Adresse? Ist das bequemer, auf die Post zu laufen.

IV – Amerika

(Dezember 1907 bis November 1909)

187 *BvS am 3. Dezember 1907 aus New York*

VII. 3. Dezember.

Mein liebes Huzzei – mein theures Mädhi ich wartete immer mit abschiken des Briefes weil ich noch nichts von Edmund weis – es ist
sonderbar, vor 10 Tagen Telegram, und 2 Dollar Unkosten, und bis
heute keine Antwort.

Mich ärgert am meisten dass Deine Briefe in Bajonea[291] auf mich
warten.

Ich schrieb heute einen Brief an Edmund. Ich schlüsse aus seinem
Schweigen dass ich meine Reise nach Mexico nicht fortsetzen soll, so
möchte er so freundlich sein und meine Briefe mir zusenden.

Mir ist sein Benehmen ganz retzelhaft – oder ist bei ihm was passirt?
Ich habe eingeschriebenen Brief geschikt also in 14 Tage werde die
Antwort haben.

[2] Ich schreibe Dir sofort alles wie es gehen wird und Du schreibst
mir jetzt hier her – denn ich bin von Dir jetzt ganz abgeschnitten gewesen.

Wo von ich lebe? Ich lebe halt – mache Dir nur keine Sorgen. Wie
gehts es aber bei Dir?

Die beiden Briefe kurz vor der Abreise habe in Bremen abgeholt –
also sind keine da geblieben – auf ein Vorwurf von Häzzchen werde
speter antworten, <u>nicht böses</u>!

Hier ist Winter, kalt und nass, schliemmer wie in München + Mitleid
gibts hier nicht halb nackte und erfrorene Menschen stehen herum
und betteln und dabei eine unzählige Reihe von Automobils.

Jetzt kusse ich mein Huzze, mein schönes liebes, theueres, auch mein
Bübbchen – ich schreibe gleich wider.

Dein SUCH

---

[291] Mexikanischer Wohnsitz von Edmund Hentschels Familie.

188 *BvS am 4. Dezember 1907 aus New York (Handaquarellierte Postkarte, zwei männliche Gestalten vor der Auslage eines Schuhgeschäfts) – ohne Text*

189 *BvS am 3. Januar 1908 aus New York*

N -Y - 3 - I 08

Lieb Hazzi!

Na, endlich Huzz hast <u>Deinen eigenen</u> Carnaval, freust Du Dich sehr?

Wie gehts Dir sonst? Glücklich Berlin überstanden und zwar ohne „sfofen"[292] armes Häzzchen – und das Rößlein stand am Eck.

[2] Bei mir alles beim alten. Hier kamm ein Telegramm vom Adam: „gehe zum Keller"[293] und Keller zeigt mir wieder ein Telegramm von Sonji: „verhindere Suchockis Rückreise" Dunkel ist mir der Rede Sinn!

Was hat Sonji – es ist sehr schmeichelhaft für mich – gegen meine Rückreise? –

[3] Mir kommt wie ein Traum fvor dass ich überhaupt liebe Menschen um mich hatte – ein Atelie zwar mit Eierschalen, aber alleine und mit Böbbchen – das war glaube ich schon vor 1000 Jahren.

Wenn ich einmal wiederkomme da grabe ich mich in Winkl tief, tief ein.

Nun Häzzchen leb wohl Bussi, Bussi und Dein Bübbchen. SUCH.

190 *BvS am 7. Januar 1908 aus New York*

NY : 7-I.08.

Huzze-Huzze mein Liebchen! Heute Dein freundliches Briefchen und – endlich Edmund und Gott sei Dank ich bin nicht verpflichtet hin zu fahren aber mich so lange warten lassen: Esel!

Ja mein Huzze, da hast Du Recht, mann soll nicht auf Entfernung lamentieren – und wie gerne möchte man Jemanden sein Leid mittheilen.

Ich werde mich auch sehr kurz fassen: – Zurück um jeden Preis!

Ich habe schon an Märkel geschrieben und ihm vorgespiegelt ich

---

[292] Gemeint ist wohl „schwofen".

[293] Baron v. Keller; Verwandter von Albert Hentschel in New York.

Abb. 24: Farbaquarell von BvS, Brief 188

muss nach München zur Scheidung[294] [2] davon hängt es dass ich von meiner Frau Geld bekomme – ob er thuen wird, wo er sich denkt, Du kannst ihm auch Arbeit liefern ist sehr fraglich.

Versuche bei ihm meine Sache zu unterstützen, <u>wenn</u> Du wieder was ablieferst – mit der Motiwirung ich bekome ~~hi~~ nach meiner ~~G~~ Scheidung Geld.

Für so was hat er immer eine Interesse.

Ich bat Märkel um 150 M – das wird für Zwieschen Deck ausreichen.

Ein Koffer ist in Mexico perdu gegangen – keine Hoffnung zu g kriegen.

Und wenn ich Geld von Edmund bekommen hätte, würde ich nicht [3 enthält einen Schreibmaschinen-Brief Edmund Hentschels[295], am Rand von BvS:] Seit zehnten Nowember läst er mich auf diese Antwort warten!

[4] mehr nach Mexico fahren und Du hast 700 Mark zu meiner Rückreise erspart!!

Übrigens für meine Bekanten in München: fahre nach Mexico wegen <u>Malaria nicht</u>.

---

[294] BvSs Scheidung von Hedwig von Basch.

[295] E. H.s Brief lautet: *„26. December 07. Lieber Such. [Absatz] Heute bekam ich Ihren Brief aus New York aus dem ich ersehe, dass Sie noch immer in N. Y. sind. Ihre Telleigramme kamen, wie das hier immer der Fall ist sehr verspaetet an und nahm ich dann [an], dass Sie eine Antwort dort nicht mehr ereichen wuerde, deshalb wartete ich lieber ein Lebenszeichen von Ihnen ab. Leider ist es mir nicht moeglich gewesen Ihnen Gelder zur Reise zu senden, da bei den allgemein schlechten Zeiten auch hier mit der kleinsten Summe gerechnet werden muss und ich meines Erachtens nach alles gethan habe, was ich konnte, indem ich Ihnen in Muenchen bei der Abreise den Verabredeten Betrag gegeben habe. Unter diesen Umstaenden ist es natuerrlich besser wenn Sie versuchen wieder nach Deutschland zu gelangen, da die Reise hierher noch sehr viel kostet. Es thut mir sehr leid, dass Sie uns nun nicht besuchen koennen, aber es ist eben nicht zu aendern und die Schuld tragen Sie wohl allein. Wir sind hier gut angelangt und haben uns auch schon ganz gut eingelebt. Meine Frau und Fraulein Tordsen hatten einen kleinen Fieberanfall aber es ist jetzt wieder alles gut. Prondzinski ist angekommen, wird wohl aber bald wieder nach Deutschland abfahren, da er sich fuer Mexico nicht eignet. Ihre Briefe sende ich Ihnen beiliegend. [Absatz] Bitte schreiben Sie mir einmal wie es Ihnen geht und was Sie beginnen werden. Wir denken oft an die netten Zeiten in Muenchen, die wir mit Ihnen zusammen verlebt haben. [Absatz] Mit vielen Gruessen von uns allen [Absatz] Ihr [handschriftlich:] Edmund Hentschel.“*

Hier ist unglaublicher Gescheftstülstand 150,000 Menschen ohne Arbeit und dabei bitter kalt.

Ich halte mich noch übers Wasser, aber es ist eine Schinderei.

Bei Kuhn[296] wohne nicht mehr ein Amerikaner ist das gefühlloseste Vich auf der Welt.

Schlafe ~~mit~~ jetzt mit vier Menschen zu samen, die alle in Restaurants Geschir waschen.

[5] Wenn ich eine Stelle in einer Glasmalerei auftreiben konnte für noch so wenig Lohn, nehme sofort natürlich – aber keine da!

Ich habe eine Vorahnung das mir noch entsetzlich gehen wird – ich schreibe das alles noch in bester Laune!

Ich habe jetzt ein paar Holzteller gemalt und in einem Club wurden sie verauctionirt – aus Gefälligkeit, es ist aber nichts auf die Dauer.

Ich habe kein Werkzeug + keine Zeichnungen quele mich alles aus dem Kopf zu machen.

[6] Kurz und gut ich kann nichts machen, bei besten Willen. Und ein Yanke? Na mein Huzz, ein Münchner Packträger hat mehr Gefühl!

New York interesant! In 8 Tagen ist das befriedigt – in Samos oder in Korfu kann man die Leopoldstrasse schon vergessen, aber nicht hier

M⸢r⸣ Stone bei Fürmann hat Dir so gefallen, weil er nichts sprach, ja was sollte er sprächen wenn er Papiermaché im Kopfe hat, nicht einmal Stroh. Der Stroh brennt wenigstens wo von hell und warm wird! So sind sie alle hier!

Und Sehnsucht! O Herz [7] habe ich eine Sehnsucht!

Aber nicht Traurig sein Häzzchen das schadet mir gar nicht ich freue mich dass Dein Bauchi gut ist – mich packte einmal so ein Schreck dass ich nichts von Dir höre, dass ich an Fädchen scrieb was mit Dir los sei?

Armer Harden[297], dass ihm so was passiren kann! Unglaublich!

Nun Vergnügtsein!

Und Du bist mein Häzzchen

Bussi SUCH

---

[296] BvSs Vermieter in New York Anfang 1908.

[297] Maximilian Harden war am 3. Januar wegen angeblicher Verleumdung eines preußischen Beamten zu vier Monaten Gefängnis verurteilt worden.

NEW YORK. 21. Januar 08.

Mein Huzze, und schönstes Kuzze halte mich nur nicht fur eine feige Memme ich versuche ja alles um sich irgend wo <u>einzuhacken</u> um nicht wie ein begossener Pudel nach München zu kommen bis jetzt aber vergeblich – ich gehe sämtliche Glasmalerei durch – überall heist: ja aus München „all right" vielleicht später, jetzt ist schlechte Zeit u,s,w.

Wenn ich was fünden könnte selbstredend werde ich hier länger bleibe.

Aber Geschirr waschen [2] für einen Doller, wäre nur Zeitverlust – für zwei aber werde ich thuen.

Ich arbeite natürlich um zu existieren – hier eine Holzschüssel, da wieder ein Thürschild, alles für Bekannte aus Gefelligkeiten.

Miss Butler hat ein Atelie wo sie mit ihrem Freund arbeitet, Sie hat mir auch erlaubt zwischen 10 und 3 zu arbeiten, was kann man aber in der kurzer Zeit machen, und die Entfernungen, hast Du keine Ahnung – ungefehr zwieschen Solln – Schwabing – Dachau.

Das wäre noch alles zu ertragen, wenn man Hoffnung hä[3]tte irgend ein ständige Bescheftigung zu kriegen.

Hier Gläser zu schiken hat keinen Zweck – erstens haben wir keine und zweitens muss mann hier was grosses schönes machen, und das sind Pläne für später.

<u>Vergiss überhaupt mein Häzzchen nicht vom Deinem Geld Kleinigkeit auf die Seite zu legen.</u> Wir müssen <u>bald</u> daran denken <u>schöne Gläser in der Fabrik zu bestellen.</u>

Wir müssen neue Formen haben – und Gläser ist der Haupterwerb in der Antiquitäten Fabrication.

Unsere Zukunft liegt in Gläser – .

[4] Mein liebes Häzzchen merke Dir nur: ich versuche hier alles wenn es Zweck hat, wenn ich nur so viel verdienne dass ich kaum leben kann dann ist Unsinn.

Ich soll Dir viel schreiben aber was mein Häzzchen? Ich verlebe hier so stumpfsinnig und traurig die Zeit, dass ich thatsächlich nichts zum schreiben habe!

Meint Du kann man irgend wo mit besseren Leuten in Café gemüthlich sitzen Zeitungen lesen? Gibt es nicht!

Bessere Leute fangen über[5]haupt erst hier bei den Milioneren, sonst ist wirklich gut gekleidetes Pack.

Ich renne am Tage – hier darf ich paar Stunden arbeiten, dort eine Stunde ätzen, dann gehe ich noch im Hafen herum und Abend scho um 8 Uhr zu Bett.

Ich wohne noch immer in der Herberge und schlafe noch mit einem Gärtner zu sammen.

Pro Woche 1½ Dollar. Ein besseres Zimmer nicht unter 3 Dollar pro Woche das sind 12 Mark. Ein leeres Atalie 40 Dollar.

Nun mein liebes, liebes Häzzchen es schadet mir das alles gar nicht [6] Du wirst sehen wie ich in München los legen werde – aber nur baldigst zurück.

Wie? Ich weis nicht! Und nur nicht Lutzens!!! An Märkel habe schon geschrieben, habe aber wenig Hoffnung.

Ich habe ja Dir schon darüber geschrieben.

Sei mit Märkel nur ja in jeder Weise vorsichtig, Klatschweib à la Fritz Huch – und wenn er merkt dass man auf ihn angewiesen ist, dann ist er ein gemeiner Hund!

Was sagst Du nur zum Edmund? –

[7] Olga schrieb mir neulich auch einen Brief dass die Reise sehr theuer ist und Edmund lässt sich nich überreden –

mir schein er hat schlechtes Gewüssen und liess Olga einen Brief schreiben.

Fedchen schrieb mir auch und mit Müterlicher Ermahnung ich soll nur fleissig, und ohne Schwabing wird sich wohl gut arbeiten.

Komische Leute, denken wohl wenn man hier gelandet hat, wird man sofort zum hohen Preis angestellt.

Die Europeischen Dampfer sind überladen von Auswanderer – – nach Europa.

[8] Na, aber Amerika habe ich gesehen – da gehen einem über manches die Augen auf.

Was ist mir Korfu mein Lieb? Der Keiser geht doch in März hin[298], wer weis ob Du nicht „bussines" machen würdest, wenn Du zu der

---

[298] Kaiser Wilhelm II hatte das Schloss Achilleion 1907 erworben.

Zeit dort wärest. Vielleicht mit malen.

Schike mir doch das Maas von Bubis Stiefel, hier kriegt man sie so billig und schön – schon für einen Dollar.

<u>Den Fuss auf Blatt Papier hin stellen und mit Blei den Umriss machen.</u>
Kannst Du Dein Maas auch nehmen. Vielleicht!!

[9] Heute habe ich Deinen Brief vom 8. Januar bekommen, das sind 14 Tage – das kommt davon dass der Brief auf den Schnelldamper in Hamburg wartete.

Morgen erfahre ich endgiltig ob mein Koffer noch vorhanden ist.

Was wird er aber Kosten?

Bist Du gesund mein Häzzchen – ich habe was im linken Bein, ich glau[be] Podagra – es kommt!

Und mein Bübbchen? Das liebe! Bussi ihn.

[10] Hast Du die Raylaender in Berlin gesehen? Was macht sie, gehts Sie nach Rom?

Nun mein liebes liebes Häzzchenmamai ich läge meine Sorgen und Zukunft in Deine Hand und habe Dich lieb

Du mein liebes. SUCH.

192 *BvS am 23. Januar 1908 aus New York*

23 – 08

Es ist mir mir das Alles ein Wenig unklar aber – was soll ich sagen?

Ich kann garnichts sagen!

Kann auch nichts dagegen machen.

Habe auch kein Recht dazu.

Mein Huzz, ich dachte so fest an denn Rettungsbalken dass er mir entgegen schwimmt, doch ich sehe [2] es ist vergebens, liebes gutes Huzzchen schreibe mir postwendent – <u>ich habe von Dir nichts zu erwarten</u>, es ist viel besser, auf 6000 Kilometer Entfernung darf man nicht Hoffnugen machen.

Ich bin gar nicht böse mein Huzz und will Dich auch nicht kränk-chen.

Viele Bussi auch für Bübbchen

SUCH.

Was wird nun Adam jetzt machen wen ich . . . . Mexico!

24. Jan. 08

Huzze – mein Kuzze nun bist Du wohl schon lange in Deiner Höl-le[299] und fühls Du Dich wohl – ja mein Kuzz München ist immer München Du kannst Dir dort die Leute nach belieben aussieben die Du brauchst oder nicht.

Ich hoffe es sind wohl wichtige Briefe unterwegs für mich – gleichfiel wie sie für mich werden, verseume nichts, hier festen Fuss zu fassen, bis jetzt aber noch keine Aussicht.

Die Rückwanderung nach [2] Europa wegen hiesiger Krisis ist so stargk dass alle Zwieschendeckplätze schon voraus belegt sind.

Mein Koffer ist noch vorhanden und liegt in El Paso und wenn ich ihn nach N.Y. will , so kostet er mich 34 Dollar (136 Mark) Ich werde verzichten.

~~Das sind wohl~~

Holl der Teufel das ganze Mexicanische Abendteuer!

Hier ist Winter aber so einer wie mann in München keine Ahnung haben kam, ein Blizzard und Frostt, der ganze Verkehr stokt. [3] Dampfer keönnen nicht aus und einlaufen – Pferde fahlen und bre-chen sich die Füsse, werden sofort erschossen und bleiben stunden lang in der Stassen liegen – die schönen Misses schauen sich das mit Vernügen an.

Mein Hirn ist so ausgetrocknet dass ich thatsä[c]hlich nicht weis was ich weiter schreiben soll, aber Bussi Bussi will ich mein Häzzchen und lieb hab ich Dir sehr

Dein SUCH

Mein Bübbchen recht schön Küssen!

[4] Und noch was mein Häzzchen: Was Du malst und für wem, ob Merkel oder Blechschmitt, für <u>sich behalten</u>, nicht das speter Klett herumlauft ~~und~~ und jedem anfertraut, dass bei dem und dem Händ-ler stehen Gläser die Du gemalst hast – man schedigt ~~sich selbst und~~ die Händler und sich selbst. –

---

[299] BvS schreibt „Hölle", meint aber „Höhle".

N -Y – 8.II.08

Liebes Häzzchen!

Ich habe gar nicht unfreundlich mit dem <u>Carnaval</u> gemeint – ich meine solche Thierchen wie Du müssen <u>ihren eigenen</u> Carnaval haben sonst ...... verwelken sie.

Sei nicht traurig mein Häzzchen wegen mich, ich hungerere noch nicht, und das wäre [2] nicht das Schlimmste, aber Menschen, Menschen gib mir hier zum Verkehr. Hier ist nur Vich! Mann kann sich hier mit reinstem Gewissen bei Glase Whisky eine Kugel durch den Schedel jagen – oder sich Stiefel putzen lassen und Fonograf anhören.

Merkel hat mir übrigens Geld geschikt für die Reise (150 M. SZwieschendeck) ich lege einstweilen beiseite, und warte Adams Brief ab.

Eigentlich bin ich den Cortez [3] oder Pizzaro das ich nach dem varfluchtem Mexico gehen muss? Bedenke mein Huzz, die Rückreise 700 M. – ja wenn bei Baschl was heraus schaute würde ich mich schneller entschliessen.

Es ist rührend von Adam und Sonji dass sie sich so um mich kümmern.

Muth habe ich noch lange nicht verloren wegen der Existenz, aber ich suche ständige Arbeit, das rennen mit Farben in der Tasche und Empfangen nichtssa[4]gender Lübenswürdigkeiten von momentaner Bekanten hat mich total müde gemacht.

Bussi Dich sehr mein Häzzchen sehr

SUCH.

Bübbchen schönen Kuss

12.II.08.

Liebes, grossherziges Häzzchen!

Ich trage zu jedem Schnelldampfer ans Pier ein Briefchen an Huzze.

Eigentlich wofür soll ich Witsche-Watsche bekommen.

Wir kennen nur quitwerden!

Ach Du mein liebes und gutes, heute Brief vom [2] Adam sehr lieb, aber ich muss noch überlegen – ich erwarte Antwort aus Columbus

(Ohio) wo ich mich um eine Glasmaler Stelle bemühte.

Wir wollen sehen!

Wenn nicht dan telegrafire ich gleich an Adam: Mexico.

Grüsse ihn sehr von mir und Brief folgt. Das Märkel Reisegeld [3] werde ich doch anreisen müssen, denn ich bin verlumpt und ohne Stiefel beinahe, durch die 3monatliche Hazzjagd nach Brod.

Ich bin jetzt schon ein wenig vergnügter, denn wenn hier alle Stricke reisen dann hat man, Mexico.

Denn Gefalen mache ich Baschl nicht, dass ich mit ihr persönlich verhandele.

[4] Denke Dir mein Häzzchen ich habe 3 Monate fur 50 Dollar gelebt – 30 selbstverdint – und 20 mitgebracht.

Wie gehts Dir Hazzchen mit dem Bauchi und Därmchen?

Bussi Bussi, mein Hazzchen auch Bubi.

Dein SUCH

[Rand:] Bubis Fuss mass

196 *BvS am 15. Februar 1908 aus New York*

15.II.

Mein liebes Gutes Häzzchen!

Endlich habe ein reines Stübchen, so gross wie Dein Bauernschranck, und wenn ich meine Pfeife rauche so wird warm davon.

Nur darf es kein Feuer [2] ausbrechen da wird man natürlich mit geschmort.

Adam Vorschlag ist <u>furchtbar</u> verlockend, und das halte ich immer noch in Reserve, es kann sich jeden Tag entscheiden.

Wenn man nehmlich hier Arbeit bekommt so ist es nicht unter 100 Mark pro Woche.

Nur gerade mein Beruf [3] ist hier Luxus und die Zeiten sind fatal, die Banken ferkrachen, Auswanderer fliehen nach Europa, statt umgekehrt – die Dampfergesselschaften haben Preisse wieder erhöht (Zwieschendeck 150 M)

In 8 Tagen wird sich entscheiden wenn hier nichts dan „Mexico" prepariere Adam darauf!

[4] Ich möchte meinem Häzzchen zeigen dass ich auch für Sie arbeiten kann, trotzdem mir die Mexicanische Sonne <u>mächtig</u> winkt

Viele Bussis Du mein liebes.

Ich möchte Dir gerne Stiefelchen kaufen (10 Mark) schike doch einen Alten

SUCH

[Rand:] Meinem Bübbchen einen Kuss.

197 *BvS am 20. Februar 1908 aus New York*

20. II.

Mein Kuzz, mein Liebes was ist denn los?

Ich habe seit 30 Januar keinen Brief von Dir und ich schreibe doch jede Woche sogar 2 mal.

Wartest Du auf meinen endgültigen Bescheit über Mexico – es kann jeden Tag erfolgen, ich warte noch paar Tage.

Wie gehts Dir mein Häzzchen? Carnavälchen schon mitgemacht und nicht erkältet?

Machst Du Gläschen? Hast Du die aus der Kiste ausgepackt es waren aber nicht viel drine.

[2] Bald ist wieder der Verdammte Umzug – wie wirst Du das Alles arangiren mein liebes Herz – oder bleibst Du in München.

Tausend Fragen und wie schwer ist auf Distanz alles zu besprechen.

v. Keller ist soweit ganz nett habe überhaupt nur dreimal gesehen, er lud mich zum essen ein, er ist mit einer hier geborener Schwedin verheiratet, ob wohl selbst Amerikaner wiel doch ganz nach Europa übersiedeln – er will kein Pferd länger sein, wie er selbst sagte.

Ich drücke mich so durch – das Merkelsche Reise Geld habe stark ange[3]griefen und thue ab und zu irgend was, es ist aber nichts auf die Dauer, habe aber mehr Muth – da ich Mexico vor mir habe – und Dich hinter mir.

Ach! Mexico! Du weist mein Huzz wie ich für so was schwärme – d aber die Angst wenn ich einmal dort bin, und kann nicht zurück – und Du bist krank oder irgend was, das wäre ja schrecklich die Entfernung und Geld dazu –. Der Adam meint: wenn Sie einmal da sind, da wird es Ihnen so gefallen dass Sie gar nicht an die Rückreise denke – Ja wohl! Was weis er davon. Verstehst Du mich? Mein Huzz!

[4] Nur Aussicht auf Baschl kann mich dazu ermuthigen, dass ich dann, wanns mir ~~bele~~ beliebt zu meinem Huzz zurück kann.

252

Ich ~~man~~ denke manches mal mein Huzz ich werde nie mit Dir und Bübbchen schön zusamen sein, und köchelchen und schläfchen und alles – das würde mich verrückt machen.

Ich schreibe Dir bald wieder.

Bussi, viele mein liebes, liebes Hüzzchen

Dein Such

Ach Bübchen

Vor 8 Tagen traumte ich, der Rodi übernachtete bei Dir.

198 *BvS am 2. März 1908 aus New York*

2 – MARZ.

Huzze – Huzze, wo bist Du und was machst Du?

Nicht einmal ein Briefchen an meinem Geburtstag; mein liebes Häzz-chen hat gewiss viele, viele Sorgen.

Ich weis jeden Dampfer der von Europa abgeht und jedesmal denke mir, jetzt bringt mir die „Cecilje" ein Brief – nichts, dann „Lusitania" – nichts, dann unser lieber oller „Willem" auch nichts.

Was ist?

Hat das Carnavälchen [2] das Köpchen so verdreht?

Ich glaube jetzt ist irgendwas unterwegs.

Du klagst mein Häzzchen das keine Menschen kommen Dich zum lus-tigem Hoppi Dich abzuholen, ja weist Du, die Menschen die um uns waren sind alt geworden und neue ist nicht so leicht gleich zu haben.

Die werden sich aber schon fünden.

Und ich mein Häzzchen laboriere und vegetiere.

Wojas Verwandte sind [3] nett, und das ist auch alles, es sind andere Leute und andere Verhältnisse, die für uns ganz fremd sind. Hier ist: business, business und noch einmal business, und wenn einer was zu thun hat, hat auch Geld haufenweise und es lohnt sich hier zu schuften. Aber die Arbeit kriegen das ist die Kunst – besonders fur mich, alle sagen wenn nur die schlieme Zeit vorbei ist.

Warum soll ich nicht warten?

[4] So lange ich natürlich kann lange wirds wohl nicht gehen.

Mich freut es das ich mager werde – denn man rennt hier wie ein Hase, und Bauchiweh habe ich gehabt zum sterben. Du hast keine Ahnung was man hier friesst, wenn billig seien muss, und alles aus der Konserwenbüchse: Fleisch, Gemüse – Obst – Musik – Kunst – Witz und Heilsarme – Steife Hütte, rasirte Gesichter und Stumpsinn O Yes! All right! Dann ausspucken und wieder [5] Whisky mit Soda.

Das Grul'sche Opium hat mir grosse Dienste geleistet, wäre aber beinahe dabei vergiftet, ich habe davon zu viel genohmen.

Hier ist ein Wetter mein Huzz, na, München ist Sicilien dagegen – heute habe zum beispiel 2 paar Unterhosen angezogen – einmal Frost 5 grad – dann Schnee bis an den Nabel und plötzlich Regen, aber was für einenr, und die Strassen, Schnutz bis an Knöchel.

[6] München ist ein reines Paradies.

Heute denke ich gerade daran, an Orlowski zu schreiben, ob Du nicht in Winkl den Sommer verbringen köntest. Wenn es nicht verkauft ist! Fahre doch einmal heraus zum Woidl, da wirst Du von ihm erfahren wie damit steht. Er selbst wirdt nie was dagegen haben. –

Ich selbst bin nur: <u>hier oder Mexico, schon wegen Baschl</u> und fürchte nicht wenn Du mir Geld schickst das ich gleich München höppchen!

Bussi Bussi mein liebes Goldiges Häzzchen,

Bübbchen auch.

[am oberen Rand von 4 auf dem Kopf stehend:] Adam sehr grüssen. Brief folgt.

199 *BvS am 6. März 1908 aus New York*

6. III 08.

Mein liebes Häzzchen!

Nein mein Häzzchen, es ist nicht so leicht sich zu entschlüssen. Schau! wenn ich hier was fünde so wird es nicht unter ~~20~~ 25 Dollar, und das ist 100 M. pro Woche – und Monat 400. M. Es ist möglich, nur aushalten, ich mache jetzt Proben fur einen ~~F~~Verwandten des H^r Keller der mich empfelen wird.

Mit Ohio war nichts.

[2] Ich will noch 2 – oder 3 Wochen probiren – bis jetzt habe nicht viel verloren – Märkl^x 150. M – halte Du mich vorleufig über das Wasser.

Du wirst in keiner Weise bereuen.

Es ist mir furchtbar schwer so ohne Material und Raum was vertig zu bringen – weis auch noch nicht die Geschmäcke der Amerikaner ich will mir jetzt unbeding irgend ein leeres Zimmer miethen da ich sonst zu keiner regelmässigen Arbeit komme.

[3] Also verstehst Du mich mein Hazz?

Ich bin einmal hier, warum soll ich denn alles nicht versuchen?

Wenn nicht, dann habe ich wenigstens innere Befriedigung – ich habe alles versucht.

Geld ist hier in unglaublichen Massen!

Mexico zieht mich wannsinnig Du glaubst kaum – aber ich fürchte nichts so viel im Leben wie das „Bereuen"

Wenn ich einmal da bin und immer denken muss, O hätte ich [4] doch alles versucht um Geld zu verdienen!

Denke Dir doch Häzzchen wenn ich Dir so jeden Monat 150 M schiken konnte, und selbst noch sparen –

Das wäre endlich mein Ziel!

Und was für ein Risico?

Sehr geringes, <u>vielleicht die Hälfte des Reisegeldes die Du mir schi-</u><u>ken willst.</u>

Kuhn und Keller sagen immer: Suchocki halten Sie aus, lassen sie sich durch nichts entmuthigen – der Resultat muss kommen.

Und das reitzt mich, sonst schon längst – Mexico!

[5] Heute war ich mit Kuhn in seiner gewesener Sommerwohnung am Hudsonriver, beinahe wie Isarthal aber grösser, hohe Ufer mit Granit Stalaticten und Segelbooten[300], das ganze Hauschen 12 Doll. p. Monat.

Hier ein Dollar soviel wie eine Mark – also ganz falsche Berechnung: 4,00 M. - ein Dollar – ein kleines Atelier 30. Doll: 120. Mark.

Man thut in ganz kleinen Lokalen zu essen und billig in grösseren à la Odeonbarau unerschwinglich – ohne 5. Dol: also 20 M. kann man sich garnicht sehen lassen.

[6] Mein Freund Kuhn sagte: Mensch was wollen Sie in Mexico? Bleiben Sie hier und machen Sie money, er hat wirklich Recht, wie schade das ich nichts mitgenommen habe ein Glas zur Probe oder was ähnliches, ich habe schon paar Thürschilder auf Metall geätzt und verkauft

---

[300] Hier fügte BvS die Zeichnung eines Segelschiffes vor der Skyline New Yorks ein.

– der Dollar rollt wirklich an einem vorbei, nur geschickt anpaken.[301]
Es ärgert mich furchtbar dass ich <u>kein Material hier habe</u>, und dass ich zum Edmund gehen muss, <u>aber ich muss</u>!

Meine Venetianer Teller fünden doch noch Verwendung – und mein Huzz wird nicht mehr lachen, sondern kauft sich schöne Kleidchen dafür.

Ohne englische Sprache ~~mi~~ ist man hier gleich null!! Kannst Dir denken mein Lieb wie mir ist, gerade wie vor 25 Jahren in Berlin noch schlimmer, hier gibt sich keiner Mühe was zu verstehen – in Gegentheil, und nur nicht ~~ich~~ als germen sich ausgeben, Unbeliebt!

[7] Angezogen bin ich auch wie ein Schuster, altmodisch, alle schauen sich um und zucken mit Axeln, hier geht alles nach letzter Mode, Frauen fabelchaft ~~auch~~ schöne, aber schteife Puppen und Hände entsetzlich ungepflegt, meine werden angestaunt –

Heute ist Sontag und alles ist geschlossen es regnet in Strömen – münchner Regen ist gar nichts dagegen – wir sitzen im Atelie und Kuhn spielt Gittare und singt Wedekind/[sche] Lieder – mein Feilitschstr Atelie war im[302]

200 *BvS um den 10. März 1908 aus New York*[303]

Ich habe bis jetzt hier vo[m] 10 Nowember also 4 Monate 85. Dollar gebraucht – davon selbst 40 Dollar verdient.

Und der Anfang in Einer Stadt ist immer theuerer als nachher. Jetzt habe schon Minus, und habe den Keller um 6 D. angepump.

Ich mache eben die Proben –

---

[301] Hier fügte BvS sechs geflügelte orange kolorierte Dollars ein.

[302] Der Schluss dieses und der Anfang des nächsten Briefes sind nicht erhalten.

[303] Beigelegt: Ein deutscher Zeitungsausschnitt, von BvS mit „Wie lieb" kommentiert, in dem von einer Frau in den USA berichtet wird, die ihren verstorbenen Mann nach 24 Tagen exhumieren ließ, um ihn fotografieren zu lassen, weil er es versäumt hatte, bei Lebzeiten eine Fotografie von sich herstellen zu lassen; der Fotograf versprach, die Bilder so zu retouchieren, dass der Fotografierte so lebhaft blicke wie nur je in seinem Leben.

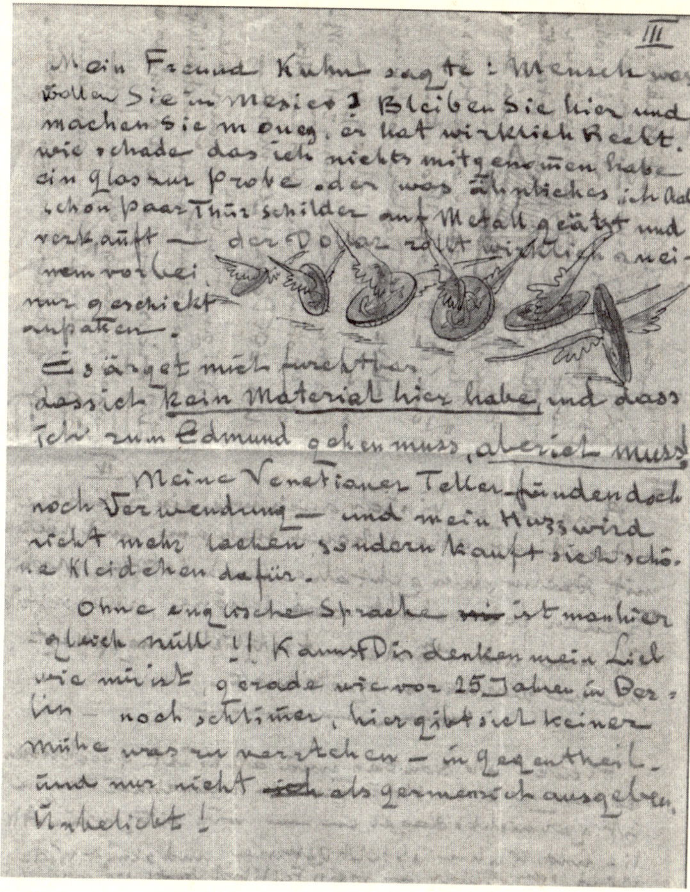

III

Mein Freund Kuhn sagte: Mensch was
wollen Sie in Mexico? Bleiben Sie hier und
machen sie money, er hat wirklich Recht.
wie schade das ich nichts mitgenommen habe
ein glas zur Probe oder was ähnliches ich hab
schon paar Thürschilder auf Metall geätzt und
verkauft — der Dollar rollt wirklich an einem vorbei
nur geschickt
anpacken.

Es ärget mich furchtbar
dass ich kein Material hier habe und dass
ich zum Edmund gehen muss, aber ich muss!

Meine Venetianer Teller fänden doch
noch Verwendung — und mein Hans wird
nicht mehr lachen sondern kauft sich schöne Kleidchen dafür.

Ohne englische Sprache ist man hier
gleich null!! Kannst Du denken mein Lieb
wie mir es gerade wie vor 25 Jahren in Berlin noch schlimmer, hier gibt sich keiner
Mühe was zu verstehen — in gegentheil.
und nur nicht als germanisch ausgeben.
Unheimlich!

Abb. 25 – Ausschnitt aus Brief 199 von BvS

Also Hazzchen hat gebalparéchen – und auf dem Schösschen gessesen – freches! Denke Dir doch mein Huzz [2] forgestern träumte ich vom Bal paré – als Zuschauer – Fries sitzt zwieschen Dir und Fedchen in der Loge und benihmt sich so, dass Lutz ganz empört springt auf und sagt: das ist mir doch schon zu dum!

Komisch!

Tila schrieb mir aus Rom[304], wie nett der Aufenthalt bei Dir war, und nur deshalb ist sie so lange in München geblieben und unter anderem spricht sich über Dich aus – – wie Du über alle Menschen hoch steht.

[3] Mein Huzze und liebes armes Kuzze, denke an die Wohnung, wie Du Dich wieder damit abrackern muss.

Je früher desto besser daran zu denken.

Ich glaube Du wirst nach Winkl gehen kännen, mache doch ein Sprung hin, um zu wüssen wie es damit steht.

An Orlowski schreibe ich schon.

Sonderbar mein Huzze ich denke gar nicht an Car[4]naval, hier hat mann thatsächlich nicht Zeit dazu, hier lauert nur ein Mensch auf den anderen, um ihm Money abzunehmen, gleich viel auf welche Weise.

Heute schneit, dass mann in der Strassen ersaufen kann.

Bussi, Bussi meinem lieben, <u>über alle Menschen schtehenden Häzzchen</u>

Ist frau Kuzze zu Hause? ich kann denn Klingel Knopf nicht fünden.

Dein SUCH.

Geld per Postanweisung.

201 *BvS am 17. März 1908 aus New York*

17.III.08.

Lieb, lieb, Huzze!

Briefchen vom 3 März Huzze verkatert auf Sofa nach einem Bal paré – armes Huzze – keine Sectglas schön vom Tisch herunter gefegt?

Die Lisa sitz Dir mir scheint immer in Nacken. Huzz, Huzz, Dein [2] Umzug, mir gehen schon semtliche Truhen, Kisten Divans ectra im Kopfe herum.

Hast Du schon eine Wohnung?

---

[304] Wir erfahren, dass BvS offenbar mit Ottilie Reylaender korrespondierte; er wanderte mit ihr im Frühjahr 1910 von Chicago nach Mexiko aus.

<u>Die Kiste mit Teller!</u>
Häzzchen schicke mir doch die 200. M – wenn ich Mexico – so krigst Du sie wieder!!

Mir hat schon längst angefangen sehr <u>krumm</u> zu gehen, und die Pumperei kann jeden Augenblück [3] versagen.

Endlich sind schöne Tage hier, Sonne und warm aber wie lange, denn es ist hier viel schliemmer wie in München.

Ich hätte beinahe eine Stelle bei „Undertaker and Enbalmer" angenohmen – man mus so genante „schöne Leiche machen" durch drapieren der Stoffen und Blumen – vorher aber balsamiren da ich aber noch nicht geübt mit einem [4] Hacken das Gehirn durch die Nase herauszuziehen, (Aber Hazzi pfui!) so bin ich nicht angenohmen.

Jetz kommt bald emtschluss vor oder Rückwerts.

Bussi mein Häzzchen und Bübbchen.

Sehr viele. DEIN. SUCH

[Rand:] Die Teller habe bei der Hand, vielleicht später hier schicken – <u>ich schreibe darum.</u>

202 *BvS am 23. März 1908 aus New York*[305]

Mein Huzzchen wenn Dir Deine Kasse erlaubt – kauufe und sende mir „Recklams[']": Kleist* – <u>Matias Kohhass</u> – Sienkiewicz: <u>Dorfgeschichten</u> – und Edgar Poe[306].

Wenn es geht – sonst mach nichts – wenn nicht.

Noch ein Bussi und Bübbchen auf Pitschi-Patschi

203 *BvS am 6. April 1908 aus New York*

6. APRIL

Adresse. 440.3. Ave. N.Y. City

Was macht mein liebes Häzzchen?

Eben schlägt jemand einen Nagel in die Wand, und ich denke, Häzz-

---

[305] Rückseitig ein Brief von BvSs „amerikain friend" Valeta Svensson: *„Thursday. [Absatz] Dear Such. [Absatz] No more letters will I send you if you do not write to me. [Absatz] We are all well and try to be happy. – [Absatz] Valeta."*

[306] Heinrich von Kleists Novelle *Michael Kohlhaas* (1810), Henryk Sienkiewicz' *Dorfgeschichten* (deutsch 1903) und Erzählungen von Edgar Allan Poe.

chen thut es in seiner neuen Wohnung.

Ist alles gut abgelaufen und ist Häzzchen nicht krank geworden?

[2] Viele Schätzchen im Carnaval gekappt?

Ich war hier ~~auch~~ auch ein mal im Februar auf einem Fest, unglaubliche Bande, auf bütten des Kuhn's habe, den Japaner gemacht – da waren die Miss and Misses ganz weg, so hat ihnen die Echtheit imponiert.

Übrigens hast Du schon einen japanischen Liebes Brief bekommen? Nein! [3] Ich auch nicht, aber einen Enlischen und das ist das Selbe.

Es ist unglaublich wie schwer die Englische Spache ist und – ekelhaft häslich wenn ich ein paar Italiener sprechen höre so bleibe ich stehen es ist wirklich eine Music.

Versuche doch den Bubbi an die Englischen Laute zu gewöhnen, es wird ihm später leichter und er muss doch englisch und französisch sprechen.

[4] Du hast keine Ahnung wie mir alles hier uninteressant ist: ein Mensch wie der Andere, der selbe Hut Kravatte, Stiefel, u,s,w, auch dies Misses.

Ich sehne mich nach einem Müchner mit Schnauzbart, grünen Hut mit Feder und hinten ein Dakai[307]. Ich würde ihn hier umarmen.

Ich bin wirklich lehr mein Gutes, ich küsse aber dafür mein Hazzi sehr und Bübbchen

Dein SUCH.

204 *BvS am 10. April 1908 aus New York*

10 April 440 – 3. Ave. N. Y. City[308]

Mein liebes Häzzchen. Du hast mir so viel liebes geschrieben und ich habe beinahe nichts zu schreiben.

Also Du hast soviele Eisen im Feuer, Papp, Fries, Adelsadoption[309], das ist sehr interessant wenn nur Du was davon hast. Der gute Adam, [2] ich glaube er hat hier auf der Bank so viel, wie ich in Honolulu,

---

[307] Der Dackel, der Münchner Charakterhund.

[308] In den USA-Briefen setzt BvS unter die Datums- und Ortszeile stets eine seitenbreite geschweifte Klammer. Sie wird hier nicht abgebildet.

[309] BvS bezieht sich hier *nicht* auf die (erst zwei Jahre später stattfindende) Eheschließung FzRs mit dem Baron von Rechenberg-Linten.

das heist er meint gut, hat aber längst daran vergessen, dass er hier nichts hat.

Sein Cousin hier, ist sehr zugeknöpft – ist auch nicht zu verdenken, bin ihm doch ganz fremd – ich fiel ihm möglichst wenig in die Kasse und wenn es überhaupt nicht mehr ging, neulig war ich gezwungen ihn aufzulauern er sagte mir aber er hat nur 10 cent.

[3] Ich wäre ihm dankbar wenn er mich nur zum Essen eingeladen hätte.

Und dabei was ich ihm schulde ist hier in Amerika eine Kleinigkeit. 14. Dollar die ich in ganz kleinen Dosis bekommen habe.

Natürlich werde ihn in keiner Weise mehr belästigen. – –

Was macht jetzt mein Hazzchen, hat sich schon [4] eingerichtet?

Da muss Häzzchen ganz verführerisch im Carnaval ausgesehen haben, die dicken Wädchen, und Samtdomino vo meiner[310] Schwiegermuter.

Was macht meine Frau?

Und was ich mache ist wirklich uninteressant. Einer sagte mir „Sie kennen viel Geld verdienen, oder verhungern.[“]

Ich glaube eher an das Zweite.

Einen Osternkuss

vom Such.

205 *BvS am 11. April 1908 aus New York*

Ostern

O Du mein Huzz mein Huzz, war mir heute elend nach Deinem Brief und Du bekammst noch dazu mein Telegramm in Deiner Lage wie bedauere dass ich abgeschikt den Soni's Teleg: an Keller nützte mir auch nicht viel.

Mein Herz, was für schwartze Wolken ballen sich [2] über unsere Köpfe.

Mit mir war so: von Keller war nichts zu kriegen vor paar Wochen habe 50. cent ausgepresst und zwar auf unangenehmste Weise, dann habe ich seit 8 Tagen eine regelrechte Malaria – Kopfwehe und Fieber wie einmal in Winkl nach dem Sonnenstich – vom Schlaffen

---

[310] Zwischen „meiner" und „Schwiergermutter" ist ein Kreuz eingefügt.

keine Rede ich treumte immer ich habe 10 Köpfe und jedes thut für sich extra weh – dann Erwachen, komme almelich zu sich, fasse mich am Kopf [3] – ich habe ja nur einen – ich lag so 3 Tage, meine Hausfrau brachte mir Lemonade zum trinken.

Noch dazu hatte ich ein Randervous mit M͏ʳˢ Svensson[311] im Museum (ameriken Frend) – ich habe es abgeschrieben dass ich krank bin.

Ich war noch halb in Delirium als jemand klopfte und da kommt M͏ʳˢ Svensson.

Mir war so als ob Häzzchen käme – nur sie ist schwarz und zweimal so gross [4] wie Du – und einen Hut der gar nicht in meinen Zimmer hinein ging.

Sie brachte mir, The, Zucker, Whisky und vor allem Chinin, sie ahnte das ich Malaria habe, weil ich schon längere Zeit über mein Kopfwehe klagte.

Da ich absolut nichts hatte und in der Stimmung bat ich sie das Telegram aufzugeben.

~~And~~ Am nähsten Tag war schon die Antwort: <u>Keller mein Konto 100 M. Soni</u>

[5] Ich ging sofort zu ihm und zeigte ihm Soni/s Teleg: und nach vielen Reden gab er mir 6 Dollar und in den nachsten Tagen sagte er mir: er <u>fündet doch eigenthümlich dass Hentschel stats die Depesche an ihm nicht mir direckt das Geld sendet</u> – ich habe mir den Grund gleich ~~d~~ gedacht, dass Du nicht hast und Adam wollte rasch mir helfen.

Keller sagte mir: warum ich denn nicht nach Mexico [6] gehe – er hat keine Ahnung vom Allem.

Er selbst geht im Maj nach Europa, er wird wohl auch Hentschel/ˢ besuchen.

Arbeit absolut keine zu fünden, dieser Zustand der Arbeitslosigkeit wiederholt sich for jeder Presidenten Wahl, die jetzt im Herbst statt fündet.

Und Du mein Huzze mein Kuzze auch ohne Geld und die unfreundlichen Sollner. Pfui!

[7] Die Gläser von Erlinger sind gar nicht zu brauchen <u>wenn sie dick</u>

---

[311] Zeitweilige Freundin BvSs in den USA.

<u>sind</u> – kein Mensch kauft Dir ab, sie springen bei brennen – und <u>kein</u> <u>Mensch kauft sie dem Händler ab</u>.

Das ist die ewige Quall die ich seit 20. Jahren hatte.

Das Glas mus dünn und leicht sein – dann ist <u>es leicht ihn alt zu ma-</u> <u>chen</u>

Nehme sie gar nicht an – es ist nur schade um Deine Arbeit.

[8] Meine Gläser waren <u>schon zu dick</u>.

Meine Teller werden nur auf Venetianer art gemalt: von Rückwerts und mit Lackfarben, brennen lassen sie sich nicht, vielleicht wenn Du sie viel dicker aus Venedig bekommst.

Vom Fayenze schreibe ich noch.

Leb wohl mein

habe wieder Kopfwehe,

Huzze – Bussi

Such

206 *BvS am 24. April 1908 aus New York*

24. IV

440.3. Ave. N.Y City

Mein Huzz, mein Liebes, was machen wir nun?

Mexico ist wohl auch ins Dreck gefahlen, ich habe auch Vorahnung gehabt dass Adams bombastischer aber gut gemeinter Brief auf schwachen Füssen stand.

Dass sich aber alles so gegen uns verschworen hat.

[2] Die gute Soni, resp. Du, wolte mir helfen durch v. Keller, aber mein Gott, er steht ihnen auch ganz fremd, seit Jahren hat er sie nicht gesehen, und da komme ich zu ihm mit einem Telegramm

Dann ist noch nicht zu vergessen: hier ist Amerika – Stumpfsinn und Rücksichtslosigkeit, denn in jemanden seine Lage sich zu versetzen, brauch man auch ein Wenig Geist.

Der v. Keller will mir einen Teller an jemanden [3] ~~am~~ verkaufen für .... 3. Dollar, und gab mir à Conto ... 1. Dollar Komentare überflüssig.

Gibt aber auch wirklich sehr nette Leute – natürlich selten, habe einen kennengelernt, es ist aber halber Engländer, darff sogar in seinem Atelie arbeiten – wenn ich nur was hätte – mit manchen Dollar hat er mir schon ausgeholfen, sonst wäre ich schon verhungert

Er wohnt nicht hier sondern bei N.Y. ungefähr soweit wie [4] Rosenheim, und kommt jeden Tag hinein.

Ich schrieb an ihn ob ich nicht die Feiertage bei A ihm arbeiten konnte, er schikte mir expresss den Schlüssel zum Atelie in einen Dollar eingewikelt.

Das war auch mein ganzes Geld für die Feiertage.

War das nicht rührend vom ihm?

Ich habe hier so feine Holzteller als Majolika nachgemacht, das ich sie in München mit leichtigkeit verkaufen [5] werde – sogar habe ich aus der Amerikanischer Geschichte ausgeholt – – meinst Du schaut sich ein Händler das genauer an?

Zu erst wiegt er in der Hand ob es Silber ist, was darauf ist das ist ihm egal – es muss einen <u>reelen</u> werth haben, oder muss furchtbar inposant sein.

Bei uns hat jeder ein gewisses Verständniss, und jeder Gegenstand hat in sich eine Geschichte und Epoche.

Hier muss nur grösse [6] und kostbarer Material imponieren.

Du hast keine Ahnung was für eine widerliche Bande sind die Amerikaner.

Ich kenne hier Leute „Künstler“ die für die Zeitungen zeichnen, was ich dem Bubi immer schike, ein Mist, die verdienen wöhentlich 400 Mark, wenn Du aber siehst, wo sie verkehren, mit wem und was und wie sie fressen, dann wirst Du [7] stauen, so ein Pack.

Na, ich schwätze w[i]e Frau Herzner beim Geschirr abspielen.

Tatatata,ta,ta Ja frau Gräfin hat sie gesagt – a Luada ist sie – – – –

Also mein Häzzchen, was soll ich machen? alles werde ich thuen nur nicht Menschliche Überreste, abputzen, Geschir waschen, wie ein Bekanter von mir that, der arme [8] Kerl musste sich immer dabei übergeben.

Du wolltest also meine Teller verkaufen, was würdest Du dafür kriegen vielleicht 5 M.

Die werden noch gemalt und werden Paar Hundert Mark dafür.

Ich schreibe Dir noch einmal über die Gläser von Erlinger: <u>Auf keinen Fall sie nehmen und wenn sie umsonst sind</u>

[9] Vielen Dank dem lieben guten Woja, gut das ich von ihm nicht

„Mexico" verlangt habe das wäre ihm doch sehr peinlich.

Ich komme immer mehr zu der Anschauung das Edmund mindenstens ein Esel ist – denn wenn man A sagt so braucht man nicht bis Y aber B muss ~~d~~ man doch sagen, und dann mich [10] hier 6 Wochen auf mein Telegram, Brief aus Hamburg – eingeschriebenen Brief von hier warten zu lassen ist ganz einfach <u>dum rücksichtslos</u>.

Er hat sich ganz einfach lächerlich gemacht.

Mir scheint aber dass bei ihm geht so schlecht und ~~so~~ er so bereut das ganze Unternehmen, dass er keinen „neheren" [11] Zeugen haben wollten.

Dann verstehe ich ihn – .

Herr Gott, fange wieder von dem verdammten Mexico.

Eigentlich dass abenttheuerliche Häzzchen hat mich auch dazu getrieben – Das Gute.

Ich kenne hier einen wirklich lieben Anglo-Amerikaner[312], und kann wenigstens in seinem Ate[12]lie zu jeder Zeit hocken, und wenn er merkt dass ich auffalend viel Wasser trinke, so fragte er gleich: Mr Sukoki, you are hungry? und ladet mich sofort zu einem Souper.

Er sagt mir immer: Sie müssen sich eine Position hier erkämpfen, was wollen Sie in Germeny?

Also Häzzchen Bussi, Bussi, schnel Geldchen schicken ich werde nichts veruntreuen – SUCH.

207 *BvS am 29. April 1908 aus New York*

29 – APRIL 440 – 3. Ave. N.Y.city

Huzz – Kuzz mein Liebes.

Über das Arrangement „Adam – Keller" bist Du jetzt im Klarem.

Er hat mir wenigstens heute einen gemalten Holzteller verkauft – 3 Dollar – da gehts wieder ein paar Tage.

[2] Natürlich hat es keinen Zweck hier herum zu nörgeln, und wenn ich bis jetzt hier lebe, so habe ich nicht zu verdanken dem Keller, – zu dem ich nur dan ging wenn ich absolut nicht wusste wo hin?! – Ich habe selbst alles mögliches versucht, momentan poliere ich Kupferplatten – [3] aber das ist alles nur aus der Hand in den Mund, fur ein Tag.

---

[312] Der oben erwähnte „halbe Engländer".

Meine amerikanische Freundin[313] geht mit ihrer Mutter nach Iova hinter Chikago, wo sie ein kleines Hotel betreiben, ich soll mit und helfen – Kochen u,s,w, besserer Hausknecht, 20-Dollar p. Monat und freie Station. Ich hätte Lust, aber doch zu wenig bezahlt [4] und zu weit (25 Dollar die Reise).

Es ist doch nichts.

Also zurück, aber wie?

Wocher die 200 M? Und die Kleider fallen mir auch schon vom Leibe.

Ich hätte jetzt furchtbare Lust nach Mexico, aber nur paar Wochen, um da gewesen zu sein – die Hentschel/^{s} ziehen mich gar nicht mehr an.

[5] Wenn ich dem Edmund die 200 M. nicht mehr werth gewesen bin, so kann sie mir jetzt den Puckel runter rutschen.

Aber ihm die Zunge ausstreken möchte ich noch doch, schon deshalb weil er Dich nicht mag.

Viele meiner Bekannten die in Mexico waren sagen: man ist sehr vom diesem Land entteuscht, es ist öde, [6] Californien! Ja! Das ist was anderes, das ist Paradies!

Auf diese Weise tröste ich mich dass ich in Mex: nicht war.

Eigentlich habe ganz vergessen, was macht Bubi's Weinhöppel[314]?

Hier wird wannsinnig warm, und grün, interessiert mich das [7] aber garnicht, unglaublich stumpfsinniges Land und man wird auch selbst so.

Neulich am „Union Squar" platzte eine Anarchistenbombe, dass die Fleischstücke nur so herum flogen – Arme, Beine und Schedel – war gerade dabei, eine Stunnde speter irgendeine religieuse Secte kniete an der blutiger Stelle [8] und bettete Vater unser.

Vatter unser einglisch ist nehmlich zum todlache.

Das sind die einzigen Abwechslungen in N.Y. Leben.

Also Huzz mache mit mir was Du willst.

Viele Bussis

Dein Faulpelz.

---

[313] Valeta Svensson.

[314] Evtl. ist H. R. Weinhöppel, einer der „Elf Scharfrichter", gemeint.

Warum chreibt das Häzzchen auf einem Pappendeckelchen?

Muss immer 20 Pf. Strafe zahlen – Böses!

209 *BvS am 5. Mai 1908 aus New York*

5. MAJ.

440. Third Ave. N.Y. city

Nun mein liebes liebes Häzzchen?

Lange kein Briefchen und mir scheint eine wichtige Enscheidung ist unterwegs.

Und zwar: Hier hast Du Geld und komme zurück oder: Ich kann Dir [2] nicht helfen.

Bin auf beides vorbereitet – ich bin jetzt nur Pessimist.

Ich schrieb Dir von einer „amerikain friend" das ich mit gehen sollte nach Iova und im Hotel mit helfen, es kennen alle „Möglichkeiten" entstehen in der Ferne – ich rechne aber genau, was ich „jetzt" haben kann – und das ist sehr wenig.

[3] Sie angagiren mich für 4: Monate, das ist à 20 $ per Monat: 80 $ die Reise hin und zürick 50 $ also bleiben 30 $.

Für Kleidr Stiefel 20 $

Wenn es also alles gut ablauft bin nach vier Monaten wieder in N. York mit 10 Dollar in der Tasche.

Unsinn!!!

Das hier for Winter besser wird ist keine Hoffnung, jetzt spitzt [4] sich Alles auf die Presidenten Wahl im Herbst, ein Symptom der sich alle vier Jahre wiederholt, doch niemals so ungünstig wie jetzt.

Lieber Hazz, ich bin schon hier 6 Monate und habe viele Beziehungen angeknüpft die mir wirklich helfen möchten – doch vergeblich – und noch länger so herumlungern halte ich nicht aus.

Wenn es Zweck hätte: ja!

[5] Eigentlich was quatsche ich Dir so viel, was Du Dir selbst denken kannst?

Mein Beruf ist nehmlich so: entweder zahlt man dafür hier sehr viel oder man braucht nicht.

---

[315] Ein 8-seitiger leerer Brief – nur der angegebene Text findet sich darin.

Ich meine Kirchenfenster.

Mit Antiquitäten ist hier nichts los.

Ein Land ohne Geschichte und alter Kunst.

Ich glaube zur Zeit der A[u]sstellung in München [6] wäre viel zu machen, es wird doch starker Vremdenverkehr sein – und Du kennstest mir viel ~~hef~~ helfen wenn Du neben mir arbeitest.

Keller sagte mir er schrieb an Adam, wenn er ihm 100 M. schikt so kann er mir wieder nach und nach aushelfen – naiver Mensch – da kann doch ebenso gut Adam gleich mir das Geld senden, er ahnt es aber [7] nicht wie es mit Adam steht.

Hoffentlich jetzt besser.

Was machst Du mein Häzzchen?

Bist Du gesund?

Und mein liebes, theueres Bübbchen?

Mein „Amerikainfriend" will in 2 Jahren auch nach München mit ihrem 10-jährigem Bubben komen, das wäre famos für Bubi um englisch zu lernen.

[8] Sie ist verheiratet mit einem Sveden.

Was soll ich noch schreiben an mein Gutes Häzzchen – wirklich weis ich nichts mehr, so monoton ist hier.

Ich Bussi Dir mein Lieb

Dein SUCH.

Ob die „Cecilie" mir was wichtiges bringt? Ich glaube Frau Kuzze ist nicht mehr zu Hause.

210 *BvS am 13. Mai 1908 aus New York*

13. ~~J~~Maj

440-3.Ave N.Y.C.

Mein Huzze, scheint mir, hält ein Vehmgericht über mich, was geschehen soll.

Vielleich bringt mir übermorgen der „Kronprinz W" einen Brief.

Ich will nie wider dem gutem Häzzchen, wie ein getrener Bobi was vorwinseln.

Hier ist jetzt [2] so heis wie am <u>heisestem</u> Tag in München – na, das kann schön werden!

Es ist unglaublich wie Leute fliehen aus Amerika – alle Dampfer voll besetzt besonders die Italienischen nach Genua, und sollte ich den Amerikanischen Dreck von meinen Füssen schieteln, so werde ich auch nur Italienische Linie nehmen, nicht durch denn faden Kanal – Es ist auch billiger.

[3] Ohne einem Anzug werde ich von N.Y. nicht gehen mein Häzzchen – meine sind schon unmöglich.

Wie gehts es meinem Huzz?

Mit der Wohnung ist wirklich ärgerlich, wenn Du nach Wien gehst, so kannst Du beim Pfaffenzeller am besten einstellen.

Wie die Zeit hier vergeht – wie sagt Bubi? Du bist wie ein Blitz!

[4] Nächste Woche stehe ich Model, es gibt 2. mark per Stund, 3 Stunden jeden Abend. – Gott sei Dank das man noch gerade Haxen hat – am Tage vergolde ich die Rahmen für einen Bekanten u,s,w.

Na, was sagst Du zu denn zwei Starnbergerbrauten des Pfili von Liebenberg[316] – Harden kommt raus!

Nächstens mehr.

Viele Bussis Dem Gemause – Dein SUCH.

211 *BvS am 17. Mai 1908 aus New York*

17. Maj 08.

440.3.Ave.N.Y.Ci

Na, Na, mein Häzzchen liebes gutes, Du schreibst und bist resignirt über Deine Gesundheit wie „Camelien Dame".

So schlimm wird es wohl nicht sein.

Also zurück!

Gut!

Nur bitte mir keine [2] fertige Schiffskarten zu senden – Auf kein Fall!

Ich besorge sie mir hier billiger.

~~Du~~ Bis das Geld zu dem Zweck ankommt – 3 Wochen – kann sich doch noch eine Gelegenheit mir bitten irgendwo anzukommern – und dann bleibe ich!

---

[316] Gemeint sind der Eulenburg-Skandal und Hardens Rolle darin. 1906 war Phillip zu Eulenburg-Hertefeld von Harden der Homosexualität bezichtigt und politisch diskreditiert worden.

Denn verstehe mich mein Hazz; wenn ich nur 12 $ verdiene – und das ist das Geringste hier – so kann ich Dir [3] doch schon 50 Mark in Monat geben.

Wenig aber doch.

Auf jeden Fall ich denke an <u>meine Rückreise</u> – denn ich freue mich unglaublich – und doch werde ich hier noch alles in Bewegung setzen um mich einzuhacken –

– denn hier ist

<u>Geld</u>!

Ich fürchte mich gar [4] nicht von der Arbeit in München, habe wirklich Lust dazu.

Ohne möglichkeit und Sicherheit vom Mexico zurückzukommen würde ich <u>niemals hin gehen</u> – ich habe zu viel „Kostbares" in Europa – und als der Plan reif war da hatte ich auch gewissen Rickhalt bei Dir.

Nur deshalb habe ich mich dazu entschlossen.[317]

212 *BvS am 27. Mai 1908 aus New York*[318]

27 MAJ 08

Ach Du mein Häzzchen, nun habe ich ganz vergessen an Dein Geburttägchen, wie schade – nächsten Jahr werde ich schon nachholen.

Mein lieber Huzz ich blase auf dem letzten Loch und Montag die Letzte Enscheidung Iova oder nicht und ich glaube Iova [2]

Hier geht es nicht länger, mein Schutzengel der Angloamerikaner verlässt sein Atelie am l[etzten] Maj und da ist meine letzte Zuflucht auch dahin – er lud zwar mich zu sich jeden Tag zu kommen – Entfernung wie München – Rosenheim – das hat aber alles kein Zweck.

Es fängt aAlles kurz und klein zu gehen. Stiefel u,s,w. und wenn erst Einer hier zerlumpt herum ge~~hent~~ geht, dann ist er überhaupt verloren.

Vielleicht zum ersten mal im Leben stehe ich for so einem Entschluss wie jetzt – aber es muss sein.

[3] Geld von Dir kann ja in 8 Tagen auch in 14 Tagen kommen und bis da hin auszuharen ist absolut unmöglich.

---

[317] Der Schluss des Briefes ist nicht erhalten.

[318] Auf der ersten Seite links oben ein Bild, Pferd mit Reiter darstellend, dazu eine nicht zu deutende Phantasie-Inschrift in griechischen Buchstaben.

Mir kommt furchtbar schwer mich dazu zu entschliessen – aber auf meiner Stelle wirst Du auch nicht anders thuen.

Ich habe dort immer in der Nähe Chicago, wo grosse Glassmalereien sind und falls das Geschäft in Amerika in Herbst besser gehen sollte, werde mich bemühen hin zu kommen – vorleufig bin ich aber <u>sicher</u> meine Reise und Kleider [4] zu verdienen.

Und englische Sprache!

So, mein Huzz mein theueres Mamai – Montag, Dinstag wird sich das entscheiden.

Geldchen, wem ich zur Reise nicht verwende werde sehen Dir zurück schiken – höstens dass ich was davon abzwicke und mich eimal satt fresse – sonst nichts mehr.

Bussi, Bussi Du mein liebes Mamaihazz

Dein SUCH.

213 *BvS am 5. Juni 1908 aus Chicago*

Chicago 5. Juni. [links daneben und umrahmt eine zweite Adresse:] Central City – Iowa U-S-A

Mein liebes, liebes Häzzchen. Nu was sagst Du dazu? Dein freundliches Briefchen, dass ich bald Geld bekomme kamm als schon alles arrangirt und ich bin unterwegs dahin als Koch und Mêître d/Hôtel mit 100 Mark pro Monat – die Reise kostet mich aber selbst 100 M hin und zurück.

Ich war hier in der schlimmsten Stimmung, dass die Erlösung kommt und ich gehe weiter.

In N.Y. ging nicht mehr weiter, mein Freund der mir so viel ausgeholfen hat[319], sagte mir: ~~Sagte mir~~, Sie müssen was unternehmen, ganz egal was, länger [2] warten auf Reise gehn kännen Sie nicht – hier ist Amerika vergessen Sie nicht, und ich nahm die Stelle an, übrigens sehr nette Leute, wo ich wie Kind zu Hause bin.

Jetzt ist folgendes: um meine Reise hin und ~~hin~~zurück zu verdienen muss ich in der Stelle <u>3 Monate bleiben</u>:

Juni – Juli – August, also kann in München erst ende September sein – notabene wenn ich das Geld für den <u>Dampfer von Dir habe</u>.

---

[319] Gemeint ist der „halbe Engländer" (vgl. Brief 206).

Also, Du fasst Dich sehr kurz und schreibst mir sofort: Dass Du ohne ~~M~~ mich in München und noch ohne das vorgeschtreckte Geld kannst Du [3] nicht bleiben und ich sende das Geld sofort zurück und komme erst in Winter für mein erspartes Geld.

Und jetzt noch was:

Ich war eben in einer Glasmalerei um auf jeden Fall ein Hinterhalt zu haben – und die Leute wollten mich gleich behalten. Jetz bin ich wieder ganz vergnügt – ich kann zu jeder Zeit die Kocherei aufheren wenn mir nicht passt.

Jetzt gleich hier zu bleiben ging absolut nicht, die Leute aus Iowa sind sehr nett zu mir und haben mir doch das Ganze Geld vorgeschossen, aber sie nehmen mir gar nicht übel [4] wenn ich nach einem Monat sie verlasse und gehe in die Glasmaler in Chicago. Es sind eben Amerikaner und gennen jedem sein „business"

In einem Monat werde jedenfalls hier zurück kommen – es ist ganz nahe – und Geldchen verdienen.

Mein Zug geht in 2 – Minuten.

Busssi Bus

Du mein Haz

Dein SUCH

214 *BvS Mitte Juni 1908 aus Central City/Iowa (auf Hotelpapier)*

von unglaublicher Grösse[320] – Mein Verchältniss zu den Leuten ist folgendes: Mutter und Tochter – Witwe und Frau – Mann ist in N.Y – übernahmen das kleine Hôtel in der Grösse vom Schüssel in Grabenstätt – und führen mit dem Besitzer.

Ich werde furchtbar zährtlich behandelt und bekomme alles frei und ~~25~~ 20. $. pr Monat, sie über bitten sich in Liebenswürdigkeiten und möchten mir sogar Pferd kaufen um mich, meiner auf ein Jahr zu sichern, es wird wohl alles um sonst sein, da ich doch in zwei Monaten die Stelle in Chicago annehme. Jetz muss ich baldigst!

Die ersten 3-Tage war ich müde zum umfallen 5 Uhr fruh aufstehen und auf den Beinen bis 8 Uhr Abends, die Theres Arbeit in Winkl ist eine Erholung dagegen.

---

[320] Die beiden ersten Briefbögen sind nicht erhalten.

[2] Ich habe mit der Tochter eine Flasche Whiski im Eisschrank stehen und nehme von Zeit zu Zeit einen kräftigen Schluck – inzwie-
schen schaue ich auf meine Tomback Uhr und sehe Gottseidank der
Zeiger bewegt sich.

Zwieschen einem Pfann Kuchen und nächsten Stick schüsse ich eine
Rathe[321]

Teller-Ra[n]d!!!

Mein liebes, liebes <u>Häzzchen aufp</u>assen[322]

215 *BvS im Juni/Juli 1908 aus Central City*[323]

Hier sende ich Dir meinen Iowa Häzzchen: kleine „Nelly".

Sie war vom ersten Tag beinahe unglaublich, sie konnte nicht vorbei
gehen ohne mich zu berühren, – früh war sie schon in der Küche
Hallo Such! Dann legte sie ihre Hand aber ganz verstollen auf meine
Schultern, sie liess sich aber nie anfassen!

Ich habe solche Augen und – – – Füsse noch nicht gesehen.

Das gute Bübbchen soll sich bei meiner Lady bedanken – denn sie
hat ihm die Zeitungen die ich vergessen hab alle geschenkt – dann sie
wird ihm öfter schiken. Al[s]o eine schöne Münchner Karte [2] und
Dank für „Joke Paper". Sie kennt Bubbi durch meine Erzählung und
liebt ihn.

M^{rs} <u>Valeta B. Svensson.</u>

<u>202-E-18th. Str.</u>

<u>New-York City.</u>

Edmund hat mir nur ein Paar Worte geschrieben als er mir die Be-
nachrichtigung wegen des Koffer sandte.

Ich fühlte aus seinem Brief: er schämt sich.

Also mein Kuzze, Adam ausfragen und mir gleich schreiben beim
<u>Umziehen</u>, was Du nicht brauchst bei den Leuten stehen lassen wie
meine Truhe u,s,w.

Mein Häzzchen, noch eEins: beim <u>Möbelwagen unten bleiben, sonst</u>

---

[321] Zwischen „Rathe" am Ende der Zeile und „Teller-Ra[n]d!!!" am
Anfang der nächsten ein Blitzeichen, das sich über die zweite Hälfte der Seite erstreckt und mit seiner Pfeilspitze nach unten rechts deutet.

[322] Des Schluss des Briefes ist nicht erhalten.

[323] Der Anfang des Briefes ist nicht erhalten.

<u>wird alles gestollen</u> – wie jedes Mal der <u>Fall</u> war – Bussi
Dein SUCH.

[Rand:] Adam soll doch als mein Bevolmächtigter mit der Baschl den
Schluss machen!

216 *BvS am 2. Juli 1908 aus Central City auf Hotelpapier (wie oben)*

2 7. 8[324]

Mein Huzz, 14 Tage sind nun schon vorbei und zwar am Herd, ich
bin von 5 Uhr auf den Beinen und es gibt viel zu thun trotzdem mir
Mutter und Tochter helfen, um 6 Uhr sind schon 10 Leute zum
Breckfest und die <u>blöde</u> Bande muss schon früh, Steck, Pfankuchen,
Meisbrott u,s,w haben und zwar mit rasender Geschwindigkeit.

Central City – ziemlich die Helfte nach Guaymas[325] – denke dir Grabenstädt nur sauberere aber langweiliger gebaut Leute von einer
Stumpf: dass Du keine Ahnung hast, wie überhaupt in Amerika –
Kirchen 4. Baptisten – Metodisten und noch andere Vicherei – Lage
ungefähr Wildenroth mit einem dreckigem Fluss – und in Umkreise
von 100 K. kein Tröpchen – Bier oder Whisky.

Eine Temperenzler und Heuchler [2] Stadt.

Die Burschen kaufen sich bei Drogisten Kölnisches Wasser zum trinken und gehen mit ihren Girls im Walde – – spazieren, passen aber
auf wenn die Glocken zur Andacht leuten. –

Ich habe von Chicago Briefe bekommen dass ich <u>schleunigst in der
Glasmalerei antrett</u>en soll – leider kann ich noch nicht da ich hier für
meine Reise 33 $ schulde und habe erst 10 $ im Sack.

Deine 10. M habe bekommen telegrafirt habe nicht da Du schriebst:
wenn kein Telegramm brauche kein Reisegeld und Du schikst mir
was Du kannst zur momentaner Aushilfi – ich brauche höchsten um
mich von hier auszulesen um meine Stellung in Chicago <u>nicht zu ver-
bummeln</u> – Pfankuchen bremt an –

Bussi, Buss Such.

---

[324] Gemeint ist „2. 7. 1908".

[325] Die mexikanische Stadt Guaymas (Provinz Sonora), die nächste größere Stadt von Edmund Hentschels Wohnsitz Bajonea aus.

Central City

5. Juli

Mein liebes Huzze,

hör mir doch einmal auf mit dem: <u>Land und Leute kennen lehren</u> –
wenn ich Dir 300 Teller zum waschen gebe vergeht <u>Dir</u> sogar der
Charme dafür, und dabei 15 Stunden auf den Beinen.

Land und Leute!!!

Stumpsinn – Blödheit – Conservenbüchsen, Kirchengesang. Ob Du
von N.Y. 1000 Kilom: entfernst bist oder 10,000. <u>das Selbe</u>.

[2] Von Chicago heute Brief bekommen, ich soll gleich kommen –
natürlich gehe nächste Woche – aber wie?

Hier bin ich noch 20 $ schuldig, ich gehe aber auf jeden Fall, denn
heute hatte ich schon kleine Auseinnadersetzung, denn Kochen ist
was anderes und Geschirr waschen was anderes – <u>und ich mache
beides</u>.

Ich gehe aber und wenn ich meine Koffer [3] lassen müsste.

An meiner Rückreise haben wir schon so <u>herumgekaut,</u> dass ich sie
nicht für wahrscheinlich halte.

Als ich Dir schrieb dass ich über Italien reisen will, da waren die
Preise bis 15 $ ermäsigt also 60. Mark nach Genua.

Du schriebst mir wichtig und schiektest 10 M. Wenn ich <u>nicht telegra</u>-
fiere dann kann ich nicht kommen und Du schiekst mir, was <u>Du ent-
beren kannst</u>

[4] Ich wartete!

Natürlich kommt wieder ein anderer Brief und wieder anderer
Resultat – wozu das Alles, wenn man 4 Wochen zu einer Verständi-
gung braucht?

Habe ich nicht kurz und bündig geschrieben: hast Du Geld so sende
rasch ich komme oder Geld zurück und nicht das ewige .. wenn ..
denn nur dann . . . u,s,w.

~~N~~

v. Keller hat genug gelacht über die „Münchner Art"[326]

---

[326] Der Schluss des Briefes ist nicht erhalten.

17. July

Pfui Such, so einen Brief an Deinen Huzz zu schreiben das war nicht schön.

Was macht mein liebes Kuzze-Häzzchen umgezogen?

Ich fahre heute nach Chicago, Gott sei Dank. Hände habe ich wie ein altes Küchenweib.

[2] Ich packe auch wieder mein Huzz aber mit Freuden und bin mit meiner Lady in bester Freundschaft.

Ich möchte Dir guten Rath geben, schmeisse doch die Faianzesachen zu Fenster hinaus wirst damit nicht vertig – Glaube mir.

Bussi – Bussi

Such.

219 *BvS am 28. Juli 1908 aus Chicago an Rolf zu Reventlow (Ansichtskarte aus Chicago, Schweine darstellend, „Contented and at Home in Chicago")*

Die armen Schweinchen kurz vorm schlachten Bussi Dein SUCHi

220 *BvS am 29. Juli 1908 aus Chicago*

29 – July Chicago Ill. 22 – Lincoln Ave

Mein liebes Huzze ich bin wieder hier und arbeite. Anfang ist immer schwer, es wird doch gehen.

Wie gehts dem Kuzze Huzze – Faianze?

[2] Wie kommst Du dazu mit Emeile darauf zu malen – ist den Faianze nicht selbst Emeille die Dir als Unterlage dient?

Also Porzelanfarben –

Ränderblau

Ziegelroth

Glaspurpurviolet C-11.

Deckgelb

Die selben Farben die Du mit Emeille mischst. Im Nationalmuseum kannst Du genug studieren – am besten [3] schmeisse alles zum Fenster hinaus.

Ich war nahe daran nach Mexico, brauchte nur ein Monat mehr kochen, da hätte ich meine Reise.

---

[327] BvS benutzte hier wie öfter Papier mit eingedrucktem gekrönten „S".

Vielleicht kriege ich meinen Koffer – es kamm eine Anfrage durch
Edmund aus Sanfrancisko, dass der Koffer vera[u]ctionirt wird – ich
würde mich sehr freuen.

Hier ist sehr nett, der Michigansee ist wunder[4]bar – ich sitze am
Strand und der Wellenschlag kommt mir so bekant for – ich denke,
denke auf einmal: das ist ja Forte . . . . –

Ich bin echt amerikanisch krank – Magen – und mache jetzt strenge
Kur durch hungern – es ist aber sehr schwer wenn man schon um
6 Uhr auf den Beinen seien muss.

Häzzchen gesund?

Bussi, mein Liebes und mein Bübbchen – SUCH.

221 *BvS am 8. August 1908 aus Chicago*[328]

8 – August Lincoln A^v 22, Chicago Ill.

Mein liebes Huzze Kuzze!

Dass mir das Kuzze nicht böse geantwortet hat, ist sehr schön, und
Kuzze kann auch nicht anders „bicause" sie ein gutes Hertzi hat und
– war auch <u>kein</u> Grund dazu.

Es handelt sich doch [2] <u>nicht ums Geld</u>, sondern um das Herumziehen wie <u>Du selbst sagst, Du</u> würdest in meinen Briefen nie <u>fünden
können</u>, dass ich wegen des Geldes ungehalten bin – und war –
<u>Basta!!!!</u>

Ich arbeite und schwitze, denn hier ist heiss wie Du keinen Begrief
hast. Glücklicher weise wohne direckt am Lincoln Park und Michigansee, und wenn sehr heis ist so schlafe ich im Park.

So ein Park in Amerika ist doch eine andere Einrichtung wie in Euro
[3]pa „Gott sei Dank" der Park gehört jedem und Du kannst auf
dem wunderbaren Rasen, schlafen, essen spielen und auf dem Kopf
stellen.

Ich bin schon ein gewohnheits Thier gevorden und stehe ~~eine~~ jeden
Tag um 6 uhr früh auf dann gehe ich zu einem Griechen, sage
„Kalimera" und nehme mein Breckfest ein, Thee, Brod und Tomaten
mit Salz – von ½ 8 bis 5 Uhr Arbeit nur eine halbe Stunde für Mittag
– na, und es geht!!

---

[328] Hier wie in weiteren Briefen erscheint im Briefkopf ein Rittersymbol.

[4] A propos. Mokiren über Adam, das war nicht boshaft a la Koch seelig, – der hats verstanden – und jetzt, der gute, liebe Adam, keinen liebe ich so wie ihn, aber – – – wieder nach Bolivia und ohne ein Wort englisch spanisch oder französiech, nonsens – !

Ich möchte ihn unbeding sehen, nicht wegen der Rückreise, die verdiene mir schon selbst. Endlich bekomme ich meinen Koffer der sich bis nach Sant Franzisko verirrt hat, hat mich schon [5] sauer verdiente 80 Dollar gekostet.

Die Lackmalerei! Mein Hazz es ist mir unmöglich zu beschreiben ich kann selbst auch noch nicht richtig und dann, verwöhne damit den Märkel nicht, sonst kommt er mit jeder Sauermilchschüssel angelaufen und verlangt Du sollst im Venetianish bemalen.

Unsere Teller werden „Wir" schon venetianisch bemalen, es wird sich lohnen.

[6] Häzzchen, sei vorsichtig mit ihm, und hast Du ein „Vorschuss", dann bist Du verloren, schreibt dann alles doppelt an, sei mit ihm kurz und bindig – besonders in privat Verhältnissen – es weiss dann die ganze Stadt.

Ein Klatschweib!

Er zahlt gut wenn man ihm zeigt, man braucht ihn nicht.

Habe 14 Jahre Erfahrung mit ihm.

Bussi mein Hazzchen und sei gut – SUCH.

222 *BvS am 23. August 1908 aus Chicago*

23 – Aug – Lincoln A⸱ 22 Chicago – Ill

Ich habe auch lange nicht geschrieben mein liebes Häzzchen, gedacht habe ich genug, ich war immer nöervös als ich mir veranschaulichte wie Du mit vertiger Arbeit zum Brennen, anderen Tag, voll Hoffnungen wieder abhollen – dann war die Helfte wieder geschprungen, schlecht gebrannt u,s,w, das känne ich seit 20. Jahren – da habe [2] ich immer verschoben und Gott sei Dank heute kommt ein erfreuliches Briefchen. Mein Hazz, glaube mir so eine Übersetzung ist sicherer als so eine varchluchte Malerei mit Brennen verbunden.

Bis jetzt machte es Dir vielleicht Spass, auf die Dauer aber wirst Du Dich bedanken. Auf die Dauer auch ist nicht bestimmt darauf zu rechnen.

278

Ich arbeite in einer Glasmalerei – Kirchenfenster – 72. Mark die Woche – Oho! wirst Du Dir denken – ja mein Hazz, wenn das in Europa wäre – aber hier ist das nichts – habe trotzdem schon gesparrt, ist aber schon wieder zum Teufel mein Koffer der sich nach S^T. Franzisko verirrt hat, wird endlich in meine Hände gelangen – kostet mich aber 80. Mark.

Bei Auspacken werde ich wieder an liebes München denken.

[3] Wann ich komme? Unter einem Jahre wirds wohl nicht – einmal bin ich schon hier, da muss ich schon was in meine Pfoten kriegen – oder packt mich wi irgendwas, da bin gleich wieder da.

Verliebt bin ich auch mein Huzz – – irgend was „unerfühlt mit bitterem Stachel martert" schon lange her – und sehr weit?

Scheidung? Adam soll doch vor Bolivia irgend was unternehmen – Bussi mein Huzz, Liebes – SUCH

[Umschlag-Rücken:] Bernstein Lack – Farben in Pulver wenig Lack –

223 *BvS am 13. September 1908 aus Chicago*

13 – Sep.

Mein liebes Huzze!

Ich war auch nicht besser schon 14 Tage und habe nichts geschrieben das ist: Pfui! werde mich bessern.

Ja Huzze hier wird gearbeitet – damisch 9 Stunden mit ½ Stunde Mittag – ich bleibe im Atelier und esse paar Brödchen – [2] um 5 Uhr Schluss und dann esse ich mein Mittag, sitze dam ein Wenig am Michigan See und um 8–9 Uhr gehe ich schlaffen.

Sehr interessantes Leben nicht war?

Und, sparren, sparren!

Die Reise nach Europa habe ich schon und mein Koffer aus Sant Franzisko kommt die Tage – 80 M – war er mir schon wert.

Mein Budget ist ganz genau berechnet – trinke nur am <u>Samstag Bier</u> aber schon nur das <u>Echte</u> – 2 Schoppen und das kostet leider 80. Pf. kurz und gut ich muss auf's Harr rechnen um meine festgesetzte Ersparnisse dem Blechkoffer zu übergeben.

Sonntag liege ich im Sand am See und brate, hier ist unerträgliche Hitze schon 2 Monate lange – plötzlich heute Nebel mit Rauch vermischt, die Sonne roth wie eine Japanische Laterne am Firmament –

in Canada brennen schon zwei Wochen die Wälder und der Rauch kommt bis hier her.

[3] Häzzchen! <u>Kümmere Dich um die Berliner Übersetzung</u>!!

Und nicht mit Selbstm – – gedanken herumtragen, das wäre ja direcktes Gefallen fur manche Schwabinger.

Ich schreibe diese Tage an Adam – da er doch keine Zeit haben wird mir zu antworten, so frage Du ihn, wann kommt er nach N.Y. Vergesse nicht dass ich Deine Antwort erst am 15 Oct: habe und er wird wohl schon unterwegs nach N.Y[329]

224 *BvS am 25. Oktober 1908 aus Chicago*

25. OCT.

Ei, Huzze, Huzze, pass auf dass Du nicht eine Schwiegermutter kriegst die gebore[ne] Katz ist.

Wie geht es mein Huzzchen, umgezogen, das Koksöfchen bränd und Fra[n]zl schnurrt – die schöne Ditlinden Zeit –

Was macht die ganze Schwabingerei, Lisa, Maja, [2] Wiesel – Luzenns u,s,w mir kommt so vor als ob ich von diesen Leuten einmal in einem Märchenbuch gelesen hätte.

Mein Koffer angekommen, ich bin sehr froh, auch alle meine guten Bekanten, Dorian Gray, Rafal, Simplicius und Uta, auch Nagel mit Frau Maria Grubbe[330] es ist ein herrliches Buch die „Maria Grubbe['].

~~In~~ „Schut und Asche"[331] habe wieder gelesen. – Du lachst!

Sporren hängen an der Wand mit Ungarischen Peitsche und Dein Bild mit Bübbchen.

Ist Adam schon abgereist? Ich schrieb einen Brief an ihn – ob er ihn bekommen hat?

Neulich hab ich einen Nonsens geträumt. Du wohnst mit – – Märkel zusammen! Grösserer Blödsinn kann doch wirklich nicht vorkommen!!

---

[329] Der Schluss des Briefes ist nicht erhalten.

[330] Oscar Wildes Roman *The Picture of Dorian Gray*, H. J. Chr. von Grimmelshausens Roman *Simplicius Simplicissimus* und J. P. Jacobsens historischer Roman *Fru Marie Grubbe*. *Rafal* und *Uta* konnten nicht identifiziert werden.

[331] Es handelt sich um den 1904 deutsch erschienenen Roman *In Schutt und Asche* von Stefan Żeromski, den FzR Korrektur gelesen hatte.

Ich möchte doch die Baschl los werden und dass sie wieder zu Frau v. Basch zurück kommt, ich zalhe ihr 5: Dollar.

[3] Hat Bübbchen eine Postkarte an – Mrs V. B. Svensson – 202. E. 18th. Str. New York city geschrieben? Sie wird sich sehr freuen. Bübbchen soll in einem Fahrradgeschäft ordineren Vaselin kaufen und die <u>Nickel Theile an meinem Rad einschmieren</u>.

Dann: seinen <u>Fuss Umriss</u> auf einen Stik papier – werde ihm Stiefel schiken Noch was, mein Huzze – solltest Du zwieschen Deinen Pfoto's, den Japaner fünden, sende bitte mir, die Platten sind da, aber Du wirst sie nicht fünden kännen.

Ich kusse Deine Pfoti. SUCH.

225 *BvS am 15. November 1908 aus Chicago*

15. NOV.

Mein liebes Häzzchen

nur nicht so schwartz vor sich sehen, denn sonst empfündet man das Doppelte – sind schon andere Stürme an Dir vorbeigegangen – nur die Gesundheit das ist das Schlimmste.

Es ist vielleicht nur vorübergehend.

[2] Das schwartze Bübbchen ist gut getroffen, sein Nacken ist naturgetreu.

Wie ist das Wöhnchen und was kostet?

Ich habe d. Adam zwei Briefe geschrieben – nach Berlin und N.Y. – was will er <u>zahlen</u> für irgendeine Arbeit – nur für Mittel zum Abendtheur gibts nicht.

Olga schrieb mir von Mexico – sie erwartet Adam und Sonja und dann gibts grosses <u>wieder sehen</u> – meint sie mich auch damit?

Ich glaube aber dass Adam schon über Buenos Ayres gefahren ist.

An irgend eine Cariere denke ich nicht aber mit ein paar Tausend mark will ich doch zurück kommen –

Mein Huzzchen, meine Kostümchen und Sächelchen schön <u>zusammen</u> halten absolut niemanden ausleihen – nur [3] Bübbchen darf spielen – Hörst Du?

Ich möchte gerne nach N.Y. übersiedeln da es dort besser bezahlt wird – überhaupt mein Fach ist hier auf dem Hund beinahe in vergleich zu den anderen –

Maas für Bubi Stiefel geschikt? Japaner Pfo: gefunden?

An M^{isses} Svensson Bubi geschrieben eine Postkarte?

Ich küsse schön Deine Pfötchen SUCH

[Umschlag-Rücken:] Wie alt ist Bubi

226 *BvS am 3. Januar 1909 aus Chicago*

3 – Januar 09.

Hatt das 9 nicht ein vernügtes Schwänzchen?[332]

Fanny! Sei doch ein Mann! Immer die Idee mit dem Umbringen, verschwünden von der Oberfläche dass niemand weis, wo, warum und wann das würde ich auch einmal machen.

Wie gehts es mein Huzze besser? Gesund? Vernügt

Ich ziehe meinen Karren weiter, bitte [2] mein Huzze nur keine Anstrengungen in Gestallt des Geldes für mein Zurückkommen – es würd schon alles von selbst kommen.

Ich glaube auch dass Adams Reise vollständig verkorkst ist. Armer Adam, er hat wirklich Pech besonders da er jetzt gewiss nicht selbst Schuld trägt~~an~~ – aus einem Bericht des Minen iIngeners von Bolivia (Adam sandte es mir) sehe ich dass Ernennungg einen Minen Manager hat dann nur Zweck, wenn er mindestens 100,000 Mark in die Hände bekommt, sonst ist nur eine Abendtheuerei! Und das die Actionäre das Geld nicht geben bin ich leider auch sicher.

Olga schrieb mir: sie freut sich schon auf das grosse Wiedersehen – sie meinte mich auch! Kuchen!

Mein Huzzchen, Du hast mir schon einmal Recht ge~~b~~geben, dass man bei Glässchen malen nicht fett wird, und jetzt willst Du sie engros anfertigen – nun befor Du mir wieder Recht gibst sage ich Dir dass Du nur sehr mager wirst!

Der Antiquar, und Du musst nur für einen liefern und nur ab und zu zahlt das Dreifache wie ein Geschäft.

Nur keine Fabrick!!!!!!!!!!

[3] Ich möchte lieber Unrecht haben, aber ich habe 20 jährige Praxis. So eine Schrieftstellerrische Arbeit mag für Dich eklig sein aber es ist doch keine 5 mark Arbeit die beim brennen noch dazu kaput geht.

---

[332] Bezieht sich auf die kalligraphische Gestaltung des Datums.

Na ja, Rathschläge zu ertheilen ist leichter als helfen –.

Maja mit Bauchlein! Muss ja niedlich aussehen – gib mir ihre Adresse. Mrs. Svensson hat sich sehr gefreut über „Rolfs" Postcarte – ich corespondiere mit ihr – .. englisch! Ist das eine Sprache, Pfui Taifi – . Gestern traumte ich von Bobbi und seiner Mutter sellig.

Mein Leben beginnt um 6 Uhr früh – Schluss der Arbeit um 5, dann Essen, und um 7 Uhr zu Hause und Schlaffen! Zum einschlaffen Coperfield[333] und zum träumen: In Schutt und Asche oder M. Grubbe [am oberen Rand von 1 auf dem Kopf:] Bussi auch Bübbchen – SUCH

227 *BvS am 28. Februar 1909 aus Chicago*

28. II. 09

Mein gutes Häzzchen

Ich sehe aus der Karte dass Dir gut geht – Gott sei Dank dass auch körperlich was bei Dir die Hauptsache ist – wer ist der nette „Fant" der so qcokett sein linkes Beinchen hebt – wie Böbbchen?

Adam und Sonja waren in N.Y und sind schon nach Bolivia. Resultat des Treffens war dass ich beweine Verlust von 400 M, und Adam ist in gescheftlichen Angelegenkeiten ein für alle Male ein „Hanswurst" [2] Zu erst das typiche Adam/[sche] telegraphiren: kommen Sie? Ich sende Geld! Dann ich kann nicht senden, weis Ihren Vornahmen nicht. Ich: Sie känen mir das Geld in N.Y. wieder geben, und ich fahre los. In N.Y. grosse Freunde, aber die Beiden zusammen sind unerträglich, fortwerend: Du sollst das nicht essen Du sollst jetzt schlafen gehen, Du sollst, und nicht, sollst – ich danke! ich sollte mit denen zusammen in Bolivia sein, ich würde ihm einfach in die Augen springen, und Sonja entführen.

Die ganze Bolivia ist ganz faul, er bekamm nur das Reisegeld für sich, für Sonja pumpte er zusammen, welches natürlich kamm telegrapfiesch nach N.Y. und ging wieder nach Europa, weil Adam verbumelte natürlich – also nur telegr: hier und her. Na, kännst ihn.

Er hat mir noch von Berlin geschrieben 500. M für Boliviareise sofort geben kännen, fur die Reise: Chicago – N.Y. nur 100. M –

[333] Charles Dickens' Roman *David Copperfield* (1850).

Und ich glaubte – ich Esel!

In N.Y. kamm Adam langsam mit der Sprache heraus er kann mir „Momentan" [3] die Reise nach Bolivia nicht geben, aber wenn er mich dort braucht dann „sofort" da kann ich ihm dort sehr nützlich sein und ich sollte für mein eigenes Geld nach Buenos Ayres fahren dort ist Sonis Schwester, die wird mir schon weiter helfen, überhaupt soll ich sie mitbringen – ist das nicht ein Esel?

Solche Reisepläne kannman nur bei Cafe im Leopold entwerfen, aber nicht hier. Ich sagte: daraus wird nichts!

Er fing an mit Klages/[scher] Logic und Retoric [4] mich zu überzeugen, dass wäre überhaupt ein Geschäft ich sollte mir 2 Esel kaufen und dort die Steine fahren lassen – von den Gruben zu Stadt – ich sagte ihm kurz: da wäre ich der dritte Esel!

Sonja lachte und er wurde wüthend.

Er wollte mir natürlich das Reisegeld in Bolivia sofort zurück geben – er selbst aber schreibt ein Brandbrief an „Fries" wegen Geld, man soll ihm nach Paname schicken – – nur 1000. Mark.

Nun jetzt kommt der Schluss: bei der Abreise auf dem Dampfrer sagte er mir: lieber Such [5] ich bin knapp mit Geld, ich kann Ihr Reise Geld Chicago – N.Y nicht geben!

Warum hat er mir nicht nach Chicago geschrieben, dass von der Boliviareise vorleufig keine Rede seien kann?

Ist das nicht eine Hanswursterei?

Er hatte kein Geld für mich aber er muss Sattel kaufen für 100. M. Revolver 100. M. u,s,w. Wo er alles von besster Sorte hat! Das thut nicht einmal Güttner.[334]

Ich verliess ihn einmal ganz wüthend auf der Strasse, weil er einen Cowboyhut fur 40. M. suchte.

Dabei hat er eine Frau bei sich für die er Reisegeld, wie er selbst sagt – mit Mühe zusammenpumpte.

Ich habe mein Geld nicht geerbt, sondern wie Sclave verdient und da fahle ich hier auf so einen „Sprüchemacher".

---

[334] Der Bildhauer V. Güttner besaß eine Sammlung von Gegenständen aus dem Indianerleben. Ein Teil davon gelangte später in das Karl-May-Museum Radebeul.

Jetzt habe ich die Zeit „vern von Madrid" bei 9Stundiger Arbeit 10. Wochen lang daran zu denken.

Na jetzt genug!

[6] Sonst ist der Adam natürlich der <u>gute „Woja"</u> aber <u>ohne</u> Sonja – hat sehr für Mrs Svensson geschwärmt und war sehr glücklich sie kännen gelernt zu haben – ohne sie wäre Amerika gar nichts – das glaube ich. Sonja hat von N.Y. nichts gesehen nicht einmal so viel wie Du „vom Constantinopel"

Ich werde jetzt jede Woche schreiben meinem guten Hazzchen.

<u>Bübbchen soll doch der Mis Svensson ab und zu „Jugend"[335] nach N.Y schiken</u>, sie interessirt sich sehr. Nicht vergessen.

Bussi meinem Huzze und Bubi.

228 *BvS im März 1909 aus Chicago*

ich werde mich kurz fassen[336] wollen Sie nach Amerika kommen? (Gemeiner Hund) u,s,w. Sie hällt das natürlich für guten Witz, und frägt mich ob ich nicht verrückt bin. Danach bekommt sie aber sofort eine „juristische" Aufforderung – Tabloaux!

Das ist sehr egoistisch so viel meinen Angelegenheiten zu schreiben, es kann aber für uns <u>beide</u> sehr wichtig.

Also baldigst und genaue Antwort.

Wer hat auf dem Couvert neben Sterns Gruss noch geschrieben? Fädchen?

[2] <u>Baschl Adresse! Deinen guten Rath!</u>

Von mir mein Huz habe absolut nichts zu schreiben – vom Adam höre ich gar nichts, es wird ihm wohl dort miserabl gehen – Olga schrieb mir, Edmund ist nach E.[uropa] um Compagnion zu suchen die Gesellschaft will kein ~~nich~~ Geld mehr für Mexico geben. –

Er wird auf dem Rückwege mich besuchen.

Meinem Häzzchen viele Küsschen auch meinem Bübbchen.

SUCH

Antwort baldigst!

---

[335] Das neben dem *Simplicissimus* berühmteste Münchner Periodikum der Zeit *Jugend – Münchner Illustrierte Wochenschrift für Kunst und Leben* (seit 1896).

[336] Der Anfang des Briefes ist nicht erhalten. – In der erhaltenen Passage spricht BvS über seinen Scheidungsprozess.

26 – MÄRZ.

Mein Huzze, mein Huzze, was soll nun werden, dass ist ja alles furchtbar traurig und was ist zu machen, eins bleibt noch uns wie Du selbst gesagt hast: wir sind noch jung.

Also noch alles versuchen. Wenn Amerika anderes Land wäre würde mich gar nicht länger überlegen Dich hier her kommen zu lassen – aber es ist wirklich unmöglich, das Land ist nur für Tagelöhner und noch ein paar Jahre [2] und ich bin auch so ein stupides Vich wie alle sind.

Du schreibst mir das so muthig dass Du das Bübbchen irgend wo zum aufheben gibst[337], dass ich ganz staune, aber ist auch ganz richtig und es ist doch nur eine gewise Zeit.

Was Du in Wien mit Bley[338] unternehmen willst habe keine blasse Ahnung, ich bin auch so stumpfsinnig dass ich mir nichsts ausdenken kann.

Ich bin von meiner langweiliger Arbeit ganz dumm – am Tage bei der Arbeit denke immer was ich schreiben werde und möglichst viel, aber wenn ich nach dem Essen Abends nach Hause komme – unmöglich.

[3] Ich bin gegen Alles ganz <u>apatisch</u>

Ich habe aber Zähne zusammen gebissen und ich werde aushalten!

Mein Anfang ist noch sehr schwach und ich muss mich noch sehr zusammen nehmen Adam\'s Reinfall zu überwinden.

Nur nicht Lust und Ausdauer ferlieren.

Adam hat mir bis jetzt noch gar nichts geschrieben ich erst recht nichts. Er soll mir aber mit welchen Vorschlägen kommen.

Der andere Idiot, Edmund schreibt mir aus Texas: ich bin unterwegs nach Europa und da ich in Chicago 6 Stunden Aufenthalt habe so mögte ich Sie sehen. Dann ein Telegram: El Paso. Texas Komme Dinstag 4. Uhr – Edmund

[4] Leicht gesagt – er kann an vier Bahnhöfen ankommen an dennen

---

[337] BvS bezieht sich auf FzRs Plan, Rolf bei Freunden unterzubringen, während sie nach Berlin und Paris reisen wollte.

[338] Der österreichische Schriftsteller Franz Blei.

ungefehr 16 Züge von El Paso kommen und um 4 Uhr kommt überhaupt keiner – und um ihn doch zu sehen, war ich zwieschen 4 und
10 Uhr Abends auf allen vier Bahnhöfen – das heist ich fuhr mit der
Car hin und her Vergeblich!

Huzzchen, ein Jahr noch und vielleicht komme ich schon und nicht
so schreiben besser wenn ich kein Kind hätte – nein Huzze so darfst
Du nicht sagen. Huzze ohne Bübbchen!

Ja, ich weis Huzze es ist leichter der Muthertheiler zu sein als Empfänger.

[5] Es werden vier Wochen sein wenn Du diesen Brief in Händen
hast nach dem Du Deinen geschrieben hast – wie mag sich schon das
alles in der Situation verschoben haben.

Huzze schreibe mir sofort wie es mit den Sachen in Deiner Wohnung
ist, was ist da von mir, wo Du das alles stehen lassen willst?

<u>Ganz genau?</u>

<u>Zeichnungen!</u>

<u>Wir kennen doch bei Pfhafenzeller einstellen oder Wetsch.</u>

Bussi und gleich schreiben –

SUCH –

230 *BvS am 3. Mai 1909 aus Chicago*

<u>3. MAI</u>

Gerade gestern habe, meine liebe Huzze einen Brief an Dich geschikt
und zwar wichtig wegen der Baschl, mir scheint Baschl et C<u>ie</u> denken
davon so viel ich jetzt – aber „Böswillige Verlassung" gibts nicht, in
gegentheil, ich bin nach Amerika um eine sichere Existenz für mich
und meine Frau zu suchen – lache nicht so boshaft Huzze!

Und die habe ich gefunden! Also noch einmal mein liebes Huzze: Eine
Anfrage bei Rechts[2]anwalt: Muss eine Frau seinem Mann folgen?

Wenn Sie nicht will: kann er sie auf Scheidung und <u>Entschädigung</u>
klagen?

Überchaupt, auf welchem Wege macht man das?

Die ganze Idee ist überhaupt <u>vom Fries</u>, welche er dem Adam anver-
traut hat, er ist aber Baschl et C<u>nie</u> Anwalt und ich werde mich
höchstens an ihn wegen Empföhlung eines Anwalts wenden.

Ich will dem Popp zu vorkommen für gräflichjüdische Noblesse.

Was ist mit meinem lieben Bübbchen – mein Gutes!

Bussis meinem Huzze

SUCH. [am unteren Rand auf dem Kopf:] $ 5. für die Trambahn.

9. Maj

Nun Häzzchen, bin ich jetzt nich fleisiger in schreiben?

Natürlich eine Portion Egoismus auch dabei.

Wie ist das Bübbchen? Besser! Und Huzze gesund?

[2] Und jetzt mal wieder bischen Baschl, nach und nach verfliegen alle Andstandsskrupel die ich noch hatte – mir ist damals nie in den Traum gekommen dass die Heirat unbedinkt mit der Adoptierung des Kindes verbunden ist – das kann ich mir mit reinem Gewissen sagen – Baschl hat mir auch kein Wort davon gesagt; dass das die Hauptsache sei, bis(!) von mir nicht anständig(?) wäre zu sagen: Nein, das gehört nicht dazu!

Thatsächlich gehört nicht dazu. Das Kind konnte eben so gut Baschl's Nahmen tragen – wie Bubi ~~D~~ den Deinigen.

Hanswursten Rolle habe in meinem Leben noch nie gespielt – noch weniger bin Fiel geneigt jetzt für 1500 M. zu spielen.

Das Huzzchen wird mir vollkomen Recht geben – und das ist für [3] mich eine vollkomene moralische Genugthuung!

Das schlaue Hazzchen soll mir jetz mit Rath und That beistehen. Wir müssen bemessen die Summe entsprechend Baschl/s Einkommen, die ich verlangen soll. Genaue Auskunft einziehen bis man vorgeht, denn sonst lieber gar nichts unternehmen – Adam sagte mir nach Fries Meinung – nichts leichteres! Zum 18 Maj meinem Huzzmamai Herzliche Glückwünsche. Bussi

SUCH.

6. Juni 09.

Eingeschrieben habe schon aufgegeben – es mus früher geschehen – – und jetzt noch ein paar Worthe mein liebes Huzzchen.

Die Summe zu bestimmen überlasse ich Dir und Fries und noch ein Mal: bitte ihm er soll die Sache übernehmen – berede mit ihm und

[2] theile mir mit wie viel muss ich ihm bezahlen – und wie viel vorraus und wann? [339]

Mir liegt daran deshalb dass er das durchführt – erstens Baschl hat vor ihm Respeckt – zweitens: möchte nicht einem anderem Anvalt wieder den ganze „Dreck" (verzeihung) vorkauen – dritens: er ist vielleicht durch Dich (?) und Adam mir gut bgewogen.

Das die Sache ein Jahr dauern wird bin schon vorbereitet – Du aber Hazze wenn es gelingt – darffst davon so viel nehmen wie Du magst.

Mir ist hier zum sterben möchte nach N.Y zur Mrs Svensson – aber da bin nicht sicher wegen Arbeit und will hier noch Edmund sehen wenn er von Europa nach Mexico fährt.

[3] Olga hat mir wieder geschrieben ich soll und werde Edmund sehen, dann – – wer weis? –

Mexico möchte ich doch sehen – –

Mein lieber Kreis ist gestorben! ich habe leider nichts von ihm – eine Scheibe ist ganz zerschlagen und muss erst gemacht werden, die Zweite erst angefangen – erhalte aber Märkel im Glauben dass das alte ächte Scheiben sind. Du weist aber nicht wo sie sind – er wird sie doch einmal kaufen – Bussi und Grussi Kanst Du den Bauerntisch retten? SUCH.

233 *BvS am 25. Juni 1909 aus Chicago*

Chicago 25.

Also liebes Huzze ich soll an Baschl wegen der Scheidung schreiben, und ihr verrathen dass mir was daran liegt – mir liegt aber nichts daran wann das geschieht – hauptsache dass ich Geld raus schlagen kann.

Ich soll so handeln dass es besser auschaut

[2] Gegen wenn soll ich nobel sein gegen diesen Wiener floh zu der ein armer Kohlenhändler kommt und bittet um 8 M. meine Schulden und sie bemüht sich ihm zu beweisen dass wir in getrenten Güterge-meinschaft leben und steckt manches grobes Worth ein – alles wegen die 8 M – Pfui!

Da begann die Schweinerei!

---

[339] Dieses Einschreiben – in einem kräftigen Umschlag 15,8x18,1 cm, der allein erhalten ist – wird am 5. Juni 1909 in Chicago eingeliefert, am 7. Juni in New York und am 8. Juni auf der „Kaiser Wilhelm" registriert.

Hat mir Baschl gesagt: Such, für die Verheiratung <u>Adoptierung des Kindes</u> inbegriefen bekommen Sie 1000 M?

<u>Nein</u>!

Du mein Huzze und Adam <u>hättet</u> mir bei der Bambs Adoptierung mit besserem Rath beistehen sollen – angefangen haben wir wie einen Carnevalscherze [3] und der Schluss sollte besser überlegt sein.

Auf Reise Vergütung lasse mich gar nicht ein – das wäre schön auschauen – ich danke! Wie verlorener Sohn der im Schoss seiner Familie zurückkehrt

Also ich warte bis Baschl & Cie selbst anfängt oder was Fries als rathsam vorfschlägt.

[4] Und wenn ich nichts bekomme, und werde sie so ärgern dass sie grün und gelb werden – und ich nehme ihr die Erziehung des Kindes aus der Hand – Grund: Verderblicher Einfluss der Mutter Verkehrs!

Ha!

Ich nehme das Kind und bringe meiner Schwester nach Warschau – ich mache so ein Kuddel Mudder – dass selbst [5] der Teufel sich nich raus kennt ist das Kind – Such oder Popp – Ropp – Savoi – Casperi u.s w.

Nur nicht für ein dummes gutmüthiges Schaff gehalten werden.

Na, da hast Du schönen Saps[340]!

4. Juli

Mein liebes Huzze.

Ich war gerade – zwieschen Luca und Pistoja[341], da kamm Dein grosser Brief, ich dachte schon ein Haftbefehl – also Fries will übernehmen, das ist sehr schon – aber warum will er einem Anderem Anwalt übergeben? Aus ethischen Gründen nicht gegen Baschl – sage doch ihm, ich bin schon zu lange in Amerika [6] um nicht zu wissen das – Time is money – und werde ihm ebenfalls so bezahlen <u>müssen und kämnen</u> wie einem Anderem – also warum sollte er nicht zu ende führen.

Er weis am besten wie die Sache verkorkst ist – na darüber werde ich

[340] BvS meint zwar „Spaß", schreibt aber „Saps".

[341] Das „zwieschen Luca und Pistoja" kann nicht wörtlich gemeint sein. Es handelt sich wohl um eine Beziehungs-interne Anspielung auf die Italienreise im Jahre 1904, die sie auch durch Lucca und Pistoia geführt hatte.

noch schreiben – ich beeile mich zu post – – sage ihm aber, ich bitte ihn darum. Schönen Dank und Bussi
SUCH.

234 *BvS am 11. Juli 1909 aus Chicago*

11. Juli 09
Mein liebes Huzze!
Warum ist das Huzze so verzweifelt traurig? Bübbchen nehme ich und wenn ich ihn entführen sollte – aber das ist ja alles ein Unsinn! Ich bin auch manches mal ganz verzweifelt.
[2] Edmund war jetzt hier mit Gaston auf der Durchreise. Edmund sagte mir: lieber Such wenn Sie wussten was ich mich geärgert und Geld verloren haben so werden Sie mir nicht übel nehmen – der Angermann hat ihm noch dazu eine ~~Sau~~Schweinerei angerichtet die unglaublich ist – na, und der gute Adam sitzt in Bolivia, wie vorauszusehen war und der Minen Ingener mit Revolver in der Hand vebitet ihn jeden Eintritt.
Das hat aber Adam vorher gewusst das der Ingeneur macht Ansprüche auf Enschädigung bei der Gesselschaft.
Nach N.Y. werde ich schwer kommen – die Reise 100 Mark jedenfalls kann <u>Fries</u> bei M^rs <u>Svensson</u> erfahren wo ich bin.
Liebes Huzze – Fries soll ~~w~~von seiner bekannter Energie [3] kräftigen Gebrauch machen in unserer <u>draien</u> Interesse.
Er muss doch auch bezahlt sein
Dann, wenn er an Baschl ge~~s~~schrieben hat muss ich <u>wissen</u> <u>was</u>? Um eventuel der Baschl eine Antwort geben wenn Sie an mich <u>schreibt</u> – und <u>was soll ich schreiben</u>. Du muss mir in voraus, um Zeit nicht zu verlieren <u>das mittheilen</u>.
Liebes Huzze Kopf hoch und lieb sein. SUCH

235 *BvS im Juli 1909 aus Chicago*[342]

Wenn Fries <u>abgereist</u> Adresse vom seinem Bureaux erfahren und mir gleich <u>mittheilen</u> – vielleicht bin ich doch in N.Y- Svensson 202 E – 18 Str City.
[2] Gaston lässt Dich <u>sehr</u> grüssen, erfuhr Deine Adresse kurz vor der Abreise von München –

---

[342] Ein formloser Zettel, der seines Inhalts wegen hier zugeordnet wird.

236 *BvS am 12. September 1909 aus Chicago an Rolf zu Reventlow (Ansichtskarte „Vacation days – Chicago")*

Einen Kuss meinem lieben Bübchen vom Deinem Such. Grüsse die Helaxel[343] und den Schweizer und die Maja Kuh.

237 *BvS am 12. September 1909 aus Chicago*

12. SEPT.

Huzze liebes!

Ich bin sehr glücklich dass Du <u>selbst</u> auf die Idee gekommen bist nach Winkl zu gehen, ich hatte etliche Bedenken Dir zu rathen –

– wegen Verwalter und Orlowski Du weist damals nach dem Krach mit Verwalter, er <u>bat</u> mich Winkl auf einige Zeit zu <u>verlassen</u> – ich werde ihm das auch ein mal unter die Nase reiben – wenn er Winkl nicht mehr besitzt!

Du aber auf eigene [2] Faust kannst natürlich ohne Bedenken unternehmen – er weis auch das Du jedes mal mit mir da warst und er hat mir <u>nie</u> angedeutet dass ihm das nicht passt – mir kommt aber nur so for als ob er etwaige Bedenken hätte man würde Count Orlowski mit Countes Reventlow in Verbündung bringen als Klatsch in München, und wenn es ~~sich~~ <u>mancher</u> nur geschmeichelt fühlen <u>könnte</u> – hier ihm geht es aber über seinen <u>Horizont</u>!

Not~~h~~withstanding! Du bist da und vertig.

[3] Ach Winkl, Winkl! Mehr wert wie ganz Amerika Amerika ist nach unserem Begrief: Wüste mit Lunchroom. Am besten sagte hier ein polnischer jude: was ist das für ein country – wo Vögel not song, die flower not smell und Wetter hat not time? Besser kann man nicht beschreiben!

Winkl ist für mich Begrief vom unbeschrenktem Raum und Zeit

Was will man noch mehr? Der Hagenauer Mayer ist gestorben! Ich betraure ihn sehr, was er für kluge Hechtaugen hatte, ich sehe ihn noch immer wie er noch weit im Feld noch immer umdrehte und rief [4] Herrgottsakra! Zenzi! Pass auf meinen Buabn!

Das war doch sein Liebling der Seppei mit seinen Talgkerzen unter der Nase. Die arme Mutter.

---

[343] Das Wort ist klar zu entziffern, aber unerklärt. Vielleicht entstammt es den zwischen BvS und Rolf gepflegten Kunstsprachen.

Ich treume so oft an Bobbi – neulich bellte er so deutlich tief in der Nacht das ich im Schlaf herunte[r] lief um die Tiere auf zu machen, dann weinte ich – Esel!

Sonja hat mir wunder schönen Brief geschrieben, sie ist in Buenos Ayres und wartet auf Adam, der vielleicht wieder mit einer Schreibmachiene und neuen Revolver ankommt.

Jetzt hält er wieder Beratungen [5] mit Fries.

A propos Fries!

Es wäre für mich von <u>wichtigkeit</u> Fries in N.Y. zu sprechen, da ich aber sehe wie er sich meiner Sache <u>energisch</u> angenohmen hat, so möchte ich nicht wieder hineinfallen wie auf Adam.

Du kannst Adam auf den Zahn fühlen auf welche Weise ich ihn in N.Y. traff aber nicht <u>direkt von mir</u> – er wird Dir selbst gestehen.

Wann ich komme wüssen die Götter, im Mai will ich unbedingt nach Mexico und dann vielleicht Bolivia wenn mir Adam Geld sendet u,s,w, – ich muss [6] doch auch eine Dumcheit in meinem Leben begehen – Du hast genug begangen und alle waren schön und interessant – ich möchte auch heiraten, vielleicht Tila – wenn es nothwendig <u>wird</u> –

– ich bin doch Dein <u>Schüller</u>!

Aber Häzzchen, wird immer mein Lebenshäzzchen sein! –

Deine Wappen! Du musst andere Technik lernen Studenten Wappen zu malen – die alte Technik ist Zeit raubend und ohne den <u>kitschigen Effect</u> wie es <u>gewünscht</u> wird.

[7] Es hat nur Zweck wenn es eine <u>antique Nachamung ist</u>

Sehe Dir einmal bei Frau Winkler wie die Müchner Kindl Gläser gemacht werden

Weisser Emeil wird mit Lack gerieben und das ganze Wappen angeschwemmt – das trocknet in kurzer Zeit – dann das Wappen darauf aufgepaust oder gezeichnet – mit Farben die Felder oder Figuren auskolloriert und mit schwarz oder dunkelbraun nachschatiert.

Der einfachste – schnellste Weg um bunte Wappen zu erziehlen. <u>Und Studenten wollen nur solche haben</u>.

Lasse Dir bei Frau Winkler zeigen wie der Emeil mit Lack gemischt wird, arbeite [8] überhaupt 1 oder 2 Tage und laboriere an ihren Gläser, da kannst Du nichts verderben.

Es ist sehr einfaches Verfahren glaube mir, und bleibe <u>nicht</u> bei dem altem FVerfahren.

Emeill und Farben kannst Du bei Frau Winkler kaufen – halte Dir überhaupt die Frau Winkler <u>warm</u>, denn wenn sie aufhert Dir die Gläser zu brennen, niemand thut es Dir, weil sie alle <u>Conkurenz</u> fürchten.

Was machen Landshoffs? Du schweigst so?!

Ist Bubi gross geworden?

Bekommt auch das Essen in Winkl? Ich hoffe

[9] Schreibe mir doch genau Huzze, <u>wo</u> und <u>was</u> für Sachen von mir herum aufgehoben sind.

Na, genug habe ich gequ[a]tscht – grusse mir den Adam – wenn die Scheidung nicht energischer betrieben wird – <u>dann gar</u> nicht anfangen and many, many Bussis

SUCH

Jetzt <u>1845</u> Lincoln A^x

Das Hausnummer umgeendert

Vergisse nicht in Winkl unseres Gut, die Fleischmaschine – Lampe, 2Vahsen bei Verwalter dort in einem Zimmer aufbewaren.

238 *BvS am 31. Oktober 1909 aus Chicago*

1. Nov[344]

Mein lieb Huzze!

Bist Du von Winkl schon zurück und vergnügt?

Adam gesehen und über die Scheidung gesprochen?

Mein Huzze mache das Möglichste in der Sache, insoweit Du kannst, das kann nur mein Wiederkommen beschleunigen.

Wie geht die Wappenmalerei – und malst Du so wie ich [2] Dir geschrieben habe? Erst emallieren in öl und dann kollorieren?

Und Bübbchen, mein liebes – Mrs Svensson fragte mich ob er auch die „Funpepers bekommt"

Bussis meinem Huzze Kuzze

---

[344] BvS irrt sich im Datum, der Poststempel des zugehörigen Umschlags ist eindeutig der des 31. Oktober.

SUCH

Gib mir die Adresse von Wereffkin[345].

239 *BvS am 14. November 1909 aus Chicago*

14. NOV. 09

Ist mein Huzze so verwappnet[346]?

Wie ist Ihr Winkl bekommen?

Die gute Svensson fragt mich immer ob Du noch in München bist und ob Bubbi die Funpepers bekomt, sie will nächsten Sommer auch nach München komen.

[2] Tila hat mich nach Deiner Adresse gefragt – was wollte sie?

Ich bin in das neben Haus (1843) umgezogen, zwei ältere Leute bei denen ich umsonst wohnen kann, aber o Gott! hätte ichs nicht gethan!

Hockt Adam noch immer in München und bespricht wichtige Dinge mit Molton[347]?

How is it Majas Babby?

Herz gott fange ich zu kauderwelschen – Huzze schreib mir bald was ist mit Baschl.

Bussi bussis

SUCH

---

[345] Marianne von Werefkin scheint Kontakte zu russischen Ämtern vermittelt zu haben, deren BvS in seiner Scheidungssache bedurfte.

[346] Vielleicht meint BvS mit diesem Ausdruck die Wappenmalerei, die in den vorhergehenden Briefen mehrfach thematisiert wird.

[347] Langjähriger Geschäftspartner von Albert Hentschel.

Anhang

Es fanden sich im Konvolut der Briefe BvSs auch zwei handschriftli-
che Texte von BvS – ein Gedicht und eine Prosaskizze – die vielleicht Briefen beigelegt waren. Wir fügen sie hier an:

240 *BvS vermutlich im Jahr 1905*

Es rinnen die die Wasser Tag
und Nacht,
Deine Seh[n]sucht Wacht.
Du gedenkst der vergangenen Zeit,
Die liegt so weit.
Du siehst hinaus in den Morgen
Schein
Und bist allein.
Es rinnen die Wasser Tag und
Nacht,
Deine Sehnsucht wacht.
S

241 *BvS vermutlich im April oder Mai 1905 aus München*[348]

In Tyrol[349] – auf dem Tisch im silbernen Becher – Enzian! wie in der
Ditlinden, im Kopf ein Wirrwarr von Erinerrungen – Scheftlarn -
nakte Füsse – Wolfrathhausen – ~~R~~ Gregori Weg[350] – Nein der Pole
nur![351]

---

[348] Zu diesem Text ist auch eine Konzeptfassung überliefert, die wir hier
weglassen, weil sie keine weiteren Gesichtspunkte bietet.

[349] Vielleicht lässt sich dieses „Tyrol" erklären mit O. A. H. Schmitz'
Schlüsselroman *Wenn wir Frauen erwachen* (München 1912), worin BvS als ein
„Fürst Casimir Kraminsky" auftritt und die Küche des Hauses in der Kaul-
bachstraße als „das Tyrol" bezeichnet (a.a.O., S. 217 und öfter).

[350] Ein Wanderweg von Kloster Schäftlarn nach Icking im Isartal.

[351] BvS spielt hier auf den von FzR so genannten „Rodiabend" an, den
Abend des 2. September 1902, vgl. Brief 96 und ihren Brief an L. Klages

Kein Fluidum!

Scharfrichter – Schwartze Tricos – Kuhschwänze – schwartz gefärbt, die nicht schwartz seien wollten.[352]

Enorm und kitschig![353]

Schewe!

Mittleid mit mir – und Anfang von rasenden Leidenschafft bis ich auf die Nerven fiel!!!! ––

Reise nach Italien[354], mit der Einbildung „Ich muss"

Bubi sitzt traurig auf der Treppe [2] bei Falckenbergs[355] – – – – Wo ist Mamai?

Solln!

Winkl!

Abschreibungen von König Schrei[356].

Botticelli![357]

Herum schleichen mit der Hantel in der Hand um das Hirn einzuschlagen aber – – – – – Bubi! – – – – [358]

---

vom 10. September 1902 (*Briefe* 401f.): „Denken Sie sich meinen Schrecken, als vorgestern plötzlich aus dem Walde Suchocki auftauchte." Am 9. September wanderten beide auf dem Gregoriweg nach Wolfratshausen.

[352] Gemeint ist der Scharfrichterball im Fasching 1903. BvS beschreibt die Kostüme, die FzR, Roderich Huch und er dort trugen.

[353] Der Vorwurf, „kitschig" zu sein oder zu handeln, traf BvS stets heftig. Er verwendete dieses Wort öfter, meist in etwas unklarem Zusammenhang. Hier ist das Kosmikerwort „enorm" damit negativ assoziiert.

[354] Gemeint ist hier vermutlich FzRs Italien-Reise mit Karl Wolfskehl im Frühjahr 1903, nicht die Fahrradfahrt nach Forte dei Marmi im Sommer 1904, denn da war der kleine Rolf dabei.

[355] Rolf war während dieser Reise bei FzRs Freunden Otto und Wanda Falckenberg untergebracht.

[356] Gemeint ist Franz Dülbergs Theaterstück *König Schrei* von 1905. FzR hatte 1904 Manuskript-Abschriften dieses Stückes angefertigt (vgl. TB 281f.). „D" steht dort für „Dülberg"; sie hatten eine kurze Liebesbeziehung.

[357] BvS spielt vermutlich auf ein „Botticelli-Fest" an (vgl. TB 280); dafür spricht auch die zeitliche Nähe zur Dülberg-Episode (März/April 1904), Franz Dülberg war Kunsthistoriker.

[358] BvSs Erwähnung einer offenbar geplanten Gewaltanwendung dieser Art hat realistischen Hintergrund; dies zeigen viele Stellen im TB FzRs , vgl. etwa SS. 286, 308, 346, 370, 373, 383f. und 434.

Italien.

Ein Mädchen die am Umfang zunimmt – wer war der Urheber – [359]?
Gleichviell! Man liebt Sie!!!!!

– – – – – – – – – – – – – – – – –

Ich sehe Sie vor mir sitzen, blond, ruhig – mit himmelblauen Ether-
augen die Jedem das Intimste und Kostbarste – – – – – – – – – – –

– – – – – – –

– – – – – – – – Die Juxers kommen ~~kommen~~ und schwätzen mit
Bütners[360]

---

[359] Interessant ist, dass FzR zur Zeit ihrer Schwangerschaft 1904 zwar
schon geraume Zeit mit BvS im selben Haus lebte, die Beziehung selbst sogar seit Jahresbeginn 1903 bestand, aber vor der interessierten Öffentlichkeit
doch geheim gehalten wurde. Vgl. auch BvSs auffällige Verschwiegenheit in
Witschenske im Herbst 1905 und noch zu Beginn des Jahres 1907 gegenüber
Ottilie Reylaender.

[360] Der letzte Satz legt eine Datierung auf April oder Mai 1905 nahe.

Namenserläuterungen

Personen- und Ortsnamen werden nur dann erwähnt, wenn die Briefpartner zu Person oder Ort eine Beziehung hatten. Nicht erläutert werden daher Personen der Zeitgeschichte, z.B. Stolypin oder Nietzsche. Auch Personen, die nur einmal genannt werden und deren Identität nicht geklärt werden konnte, bleiben unerwähnt.

Achilleion. – Die österreichische Kaiserin Elisabeth („Sisi") hatte sich dieses Schloss bei Gastourion auf Korfu erbauen lassen und zu einem vielfältigen Ausdruck ihrer Lebensträume und antikisierenden Leidenschaften gemacht, es aber seit 1892 nicht mehr besucht.

„Adam" → Hentschel, Albert

Agnes → Reventlow, Agnes Gräfin zu

„amerikain friend", „amerikainfriend", „amerikanische Freundin" → Svensson, Valeta

Angermann. – Um die Jahrhundertwende lebender Mexiko-Forscher.

„Anglo-Amerikaner", „Angloamerikaner" → „Engländer, halber"

Anna. – Eine Bekannte oder Verwandte der → Hentschels.

„Apothekerjugendfreund". – Entweder Erich → Mühsam oder Karl Schorer, der Sohn eines Lübecker Apothekers, mit dem FzR in Lübeck befreundet war.

Ažbe, Anton (1862–1905), auch „Ažbè" und andere Schreibungen. – A. A. war in Wien zum Kunstmaler ausgebildet worden und unterhielt in München eine bekannte Malschule für Akt und Anatomie.

„Bams" → Klett

Basch, Hedwig Eugenie von (1872–1931), auch „(das) Baschl", „meine Frau" (so von BvS genannt). – Alte Freundin FzRs aus ihren frühen Münchner Tagen. H. v. B. zählte zu jenen Frauen der Umgebung FzRs, die die 'vaterlose Mutterschaft' als Teil eines Lebenskonzepts imitierten. Sie ging mit BvS dennoch aus Familienrücksichten am 29.5.1907 eine von FzR gebilligte Scheinehe zur Legitimation ihres unehelichen Kindes ein, dessen Vater vermutlich BvS selbst war. H. v. B. verlangte aber, da BvS dieses Kind hiermit adoptiert hatte, später Unterhaltszahlungen. Die Scheidungsklage, die BvS aus Amerika betrieb, hatte erst 1919 Erfolg. Der Sohn – Klaus (Claus) von Suchocki – trat später als Flieger im Umkreis von Ernst Udet auf (unter anderem flog er das Aufnahmeflugzeug bei den Dreharbeiten zu Arnold Fancks Film *Stürme über dem Montblanc*, 1930, bei dem auch Udet persönlich mitwirkte). Er starb bereits 1931 an einer tropischen Infektionskrankheit.

H. v. B. nahm sich daraufhin das Leben.

Bas(s)eva, Bas(s)evi. – Bekannte von FzR und BvS in München.

Bene, Benedikta → Reventlow, Benedikta Gräfin zu

Bernhard, Hedwig, auch „Putti". – Jugendliche Freundin von Ludwig → Klages.

Beutler, Margarete (1876–1949), auch „das Beuteltier", „die Beutlerin". – Lyrikerin, zeitweise Mitarbeiterin der *Jugend*, langjährige Lebensgefährtin des Schriftstellers Kurt Friedrich-Freksa. M. B. gehörte der Bohème an, verfolgte ein ähnliches Lebenskonzept wie FzR und versuchte, mit ihr zusammen eine gewisse kulturelle Wirksamkeit zu entfalten. Sie stieß jedoch bei FzR auf Ablehnung. M. B. schrieb einige Gedichtbände, darunter *Gedichte* (Berlin 1903) und *Leb wohl, Bohème!* (München 1911).

Blechschmitt. – Münchner Antiquitätenhändler, Abnehmer von BvSs bemalten Gläsern. Nach BvSs Auswanderung versuchte sich auch FzR (allerdings erfolglos) in der Glasmalerei; B. und → Merkel gehörten zu ihren avisierten Abnehmern.

Blei, Franz (1871–1942), auch „Bley". – Österreichischer Schriftsteller, der sich ähnlich wie Michael Georg Conrad (1846–1927) sehr um die Förderung literarischer Talente bemühte; zu beiden unterhielt FzR Kontakte.

Brann, Paul (1873–1955). – Schriftsteller, Begründer und künstlerischer Leiter des „Marionetten-Theater[s] Münchner Künstler" (ab 1906) in München, wo es bereits durch den Grafen Pocci eine gewisse „Kasperltheater"-Tradition gab. Im Herbst 1906 war BvS bei P. B. – durch Vermittlung Ludwig → Landshoffs – in Nürnberg als Marionettenspieler engagiert.

Brockdorff, Rolf Baron von, auch „(der) Rolf". – Ein Vetter von FzR, der ähnlich wie sie adelige Familienzwänge aufgegeben hatte und 'unstandesgemäß' Ingenieur geworden war. R. v. B. war der sog. 'große Rolf', der Pate (und Namensgeber) für die 'Maus', FzRs Sohn, den 'kleinen Rolf'. Mit einer gemeinsamen Freundin, → Martha, mit der er sich zu dieser Zeit verlobte, weilten er und FzR im Herbst 1905 in Bregenz am Bodensee.

Bruhn. – Mit FzR von Lübeck her bekannte Berliner Familie.

„Bubi", „Bübchen" (und weitere Formen dieser Bezeichnung) → Reventlow, Rolf

Bücking, Luise, evtl. auch „Wiesel". – Eine zeitweilige Freundin von Franz → Hessel.

Buontempo, Ferdinand, auch „der Woldl" (2), „der alte Verwalter". – Kastellan im Schloss → Achilleion auf Korfu (bei Gastourion).

Butler, Miss. – Freundin von BvS in New York.

Büttner, auch „die Büttnerei". – Bekannte(r) BvSs, vielleicht zeitweilige(r)

Mitbewohner(in) in der Kaulbachstraße (Mai 1905).

Cacconi → Ceconi, Ermanno

Carlo → Wolfskehl, Karl

Catty → Reventlow, Karl Graf zu

Ceconi, Ermanno (1870–1927), auch „Cacconi", „Cecconi", „Zecconi". – Zahnarzt und in dieser Eigenschaft freundlicher Betreuer der stets zahlungsbehinderten Bohème. E. C. war verheiratet mit Ricarda Huch (die Ehe wurde 1906 geschieden).

Conner, Miss. – Eine Besucherin auf Schloss → Winkl im Mai 1904; dort mit BvS und FzR bekannt.

Cramer. – Bekannter von BvS; evtl. mit Ludwig → Klages befreundet.

Cubin → Kubin, Alfred

Dauthendey, Max(imilian) (1867–1918), auch „der Maxl". – Würzburger Dichter; hielt sich bisweilen auch in München auf. (Gedichtveröffentlichungen bis zum Berichtszeitraum u.a.: *Reliquien* 1897, *Singsangbuch* 1907) FzR war gewiss von M. D.s Neigung zu ausgedehnten Weltreisen fasziniert – zugleich auch irritiert von ihm.

Desyllas. – Ein griechischer Bekannter FzRs, der möglicherweise in Korfu zu Hause war. D. taucht schon 1902 im TB auf.

„dicker Woja" → Hentschel, Edmund

Doktor, auch „Dr(.)", „der Doktor", „die Frau Dr." usw.; FzR benannte ihre verschiedenen Ärzte oft abgekürzt. Es kann sich handeln um:
→ Hübler
→ Kavadhes, Kapso
→ Klein
→ Laudenheimer, Rudolf (bzw. dessen Frau)
→ „Ohrenautorität"
→ Schäfer

Drobner, Marie. – Eine Hausangestellte in der Kaulbachstraße.

Dülberg, Franz (1873–1934). – Schriftsteller und Kunsthistoriker; als seine beiden Theaterstücke *König Schrei* (1905) und *Korallenkettlin* (1906) erschienen, erledigte FzR offenbar Sekretärinnenarbeit für ihn. Für die *Jugend* schrieb F. D. unter dem anagrammatischen Pseudonym „Erzfragbündl" Schüttelreime; später widmete er sich Studien vor allem zur niederländischen Malerei. Im *Dame*-Roman ist er der „Doktor Gerhard".

„Engländer, halber", auch „Anglo-Amerikaner". – Freund BvSs in New York, der ihm öfter mit Geld aushalf.

Ernst → Reventlow, Ernst Graf zu

„Fädchen", **„Fedchen"**, **„(die) Fädchens"** → Landshoff, Philippine

Falckenberg, Otto (1873–1947). – Mitbegründer des Kabaretts „Die elf Scharfrichter", ab 1914 Leiter der Münchner Kammerspiele für nahezu drei Jahrzehnte. O. F. und seine Frau Wanda standen seit 1896 in freundschaftlichem Kontakt zu FzR.

Firman(n) → Fürmann, Heinrich

Fischer, Samuel (1859–1934), „Fischers in Berlin". – Der Berliner Verleger S. F. und seine Frau Hedwig, eine Schwester Ludwig → Landshoffs.

Flingelli. – Eine langjährige Hausangestellte und Vertraute FzRs.

Franzl → Hessel, Franz

Frieß, Alfred, auch Fries(s); im TB „Belami", „Monsieur" und „der fremde Herr". – Rechtsanwalt, wohl einer der wichtigsten Menschen im Leben FzRs, langjähriger vertrauter Freund und Geliebter, der dennoch wenig Anteil an ihrem Leben nahm. Kolportiert wird überall der offenbar als kennzeichnend empfundene Umstand, A. F. sei der Einzige gewesen, der stets einen Schlüssel zu FzRs Wohnung gehabt habe – es muss sich dabei um mehr als zwei Dutzend Schlüssel gehandelt haben. Im Briefwechsel taucht A. F. vor allem als Anwalt in BvSs Scheidungsangelegenheit mit Hedwig von → Basch auf. Im *Dame*-Roman ist er der „Georg".

Frigga. – Erste Frau von Rolf von → Brockdorff; Scheidung vermutlich 1904 oder Anfang 1905.

Fringelli → Flingelli

„Füchsin". – Zweite Frau von O. A. H. → Schmitz.

Fürmann, Heinrich (1870–1936). – Betreiber einer Pension in der Münchner Belgradstraße, die ihrer günstigen Preise und passenden Atmosphäre wegen über viele Jahre Sammel- und Fluchtpunkt der Münchner Bohème war. Das Gästebuch des Hauses erlangte Berühmtheit.

Futterer. – Einer der beiden aus Mondfeld bei Wertheim stammenden Brüder August (1865–1927) und Josef („Futterer-Sepp", 1871–1930) Futterer; beide waren Zeichner und arbeiteten u.a. für die *Fliegenden Blätter*.

Gaston, auch „Girard", „Gerard". – Bekannter von FzR und BvS; anscheinend auch mit Albert und Edmund → Hentschel gut bekannt; ging mit Edmund später nach Mexiko oder besuchte ihn dort. Er vermittelte den Kontakt zu dem Mexiko-Spezialisten → Angermann.

Gerard, Girard → Gaston

Graf, der → Orlowski, Franz Xaver Graf von

„großer Woja" → Hentschel, Albert

Gruhle, Hans Walter (1880–1958). – Mediziner und Psychologe. H. G. war ein langjähriger Freund und kluger Lebensberater, mit dem FzR besonders herzliche und vertraute Gefühle verband; sie hatte ihn über einen weiteren

Freund, den späteren Archäologie-Professor Herbert → Koch kennen gelernt. H. G. und Koch wohnten nicht weit von der Kaulbachstraße entfernt in der Mandlstraße. H. G., der Typ des zurückhaltend-sensiblen, scheuen jungen Mannes, ist die Person hinter der Titelfigur von FzRs Schwabing-Roman *Herrn Dames Aufzeichnungen*. (FzRs Briefwechsel mit Gruhle aus den Jahren 1904–1914 wird in der „Monacensia" verwahrt.) Später war er Psychiater in Heidelberg im Umkreis von Max Weber und Karl Jaspers; die Aufdeckung der Beziehung Gruhle/„Dame" ist Jaspers zu verdanken.

Güttner. – Der in Triest geborene und in München wirkende Bildhauer Vittorio Güttner (1869–1937) und seine Frau Anna; „die Güttners" waren Freunde und frühere Vermieter FzRs (1897). Frau G. war Patin des kleinen Rolf.

Hanna → Wolfskehl, Hanna

Harden, Maximilian (1861–1927), eigentlich: Felix Ernst Witkowski. – Einflussreicher Kulturjournalist und Herausgeber der *Zukunft* , Bekannter FzRs und einer der Subskribenten von *Ellen Olestjerne*. M. H. bezichtigte 1906 den Berater des Kaisers, Fürst Eulenburg-Hertefeld, der Homosexualität und des Meineids und warf ihm unheilvollen politischen Einfluss vor. – Am 3.1.1908 wurde Harden zu vier Monaten Gefängnis verurteilt, weil er auch den Berliner Stadtkommandanten Graf von Moltke homosexueller Neigungen bezichtigt hatte.

„Hausherr" (in Gastourion auf Korfu) → Janie

Heer, Jakob Christoph (1859–1925). – Schweizer Lehrer, Journalist und Romancier, zeitweilig Redakteur der *Gartenlaube*; u.a. Autor des Münchner Künstlerromans *Laubgewind* (1908).

Helene. – Wahrscheinlich Ludwig → Klages' Schwester Helene Klages.

Hentschel, Albert (1870–1928), auch „Adam", → „Woja", „Wojaadam", „großer Woja", von Else Reventlow falsch „Albrecht" genannt. – Geologe, Abenteurer, zeitweilig enger Freund von FzR. A. H. stammte aus Witschenske, Regierungsbezirk Danzig/Westpreußen (Wyciążkowo, Bezirk Wielkopolska), wo sein Bruder Edmund mit seiner Familie bis zu seiner Auswanderung nach Mexiko 1907 lebte. A. H.s Frau Sonja und Olga, die Frau seines Bruders Edmund, waren Schwestern, geb. → Teichmüller. FzR hatte mit A. H. im Herbst 1900 eine Griechenland-Reise (Samos) unternommen. Im *Dame*-Roman ist er der „Gutsbesitzer Henry".

Hentschel, Edmund (1875–1925), auch „dicker Woja". – Bruder von Albert → Hentschel, bis 1907 Gutsbesitzer in Witschenske. E. H. wanderte etwas früher als BvS nach Amerika aus, und zwar sofort nach Mexiko (Hazienda de Bajonea, bei Figuera de Zaragoza im Norden der Provinz Sinaloa); offensichtlich plante(n) er und/oder sein Bruder Albert, dort eine Silbermine zu eröffnen oder zu übernehmen.

Hentschel, Olga (1874–1968). – Frau von Edmund → Hentschel; Schwester von Sonja → Hentschel.

Hentschel, Sonja (1875–1947), auch „Sonji", „Soni" (im Tagebuch auch falsch „Somi" gelesen). – Die Lebensgefährtin bzw. ab 1901 Ehefrau von Albert → Hentschel. Ihre Schwester Olga war mit Alberts Bruder Edmund verheiratet.

Herstein, Adolf (1869–1932). – Polnischer Maler, mit dem FzR 1893 in München zusammengetroffen und in eine Beziehung getreten war; er war Vater eines Kindes von ihr (Fehlgeburt 1894). Über die Angelegenheit gibt ein geheimpolizeilicher Bericht aus den Münchner Justizakten kuriose Auskunft (abgedruckt in: *Die Münchner Moderne*, Stuttgart 1990, S.605f.).

Herzner. – Eine Haushaltshilfe o.ä. von FzR oder der → Landshoffs.

Hessels, „**Hesselmutter**". – Die in Berlin lebende Familie Franz → Hessels.

Hessel, Franz (1880–1941), auch „Franzl", „Hesselfranz". – Aus Stettin stammender Schriftsteller. F. H. lebte mit FzR und BvS zwei Jahre in der Wohngemeinschaft Kaulbachstraße 63, im „Eckhaus" des *Dame*-Romans; er ist darin der „Willy". Es gibt zahlreiche Briefe von FzR an ihn bis ins Jahr 1913 (*Briefe* 461–498). F. H. vermittelte im Frühjahr 1907 FzRs Begegnung mit dem französischen Schriftsteller Henri Pierre Roché (1879–1959). In Rochés Roman *Jules et Jim* kann FzR als Vorbild für die „Gertrude" angesehen werden; F. H. ist darin der „Jules". (Vgl. dazu das Vorwort sowie M. Flügge, *Gesprungene Liebe. Die wahre Geschichte zu „Jules und Jim"* Berlin Weimar 1993).

Hollósy, Simon (1857–1918), auch Hol(l)oschy und Holoschi. – Ungarischer Maler; unterhielt bereits ab 1886 private Malschulen in Ungarn und später in München, die bald Treffpunkte junger Künstler wurden.

Hübler, Dr., auch „der Doktor". – Gynäkologe in München.

Huch, Friedrich (1873–1913), auch „Fritz". – Vetter von Ricarda Huch (1864-1947), die ihrerseits betont keine Beziehungen zu FzR pflegte. F. H. war eine markante Gestalt in Schwabing und seiner komödiantischen Talente wegen, die er mit FzR teilte, überall bekannt. Es ist Ludwig → Klages zu verdanken, dass F. H. seinen ersten Roman *Peter Michel, ein komischer Roman* 1901 veröffentlichte; das Buch gehörte zur Lesegeschichte FzRs. F. H. war auch mit Thomas Mann und dessen Familie befreundet. Im *Dame*-Roman ist er der „Heinz Kellermann".

Huch, Roderich (1880–1944), auch „Rodi". – Ein Neffe von Ricarda Huch, gehörte seiner Schönheit wegen zum George-Kreis; er figuriert im *Dame*-

Roman als „Konstantin, der Sonnenknabe". R. H. war mit FzR befreundet, soll auch die Nr.4 des *Schwabinger Beobachter* (vgl. dazu das Vorwort) allein verfasst haben. Seine Witwe gab 1959 seine Erinnerungen im 30. Jahrgang der Zeitschrift *Atlantis*, S.143–150 unter dem Titel *Die Enormen von Schwabing* heraus.

Janie, auch „Janis", „der Hausherr", „Padrone". – Vermieter FzRs in Gastourion auf Korfu.

Jawlensky, Alexej von (1864–1941), auch „Javlensky". – Russischer Maler, traf mit Wassily Kandinsky (1866–1944) in München zusammen und gehörte der Künstlergemeinschaft „Blauer Reiter" an. Außerdem betrieb er eine Malschule, die FzR im Jahr 1905 besuchte.

Jokisch, Eduard (1867–vor 1926), auch „Jockisch" (im gedruckten TB falsch „Sokisch" genannt). – Maler und Radierer, Bekannter von FzR und BvS in oder bei Brannenburg; taucht im Zusammenhang mit „Schwesterchen und Brüderchen" (vgl. Brief 18) auf.

Junker, Axel, auch „Juncker". – Chef eines Berliner Verlages, der heute noch in München besteht. Die ursprünglich geplante Übernahme von *Ellen Olestjerne* in Junkers Verlagsprogramm zerschlug sich aber; Albert → Langen übernahm das Buch 1912.

Juxer. – Ein vorübergehender Mitbewohner in der Kaulbachstraße.

Kavadhes, Kapso, auch „der Doktor", „Kapso-Kavadhes". – Ein Arzt, den FzR auf Korfu konsultierte.

Keller, Baron von. – Verwandter von Albert → Hentschel in New York, an den BvS mehrmals verwiesen wurde.

„Klageles". – „Klageles" könnte von BvS übernommen worden sein aus dem von Roderich → Huch allein herausgegebenen vierten *Schwabinger Beobachter*. Darin wird der Antisemit → Klages mit dem pseudojüdischen Namen „Kageles" (sic!) als Spross einer althebräischen Rabbiner-Dynastie verspottet (R. H. erläutert seine Satire ausführlich selbst in *Die Enormen von Schwabing*, a.a.O., S. 150.)

Klages, Ludwig (1872–1956). – Eine der zentralen Gestalten des Münchner George-Kreises. L. K. war ursprünglich Chemiker, trat aber später als Philosoph und Psychologe in Erscheinung. Er war der langjährige 'Seelenfreund' FzRs und gesetzliche Vormund ihres Sohnes Rolf. Größere Publikationen erschienen erst ab 1922. L. K., der „Hallwig" des *Dame*-Romans, hatte stärksten intellektuellen Einfluss auf FzR (zahlreiche Erwähnungen in den TB). Vermutlich hätte FzR ohne sein Drängen ihren autobiographischen Roman *Ellen Olestjerne* nicht fertiggestellt, doch zeigen die Tagebücher auch eine ungewöhnlich problematische Beziehung zu ihm. L. K.

war – wie Karl → Wolfskehl – gleichsam Antipode zu Albert → Hentschel, der ihm recht unkritisch anhing, und zu BvS, der sich von K. abgewertet fühlte und dessen „verderblichen" Einfluss fürchtete.

Klein, Dr. – Gynäkologischer Betreuer FzRs in München bis zu ihrem endgültigen Weggang im Jahr 1908.

Klett, auch „Bams", „Bämschen". – Freund BvSs mit Kontakten zu Münchner Antiquitätenhändlern. Seine Frau Maja Klett war eine Freundin FzRs.

Klett, Maja. – Eine Freundin FzRs, über die nur das Folgende zu erfahren ist: Sie gehörte zu „dem 'ganzen Chor angenehmer Hexen' [FzR im *Schwabinger Beobachter*], den heute noch namhaft zu machen so wenig möglich wie nötig sein dürfte." (R v. Hoerschelmann, *Leben ohne Alltag*, Berlin 1947, S.126) Es gibt von ihr (wie von FzR, dem „Futterer-Sepp" Josef → Futterer, Franz → Dülberg und Friedrich → Huch) Bleistiftporträts von Fritz Wimmer, die bei Fuchs, *Sturm und Drang in München um die Jahrhundertwende*, München 1936, abgebildet sind; „Maya" auf S.105.

Koch, Herbert (1880–1962). – Archäologe, ein Dresdner Schul- und Studienfreund Hans Walter → Gruhles, war nach seinem Studium Mitarbeiter am Deutschen Archäologischen Institut in Rom, bekleidete mehrere Professuren in Deutschland bis 1959. In München bestand ein enger Kontakt zwischen ihm und FzR; sie besuchte ihn auch Anfang 1907 nach ihrem Korfu-Aufenthalt in Rom.

Kubin, Alfred (1877–1959). – Maler, Zeichner und wohl der meistbeschäftigte deutsche Buch-Illustrator der Zeit; interessant für unseren Zeitraum ist sein autobiographischer Essay in seinem Roman *Die andere Seite* (München ²1928). A. K. lebte und arbeitete von 1898 bis 1906 in München. Er war mit Oskar A. H. → Schmitz verschwägert; seine Frau Hedwig und er selbst figurieren im *Dame*-Roman als „Jadwiga und der Rabbi". 1906 verließ A. K. München und zog nach Schloss Zwicklett/Oberösterreich.

Kubin, Hedwig (1874–1948), auch „Mieze Kubin". – H. K. (Hedwig Gründler) war die seit 1901 verwitwete Schwester von O. A. H. → Schmitz, Frau von Alfred → Kubin. Kubin lernte sie nach dem Tod seiner Braut Emmy Bayer im Februar 1904 bei Karl → Wolfskehl kennen und zog Anfang Mai 1904 zu ihr; vier Monate später heirateten sie.

Kubinyi, Sándor (Alexander) von (1875-1949), auch Kubin(n)y. – Ungarischer Maler, Graphiker und Kunstgewerbler in München. Schüler von Simon → Hollósy, künstlerischer Mitarbeiter der *Jugend*; betrieb in München eine Malschule.

Kuhn. – Vermieter, aber auch Freund von BvS in New York Anfang 1908. Vermutlich handelte es sich um den Betreiber einer kleinen Pension o.ä.

„**Laboratorium**". – Kollektivbezeichnung für (vermutlich) Rolf von →
Brockdorffs Arbeitsstätte und die dortigen Mitarbeiter.

„**Lady, meine**"→ Svensson, Valeta

Landshoff, Ludwig (1874–1941), auch „Lutz"; „die Lu(t)zens", „die Sollner"
und die „Fädchens" (für „die Landshoffs"). – Musikwissenschaftler und
späterer Leiter des Bach-Vereins in München. L. L. engagierte sich offensichtlich auch in der relativ neuen Gattung des musikalischen Puppen-
spiels, das Anton Aicher ab 1913 zu großem Erfolg führen sollte. Für den
Nürnberger Auftritt des Puppentheaters von Paul → Brann verschaffte
L. L. BvS ein Engagement; allerdings zerschlugen sich seine und BvSs
künstlerische Hoffnungen schnell. L. L. starb in der New Yorker Emigration, seine Frau Philippine überlebte ihn um sieben Jahre.

Landshoff, Philippine (1880–1948), meist „(das) Fädchen". – Wohl die beste
Münchner Freundin FzRs, Konzertsängerin (Sopran), verheiratet mit
Ludwig → Landshoff. Das Ehepaar Landshoff figuriert in FzRs Aufzeichnungen als „die Sollner" oder schlicht als → „Solln"; sie bewohnten dort
eine Villa in der Heinrich-Vogl-Straße 15b, in der sog. „Villencolonie"
(später Prinz-Ludwigs-Höhe). FzR stand mit ihnen in enger Verbindung,
wohnte selbst immer wieder dort, brachte ihren Sohn Rolf vorübergehend
dort unter, half mit BvS beim Umzug etc.

Langen, Albert (1869–1909). – Bedeutender Münchner Verleger. A.L., schon
während seiner Pariser Zeit mit Wedekind und Strindberg bekannt, ist in seiner verlegerischen Ambition damit gut charakterisiert: Er förderte gezielt die
deutsche Moderne und vermittelte skandinavische Literatur nach Deutschland. A. L. war außerdem Begründer und Herausgeber der satirischen Zeitschrift *Simplicissimus* seit 1896 und Verleger anspruchsvoller französischer Un-
terhaltungsromane, die FzR häufig für ihn übersetzte (im Ganzen 48 Titel).
Ab 1911/12 übernahm L. auch alle Werke FzRs ins Verlagsprogramm.

Laudenheimer, Rudolf (1870–1947). – Nervenarzt, Darmstädter Bekannter
Karl → Wolfskehls, betrieb mit seiner Frau in Alsbach an der Bergstraße
nahe Darmstadt ein Kurheim, in dem sich FzR im Frühjahr 1905 zusammen mit ihrem Sohn Rolf als Kurpatientin aufhielt. R. L. emigrierte
1934 nach England und lehrte bis zu seinem Tod in Cambridge.

Laumen, Maria. – Eine junge Malerin der Generation FzRs, Schülerin des
aus Heidelberg stammenden Malers Wilhelm Trübner. Fuchs sagt von ihr
(*Sturm und Drang in München um die Jahrhundertwende*, München 1936, S.89),
ohne sie sei „Schwabing überhaupt nicht zu denken" gewesen.

Lessing, Theodor (1872–1933). – Kulturphilosoph und enger Vertrauter von
Ludwig → Klages. An einer Universitätskarriere hinderten ihn sein Juden-

tum wie sein Eintreten für sozialistische Ideale; er wurde von Nazis nach seiner Flucht aus Deutschland in Marienbad aus dem Hinterhalt erschossen. Bekannt wurde Th. L. durch zahlreiche Veröffentlichungen, darunter die in unserem Kontext besonders wichtigen Lebenserinnerungen *Einmal und nie wieder* von 1925 und 1928 (wieder aufgelegt Gütersloh 1969), worin er auch zu FzRs Freundschaft mit Klages ausführlich Stellung nimmt.

Levetzow, Viktor von. – Ein Vetter FzRs. Während ihrer Tessiner Jahre verbrachte FzR längere Zeit in V. v. L.s Haus auf Mallorca. Im *Dame*-Roman ist er der „Gardeleutnant".

Linnekogel, Julius, auch „Lulu" (von Else Reventlow falsch „Ludwig" genannt). – Redakteur des *Simplicissimus*.

„Louis Michel". – FzR schildert in *Ellen Olestjerne* (1903, S.162–171) ihre etwas kuriose Begegnung mit einem „Louis Michel" in Köln. BvS befürchtete, FzR könnte während ihres Alsbach-Aufenthalts auf einer Rheinfahrt diesen „L. M." erneut getroffen haben.

Lisa → Sensburg, Lisa

Lübke, Walter. – Ihren früheren Ehemann W. L., von dem sie 1897 geschieden wurde, erwähnt FzR im Briefwechsel zweimal im Zusammenhang mit Prozesskosten für die Scheidung; jedesmal unter der Bezeichnung „Lübeck" (W. L.s Wohnort).

Ludwig

(1) → Reventlow, Ludwig Graf zu,

(2) Ein Kinderfreund von FzRs Sohn Rolf.

„Lulu"→ Linnekogel, Julius

Luluschwester. – Schwester von Julius → Linnekogel.

„Lutz" → Landshoff, Ludwig

„Lutzchen", auch „der kleine Lutz". – Das Kind von Ludwig und Philippine → Landshoff.

Maja → Klett, Maja

Manasse oder **Manesse**. – Evtl. Bekannter von Ludwig und Philippine → Landshoff und/oder von Rolf von → Brockdorff.

Marchlewski, Julian (1866–1925), auch „Marchl.", „Marchlevskotu". – Polnischer Revolutionär (Pseudonym ʽJ. Karskiʼ); gründete im Jahr 1902 zusammen mit Alexander Helphand (Pseudonym ʽParvusʼ) im Münchner Exil den „Verlag für slawische und nordische Literatur", später „Verlag Dr. J. Marchlewski & Co.". Bis 1905 erschienen etwa 50 Titel, darunter die erste russische und die erste deutsche Ausgabe von Maxim Gorkis *Nachtasyl* (1902/1903) und Wedekinds *Hidalla* (1904). J. M. publizierte 1902 auch Lenins Zeitschrift *Iskra* in München. 1903 verlegte er FzRs

Erstlingsroman *Ellen Olestjerne*. Marchlewski schrieb außerdem zur Kunst-Theorie des Jugendstils; seine Tochter Zofia („Sonja") Marchlewska heiratete 1926 den Maler Heinrich Vogeler(-Worpswede) nach dessen 'Konversion' zum Kommunismus.

Marei. – Sie wird erwähnt im Zusammenhang mit der → „Oxerin" in → Winkl, vielleicht deren Tochter und/oder eine Hausangestellte.

Märkel, **Märkl** → Merkel

Martha, auch „Marthe". – Rolf von → Brockdorffs Verlobte.

Massalska, Julia (ca.1861–1924) (in der Korrespondenz nicht mit Namen genannt). – BvSs ältere Schwester, die in Warschau lebte.

„Matz". – Ein Freund von FzR; Ende 1902 kam es zu einer kurzen Liebesbeziehung.

Maurer, auch „die alten Maurers". – Ein Ehepaar, seit 1897 mehrfach im TB (im Autographen auch unter dem Namen „Luhenbach") erwähnt, zuletzt 1909. FzR besuchte sie regelmäßig zu Weihnachten und beschenkte sie.

„Maus" → Reventlow, Rolf

Maxl → Dauthendey, Max

„meine Lady" → Svensson, Valeta

Mengele. – Besitzer eines Reitstalles in München.

Merkel oder **Merkl**, auch Märk(e)l. – Münchner Antiquitätenhändler, Abnehmer von BvSs Gläsern, s.a. → Blechschmitt.

„Mieze" → Römermann, Maria; → Kubin, Hedwig

Misahm → Mühsam, Erich

Mühsam, Erich (1878–1934). – Ursprünglich Apotheker; später Schriftsteller, Herausgeber (und alleiniger Autor) der Zeitschrift *Kain*, herausragende Gestalt der Münchner Bohème wie der frühen anarchistisch-kommunistischen Bewegung in Deutschland. E. M. wurde Mitglied der Regierung Eisner 1919 und hatte dafür sechs Jahre Festungshaft zu verbüßen. Er wurde 1934 von den Nazis im KZ Oranienburg ermordet. Mit FzR verband E. M. eine jahrelange Freundschaft; er vermittelte ihr 1908/09 den Kontakt zu den Lebensreformern des Monte Verità bei Ascona und bald darauf die Eheschließung mit Baron von Rechenberg-Linten.

Müller, Rudi. – Wegen Abtreibung in Bruchsal inhaftierter Arzt; praktizierte in Markdorf am Bodensee. Langjähriger Bekannter von FzR, vermutlich noch von ihrem Bodensee-Aufenthalt im Frühjahr 1897 her.

Müller, Georg. – Bedeutender Münchner Verleger.

Mundi, E. – Münchner Pfandleiher.

Nohl, Johannes (1882–1963), auch „Noll". – Freund Erich → Mühsams aus

Berliner Zeiten und von diesem als der „typische Bohémien" und eine sehr begabte „Künstlernatur" beschrieben. Er tauchte in Schwabing und später im Tessin, im Umkreis des Monte Verità auf, trat aber im Gegensatz zu Mühsams ausdrücklicher Prophezeiung literarisch wenig in Erscheinung. Nach 1945 war er Verlagslektor bei Kiepenheuer in Weimar.

O. A. H. → Schmitz, Oskar Adolf Hermann

„Ochserin" → „Oxerin"

„Ohrenautorität", auch „Ohrenkerl". – Ein HNO-Spezialist, dem Dr. → Schäfer FzR zur Behandlung überwies.

Olga → Hentschel, Olga

„Onkel Käf", „Onkel Kêf" → Schadow, Hans

Orlonski. – Im Briefwechsel verwirrenderweise, vielleicht versehentlich, von FzR für Franz Xaver Graf von → Orlowski benutzt; „Orlonski" bzw. „Onski" wurde später zum Decknamen für BvS im *Dame*-Roman.

Orlowski, Franz Xaver Graf von, auch „der Graf". – Besitzer von Schloss→ Winkl, in dem sich sein Landsmann BvS allein und mit FzR öfter aufhielt. BvS unterhielt zu ihm gute freundschaftliche Beziehungen.

„Oxerin", auch „Ochserin". – Eine in Hagenau bei → Winkl einheimische Bäuerin, die mit FzR befreundet war. Ihr Name lautete Maria Schindler.

Padrone → Janie

Petrich, auch „die Petrichs". – Ein FzR bekanntes Ehepaar, das sich zur selben Zeit wie sie im Kurheim Dr. → Laudenheimers in Alsbach aufhielt.

„Professor". – Spitzname eines sehr alten Einwohners in Hagenau.

„Putti" → Bernhard, Hedwig

Raylaender → Reylaender, Ottilie

Reich, Martha. – Münchner Freundin FzRs im Umkreis um Bruno → Riezler und Hedwig → Kubin.

Reventlow, Agnes Gräfin zu (1861–1947). – Älteste Schwester FzRs, lebte auf Gut Preetz südlich von Kiel.

Reventlow, Benedikta Gräfin zu, auch „Bene". – Frau von Ludwig Graf zu → Reventlow.

Reventlow, Ernst Graf zu (1869–1943). – Bruder FzRs, Mitglied des Reichstags und Verfasser zahlreicher Bücher rechts-konservativer Gesinnung, später Mitglied der NSDAP.

Reventlow, Karl Graf zu (1874–1961), auch „Catty". – Jüngerer Bruder FzRs.

Reventlow, Ludwig Graf zu (1864–1906). – Ältester Bruder FzRs. Jurist, liberaler Reichstags-Abgeordneter, Vertrauter FzRs innerhalb der Familie.

Reventlow, Rolf [zu] (1897–1981), auch „Maus", „Bubi", „Bübchen". –

FzRs Sohn Rolf Reventlow (das „zu" ließ er ab 1919 weg) führte nach seiner Kindheit und dem Tod der Mutter 1918 ein bewegtes Leben, nahm u.a. am Spanischen Bürgerkrieg teil. Er arbeitete vor allem als Journalist und schrieb zeitgeschichtliche Bücher. Am Ende seines Lebens war er ein führendes Mitglied der Münchner SPD. Seine bislang unveröffentlichten Lebenserinnerungen *Kaleidoskop des Lebens* sind eine wertvolle Quelle auch für den hier behandelten Zeitraum.

Reylaender, Ottilie (1882–1965), auch „Tila" und „Raylaender". – Vor knapp einem Jahrzehnt wiederentdeckte Worpsweder Malerin. Sie war mit FzR durch einige Besuche in München bekannt. BvS lernte O.R. 1906 in München kennen, traf sie nach seiner Emigration in die USA 1910 und verbrachte dann 16 Jahre mit ihr an wechselnden Orten in Mexiko.

Riezler, Bruno. – Journalist und Musikkritiker, Bekannter von Hedwig → Kubin.

Rodi → Huch, Roderich

Rolf

(1) → Reventlow, Rolf

(2) → Brockdorff, Rolf Baron von

Römermann, Maria (1879–1963). – Schriftstellerin in München aus dem Umkreis von Ludwig → Klages, zählte zum Freundeskreis FzRs.

Schadow, Hans (1862–1924), auch „Onkel Kêf/Käf". – Weitgereister Maler aus der Berliner Malerfamilie Schadow (v.a. Porträts berühmter Zeitgenossen), Diplomat und Autor. FzR hatte ihn schon 1900 auf ihrer Samos-Reise mit Albert → Hentschel kennen gelernt.

Schäfer, Dr. – Hals-Nasen-Ohrenarzt, den FzR 1905 konsultierte.

Schäftlarn. – Die kleine Ortschaft „Kloster Schäftlarn" (ehemaliges Benediktiner-Kloster – heute Gymnasium – und bekannte Kirche mit Innenausstattung des Baumeisters Cuvilliés), auf dem Isar-Fluss-Niveau östlich von Ebenhausen, war wiederholt Aufenthaltsort FzRs, vor allem während der Niederschrift ihres ersten Romans *Ellen Olestjerne*. FzR wohnte damals jedoch nicht *im*, wie häufig berichtet wird, sondern *in* Kloster Schäftlarn.

„Schandleiche". – BvSs Bezeichnung für eine aktuelle Freundin von Ermanno → Ceconi nach dessen Scheidung von Ricarda Huch.

Schefer → Schäfer, Dr.

Scheftlarn, auch Scheftlar, Scheftlrn → Schäftlarn

Scheve, auch „Schewe". – Der sog. „Scheveabend" (im TB-Druck 253 steht falsch „Schererabend") war in der Beziehung zwischen FzR und BvS ein wichtiges Ereignis; vermutlich ist eine Gesellschaft bei Baronin Sophie von Scheve (geb. 1869) gemeint, einer Malerin, die zu Albert → Langens engerem Freundeskreis in München gehörte.

Schindler, Maria. – Der standesamtliche Name der → „Oxerin".

Schmitz, Oskar (auch Oscar) Adolf Hermann (1873–1931). – Schriftsteller, zählte zum Freundeskreis FzRs. Ein Briefwechsel aus den Jahren 1900–1909 ist erhalten (*Briefe*, S.449-460). O. A. H. S.s erster Roman *Wenn wir Frauen erwachen* (1912) ist ein Schlüsselroman, der auf FzR anspielt (nachgedruckt unter dem zweiten Titel *Bürgerliche Bohème* Bonn 1998). Im *Dame*-Roman ist er der „Adrian".

„Schmitzschwester", auch „zweite Schmitzschwester". – Eine der Schwestern von O. A. H. → Schmitz und Hedwig → Kubin.

Schuler, Alfred (1865–1923), auch „Schuller". – Gewiss das eigentümlichste Mitglied des George-Kreises. A. S. verfocht eine anti-jüdische *und* antichristliche Lehre von einem neuen Heidentum; sich selbst hielt er allen Ernstes für die Reinkarnation eines Römers der späten Kaiserzeit. Er war einer der Wiederentdecker der Swastika (des Hakenkreuzes), was ihn in den Verdacht eines Vorläufers der Nazis brachte; in jüngerer Zeit erhält er neue, wohlwollendere Aufmerksamkeit. Zu seinen Lebzeiten wurde so gut wie nichts von A. S. publiziert. Im *Dame*-Roman ist er der „Delius".

Sensburg. – Ehemann von Lisa → Sensburg.

Sensburg, Lisa. – Gute Freundin von FzR, taucht im Zusammenhang mit Rolf von → Brockdorff, Martha → Reich, Maja → Klett und den → Petrichs immer wieder auf; Näheres über sie wissen wir nicht.

Solln. – Südliche Ortschaft vor München (heute Münchner Stadtteil) auf dem westlichen Isar-Hochufer, auf halbem Weg zwischen Schwabing und → Schäftlarn, diente FzR in der Regel zur kollektiven Adressierung von „Fädchen" und „Lutz" (Philippine und Ludwig → Landshoff), bei denen sie auch oft wohnte.

„Sollner, die" → Landshoff

Somi, auch „Soni", „Sonja", „Sonji" → Hentschel, Sonja

Stern, Paul (ca. 1870–1933). – Privatgelehrter und Philosoph, lebenslanger Freund FzRs, als Berater beteiligt am *Dame*-Roman, in dem er als „Dr. Sendt" auftritt. Ein Briefwechsel 1904–1917 ist erhalten (*Briefe*, S.505–567). Eigenartigerweise publizierte P. St. nach seiner Dissertation *Einfühlung und Assoziation in der modernen Aesthetik*, 1897, nichts mehr. Um der nationalsozialistischen Verfolgung zu entgehen, beging er 1933 Selbstmord.

Strahlendorff, Hans von. – Münchner Maler, mit dem FzR eng befreundet war; eine Zeitlang fand sie Unterschlupf in seiner Wohnung.

Svensson, Valeta, auch „amerikain friend", „amerikanische Freundin", „meine Lady". – Eine Freundin BvSs in den USA, bei der er gelegentlich auch wohnte. 1908 eröffnete sie zusammen mit ihrer Mutter in Iowa eine Pension; BvS arbeitete dort einige Monate als Koch.

Teichmüller, auch „Teichmiller", „die Teichmüllers". – Vermutlich Eltern oder sonst nahe Verwandte von Olga und Sonja → Hentschel.

Teve, auch Tewe. – Bekannte von FzR aus ihrer ersten München-Zeit, die später in Warschau lebten.

Theres oder **Teres**. – Eine Dienstmagd in → Winkl.

„Tila" → Reylaender, Ottilie

Valeta → Svensson, Valeta

Verwalter

(1) Der Schloss-Verwalter von Graf → Orlowski in → Winkl.

(2) „Der alte Verwalter" → Buontempo, Ferdinand (→ Achilleion/Korfu).

Vura. – Vermutlich das nicht weiter identifizierbare Vorbild der „tanzenden Murra" im *Dame*-Roman (der „schwarzen Malerin") auf dem Antikenfest bei „Prof. Hofmann" (→ Wolfskehl).

Werefkin, Marianne von (1860–1938), auch „Weraffkin", „Weroffkin", „Werofkina". – Aus Russland stammende Malerin; kam nach Malerei-Studium u.a. bei Repin in St. Petersburg 1896 nach München (auf Anregung von → Jawlensky). Mitglied der Künstlergemeinschaft „Blauer Reiter". Aufgrund ihrer Kontakte zum russischen Zarenhof half sie BvS 1906 bei der Beschaffung der für die Eheschließung mit Hedwig von → Basch notwendigen Papiere; M. v. W. war auch mit FzR bekannt.

„Wiesel". – Vielleicht ein Spitzname für Luise → Bücking.

Winkl. – Kleiner Ort am südlichen Chiemsee-Ufer in der Nähe von Grabenstätt (heute Ortsteil von G.) mit einem Schlösschen (nach einem Brand vor einigen Jahren gesichert, aber nicht restauriert), wo BvS auf Grund seiner Bekanntschaft mit dem Grafen → Orlowski, dem Eigentümer, allein oder mit FzR öfter und zu allen Jahreszeiten wohnte. W. spielt als gemeinsamer Erinnerungsort eine bedeutende Rolle in der Beziehungsgeschichte von FzR und BvS – bis zu allerletzt.

Winkler – eine Münchner Glasmalerin.

Woermann, Hedwig (1879–1960). – Eine Tochter des Reeders Adolph Woermann, Malerin, Freundin Ottilie → Reylaenders. FzR lernte H. W. möglicherweise zu Jahresbeginn 1907 in Rom kennen.

„Woidl" → „Woldl"

„Woja" – Spitzname von Albert → Hentschel. In der Korrespondenz wird zwischen einem „dicken" (Edmund → Hentschel) und einem „großen Woja" (Albert Hentschel) unterschieden.

„Wojaadam" → Hentschel, Albert

„Woldl", auch „Woidl". – Offenbar ein von BvS und FzR bajuwarisierend gebrauchter Ausdruck für „Verwalter, Hausmeister"; im Briefwechsel zur Bezeichnung von zwei Personen gebraucht:

(1) Der → Verwalter von Schloss → Winkl (auch BvS hatte diese Stellung einmal vorübergehend inne).

(2) Der Schloss-Kastellan → Buontempo im → Achilleion auf Korfu.

Wolfskehl, Hanna (1887–1946). – Frau von Karl → Wolfskehl. Im *Dame*-Roman ist sie die „Lotte".

Wolfskehl, Karl (1869–1948), auch „Carlo". – Publizist, Literaturwissenschaftler und Privatgelehrter, der „Zeus von Schwabing". K. W. war der eigentliche soziale Mittelpunkt des Stefan-George-Kreises in München und spiritus rector von all dessen frühen Beziehungen; er ist der „Prof. Hofmann" des *Dame*-Romans, seine Frau Hanna tritt darin als „Lotte" auf. K. W. war FzRs „Carlo", mit dem sie zeitweise eine Liebesbeziehung unterhielt, nach Italien reiste und in den Jahren 1903 und 1904 zahlreiche Briefe wechselte, die z.T. ediert sind (*Briefe*, S.417–440). Er war als Jude auch beherrschende Figur im sog. „Schwabinger Krach" von 1903/1904, in den außer ihm selbst und George besonders Ludwig → Klages, Alfred → Schuler, Albert → Hentschel und Roderich → Huch einbezogen waren. K. W. starb vereinsamt im Exil in Auckland, Neuseeland.

„Woya" → Hentschel, Albert

Zecconi → Ceconi, Ermanno

Editionsbericht

Die Autographe dieser Publikation befinden sich im Literatur-Archiv „Monacensia" der Münchner Stadtbibliothek unter den Inventar-Nummern 1583/78 und 1628/78. Das Konvolut ist zwar nicht wirklich vollständig; einzelne Briefe fehlen (manche wurden wohl absichtlich beseitigt), einige wenige sind nur als Torsi überliefert, insbesondere fehlen alle Briefe, die FzR nach Amerika schrieb, wohin BvS 1907 auswanderte. Dennoch dürfen wir diese Korrespondenz so, wie sie vorliegt, einen Glücksfall der relativen Vollständigkeit nennen.

FzRs Autographe sind schwer zu lesen, vor allem die in deutscher Schrift, die sie BvSs wegen glücklicherweise nur selten verwendet. Es gibt zahlreiche Unentscheidbarkeiten. Zeichen wie z.B. die Pärchen „a" und „u", „r" und „s" im Auslaut, „l" und „t", „d" und „D"; Komma und Punkt werden jeweils so stark an einander angeglichen, dass eine klare Entscheidung nicht immer möglich ist, ob nun etwa „Hazzi" oder „Huzzi" zu lesen ist, „war" oder „was", „Welt" oder „Wett", „du" oder „Du" – oder ob ein Satzteil vom nächsten durch Komma oder Punkt getrennt ist. Oft fehlen Satzzeichen, weil z.B. das Zeilen- oder Seitenende erreicht wird, was in FzRs Augen offenbar ausreichend trennte. In BvSs Briefen herrscht umgekehrt eine gewisse Inflation von Satzzeichen, vor allem Ruf- und Fragezeichen, Gedankenstriche, die bisweilen an Stelle von Punkten stehen; seine lateinische Handschrift ist jedoch gut zu lesen. Wir versuchten in jedem Einzelfall so texttreu wie möglich zu verfahren, fügten darum fehlende Satzzeichen nie ein, erläuterten notfalls eine schwierige Sachlage in der Fußnote. Bei der Komma-Punkt-Unklarheit entschieden wir uns für Komma, wenn der Schreiber kleingeschrieben fortfährt, vor Großschreibung wählten wir den Punkt. Beider Angewohnheit, lange Gedankenstriche zu machen, ahmten wir nicht nach, sondern setzten jeweils einen Standard-Gedankenstrich. Auch die vielen kalligraphischen Ausschmückungen BvSs sind nicht wiedergegeben. Verwendung verschiedener Schreibmedien, Unterstreichungen oder andere Zutaten wie Tilgungen, Ausschnitte oder Fremdtexte wurden stets mitgeschrieben bzw. in Fußnoten erläutert. Alle Brieftexte erscheinen im diplomatischen Abdruck, also unter

Beibehaltung graphischer Besonderheiten, sofern sie im Druck wiederzugeben sind. Orthographische Eingriffe unterblieben ganz, das hätte im Fall der Briefe von BvS auch zu unvertretbarem Aufwand und grober Verfälschung geführt. Einzelne Ergänzungen in eckiger Klammer erscheinen in seltenen Fällen, wenn andernfalls die Gefahr eines Missverständnisses bestünde. Unverständlicher Wortgebrauch oder Sachprobleme wurden in Fußnoten kommentiert. Personen wurden bei erster Erwähnung identifiziert, im Übrigen sei auf die Namenserläuterungen (S.301–316) verwiesen. Ziel war, das Material so unverfälscht wie möglich darzulegen. Die Original-Seitenzahlen der Briefseiten wurden beigegeben, der Zeilenumbruch jedoch nicht nachgeahmt. Die Datierung der einzelnen Briefe – nicht alle sind originaldatiert – wurde durch Referenzen gesichert, die im Regelfall *nicht* erläutert werden. Die beigegebenen Faksimiles mögen auch einen optischen Eindruck von diesem Briefe-Korpus vermitteln.

Die Namenserläuterungen sollen, wenn schon keine im Einzelfall erschöpfende, so doch wenigstens lückenlose Kurzauskunft geben über Namen, Spitz- und Kosenamen, Schreibvarianten, Abkürzungen, Kollektiv- und Ortsnamen. Die beiden von Else Reventlow 1971–75 besorgten Register zu den Tagebüchern und Briefen wurden benutzt, nun auch ergänzt und berichtigt. Nicht alles konnte geklärt werden. Wir hoffen aber, keinen wichtigen Namen vollkommen unerwähnt gelassen zu haben.

Unser Dank dafür, dass diese Arbeit möglich war, gilt zuerst Frau Andrea Kress-del Bondio in München, Franziska zu Reventlows Urenkelin, die nicht nur die Publikationserlaubnis gab, sondern mit dem Pragmatismus und der Hilfsbereitschaft, die einst ihre Urgroßmutter ausgezeichnet haben, uns hilfreich zur Seite stand. Wir danken auch Frau Susanna Böhme-Netzel, Worpswede, der Enkelin Bohdan von Suchockis, die uns Einblick in Originalbestände aus ihrem Besitz gab. Frau Ursula Hummel in der „Monacensia" machte uns das Archiv zugänglich und unterstützte uns in jedem Anliegen, auch ihr sei herzlich gedankt, – Herrn Karl Stutz in Passau schließlich sei Dank für seinen verlegerischen Unternehmungsgeist!

I. Weiser, D. Seydel, J. Gutsch   München im Herbst 2003

Verzeichnis der Abbildungen

Abb. 1 – *Franziska zu Reventlow mit ihrem achtjährigen Sohn Rolf am 11. Oktober 1905 in der Kaulbachstraße München (Foto Philipp Kester)*

Abb. 2 – *Bohdan von Suchocki im Faschingskostüm 1903 (Foto G. Böttger)*

Abb. 3 – *Bohdan von Suchockis handgeschriebene Visitenkarte 1903*

Abb. 4 – *Das „Eckhaus" in der Kaulbachstraße 63*

Abb. 5 – *Bohdan von Suchocki um 1904 (Brief 91)*

Abb. 6 – *Notiz BvSs auf der Rückseite einer zerrissenen Visitenkarte (Brief 9)*

Abb. 7 – *BvSs Einband zu FzRs erstem Roman*

Abb. 8 – *Widmung in einem Exemplar der ersten Ausgabe*

Abb. 9 – *Der Subskriptionsaufruf zu FzRs Roman*

Abb. 10 – *Eine Anzeige Marchlewskis von 1904 (im Werbeanhang der ersten Ausgabe von Wedekinds Hidalla) nach der Reaktion auf die erste Auflage*

Abb. 11 – *Ausschnitt aus Brief 22 von BvS*

Abb. 12 – *Brief 35 von BvS*

Abb. 13, 14, 15 – *Schloss Winkl bei Grabenstätt, Zustand nach 1900*

Abb. 16 – *Ausschnitt aus Brief 55 von FzR*

Abb. 17 – *Ansichtskarte von der Radtour Würzburg–Alsbach, Brief 76 von FzR*

Abb. 18 – *Das Kurhaus Laudenheimer, das FzR im April 1905 aufsuchte*

Abb. 19 – *Rolfs Brieflein an die Mamai nach Berlin, Brief 120*

Abb. 20 – *Ausschnitt aus Brief 128 von FzR mit wieder eingefügtem Ausschnitt*

Abb. 21 – *Kaiserin Elisabeths (Sisis) Schloss Achilleion auf Korfu*

Abb. 22 – *FzRs Bericht vom Besuch dort (Ausschnitt aus Brief 157)*

Abb. 23 – *Ausschnitt aus Brief 171 von FzR (mit dem Titelzitat dieses Buches auf dem linken Seitenrand)*

Abb. 24 – *Farbaquarell von BvS, Brief 188*

Abb. 25 – *Ausschnitt aus Brief 199 von BvS*

Die Herausgeber: *Irene Weiser* (* 1964), M.A., ist Absolventin der Universität Regensburg im Fach Slavistik, *Dr. Detlef Seydel* (* 1945) Hochschullehrer für Mathematik an der Fachhochschule Braunschweig/Wolfenbüttel, *Jürgen Gutsch* (* 1939) Gymnasiallehrer für Deutsch und Englisch in München. Das gemeinsame Interesse an der literarischen Vergangenheit Münchens machte die Zusammenarbeit an diesem Projekt außerhalb der sonst üblichen Wege möglich. Die Herausgeber planen auch eine historisch-kritische Neuausgabe der Tagebücher Franziska zu Reventlows, die in etwa zwei bis drei Jahren erscheinen soll.

Der Schutzumschlag von Rudolf Klaffenböck und Lambert Kinateder verwendet Bohdan von Suchockis farbigen Einband-Entwurf für Franziska zu Reventlows autobiographischen Roman *Ellen Olestjerne* von 1903 und zeigt die beiden Protagonisten des Briefwechsels in märchenhafter Verfremdung.